新时代经济管理特色教材

中国货币金融简史

李延喜 高雅 ◎编著

A BRIEF HISTORY OF
MONEY AND
FINANCE IN CHINA

清华大学出版社
北京

本书封面贴有清华大学出版社防伪标签，无标签者不得销售。
版权所有，侵权必究。举报：010-62782989，beiqinquan@tup.tsinghua.edu.cn

图书在版编目（CIP）数据

中国货币金融简史/李延喜，高雅编著. —北京：清华大学出版社，2023.11
新时代经济管理特色教材
ISBN 978-7-302-64326-5

Ⅰ．①中⋯　Ⅱ．①李⋯　②高　Ⅲ．①货币史 – 中国 – 高等学校 – 教材　Ⅳ．①F822.9

中国国家版本馆 CIP 数据核字(2023)第 144376 号

责任编辑：刘志彬
封面设计：孙至付
责任校对：王荣静
责任印制：刘海龙

出版发行：清华大学出版社
网　　址：https://www.tup.com.cn，https://www.wqxuetang.com
地　　址：北京清华大学学研大厦 A 座　　　　邮　编：100084
社 总 机：010-83470000　　　　　　　　　　邮　购：010-62786544
投稿与读者服务：010-62776969，c-service@tup.tsinghua.edu.cn
质 量 反 馈：010-62772015，zhiliang@tup.tsinghua.edu.cn
课 件 下 载：https://www.tup.com.cn，010-83470332

印 装 者：三河市君旺印务有限公司
经　　销：全国新华书店
开　　本：185mm×260mm　　　印 张：20　　　字　数：459 千字
版　　次：2023 年 11 月第 1 版　　　　　　　印　次：2023 年 11 月第 1 次印刷
定　　价：99.00 元

产品编号：099209-01

序

习近平总书记指出:"历史的启迪和教训是人类的共同精神财富。忘记历史就意味着背叛。"当前,各大高校纷纷在本科生和研究生课程体系内开设"货币金融史"课程,以加强对货币金融历史的学习和脉络梳理,但与之相配套的教材并不多见,高校师生急需一本介绍中国悠久货币金融历史的教材。本教材坚持马克思主义唯物史观和方法论,坚持全面、客观、历史地表述和评价历史人物,真实还原历史人物。本教材将金融史的宏观和微观诸因素结合起来进行综合分析,涵盖古今中外的金融史研究。同时正视数字经济时代的到来,结合新时代的数字货币、数字金融的发展,从历史观的角度探索新的货币金融时代。

本教材从金融经济学的视角出发,通过细致的文献梳理与分析,以中国历史上各个朝代的发展时间线为主要逻辑线,系统给出了从原始社会到新中国成立各个历史阶段基本的社会概况、主要的货币形式、货币在所处时段的主要职能以及各时段主要金融政策的相关内容。通过列举关键金融人物和其实施的货币政策,补充分析各个时期不同货币制度对于当期经济发展和金融环境等起到的支撑作用。

在整体框架构建时,本教材着重考虑货币对金融系统和实体经济的影响,使得教材更加适用经济学和金融学专业学生的需求,对于重要历史人物及其相关货币金融政策的描写和扩展等也使得教材内容更有趣味性和广泛使用性。

在时段选择时,本教材不仅选择了从周朝到清代的中国古代历史时期货币金融史、近现代中国货币金融史的主要内容,还将货币金融的历史拓展到了周朝、商朝和商朝之前的相关记载,延长了中国货币金融史的研究时间跨度。

本教材在每章后面均附有课后习题,以检测学生学习效果。同时将各个朝代的货币发行状况进行汇总,列出货币时间线,为学生掌握各个时期的货币发行状况提供索引。

本教材的主编与参编人员均为金融学专业授课教师,在教材编写过程中更加注重对金融发展脉络的分析,增加了货币发展与当时社会状况的紧密关联、货币相关制度对经济发展的影响等内容，解决了当前市面上从金融学角度对货币发行以及货币对经济系统支撑等相关内容进行阐释的教材缺失问题，更加适合经济类专业学生学习。

由于中国历史源远流长，货币金融发展丰富多彩，编者受视野和知识所限，从浩若烟海的历史长河中选出主要货币金融历史事件，遗漏之处在所难免。如有错误和不当之处，请读者批评指正。

本教材编著过程中，袁思琪、熊燕、贺克南、任慧婷、郝睿盈、张晓文、周轩、王宇、赵语桐、陈庆冲、张雨萌等参加了资料收集、撰写与校对工作，在此一并表示感谢。

目录

第一章　原始社会货币金融简史 ………………………………………… 1

　第一节　原始社会的文明 …………………………………………… 1
　第二节　原始社会货币的产生 ……………………………………… 5
　课后习题 ……………………………………………………………… 8
　参考文献 ……………………………………………………………… 8

第二章　夏、商、西周时期货币金融简史 ……………………………… 9

　第一节　夏、商、西周时期的社会概况 …………………………… 9
　第二节　夏、商、西周时期的货币 ………………………………… 13
　第三节　夏、商、西周时期货币的功能 …………………………… 17
　第四节　夏、商、西周时期的金融政策 …………………………… 19
　第五节　金融人物与案例 …………………………………………… 22
　课后习题 ……………………………………………………………… 25
　参考文献 ……………………………………………………………… 26
　附录 …………………………………………………………………… 26

第三章　春秋战国时期货币金融简史 …………………………………… 27

　第一节　春秋战国时期的社会概况 ………………………………… 27
　第二节　春秋战国时期的货币 ……………………………………… 28
　第三节　春秋战国时期货币的功能 ………………………………… 33
　第四节　春秋战国时期的金融政策 ………………………………… 35
　第五节　金融人物与案例 …………………………………………… 41
　课后习题 ……………………………………………………………… 45
　参考文献 ……………………………………………………………… 46
　附录 …………………………………………………………………… 47

第四章　秦汉时期货币金融简史 48

第一节　秦汉时期的社会概况　48
第二节　秦汉时期的货币　50
第三节　秦汉时期货币的功能　58
第四节　秦汉时期的金融发展　62
第五节　金融人物与案例　67
课后习题　72
参考文献　73
附录　73

第五章　魏晋南北朝时期货币金融简史 75

第一节　魏晋南北朝时期的社会概况　75
第二节　魏晋南北朝时期的货币　76
第三节　魏晋南北朝时期货币的功能　81
第四节　魏晋南北朝时期的金融政策　83
第五节　金融人物与案例　87
课后习题　91
参考文献　91
附录　92

第六章　隋唐时期货币金融简史 93

第一节　隋唐时期的社会概况　93
第二节　隋唐时期的货币　95
第三节　隋唐时期货币的功能　100
第四节　隋唐时期的金融政策　104
第五节　金融人物与案例　113
课后习题　116
参考文献　117
附录　118

第七章　宋朝货币金融简史 119

第一节　宋朝的社会概况　119
第二节　宋朝的货币　121

第三节　宋朝货币的功能 …………………………………… 127

　　第四节　宋朝的金融政策 …………………………………… 134

　　第五节　金融人物与案例 …………………………………… 143

　　课后习题 …………………………………………………………… 146

　　参考文献 …………………………………………………………… 148

　　附录 ………………………………………………………………… 148

第八章　元朝货币金融简史 …………………………………… 151

　　第一节　元朝的社会概况 …………………………………… 151

　　第二节　元朝的货币 ………………………………………… 153

　　第三节　元朝货币的功能 …………………………………… 158

　　第四节　元朝的金融政策 …………………………………… 165

　　第五节　金融人物与案例 …………………………………… 172

　　课后习题 …………………………………………………………… 174

　　参考文献 …………………………………………………………… 177

　　附录 ………………………………………………………………… 178

第九章　明朝货币金融简史 …………………………………… 179

　　第一节　明朝的社会概况 …………………………………… 179

　　第二节　明朝的货币 ………………………………………… 180

　　第三节　明朝货币的功能 …………………………………… 185

　　第四节　明朝的金融政策 …………………………………… 191

　　第五节　金融人物与案例 …………………………………… 199

　　课后习题 …………………………………………………………… 204

　　参考文献 …………………………………………………………… 206

　　附录 ………………………………………………………………… 207

第十章　清朝货币金融简史 …………………………………… 209

　　第一节　清朝的社会概况 …………………………………… 209

　　第二节　清朝的货币 ………………………………………… 213

　　第三节　清朝货币的功能 …………………………………… 226

　　第四节　清朝的金融相关制度和政策 ……………………… 233

　　第五节　金融人物与案例 …………………………………… 235

课后习题 239
　　参考文献 240
　　附录 241

第十一章　中华民国货币金融简史 243

　　第一节　中华民国的社会概况 243
　　第二节　中华民国的货币 246
　　第三节　中华民国货币的功能 251
　　第四节　中华民国金融政策 258
　　第五节　中华民国金融人物与案例 261
　　课后习题 264
　　参考文献 265
　　附录 266

第十二章　新中国货币金融简史 267

　　第一节　新中国的社会概况 267
　　第二节　新中国的货币 271
　　第三节　新中国货币的功能 278
　　第四节　新中国的金融政策 285
　　第五节　金融人物 300
　　课后习题 302
　　参考文献 309
　　附录 310

第一章 原始社会货币金融简史

第一节 原始社会的文明

中国原始社会产生发展过程中,出现了众多文明,例如大汶口文化、河姆渡文化、良渚文化、红山文化等。在这些文明中,已经出现了私有财产,出现了交换,出现了货币的萌芽。

良渚文化出土了大量的玉器,这些玉器一般刻有人脸鸟爪、人脸兽身等造型。但也有一些玉器上刻着圆。专家们推测这些玉器可能就是玉币(见《五万年中国简史》,文汇出版社 2020 年版)。巫师死后会把玉币戴在手腕上,因为玉币是用来礼天的东西,而天地中最大最重要的角色就是日月,尤其是太阳。在中国上古时代,掌握了时令变化规律的人,就掌握了权力,所以巫师成为最有权势的人。后来帝王的责任变成"国之大事,在祀与戎",就将神权与君权合一了。古人重视祭祀,今人每逢清明、先人离世的重要日子进行祭奠(包括烧纸钱等)。如果按照今人给逝者烧纸钱的这种习惯推测,古人祭祀时也会给逝者供奉钱财。那么陪葬的贝壳、玉器、龟壳等,是否就是给逝者的钱财呢?

一、裴李岗文化

裴李岗文化距今约 7000~8000 年。裴李岗文化是中国新石器时代考古的重大发现,因为发掘遗址在河南新郑市裴李岗而得名(见图 1-1)。

该遗址出土了石制和陶制的各类生产生活用品,是新石器时代的代表。出土的磨制石器包括石镰、石铲、石斧、石磨盘等;陶器大多是红陶,说明烧制时的温度较低,包括三足钵和半月形双耳壶等(见图 1-2)。从出土文物来看,当时人类已经懂得畜牧和耕种,以农业为主,会饲养猪、狗等,并辅以渔猎采集。

裴李岗文化是年代最早的新石器时代文化。考古学家认为中国的农业革命最早在这里发生,裴李岗居民已进入锄耕农业阶段,处于以原始农业、手工业为主,以家庭饲养和渔猎业为辅的母系氏族社会。裴李岗文化时期人们已开始建造半地穴式房屋,并有公共墓地。

图 1-1 裴李岗文化遗址

图 1-2　裴李岗文化遗址出土的陶器、石器

二、双墩文化

根据目前的考古发现，安徽蚌埠市的双墩遗址（距今 7100～7300 年左右）为我们留下了 7000 年前原始社会的众多证据（见图 1-3）。考古队根据双墩遗址发现的石器、陶器、骨角器、蚌器、动物骨骼、稻壳遗迹等物品认定，"双墩人们的经济生活是以农业和渔猎为主，以采集和饲养猪为辅的多种经济生活形态"。这一认定对于我们了解 7000 年前的经济社会具有重要价值。

图 1-3　双墩文化遗址

双墩遗址出土了众多的陶器、石器、骨器及其残片，这些器皿或者残片上有刻画的符号以及圆孔（见图 1-4）。例如圆形中间带孔的石器、圆饼状石器以及纺轮形状的蚌器、带孔的刀形蚌器等。这些器具和残片证明了双墩文化时期的社会生活状况，从打猎用的工具、切削用的工具、种植用的农具，到餐饮用的器具等，不一而足。这说明当时的经济社会已经出现了分工协作，经济社会有了很好的发展。这种发展就有可能产生交换的需要，就可能出现私有财产和贸易，货币也就可能萌芽。

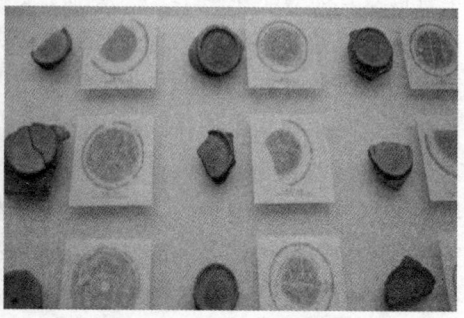

图 1-4　双墩文化遗址出土的陶器及其刻画符号

三、河姆渡文化

河姆渡文化距今约 5000～7000 年，持续时长大约 2000 年左右。河姆渡文化是分布在长江流域下游的新石器时代文化，因为首先在浙江省余姚县的河姆渡被发现而得名。河姆渡文化分布在杭州湾南岸的宁（宁波）绍（绍兴）平原，东达舟山群岛，分布区域以长江流域为主（见图 1-5）。

图 1-5　河姆渡文化遗址

河姆渡遗址出土陶器以夹炭黑陶为主，包括少量夹砂、泥质灰陶，器型包括釜、罐、杯、盘、钵、盆、缸、盂、灶、器盖等。也出土了一些彩绘陶，绘以咖啡色、黑褐色的变体植物纹（见图 1-6）。河姆渡遗址出土的石器较少，除了陶器之外，更多的是木器和骨器，例如木雕鱼、耕田用具耜和刀铲等切割器具，还有大量纺织工具。另外，在河姆渡遗址出土了我国最早的漆器。在食物方面，遗迹中有水稻的大量发现，经断定是人工栽培的水稻，这证明了水稻种植起源于中国。动物方面有野生的羊、鹿、猴子、虎、熊等，以及家养的猪、狗、水牛等家畜。

图 1-6　河姆渡文化遗址还原和出土的彩陶器

河姆渡文化为上古传说中"有巢氏"的存在提供了证据，遗址中发现大量干栏式建筑的遗迹。"有巢氏"是中国古代神话传说中构木为巢的发明者，河姆渡文化也是有巢氏早期的文化。

四、红山文化

另一个比较重要的考古发现是辽河流域的红山文化遗址（距今 5000～6000 年左右），红山文化发现了近千处遗址（见图 1-7）。专家考证认为，红山文化的社会形态处于母系氏族社会的全盛时期，是以女性血缘关系为纽带的部落。该时期的经济形态以农业为主，同时兼具牧业、渔业和狩猎。遗址内出土了大量的彩陶和玉器，尤其以玉器为著名，其中的玉龙是最为著名的玉器（见图 1-8）。红山玉龙被誉为"中华第一龙"，发现红山文化的赤峰市也因此被称为"中华玉龙之乡"。

图 1-7　红山文化遗址

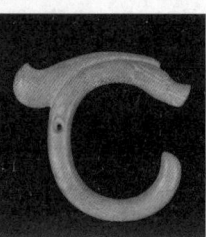

图 1-8　红山文化遗址出土的玉器

由于红山文化分布面积广，在东北西部的热河地区，北起内蒙古中南部地区，南至河北北部，东达辽宁西部，西至辽河流域的西拉木伦河和老哈河、大凌河上游。在遗址中发现，一般人的墓地多为积石冢，是规划的墓地，处于中心的大墓为最高规格（大量的玉器陪葬），而墓地越向边缘规格越低。大墓附近的墓葬有的也有玉器，但是数量和规格明显低于大墓，同时还葬有数量不等的猪、狗等。更低等级的墓葬只有陶器陪葬，个别的墓葬没有陪葬品。这说明红山文化的社会结构等级制度严格，已经出现了阶级分化，贫富差距很大，有了私有制的概念，甚至已经形成了原始的国家。在这样的背景下，玉器既是神权的象征，也可能是财富的象征，是货币的象征。

五、仰韶文化

仰韶文化距今约 5000～7000 年，持续时长约 2000 年左右。仰韶文化是我国重要的新石器时代文化，因为发掘遗址在河南省三门峡市渑池县仰韶村而得名（见图1-9）。目前，全国有统计的仰韶文化遗址共5013处，东起豫东，西至甘肃、青海，北到河套内蒙古长城一线，南抵江汉，中心地区在豫西、晋南、陕东一带。分布在陕西、河南、山西、甘肃、河北、内蒙古、湖北、青海、宁夏等9个省区。其分布范围广、影响力非常大。

仰韶遗址出土的农耕石器包括石斧、石铲、磨盘等；出土的骨器包括骨制的鱼钩、鱼叉、箭头等；出土的陶器种类有钵、盆、碗、细颈壶、小口尖底瓶、罐与粗陶瓮等（见图1-10）。尤其是彩陶器造型优美，表面用红彩或黑彩画出绚丽多彩的几何形图案和动物形花纹，其中人面形纹、鱼纹、鹿纹、蛙纹与鸟纹等形象逼真生动，代表仰韶时期人类文明和智慧达到了当时的鼎盛。

仰韶文化是中国黄河流域影响最大的一种原始文化，它纵横两千平方公里，绵延数千年。关于中国的传说时代，史书记载有炎帝、黄帝、颛顼、帝喾等部族，但由于疑古，中华文明史源头仍不清晰。随着仰韶文化遗址的多处发现，地下遗存验证了史书记载的正确性。汉族的前身"华夏族"，最早就发迹于黄河流域，而仰韶文化遗址中诸多考古发现，如陶器制造、纺织做衣、绘画雕塑、文字、历法、宫室营建等，同文献记载中炎帝黄帝时代的创造发明相吻合。

图1-9　仰韶文化遗址

 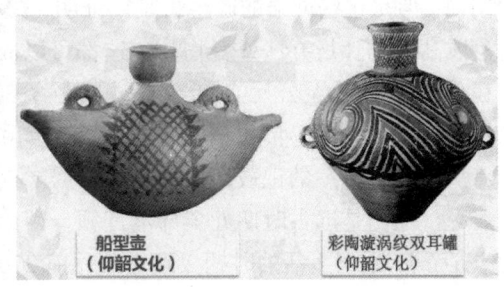

图1-10　仰韶文化遗址还原和出土的彩陶器

第二节　原始社会货币的产生

要描述中国古代的货币金融发展状况，必须了解古代的社会概况。人类的起源多见于神话传说，后见于各种史记。综合古人的记载，主要观点是：盘古开天辟地之后，"三皇，即天皇、地皇、人皇（也称泰皇）"作为最高部落首领统治社会。关于"三皇"的传说众多，观点不一。一种观点是"三皇"指燧人氏、伏羲氏、神农氏，其中燧人氏发明了火，伏羲氏发明了文字，神农氏开创了农业并遍尝百草治病救人。还有观点认为"三皇"是指伏羲、祝融、神农，或者指伏羲、神农、黄帝。

按照生产力的时代划分，古代社会包括：旧石器时代、新石器时代、铜石并用时代、青铜时代、铁器时代，之后进入机器生产时代，也就是现代社会时期。中国古代社会同样按照这个顺序演进发展。如果按照社会治理的角度划分，中国古代社会的演变顺序是：原始社会、奴隶社会、封建社会。

不论哪种观点，关于"三皇"均为口授相传，缺乏远古时期的文字记载。但是这个时期应该属于新石器时代和原始社会。"三皇"不应该是具体某个人或者神，而是某一类氏族部落的统称，是后人为了纪念前人的功绩而给予的尊称。

关于远古时期的社会发展状况，因为缺少必要的物证，只能从历史遗迹和文献记载中判断当时的情况。关于远古时期生产技术的进步首推燧人氏，他教会人们钻木取火，火的出现极大地提高了社会生活和生产水平。周口店北京人遗址（距今500万～1万年）发现了石制品、用火遗迹、哺乳动物化石等。河北省保定市南庄头遗址出土了众多的动物遗骸、植物种子、石器、陶片，以及人类生活和生产的遗迹，也说明1万年前人类就掌握了火的使用。这说明燧人氏钻木取火的事情是真实存在的。

之后的伏羲氏教会了人们结网捕鱼、结绳记事，发明了文字，创造了八卦等，又进一步提高了生产能力和生活水平。

后来神农氏教会部落的人们刀耕火种，发展农业，并遍尝百草，用中药治病。同时神农氏还组织人们"日中为市，致天下之民，聚天下之货，交易而退，各得其所（见《易经·系辞下》）"，说明在神农氏时期，已经有了贸易和商品交换，这时候应该出现了早期的货币。同时《易经·系辞上》中提到"卑高以陈，贵贱位矣"，"贵与贱"虽然是作为人身份地位的用词，但是这些词语的产生也足以证明，《易经》成书的时代及其之前的时代已经有了衡量贵贱高低的计量办法或者物品，这都可以成为货币存在的证明。而神农氏的生存时代大约在公元前3318至公元前3079年，即距今5000多年前，就已经出现了贸易和商品交换，必然就产生了一种等价物——货币。当时货币的形态是什么，目前还无法确认。

关于"五帝"的记载，比较一致。据《史记》记载，"五帝"是指黄帝、颛顼、帝喾、尧、舜，他们是远古时期五个部落首领，因治理能力突出、对于后世的贡献巨大而被尊称为"五帝"。他们生活的时期大致是公元前2700年至前2000年左右这个时代，但是因为书中记载"五帝"的寿命均超过100岁，按照当下人的寿命分析，是值得怀疑的。要么是"五帝"的寿命有误，要么是古代与现代的时间长度不一致。

史书关于尧舜的传说非常多，其中尧舜禅让的故事成为历代帝王的典范。舜是远古时代的商人，他带领部落制盐贩盐、制作陶器。说明当时已经有了商品交易而且非常繁荣，甚至出现了贩盐制陶等专门的部落或者生产部门，说明出现了初级的专业化分工，交易应该形成了规模，这时的货币应该成为交易必不可少的媒介了。虽然没有考古证据来证明尧舜时期的货币交换，但文献中已经记载当时出现了集市、贸易、买卖。按照正常推理，有交易就需要货币，而货币是什么形态，就不能按照现代人思维去考虑。

我们现在所熟悉的货币形态是电子货币、纸币以及金属货币，那么在远古时期货币的形态是什么呢？史书里面经常提到的是"贝币、刀币、布币"等。《史记·平准书》："农工商交易之路通，而龟贝金钱刀布之币兴焉"，说明龟、贝都曾经充当过交换的媒介。就目前发现的证据，"贝"作为货币是有事实依据的，在殷墟的"妇好"墓的陪葬物品中，发现了7000余枚贝币。而"龟"作为货币目前还没有看到文献记载，因为在远古时期，"龟"主要用于占卜和祭祀，没有说明是否用于交易。我们在这里或许可以猜测，"龟"可能在"贝"之前就作为货币，因为"龟"的用处非常重要，主要是占卜需要量比较大，而龟壳的产量又比较小，可能大多被消耗在占卜活动中，而留存下来的龟壳上面大多刻有占卜辞，是非常珍贵的物品，才有了"古者货贝而宝龟"的说法（见《说文解字》）。

与龟相同有可能充当货币的另一种物品是玉。由于玉具有便于分割、打磨、雕刻等特点，而且可以长期保存，因此，玉在几千年前作为商品交换的媒介也是可能的。东北地区发现的红山文化遗址中，就出土了成批的玉器，这些玉器呈现各种动物造型，以龙、蛇、鸟为主，其中也有玉龟壳的造型。这些玉质器物和其他陶器、石雕等反映了红山文化的社会生产、生活状态，作为陪葬品出现在不同规制的墓葬中，反映了当时已经出现的社会分级，玉器、陶器和其他石器代表了陪葬品的高低贵贱。如果据此判断，玉器、陶器和石器应该是代表了当时物品的价值高低，有可能充当一般等价物用作交换。

"龟贝珠玉"之所以作为货币存在，是因为交换的需要。而交换之所以会产生，是因为出现了社会分工，有了私有财产，拥有不同私有财产的人为了满足不同的需要，"以己所有换己所无"。由于交换者的需求不同，例如：有粮的A需要羊，而有羊的B需要石器，有石器的C需要粮食，这样，三者可以选择粮食，或者石器，或者羊作为一种交换媒介，从而完成三者之间的交换并满足各自的需求。如果这种媒介不存在，则物与物的交换非常困难，从而约束甚至压制了人们的需求。因此，为了满足各自的需求，为了便于交换，有了对交换媒介的需求（即货币的雏形，古代曾经出现过用羊、石头、粮食作为媒介，近代二战的俘虏营中用烟作为交换媒介）。由于远古时期没有造纸技术和冶炼技术，所以无法制造现今的纸币或者金属货币，只能用日常生活常见、普遍需要、不易损坏的物品来充当一般等价物，例如动物及其皮毛、生产工具、战争武器等。

我国黄河上游的仰韶文化、齐家文化、马家窑文化等考古发现了距今5000多年的遗址，发现一夫一妻制和父权制已经建立，证明了那个时期已经产生了私有制和贫富分化的现象，男女已经在劳动领域进行了分工，男子从事农业和手工业等，女子主要从事家务和纺织。1974年，在青海乐都柳湾发现了一个规模很大的氏族公共墓地，包括马家窑文化半山类型、马厂类型和齐家文化的墓葬。墓葬中的随葬品有多有少，例如564墓的陶器品达到91件，反映当时家庭财产已经有了剩余，也意味着私有制的萌生。财产的占有欲导致商品交换的产生，必然会出现"粮羊石头"和"龟贝珠玉"之类的交换媒介。

生产规模的扩大、专业分工的细化、私有财产的占有，促进交换的进一步发展，个别商品就从商品中脱离出来，充当货币。齐家文化的部分墓葬中出土了海贝、仿海贝的石贝、骨贝和蚌壳等，由于其普遍性存在，说明这些东西已经成为原始的货币了。由于齐家文化距今 5000 年左右，所以中国最早的货币应该产生于 5000 年前，而不是 3600 年至 3000 年前。

一、即测即练

二、思考题

1. 请查找古代金融尤其是远古金融发展的有关资料，分析中国古代货币产生的必要条件。
2. 根据我国重大的考古发现，请分析我国古代货币最早出现的历史时期。

[1] 默公. 说文解字教本[M]. 北京：中华书局，2019.
[2] 安徽省文物考古研究所，蚌埠市博物馆. 蚌埠双墩——新石器时代遗址发掘报告[R]. 北京：科学出版社，2008.
[3] 威廉·戈兹曼. 千年金融史[M]. 北京：中信出版社，2017.
[4] 姚大力，钱文忠，等. 五万年中国简史[M]. 上海：文汇出版社，2020.
[5] 司马迁. 史记[M]. 北京：光明日报出版社，2015.
[6] 任宪宝注译. 易经[M]. 北京：中国言实出版社，2016.

第二章 夏、商、西周时期货币金融简史

天尊地卑，乾坤定矣。卑高以陈，贵贱位矣。动静有常，刚柔断矣。
方以类聚，物以群分，吉凶生矣。在天成象，在地成形，变化见矣。
是故刚柔相摩，八卦相荡。鼓之以雷霆，润之以风雨。日月运行，一寒一暑。
乾道成男，坤道成女。乾知大始，坤作成物。乾以易知，坤以简能。
易则易知，简则易从。易知则有亲，易从则有功。有亲则可久，有功则可大。
可久则贤人之德，可大则贤人之业。
易简而天下之理得矣。天下之理得，而成位乎其中矣。

(《易传·系辞》)

第一节 夏、商、西周时期的社会概况

经历了漫长原始社会的发展，大约在公元前 2070 年前后，中国社会进入了夏、商、西周时期，这一时期是中国的奴隶社会时代。

约公元前 2070 年，中国史书中记载的第一个世袭制朝代——夏朝建立。夏朝的建立和发展，促进了奴隶制社会经济的全面发展。夏王朝从传说中的禹开始，到桀灭亡，共传 14 世 17 王，历 400 多年（约公元前 2070—前 1600 年）。夏朝疆域西起河南省西部和山西省南部；东至河南省、山东省和河北省三省交界处；南达湖北省北部；北及河北省南部。当时夏的势力延伸到黄河南北，甚至长江流域。

商朝建立于约公元前 1600 年，是中国历史上的第二个奴隶制国家，也是中国第一个有直接的、同时期的文字记载的王朝。根据有关文献以及《史记·殷本纪》所述，商朝具有悠久的历史，在灭夏之前已有较好的发展。商人始祖名契，从契至汤，传 14 世，历约 400 年。汤完成灭夏大业，建立商朝。商朝历 17 世 31 王，延续 500 余年（约公元前 1600—前 1046 年）。根据考古发掘的材料，商朝的疆域已经非常辽阔，北至内蒙古；东北至辽宁、朝鲜半岛；南至湖北、湖南、江西、福建等地；西至甘肃、新疆；东至海滨东海。

历史上称平王东迁之前为西周（约公元前 1046—前 771 年），西周自周文王之子周武王灭商后建立，到周幽王被申侯和犬戎所杀为止，共传 11 世 12 王。定都于镐京和丰京（今陕西西安市西南），成王五年营建东都成周洛邑（今河南省洛阳市）。

西周是我国奴隶社会的鼎盛时期，社会生产力较商朝更高，农业繁盛，文化也进一步

发展。手工业分工更细，号称"百工"，手工业的发展促进了成品和原料的交换，推动了市场的发展。宗法制和井田制是当时最基本的社会政治制度和经济制度。周成王、周康王统治期间社会安定，史称"成康之治"。

自西周开始，境内各个民族与部落不断融合，华夏民族逐步形成，成为汉族的前身。西周后期社会矛盾如统治集团内部矛盾日趋激化和对土地、政权的争夺等，加速了西周的灭亡。

一、夏、商、西周时期的经济

（一）夏朝

从考古学的发掘来看，夏朝时期已进入了青铜时代，生产力水平已经很高，农业、手工业和畜牧业等行业得到了较大的发展，这些都为当时的商品经济发展提供了物质前提，也对货币交换起到积极作用。

在夏代，农业文明有较大的发展。《论语·泰伯》记载禹"尽力乎沟洫"，变水灾为水利，服务农耕，畜牧业有一定发展，还有一些专门从事畜牧业的氏族部落。夏朝时期，社会上层则多食干饭，偶食青菜，而三代庶民的主食是由各类谷物做成的粥饭，将黍、粟、稷、稻煮成稀粥、浓粥食用。

手工业上，随着夏代农业生产的发展和生产部门的分工，烧制陶器，琢磨石器，制作骨器、蚌器，冶铸青铜器和制作木器等各种手工业，也有了新的发展和分工。在烧制陶器方面，当时不仅广泛使用了快轮制造技术，在烧造方法上，又多采用陶器出窑前的施水法，有些造型美观，制作精湛，胎质细腻、薄如蛋壳、器表漆黑发亮的磨光黑陶器，只有具备丰富烧陶经验和高超技术的人才能烧制出来，制陶业成为独立的手工业生产部门。

关于夏朝的货币使用，至今存在争议。学术界一般认为贝是我国最古老的实物货币，称之为"货贝"。《史记·平准书》："虞夏之币，金为三品，或黄、或白、或赤；或钱、或布、或刀、或龟贝。"《盐铁论·错币第四》："夏后以玄贝。"说明夏时已经开始使用贝，但也有诸多考古材料证明贝币的使用在商朝才出现。

（二）商朝

商朝的生产力发展水平和商品交易的发展状况，都大大超过了夏朝，"商人"一词的由来就与商朝人会做生意有关。专门从事交换的人在夏朝已经出现，但到了商朝已经成为社会分工中一种专门行业，形成了一个独立的阶层。商朝的交换较夏朝更为发达，同时伴随着社会生产力的进一步发展，货币的流通区域也更为广泛。

商朝从一开始就是以农业为主的部落，商朝统治者一直对农业十分重视。商朝农业文明发展迅速，部分商代出土的遗骸说明当时掌握了猪的阉割技术，且开始了人工养殖淡水鱼。

手工业方面，商朝青铜器的冶炼与制造都相当成熟，各种常用的器具和礼器、酒器均十分精美，是商代文明的象征。除青铜器的铸造技术发展到高峰外，商朝还发明了原始的瓷器。商朝手工业全部由官府管理，分工细，规模广，产量大，种类多，工艺水平高。

商代农业和手工业的进步促进了商品交换的发展，出现了许多牵着牛车和乘船从事长途贩运的商贾。到商代后期，都邑里出现了专门从事各种交易的商贩。

社会生产力、社会分工和商品交换的发展，使得商朝的主要货币——海贝的地位更加重要，对货币的使用也更为广泛。

(三) 西周

西周时期出现了一些比较锐利的农具，耕作方法有所进步，开垦荒地的规模越来越大，人们除深耕、熟耘外，也能使用绿肥和制造堆肥，且非常注意虫害的防治。对青铜农具的使用比商朝更广泛，对排水与引水技术的掌握较好，栽培种植了桑麻瓜果等农作物。手工业部门多，分工比商代更细。

西周实行"工商食官"的制度，贵族国家垄断商业，在较大的都邑中都出现了市场以及管理市场的"质人"。交易的商品除较珍贵的"宝货"和兵器、牛马、丝帛等物资外，还有奴隶。据铭文所记，5名奴隶的价值才值"匹马束丝"。

在商业交换方面，以朋为计算单位的贝仍是主要的货币。同时，铜也用于交换，铜本身是一种重要的商品，并担负着货币的职能，后来发展为铸造铜币。城邑内外展开的民间贸易活动，一般数量较小，大都通过以物易物的形式相互交换一些日用必需品。

西周的商业有了更进一步的发展，在"国"与"都"中出现了更大的市场，有专门从事贸易活动的商人。海贝、海蚌和占卜用的龟甲等，大都是从远方进贡和交换来的。海贝当时也作为货币，以"朋"为单位计算。舟船和马车是西周重要的交通工具。

二、夏、商、西周时期的政治制度

(一) 夏朝

夏朝是中国史书中记载的第一个世袭制朝代，开启了中国历史上的"家天下"，开始了分封关系的政治制度和贡赋关系的经济制度。

在土地关系方面，夏朝实行原始社会土地所有制演变而来的土地国有制，即井田制。《左传》以及《汉书·刑法志》中的记载，印证了夏朝时已经存在着公社及其所有制——井田制度。在井田制中，国王把京畿之内的土地留给自己直接管理，其余的土地则以井田的形式分授给诸侯和一般平民，但诸侯与一般平民只有土地的使用权，而无所有权。

夏朝的土地分封制度同赋税制度是结合在一起的。诸侯分封到土地需要定期向国王交纳贡赋，平民分配到土地也要定期向国家交纳田赋。具体交纳的依据，夏朝按照"贡法"制进行。《孟子·滕文公上》所记载的"夏后氏五十而贡"，及赵岐《孟子注》所说"民耕五十亩，贡上五亩"证明了夏朝贡法制的存在，即夏代的农民在耕种自己的50亩"份地"外，还要耕种5亩"共有地"以供税收需求。

(二) 商朝

商朝沿用了夏朝的分封制与贡赋制度。

商朝原有侯、伯、子等爵位，有侯、甸、男、采、卫五服名称。在分封过程中，受封者接受国王的爵和服，就得到了所封的土地，同时也要尽其义务：一是按照规定的标准向国王交纳贡赋；二是派军队替国王打仗。除奴隶主贵族之外，国王也会将一部分土地分给所在地的平民。

通过夏朝从氏族社会阶段过渡为早期的国家，后经过不断发展，到商朝已经建立起比较完备的国家机构，有各种职官、常备的武装（左中右三师），有典章制度、刑法法规等。商朝还实行世官制度，职官有中朝任职的内服官和被封于王畿以外的外服官之别。

商沿袭了夏的任土作贡，并将其制度化，无论内服与外服，均须向商王定期朝贡，连远在西方的氐人和羌人都不敢不来进贡和朝拜。《诗·商颂·殷武》："成汤，自彼氐（氏）羌，莫敢不来享，莫敢不来王，曰商是常。"

商代在实行贡纳制度的同时，还有劳役租"助"，要求农人助耕公田（籍田），收获皆为统治者所得，其比例约占农人收获的 1/10。殷纣王加征赋税，用以充实鹿台和巨桥。商朝的政治理念是神权观念笼罩下的政治思想，商代统治者"尚鬼""尊神"，所奉行的最高政治原则，就是依据"上天鬼神"的意志来治理国家。

（三）西周

西周时期实行的封建制度也称分封制，是周王室把疆域土地分封给诸侯的社会制度。分封制下，国家土地分别由获得封地的诸侯所有，而非完全属于周王室，诸侯拥有分封土地的所有资源和收益，只需履行向周王室缴纳一定进贡的义务。

宗法是分封制的基础，也是中国古代社会血缘关系的基本原则，其主要内容是嫡长继承制。宗法制度在西周时期得到了充分的发展，统治者希望通过该制度维护其地位及特权。而作为分封制的经济基础，井田制度体现了中国封建社会生产关系的主要部分，在西周时期得到了进一步发展。西周实行井田制，每隔 3 年，耕作者之间更换一次分配的田地，普遍采用熟荒耕作制，使得农业生产进步很大。

周礼制度是表示等级制度的典章制度和礼仪规定，名目繁多，是维护等级制度、防止"僭越"行为的工具。礼乐制度自周公制定后，任何人都不能修改，周王有权惩罚违礼的贵族。

西周时期的政权实行著名的两都制度，有首都"宗周"和陪都"成周"。宗周处于西部边陲，不仅无法对中原地区实施有效控制，还面临着西北方向戎族的威胁，在地处中原咽喉的洛邑附近建立陪都则可有效统治殷商遗民及周围少数民族。

此外，西周时期奴隶制度盛行，奴隶可在市场上被买卖。据《周礼》，"隶"有"罪隶"与"四翟之隶"两种，罪隶是由于男女本人被判罪或家人犯罪而从坐的，也称为"奴"；四翟之隶从事畜养牛马禽兽以及把守宫舍。这些奴隶都属于官府。

周王朝刑罚严格、登记分明，有"礼不下庶人，刑不上大夫"之说。西周在《禹刑》和《汤刑》的基础上制定了《九刑》，其主要内容在于严厉惩治所谓"盗""贼"行为，以维护奴隶制度的基本法则和奴隶主贵族的根本利益。

三、夏、商、西周时期的军事

（一）夏朝

夏朝的军队，是为了维护统治而建立的专职征战工具。夏以前，各部落、部落联盟之间的征战由部落内部的青壮年男子负担。夏朝建立后，中原形成了统一的部落共同体，并出现了国家机构。夏朝统治者为维护奴隶主贵族的利益，建立了一支奴隶主军队，军队由夏王掌握。《尚书·甘誓》记载："用命，赏于祖；弗用命，戮于社，予则孥戮汝。"可见，夏朝的军队已经有严格的纪律，并实行奖惩制度，对勇敢作战、执行命令的人给予奖励，反之则予以惩罚。

由于夏朝处在阶级社会早期，生产力还不是很发达，因而夏朝的军队数量不多。夏朝没有常备军，只有贵族组成的平时卫队，作为夏王的警卫。如果发生战争，夏王就临时征集奴隶组成军队进行战斗。

（二）商朝

商朝除王室拥有强大的军队外，各宗族或各诸侯国也都掌握相当数量的军队。商朝时期人口约 500 万～700 万人，士兵约 12 万～15 万人。"王其令五族戍"（《殷契粹编》）、"令多子族从犬侯寇周，叶王事"（《殷墟书契续编》）等卜辞表明，这些宗族或诸侯国的军队须听从商王的调遣。

（三）西周

西周保持了庞大的军旅。分封的诸侯国都有一定的武装力量，且受周王调遣，实际上也属于整个周王朝武装力量的一部分。重大的征伐，通常由周王亲自率兵，若周王不亲征，则指派重要的卿士统率中军，作全军的指挥者。

军队作为西周国家政权的又一重要支柱，充当着对内镇压异己、守卫疆土，对外征伐和扩张的职能。西周时期的势力范围及影响力已远超夏朝和商朝，国力非常强大。

第二节 夏、商、西周时期的货币

货币是交换的产物。社会分工出现以后，产生了商品交换和生产，而商品生产形式发展到一定阶段方产生货币。相传早在神农氏时期，便已有"日中为市"的市场雏形，但当时的交换仅为物物交换，没有货币。在生产力不断发展的情况下，交换逐渐成为经常的现象，当为适应交换需要而产生的等价物固定在一种商品上时，便赋予了该商品货币的属性。

在 3000～4000 年前的新石器时代晚期，我国南海有种天然海贝——齿贝，得之不易、可做装饰、便于携带、易于计算。齿贝以绳索穿系，用作商品交换的等价物，是中国最早的货币之一，称之为"货贝"。货贝是夏商周三代的重要货币，以"朋"为计量单位，小贝 10 枚为 1 朋。

商朝时期，由于铜器的使用和第三次社会大分工的出现，社会生产力提升很大。当时，贝的使用较前朝更为普遍且数量大，已成为社会财富的一般代表。另根据考古发现，随葬贝在商代墓葬中已很常见，成为人们普遍追逐的对象。商朝后期，出现了金属铸币，是我国金属铸币的开始。

随经济贸易发展，为弥补自然货贝流通不足，商周（公元前 16 世纪—前 8 世纪）出现了仿制的石贝、玉贝、骨贝、蚌及陶贝等，统称仿贝。根据所选材质，仿贝分为铜仿贝、石贝、玉贝、骨贝、蚌及陶贝等。

西周货币仍以贝币为主。西周青铜器铭文记录的贝数有：一百贝、二百贝、一朋二百、一朋、二朋、三朋、五朋、十朋、十四朋、二十朋、三十朋、五十朋、八十朋、百朋等。西周除了用贝外，还有称量货币铜和黄金。青铜称量货币的发展在当时处于顶峰，有铜贝、铜块、铜饼、铜器残片等不同形态。另外，西周的粮食、布帛等也具有货币性。

一、夏、商、西周时期的贝币

"菁菁者莪，在彼中陵，既见君子，锡我百朋"（《诗经》），"朋"是我国古老货币之一——"贝壳"的计量单位。贝壳是我国最古老的实物货币之一，也是夏朝至西周时期最主要的货币形式。

海贝最初被用来当作装饰品，因其外观光泽和漂亮而受到人们的喜爱。后因其坚固耐用、方便携带、易于计量的特点，被当作货币，用来计算数目和表现商品价值。世界上许多滨海的民族曾长期地、普遍地将海贝作为货币。亚洲中国、印度和缅甸等国家，以及北美地区的阿拉斯加印第安人、非洲沿海和大洋洲的新几内亚等，都曾把海贝当作货币使用。

根据目前的文献记载和考古发掘证明，海贝在我国作为货币使用最早是在夏朝，在夏商西周不同时期使用的贝币种类不一，但其作为主要货币形式的地位没有改变。

（一）夏朝的贝币

《史记·平准书》记载，"农工商交易之路通，而龟贝金钱刀布之币兴焉，所从来久远。自高辛氏之前尚矣，靡得而记云……虞夏之币，金为三品，或黄或白或赤，或钱或布或刀；或龟、贝。"表明夏朝曾将龟壳、贝壳用作货币。夏朝时期使用的贝壳一般是黑色的。据《礼记·檀弓上》记载："夏人尚黑，殷人尚白，周人尚赤。"夏朝人崇尚黑色，所以用黑色的贝（或是把贝染成黑色）作为货币，称"玄贝"。

夏朝时期使用的贝币主要是海贝，除此还有各种仿贝，如骨贝、石贝等。这些在夏文化遗址的发掘中有所发现，说明当时贝作为货币的使用是比较广泛的。

（二）商朝的贝币

通过对发掘出土的商朝时期大量货贝的考察，可以发现货贝在商朝时期的形制以及发展情况。商朝的货贝发展可以分为三个阶段。

第一阶段是小孔式货贝。该阶段是货贝作为实物货币的初期，还保留着其作为贵重装饰品的特征，贝壳尽可能保持自身的完美，在磨制或凿制穿孔时，只是在海贝的顶部磨一个或两个细小的小孔，小孔的直径一般不超过两毫米。

第二阶段是大孔式货贝。随着货贝的流通和使用越来越频繁，小孔式的货贝因为不方便穿系携带，不再适应人们的使用需求，因此人们将货贝的顶部由一两个细小的穿孔变成一个比较大的穿孔，呈现出不规则的椭圆形，穿孔的直径约为3~8毫米，或者更大一些。改进之后，海贝作为实物货币的职能更为加强了，整个商朝的货贝基本上就处于这一阶段。

第三阶段是背磨式货贝。这个阶段的货贝周边几乎全被磨掉，只保留象征货贝主要特征的腹部，货贝的体积大为缩小，重量也减轻了1/10左右，这样加工的货贝使用起来更加方便。背磨式货贝为贝币的高级阶段,也是最后阶段,在商朝晚期开始出现,从西周到春秋时代得到普遍使用。

(三) 西周的贝币

西周时期的贝币虽然还在实物货币中充当主角,但它的地位和作用较之以前却有所下降。这一时期使用的贝币是背磨式货贝,和其并行使用的实物货币还有块状金属和铜贝,但货贝在西周的货币体系中仍然占据着主要的地位(见图2-1)。

从西周的青铜器铭文记载来看,周天子和贵族赏赐臣下货贝的情况相当普遍,另外,西周的墓葬中出土随葬货贝的现象也很普遍,这些现象都表明贝币在西周时期货币使用中的重要地位。

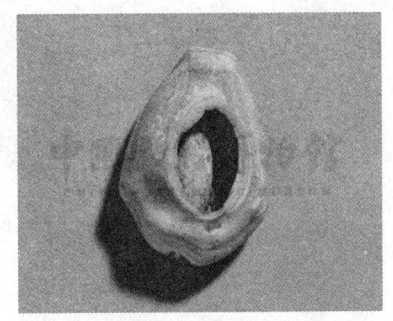

图2-1 天然贝(货贝,图片来自中国钱币博物馆)

二、夏、商、西周时期的金属货币

金属货币有金属称量货币和金属铸币两种形态。金属称量货币是较原始的金属货币,没有固定的形状和重量,使用时要用秤来称量其重量并鉴定成色。金属铸币即钱币,便于交易的支付。

由于金属具有坚固耐磨、质地均匀、可分割等优点,在和其他实物货币共同使用的过程中展现出优越性,逐步成为具有统治地位的货币形式。据西周青铜器铭文记载,到西周中期,大致在周恭王以后,金属货币在流通领域中地位开始上升,并开始取代实物货币,货币使用中,金属开始多于贝。

(一) 青铜称量货币

金属称量货币保留原始货币具有的交换和实用的特点,逐步成为一种本位货币。纵观世界历史,除古代中国外,古埃及、古亚述、古巴比伦都曾长期把青铜块和金银作为货币使用,并按照重量计算价值。

关于金属称量货币的记载,商朝时期很少,而在西周的铜器铭文中较多。商周时期青铜称量货币的形态,主要是经过冶炼浇铸而成的青铜块、青铜饼和青铜器残片。

青铜称量货币的主要形态是青铜碎块(包括铸造铜器时残留的青铜渣)(见图2-2)。它们大小不一,重量各异,轻则几十克,重则几千克,一般呈不规则的碎块状。青铜称量货币主要出土于陕西扶风、岐山两县交界处的古周原及河南洛阳、江苏句容等地的铜器窖藏与墓葬中,尤以江苏句容等地出土的最为重要。

青铜饼是指青铜铸成的圆饼状铜块。在陕西境内出土了三块铜饼,其直径20～31厘米,厚1～1.9厘米,重5000克左右。

青铜器残片是青铜器(包括礼器、兵器、生产工具等)损坏后的残破碎片。它们的形制、大小、重量因器而异,各不相同,在河南洛阳、陕西周原的西周墓葬和铜器窖藏屡见出土。

三枚青铜块从小到大依次重197克、326.3克、912.6克。青铜块在商周时期曾被用作称量货币，主要出土于陕西、河南、江苏、浙江等地的窖藏与墓葬中。

图2-2 先秦青铜块（图片来自中国钱币博物馆）

（二）铜贝

早期金属称量货币的铸造并不细致，只是制成粗条、长锭、方块、圆饼等形态。这些金属称量货币在使用时有许多不便之处，例如在交易支付时要检验其成分、称重量等，工作繁琐。因此，金属货币逐步发展至下一阶段——金属铸币，即钱币。金属铸币是指按照一定的重量、成色和规格铸成的金属货币，通常带有文字、图像或花纹等标记，是专门用于交换的媒介。其本身不直接用于消费使用，交易支付时，一般不再称量其重量，而是清点其数目。

图2-3 商铜贝（图片来自三星堆博物馆）

中国历史上最早的金属铸币可能是商朝的铜贝（见图2-3），殷墓中已有铜贝出土，只是缺乏文献资料记载。铜贝由青铜模仿贝壳的形状铸造而成，顶部铸有磨孔。1977年，在山西省保德县林遮峪村商朝墓葬中出土了铜贝109枚，同时还有113枚海贝出土。西周《稽卣》铭文中出现的赏赐的贝没有以"朋"为计量单位，而是以"寽"①为计量单位，说明此处不是海贝而是铜贝。

史料反映商朝和西周时期部分金属货币已开始脱离称量货币的原始状态，而仿照贝币的形式来铸造新的金属货币，可以称得上是金属铸币的萌芽。但从严格意义上讲，这种金属货币仍算不上纯粹的金属铸币。当时铜贝的铸造规格还不完全统一，轻重大小也不完全一致，在使用时不能按照数量而只能按照重量来计算，在内容和形式上没有完全脱离金属称量货币的影响。

（三）仿制贝

事实上，商周时期除铜贝外，还有仿制贝。在商朝和西周的墓葬中，出土了不少仿制

---

① "寽"为重量单位，主要有两种标准，一种是十一铢二十五分之十三等于一寽，即百寽等于三斤；另一种是三寽等于二十两，见彭信威《中国货币史》。

贝。这些仿制贝一部分用作装饰，如玉贝、骨贝等，其他绝大部分被用作货贝的替代品，充当货币的职能。由于真正的贝壳来源有限、数量较少，难以满足商品经济的发展对货币的需求，因此制造了仿制贝作为代替（见图2-4）。

商朝和西周时期虽出现了金属货币，但根据文字记载和考古发掘情况，其数量仍较少，无法从根本上动摇实物货币的统治地位，且铜贝还只是金属铸币的一种萌芽状态，未得到充分发展。金属货币的普遍使用是从春秋战国时期开始的。

图2-4 铜仿贝
（图片来自山东大学博物馆）

第三节 夏、商、西周时期货币的功能

一、货币的职能

（一）贝币的货币职能

贝壳在夏商西周时期体现的货币职能主要是支付手段和价值尺度。

1. 支付手段

有关商朝的历史资料，《宰椃角》中记载："易（赐）贝五朋，用作父丁尊彝。"再如《邑罨》中记载："易小臣邑贝十朋，用作母癸尊彝。"《俎子鼎》中记载："王赏伐甬贝二朋，用作父乙鬻。"而贝是不可能用来直接制造青铜器的，因此，上述记载中的"贝"，应是用作购买青铜等各种原料的货币。

与商朝的铭文记载相同，西周青铜器铭文中也记载有一些关于货贝用来购买青铜礼器的文字。如《小臣静彝》记载："……王易（赐）贝五十朋，扬天子休，用乍（作）父宝尊彝。"又如《遽伯睘簋》记载："遽伯睘乍宝尊彝。用贝十朋又四朋。"这些记载都反映了使用货贝来作为铸造青铜器的费用，说明了货贝作为支付手段的货币职能。

2. 价值尺度

1975年2月，在陕西省岐山县董家村发掘出一座西周时期的青铜器窖穴。出土的文物中有一件周共王时期的青铜器窖藏"裘卫盉"（见图2-5），或称作"卫盉"，上面记载有一篇重要的铭文："佳（唯）三年三月，既生霸壬寅，王禹旗于丰，矩白庶人取瑾璋于裘卫。才（裁）八十朋，厥贮，其舍田十田。矩或取赤虎（琥）

图2-5 裘卫盉
（图片来自陕西历史博物馆）

两、两靶（韦合）一，才（裁）廿朋。其舍田三田。裘卫乃雉（矢）告于伯邑父，荣伯，定伯，亮伯，单伯，乃令（命）参（三）有司，司徒、微邑，司马单舆，司工（空）邑人，服眔受田。燹、（走甫）、卫小子瑶逆者（诸）其卿（飨），卫用作朕文考惠孟宝盘，卫其万年永宝用。"提到了盉的主人裘卫用了一个价值80朋的堇璋换取了10田（1000亩），又用两张虎皮、两件鹿皮蔽膝、一件皮披肩一共价值20朋的东西，换取了3田（300亩）。这篇铭文反映了贝币不仅具有支付手段、储藏手段的职能，同时还具有社会公认的价值尺度的职能。在进行等价交换时，即便不用贝币来购买，以物换物，也要先把各自的交换物折合成贝币来计算。

（二）铜的货币职能

商西周时期，铜主要用于行使价值尺度和流通手段的职能。商朝对铜作为货币的记载很少，而西周铜器铭文中的相关记载较多。铜主要有两种用途。一种是赐金，如《禽簋》铭文中记载有成王赐伯禽金（铜）100寽、《几父壶》铭文中记载有赐金10钧，这里的"寽"和"钧"都是重量单位。另一种是罚金，如《师旅鼎》铭文中提到由于师旅没有带领部下随同周成王出征被大法官处以罚金300寽、《训匜》铭文中记载牧牛打官司被认定为诬告在减刑后的罚铜300寽。

二、货币的购买力

夏商时期关于货币购买力的记载较少，因此这里仅对西周时期的贝币以及铜的购买力进行说明。

西周初年贝币的购买力相当高。成王时的矢令簋铭说："姜赏令贝十朋，臣十家，鬲百人。"此处"臣"是有家室的管家奴隶，"鬲"是普通的单身奴隶，而根据金文和考古发掘出土实物，1朋应是10贝。一般来说，铜器铭文所载赏赐物，都是按照价值从高到低的顺序排列。说明当时10朋贝比10个管家奴隶或100个普通奴隶的价值更高。商末周初金文记载赐贝10朋以上的颇为少见，"贝十朋"或"卅朋"在当时都是大数，可以看出西周初年贝币的购买力很高。大概自穆王以后贝币的购买力有明显下降，金文记载赐贝的数量也多了起来。

《易经》作为西周初年的著作，是古文献中关于贝币购买力的珍贵史料。当时的大龟产于远海，不仅是美食，而且龟壳也是占问鬼神的主要材料，价格较昂贵。《易经·损》载："或益之十朋之龟，弗克违"，说明西周初年一只大龟的价格是10朋贝币。

关于贝币对青铜礼器的购买力，成王时的遽伯睘簋铭记载："遽伯睘作宝樽彝，用贝十朋又四朋"，说明这件铜簋在当时的价格为14朋贝。

璋是商周统治阶级朝觐祭祀时使用的一种礼器，形状像半个圭。根据史料记载，璋的质地、大小不同，价格也有差别。史颂簋所载玉璋的价格高于200朋贝，大簋等所载玉璋的价格都高于100朋贝。由此可见，西周时期的玉璋非常贵重，其他玉器的价格也很高。

据裘卫盉铭记载，当时80朋贝可购买土地10田，20朋贝可购买土地3田。田是周代土地的计量单位，换算成今天的单位亩，再考虑到土地的地势、肥瘦等自然条件不同导致的价格不一致，可知共王时1朋贝可购买土地12.5～15亩，合今7.5～9亩，即当时一枚贝币可购土地0.75亩或0.9亩。

马是我国古代主要的交通畜力，也是战车的动力。由于军事和贵族生活的需要，古人对养马非常重视，陕西出土的盠马尊记载了周王亲自举行"执驹"的典礼，因此西周时良马的价格较昂贵。根据共王时的格伯簋铭，一匹好马的价格是50朋贝。

孝王元年的曶鼎铭文是目前所知的最早用青铜称量货币来计算物价的珍贵史料。曶鼎铭曰："诞买兹五夫，用百寽。"这段铭文是说，买这5个奴隶要用一百寽青铜称量货币，可以得出当时一名奴隶的价格是20寽铜。另外，根据铭文中的其他内容还可以推测出孝王时一个奴隶的价格是20朋贝，等于一匹良马价的2/5。

第四节　夏、商、西周时期的金融政策

一、夏、商、西周时期的信贷政策

经济意义上的"信用"，是指借贷行为或债权债务关系，包括实物借贷和货币借贷。金融学所说的信用即是指经济意义上的。中国历史上实物信用出现于西周时期，此时期不仅有私人信用，而且开始出现政府信用，有了专司政府借贷的中国最早的信用机构。

《逸周书·文酌》中提出国家实行的"五大"政策中，第五大政策为"农假贷"。说明西周时期已经出现了农业贷款政策，其目的在于使农民得以维持正常的再生产，是一种低息贷款。

《周礼》中称泉府职能之一是管理国家信用。此处泉府为官名，"泉"通"钱"。地官司徒所属有泉府，掌管市场的税收，收购市场上滞销商品以待将来需要时出售，管理百姓对财物的借贷及利息。西周时期的国家信用分赊和贷。赊，是祭祀、丧纪，百姓向官府赊钱买物，用于祭祀，10天后还钱，用于丧事的，3个月后还钱。因为都是消费性开支，所以不收利息。贷，是一般借贷，所贷的是货物，因为用于经营产业，会带来收入，要收利息。《周礼》中还规定官府对民间债务的审理，但是并未提到民间借贷的利率问题，只要有借据，不管利率高低都是合法的。

二、夏、商、西周时期的货币制度

货币形态经历了由商品货币到非商品货币、由低级到高级的演变发展过程。即先是由一般商品作为货币（实物货币），然后出现金属货币（金属铸币），最后出现纸币（信用货币）。货币形态的演变与经济的发展水平相关联，货币制度则随着货币形态的演变而发生变化。

夏、商、西周时期的货币制度经历了实物货币时期和金属货币时期两个阶段。

（一）实物货币时期的货币制度

夏朝至周朝青铜文明之前是货币产生的初期，表现出货币种类多样且不固定，以重要生产资料为主的特点。此时的货币处于发展初期的过程，没有形成固定的货币制度，对这

一时期的考古也没有找到具体的史料记载和成文的货币制度。

（二）金属货币时期的货币制度

金属货币时期是我国古代货币制度产生并逐步实现统一化和体系化的时期，开始于商周的青铜文明。这一时期确立的货币制度有三个方面，分别是：金属货币的形式固定、子母相权制和铸币权国有制。

随着青铜冶炼技术提高，商周时期以贝壳为原型的铜贝出现，我国正式进入金属货币时期。金属货币的出现是农业生产力发展，商品经济推动的结果。脱离了实物货币，货币开始成为人工产物，是真正的一般等价物，为商品流通和借贷活动提供了便利。虽然货币仍未完全统一，但周朝已经出现了我国最早的官方金融机构——"泉府"，其主要职责就是管理市场上的货币流通活动、税收、集市贸易和官方借贷等。这意味着，在国家行政管理体制内已经出现货币管理机构等内容。

我国古代货币制度的主要惩罚手段表现为"刑"，即刑罚是我国古代货币制度得以实施的重要助力，这是由我国古代国家制度的起源决定的。与西方产生于贵族与平民的相互妥协、私法制度繁荣的国家组织不同，作为统治者王权的重要组成部分，货币制度发挥着掌控资本的重要作用，历代统治者都通过货币形式立法不断加强对货币的掌控能力。例如，在货币统一之初就确立的铸币权垄断原则延续两千年不变，私铸、伪造货币的刑罚不断加重。

三、夏、商、西周时期的经济政策

（一）土地制度——井田制[①]

井田制是夏商西周时期将土地划为方块田并定期进行分配的田制形式（见图2-6）。它由天子、诸侯、卿大夫、士、村社成员多层次复合所有。

关于井田制度，商周有较完善的模式，由于周朝留下的历史记录相对较多，显得也更为成熟，这里主要介绍西周时期井田制度的实施。井田制度作为分封制的经济基础，体现了中国封建社会生产关系的主要部分，它与宗法制度紧密相连，在西周时期得到进一步发展。周天子在名义上是全国土地和百姓的最高主宰者，所谓"溥天之下，莫非王土；率土之滨，莫非王臣"。他以天下宗主身份，将土地和依附在土地上的百姓分封给新旧诸侯，诸侯国的国君在封地范围内又有最高的权力。由于生产力发展水平的限制，古代封建制国家的垦田是有限度的，主要集中在一些都邑的周围。特别是王都和诸侯国都的近郊，比较好

图2-6 井田制度示意图

[①] 井田制距今年代久远，孟子对井田制的追述有很多令人费解乃至被认为自相矛盾之处。受疑古思潮影响，胡适、万国鼎、齐思和、胡寄窗等人认为井田制在中国历史上并不存在，只是孟子的虚构，但更多的证据支持井田制存在的观点，考古发现也提供了佐证。

的熟田大都集中在这里。这些良田，都是经过精心的整理，按正南北和正东西的方向，有纵横交错的大小道路和灌溉沟渠，整治成十分方正的大小相连的方块田，这就是标准的井田。井田的整理，一般是以每1方块为100亩（约合今31亩多），作为1个耕作的单位，称为1田。纵横相连的9田合为1井，面积约为1平方里（今25万平方米）。10井称为1成，100井称为1同。也有以1田为1夫，10夫为1井，再以百夫、千夫作为计算田地的单位。

在井田制度下，西周时期每个男性主要劳动力授田百亩（相当于31亩多），每隔3年耕作者之间更换一次分配的田地。当时普遍采用熟荒耕作制，使得农业生产有了很大进步。

（二）赋役制度

在赋役制度上，夏行贡法，商贡助兼用，周行贡、助、彻。无论井田制还是贡、助、彻，都不是静止不变的，不但各自有制度变迁，相互之间还有制度关联。《说文解字》："贡，献功也。""贡"是中国最早的赋税形式，其前身为氏族社会部落成员及其他部落向部落首领的献功或献礼，以供头领生活所需及氏族祭祀之用。

在夏之前的氏族社会，贡为成员或藩属向氏族首领献功以示臣服效忠之意，夏王朝建立后，则转化为由国家强制规定的贡纳，而禹是这一转变过程中的关键人物。禹因治水有功，使万邦宾服，《禹贡》记载各地贡纳尤详，随禹迹之所至，供奉各地之物产，品类繁多，不胜枚举。禹在治水的过程中对九州的土地进行了全面普查，根据土壤的肥瘠程度，将耕地分为上、中、下三品，根据土地的品类，征收定额实物地租。为方便起见，夏朝还视各地离王城之远近采取不同的贡纳方式。夏朝形成了完整的贡赋体系，对中邦，五十而贡，对方国，任土作贡。为征收贡纳，禹经常召集诸侯开财政会议，可以说是中国土地课税的开创者。

夏时的贡纳是通过对禹个人权威的宾服实现的，国家强制的色彩尚不明显。商通过武力征服建立国家，与夏相比，对土地与劳动者的控制均有所加强，同时武力征伐的结果使得商王及其分封的诸侯能够拥有自己的籍田，这使得商朝体现为"力役之征"的助法成为可能。商朝的助法，是指百姓不直接以实物纳税，而是以劳务方式纳税。1块井田分为等同的9块地，每块70亩（现在的14亩左右）。八块分给八家耕种，一块是公田，八家合种。私田的收成归各户所有，公田的归国家，这样要丰收都丰收，如果歉收则都歉收。另外商朝开始实行班爵制度。《尚书·酒诰》："越在外服，侯、甸、男、卫、邦伯；越在内服，百僚、庶尹、惟亚、惟服、宗工越百姓里居（君）。"表明在殷商之时，针对王畿的外服地区已采行分封授爵，而侯、伯、子、男等爵位也都见于卜辞之中。商沿袭了夏的任土作贡，并将其制度化，无论内服与外服，均须向商王定期朝贡，连远在西方的氐人和羌人都不敢不来进贡和朝拜。

周朝实行封土授民，层层分封的宗法等级关系，在赋税上通过自下而上的层层贡纳得以体现。根据"服"区的远近，周王朝规定出轻重不等的贡纳义务，形成严密的制度。对于懈怠纳贡的藩属方国，周王朝会进行武力讨伐。商朝的"助法"也在周代得到了继承。据《礼记·月令》记载，西周时期每年在孟春之月举行籍田礼，周王要象征性地推耕三下，启动春耕。《诗经·周颂·噫嘻》中体现了周成王时籍田的规模之大以及助耕的声势之大，可推测诸侯分封的籍田数量想必也十分可观。西周时期还实行"彻"法。周朝的井田，9块土地，每块100亩（现在的20多亩），所以，一井900亩。同样授与八家共同耕种，但最后八家分800亩的收成，另100亩的收成上缴国家。《孟子》："周人百亩而彻"，这就是"彻"法。由于公田和私田的收成混在一起，公田、私田不分，杜绝了偷懒，增加了劳动热情，使田赋收入增加。

八家共井是井田制的典型形式，但井田制不限于八家共井。井田制并非一成不变，有发展、演变乃至衰落的过程。夏代井田无公田，行贡法；商代井田有公田，贡助兼用；西周井田国中无公田，行彻法，野中有公田，贡助兼用；西周后期公田衰落，野中彻法渐居主导。整体而言，夏、商、周三代的田赋制度，越往后税制越复合，西周时贡、助、彻并存。但西周晚期，国力衰落使贡赋减少，籍田衰落使助耕减少，税制趋向于简化，以彻为主。因此，就田赋而言，夏以贡为主体，商以助为主体，周以彻为主体。

第五节 金融人物与案例

一、夏朝

夏禹

在夏之前的氏族社会，贡为成员或藩属向氏族首领献功以示臣服效忠之意，夏王朝建立后，则转化为由国家强制规定的贡纳。禹是这一转变过程中的关键人物。

《史记·五帝本纪》："……唯禹之功为大，披九山，通九泽，决九河，定九州，各以其职来贡，不失厥宜。"禹因治水有功，使万邦宾服，"自虞、夏时，贡赋备矣"（《史记·夏本纪》）。孔安国在为《尚书·禹贡》作的序中称，"禹别九州，随山浚川，任土作贡"。《禹贡》记载各地贡纳尤随禹迹之所至，供奉各地之物产，品类繁多，不胜枚举。藩属的部落方国要向夏王朝贡纳方物，《左传》宣公三年之记载可为佐证："昔夏之方有德也，远方图物，贡金九枚，铸鼎象物。"除了"任土作贡"，夏代还采行孟子所谓的"五十而贡"。禹在治水的过程中对九州的土地进行了全面普查，根据土壤的肥瘠程度，将耕地分为上、中、下三品，《通典·食货志·赋税上》称："禹别九州，量远近，制五服，任土作贡，分田定税，十一而赋。"即《尚书·禹贡》所言"咸则三壤，成赋中邦"，根据土地的品类，征收定额实物地租。为方便起见，夏朝还视各地离王城之远近采取不同的贡纳方式。《尚书·禹贡》记载："五百里甸服：百里赋纳緫，二百里纳铚，三百里纳秸服，四百里粟，五百里米。"即离王城100里以内纳全禾，100里至200里纳禾穗，200里至300里纳带稃的秸秆，300里至400里纳粟，400里至500里纳精米。

夏朝形成了完整的贡赋体系，对中邦，五十而贡，对方国，任土作贡。为了征收贡纳，禹经常召集诸侯开财政会议，《左传》哀公七年载："禹会诸侯于涂山，执玉帛者万国。"《史记·夏本纪》记载："或言禹会诸侯江南，计功而崩，因葬焉，命曰会稽。会稽者，会计也。"可见夏朝就有了会计，则必然有货币。后人顾炎武在《日知录》中称："古来田赋之制，实始于禹，水土既平，咸则三壤，后之王者，不过因其成迹而已矣。"

二、商朝

妇好

妇好是我国有历史记录的最早的女政治家和军事家,中国历史上第一位有据可查的女英雄。商王武丁60多位妻子中的一位,死后庙号"辛",生活于公元前13世纪后半叶武丁重整商王朝时期。在现存的甲骨文献中,妇好的名字频频出现,仅在安阳殷墟出土的1万余片甲骨中,提及她的就有200多次。大量甲骨卜辞表明,妇好多次受命征战沙场,为商王朝拓展疆土立下汗马功劳。她还经常受命主持祭天、祭先祖、祭神泉等各类祭典,又任占卜之官。

妇好有着自己的封地和财产。武丁为感激妇好的贡献,将井方赐予妇好作为封地,妇好在自己的封地上,就是一切的主宰,她主持封地范围内的一切事务,拥有田地的收入和奴隶民众。她还向丈夫武丁交纳一定的贡品,一切都按照国王和诸侯的礼仪来办理,卜辞说:"妇好示十屯。宾。"(《合集》)"示"是"进献"的意思,"屯"就是"纯",是占卜用的甲骨的计量单位,两片牛肩胛骨(即左右肩胛骨)为1纯,"十屯(纯)"就是20片牛肩胛骨。最后的"宾"是武丁时期的卜官,是他接收了妇好进献来的卜骨,所以在卜骨上刻上自己的名字,表示是自己签收的。还记载她向大商进贡卜龟,卜辞说"好入五十",卜辞中凡是说多少屯(纯)的是卜骨,仅说数字不说量词的是卜甲,就是占卜用的龟甲,这在古代是很难得、很宝贵的东西,称为"宝龟",妇好一次贡50件,说明妇好很富有。

妇好墓于1976年在河南安阳小屯西北被发现(见图2-7),虽然墓室不大,但保存完好,随葬品极为丰富。该墓共出土随葬物品1928件,其中青铜器440多件,玉器590多件,骨器560多件。此外还有石器、象牙制品、陶器以及6000多枚贝壳。妇好墓出土的器物异常精美,如工艺精湛的小玉人、镶嵌绿松石的象牙杯等。在出土的大量的青铜器中,有多件上面铸有"妇好"的铭文。特别是一件带有"妇好"铭文的武器"钺",被学界普遍认为是妇好可以领兵打仗的权力标志。

图2-7 妇好墓(图片来自河南安阳市殷墟博物苑)

墓内所出的铜礼器和武器,以及大量玉石器等,大体上反映了武丁前后商王朝礼器群的类别和组合,是研究商代礼制的重要资料。大型青铜礼器、武器和大量的玉器、象牙器也显示了商王朝的兴旺和手工业的发展水平,其中"妇好"鸮尊是迄今发现的最早的鸟形酒器,其使用的造型、精巧的纹饰,具有商代铜器的大气肃穆和独特神韵,证明了中国青铜时代发展的高峰(见图2-8)。另外,从玉器可以看出在发展过程中吸收了新石器时代某些文化的先进因素,如红山文化的玉龙、"猪龙",良渚文化的琮、璧等,并不断发展和创新,丰富了商文化的内涵,为祖国的文化增添了光彩。

图2-8 妇好青铜鸮尊(图片来自河南安阳市殷墟博物苑)

三、西周

(一)多友鼎的故事

多友鼎是西周晚期青铜器(见图2-9)。1980年陕西长安县下泉村出土。通高51.5厘米,口径50厘米。饪食器。立耳,圜底,腹微敛,蹄形足,口下饰弦纹两道。内壁铸铭文分22行,279字。是研究西周时期战争史和周王朝与猃狁匈奴关系的重要资料。器表光素无纹,造型十分普通,但它腹内所铸的279字铭文却记录了一场鲜为人知的战争。考古学家根据铭文及造型将其称为"多友鼎"。现为陕西历史博物馆常设展品。

图2-9 多友鼎(图片来自陕西历史博物馆)

铭文大意为西周晚期周厉王时期的某年10月,猃狁即匈奴,侵犯京师,周王命武公派遣多友率兵抵御。多友在十几天内,共打4仗,都取得了胜利,杀敌350余人,俘获23人,缴获战车127辆,并救回了被俘虏的周人。武公将战绩报告给周王,周王赏赐给多友包括青铜在内的若干财物,为了感谢周王,也为了纪念这次胜利,多友铸造这件圆鼎以记其事。

周厉王名姬胡,是西周的第十代君王,他统治期间,繁盛一时的西周王朝已逐步走向衰败。当时周王朝北方边患不断,日益强盛的猃狁民族经常向南侵袭,严重威胁着周王朝。据记载可知,早在周夷王时,双方就曾在距丰镐二京不远的洛河北岸进行过一场激战,"震动了京师";而周厉王之后的周宣王时,北方猃狁也曾"侵镐及方,至于泾阳",直逼丰镐二京，大臣方仲和尹吉甫率军出击。多友奉王命抵御的这次"侵犯京师"的战役，与上述两次"欲犯京师"的战役相比，虽然规模略小但却更直接地关乎周王朝的存亡。然而，这次捍卫京师的重要战役却未见记载，多友鼎的铭文内容无疑成为重要的历史见证。

这篇铭文以纪实的手法记述了这次战役的时间、作战的方式、战争的规模及战争的结果，更为重要的是这次缴获匈奴 127 辆战车的记载，对我们了解匈奴的战斗实力提供了一份全新的资料。

（二）西周"九鼎"遗失之谜

九鼎是镇国神器，属于古代至宝。相传夏启收集珍禽异兽、奇异之物，绘画成图，让工匠仿刻于九鼎之身，以一鼎象征一州，九鼎象征九州，反映全国统一和王权集中，作为夏、商、周镇国之宝，相传 2000 多年。据称，拥有九鼎者就为天子。可惜后来九鼎失踪，西周九鼎的下落由此成为一个千古谜团。

根据《史记》记载，秦穆公把九鼎掠到秦国都城，但《汉书》却说，九鼎沉没于彭城泗水之中，一直未能找到。关于西周九鼎下落之谜，最被认可的猜测是埋于秦始皇陵中。公元前 256 年（秦昭王 51 年），攻伐赵国邯郸的秦军，继续向韩、赵发动攻势。值此之际，东方各国又发动联合抗秦。在韩、赵等国的影响与胁迫下，不识时务的西周公也卷入这次活动。联军打着周王的旗号，合纵抗秦，昭王大怒。秦国早就想在地图上抹去西周，尽快扫除统一天下的一个障碍。西周参与反秦，正好给秦国出兵以口实。公元前 256 年（周赧王 59 年，秦昭王 51 年），秦兵攻打西周，周王听西周公之言，以西周 36 城、3 万户降秦，秦王将周赧王贬爵为君，西周公为家臣，封于梁城（今陕西省韩城县南）。周王至梁城一月后而死，国除，置九鼎于咸阳（途中一鼎落于泗水，所以秦国只得到八鼎，但习惯上仍称九鼎）。自次年起（公元前 255 年），史家以秦王纪年。

公元前 255 年，九鼎迁秦，意味着秦王将为天下共主，可以名正言顺地讨伐各诸侯国。如果司马迁所说属实，九鼎应该落入秦始皇手中，何况杜牧有"始皇东游出周鼎"之说。秦始皇对九鼎十分珍爱，九鼎极有可能陪葬入秦始皇陵，这也成为目前一些考古学家鼓动开掘秦始皇陵动机所在。

课后习题

一、即测即练

自学自测　扫描此码

二、思考题

1. 商朝的青铜冶炼技术已经非常发达，对于当时的生产生活和祭祀活动产生了重大影响，尤其是青铜器上面的铭文，为后世了解当时的社会经济生活提供了帮助。请举一个例子来说明，哪一件青铜器对你的影响较大，并说明这件青铜器的来龙去脉。

2. 请分析西周时期的土地分封状况，说明土地分封制度的优劣。

3. 西周时期出现了专门的金融部门——泉府，请谈谈泉府这个机构的主要职能。

三、案例分析题

"成康之治"是指西周周成王（姬诵）、周康王（姬钊）的统治时期。因为"成康之际，天下安宁，刑措四十馀年不用"（《史记·周本纪》），周成王、周康王相继在位的40余年间所形成的安定强盛的政治局面，故称之为成康之治。成王在位时期，是西周最为强盛的阶段，天下安宁。康王在位期间，国力强盛，经济繁荣，文化昌盛，社会安定。

东都成周城落成后，辅政大臣周公（姬旦）还政于成王，周朝进入巩固的时期。成王及其子康王继承文王和武王的功业，务从节俭，克制多欲，以缓和阶级矛盾。又令周公制礼作乐，即王朝各种典章制度的创立和推行，大规模进行自周武王时开始的分封制。西周分封，是以宗法血缘关系为纽带，建立起周天子统辖下的地方行政系统，从而在一定时期内起到了加强周王朝统治的作用。分封制还为维护天子、诸侯、卿、大夫、士这一等级序列的礼制的产生，提供了重要前提。成康时代的诸侯，均由中央直接控制。康王之世，周还曾命诸侯征讨淮夷、东夷，加强对异邦的控制。

问题：请分析成康之治出现的原因。

参考文献

[1] 徐喜辰. 中国通史（第三卷）：上古时代[M]. 上海：上海人民出版社，1994.

[2] 罗琨，张永山. 夏商西周军事史[A]. 军事科学院主编. 中国军事通史（第一卷）[M]. 北京：军事科学出版社，1998.

[3] 朱治. 古钱新探[M]. 济南：齐鲁书社，1984.

[4] 蔡运章. 论商周时期的金属称量货币[J]. 中原文物，1987(3)：66-78.

[5] 冯晓明. 夏商周时期货币起源与发展研究[D]. 哈尔滨师范大学硕士学位论文，2011.

[6] 蔡运章. 西周货币购买力浅论——兼谈西周物价的若干问题[J]. 中国钱币，1989(1)：31-37.

[7] 王希岩. 井田制与贡、助、彻[J]. 山东师范大学学报（人文社会科学版），2014，59(1)：132-139.

 附录

货币时间线

时间	帝王	货币类型	
		贝币	铜币
公元前21世纪—前16世纪		夏代出现以自然贝为货币	
公元前16世纪—前11世纪			商代出现最早的金属货币——铜币
公元前16世纪—前8世纪		为弥补自然货贝流通不足而仿制的石贝、玉贝、骨贝、蚌贝及陶贝等，统称仿贝	
公元前1154年—前1122年	商纣王		传说商纣王厚赋税，以实鹿台之钱
公元前1122年	周武王		传说周武王克商，散鹿台之钱

第三章

春秋战国时期货币金融简史

《诗经·秦风·无衣》

岂曰无衣？与子同袍。王于兴师，修我戈矛。与子同仇！
岂曰无衣？与子同泽。王于兴师，修我矛戟。与子偕作！
岂曰无衣？与子同裳。王于兴师，修我甲兵。与子偕行！

第一节 春秋战国时期的社会概况

春秋（前770—前476）战国（前475—前221）时期，是一个革故鼎新的大时代。随着冶炼技术的不断提高，铁制工具应用到社会生产和生活的各个方面，社会迈入了铁器时代。社会生产力得到了空前提高，社会开始由奴隶制度向封建制度过渡。手工业不断发展，各种新兴职业如雨后春笋般不断涌现，盐铁、纺织、水利兴起，特别是这一时期商人出现并成为"四民"之一，繁荣的商业大都市如战国时期的临淄出现。以前以物换物的商业交换方式已经不足以满足人们日常生活的需要，货币的使用与流通在这一时期得到了极大的发展。总的来说，春秋战国时期是中国历史上大变革的时代，无论政治还是经济都有了很大的变化，社会面貌发生了前所未有的改变。

一、春秋战国时期的社会发展

西周时期，周天子保持着天下共主的威权。但是自平王东迁，周王室把都城由镐京迁到洛邑，东周开始，周王室开始衰微，只保有天下共主的名义，而无实际的控制能力。中原各国因社会经济条件不同，出现了大国间争夺霸主的局面，各国的兼并与争霸促成各个地区的统一。春秋战国时期，处于社会大动荡时期。社会上奉行侠义文化，即"士为知己者死"。战国时代养士之风风靡一时，著名的如"魏有信陵君，楚有春申君，赵有平原君，齐有孟尝君，皆下士喜宾客以相倾"。

春秋时期，简称春秋，是指公元前770年至公元前476年，属于东周的一个时期。据说鲁国史官将各国之间的重大事件进行统计，按年、季、月、日记录下来，一年分春、夏、秋、冬四季记录，这部编年史被人称为《春秋》。春秋时期周王的势力减弱，诸侯群雄纷争，齐桓公、晋文公、宋襄公、秦穆公、楚庄王相继称霸，史称"春秋五霸"（另一说认为"春秋五霸"是齐桓公、晋文公、楚庄王、吴王阖闾、越王勾践）。战国时期，简称战国，指公元前475年至公元前221年。中国历史上从东周后期至秦统一中原，各国混战不休，故被后世称为"战国"。战国初年，群雄鼎立，又以齐、晋、楚、越四国实力最强。后来，晋国遭遇分裂，晋国六卿范、中行、智、韩、赵、魏互斗，最终韩、赵、魏三家灭掉其他家族，瓜分晋国，韩国、赵国、魏国开始立足天下。之后，大国之间互相争斗，燕国崛起，秦国中兴，天下大势风云动荡。最终剩下七个主要大国：秦、楚、韩、赵、魏、齐、燕，也被称为"战国七雄"。

二、春秋战国时期的经济

春秋战国时期，经济高度发达、繁荣，商人成为一个普遍的职业。春秋战国初期，商人往往起到很大作用，比如弦高犒师。当时秦军奔袭郑国，商人弦高用12头牛来赠礼秦军，让秦军误以为郑国对秦已有防范，于是放弃了进攻。又比如儒商始祖端木赐，《论语》云："回也其庶乎，屡空。赐不受命，而货殖焉，臆则屡中。"颜回穷困潦倒，但端木赐作为鲁卫之相游走列国，周游列国时往往能以物易物而有所余得。春秋战国后期，商人已经是当时的一个普遍职业。《墨家》中记载："商人之四方，市贾倍徙，虽有关梁之难，盗贼之危，必为之。"《管子》："商人通贾，倍道兼行，夜以续日，千里而不远者，利在前也。"这些记录都形象地展示了当时商人的生活。

此外，春秋战国时期，商业大都市也开始出现。随着社会生产力的提高，人口不断增加，这无疑促进了城市的形成与发展，各个都市一开始设置"市"用于交易。《管子》中记载："聚者有市，无市则民乏"；《左传》："小人近市，朝夕得所求，小人之利也。"到了战国时期就出现了功能更加集中的商业大都市，比如临淄、邯郸、薛城等。《资治通鉴》有记载："大王之地方千里，地名虽小，然而田舍庐庑之数，曾无所刍牧。人民之众，车马之多，日夜行不绝，輷輷殷殷。"意思是大王的国土方圆千里，表面上虽然不大，然而村镇房屋的密集，已经到了无处可以放牧的境地。百姓、车马之多，日夜不停绵延不绝行于道路，熙熙攘攘，好似千军万马。由此可见当时的商业繁荣。

总的来说，春秋战国时期迅猛发展的商业经济与以物换物的商业交换方式已经不相适应，货币的使用与流通在这一时期得到极大的发展，货币经济在春秋战国时期完全确立，形成了我国璀璨耀眼的货币文化，源远流长，博大精深。

第二节 春秋战国时期的货币

春秋战国时期，由于政治动荡，各国之间的经济发展不平衡，加之环境不同、文化各异，造就了各诸侯国不同的货币形态。《管子·国蓄》中记载："五谷食米，民之司命也。黄金刀币，民之通施也。故善者执其通施以御其司命，故民力可得而尽也。"货币已经成为百姓生活中不可分割的一部分。这些货币在不同时间段、不同地区共同存在，形成了多元化的货币体系。

一、铜铸币

（一）布币

布币源自铲形农具，主要流通于春秋时期的周、晋、卫、郑、宋和战国时的韩、赵、魏等以农耕为主的国家。《诗经》："命我众人：庤乃钱镈，奄观铚艾。"意思是周王命令农人们准备麦收，要去视察收割。这里的"钱"在许慎《说文解字》中解释为："钱，铫，古田器"。"铫"即为铲形农具，而"镈"与"布"古音同，也是一种铲形农具，以"布"代"镈"，春秋战国时期的布币来源于此。由此可知，现在所说的"钱币"也与其颇有渊源。

图3-1 "安臧"平肩空首布
（图片来自中国钱币博物馆）

布币可以分为空首布与平首布。空首布主要流通于春秋时期，此时的布币形状与铲形农具类似，上端依然保留着插入木柄的空间，因其首部中空，被称为空首布（见图3-1）。空首布大小不一，质量多数在30克以内，具体按大小可以分为原始、特大、大、中、小等多种布币。一般来说，越早的布币，越接近演变的工具，因而有些布币更大，身长连首可达16.5厘米。由于空首布大而薄的形状和中空的首部，空首布容易损毁，不易携带。到了战国时期，空首布因不能满足百姓日常生活的需要，平首布应运而生。平首布的上端不再中空，变为扁平的实体，不能纳柄，重量逐渐减小，易于携带。由于各国发展不一，制成的布币也不尽相同，上印地名文字或者重量文字，如"一两""十二朱"，"朱""两"都是货币单位，可以说是最早的铢两货币。按首、肩、足、裆等形状特点大致可分为：尖足布、方足布、圆足布和釿布四个类型。尖足布，两肩上耸，两足尖，多流行于赵国，大的尖足布重约13克，小的只有6~7克（见图3-2）。方足布，裤足较为平直方正，多流行于晋、郑、卫、宋等国，形制更小，每枚平均只有5~6克。圆足布，圆首、圆肩、圆裆、圆足，多流行于晋国，有的布币带孔，在布首和两足上各开一个圆孔，俗称"三孔布"，被学者认为是日后秦国货币的前身。圆足布大小不一，小的重约9克左右，大的18克上下。釿布自成一类，虽然形制不一，但它铸明了釿的单位，成为一个重要的体系。釿可能是晋国或晋国一些地区的货币名称或价值单位，后来为魏国所采用。

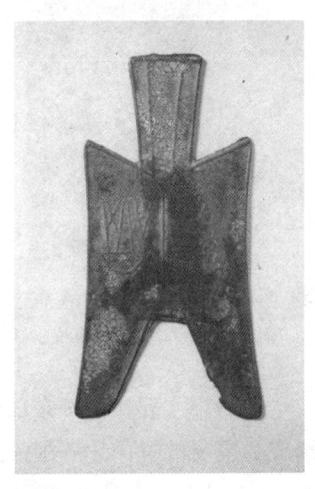

图3-2 "晋阳"耸肩尖足布
（图片来自中国钱币博物馆）

总的来说，布币是我国古代最为重要的金属铸币，它对金属铸币的产生、发展有着重要影响。现今，中国人民银行的行徽就是由3枚布币组成的（见图3-3）。

图3-3 中国人民银行行徽

(二）刀币

刀币又作"刀化（货）"，源自于捕猎或手工作业时的削刀，其流通范围比布币小，主要集中于善于狩猎的燕赵之地和捕鱼业发达的齐鲁大地。刀币的产生原因与布币类似，源于百姓日常生活中的主要生产工具。狩猎和捕鱼活动中，削刀可谓必不可少的工具，由此刀也就作为主要的货币传播开来。刀币的基本形状如今日之大刀，但与大刀不同，刀币的柄端有环，柄身有裂沟。有学者认为，圆环可能便于携带与计数，具有一定的实用性。

依据流通区域，刀币分小刀币和大刀币两大类型。小刀币主要流通于北部燕国、赵国，由于体形较小，又被称为小刀。小刀币种类繁多，根据形制不同，又可分为针首刀、尖首刀、明刀等不同类型。针首刀的刀首长而尖锐，酷似针尖，刀身短小而薄，每枚重量5~9克左右。其刀身往往镌刻纪数、鱼虫、牲畜等各式各样的象形文字。1932年，承德出土针首刀，1937年和1941年又相继有针首刀出土。因刀币的出土地为匈奴故地，也有人称针首刀为匈奴刀。尖首刀是燕国早期所铸的刀币，其形制硕大，制作精整，每枚重约16克左右。尖首刀也镌有文字，或是地名，或只作标记。从文字上来看，针首刀上有更为原始的文字，而尖首刀的文字年代较近，因此认为尖首刀的年代更近。明刀数量最多，在齐、赵、燕都有铸造，体态略有不同，但燕明刀最多。明刀形制类似尖首刀，但由于其铸造颇多，制作显得不太精整。明刀得名于其刀面的一字，此字千变万化，但都来源相同，一般认为此为"明"字，有学者认为它代表着赵国新明邑，有学者认为它代表燕国的平明，也有学者认为，古时"易"字从日从月，与明刀上的字写法类似，此字代表的是易州。明刀背后也镌有文字，但数量符号各异（见图3-4）。

图3-4 战国"明"刀钱陶范
（图片来自中国钱币博物馆）

大刀币主要流行于东部的齐国（见图3-5）。公元前379年，齐国田氏灭姜氏，刀币逐渐成为主要的货币。齐国刀币与燕、赵不同，形制硕大、文字高挺、铸造精致，每枚重量在40克以上。按刀面文字不同，共分为六种，有六字刀、四字刀、三字刀、墨刀、安阳刀、簟邦刀。也有学者按地区分，将前三者与后三者区分，前三者都由齐国本国铸造，后三者则由被齐国攻占的小国铸造。这六种大刀中，三字刀的数量是最多的，人们所称的齐化刀

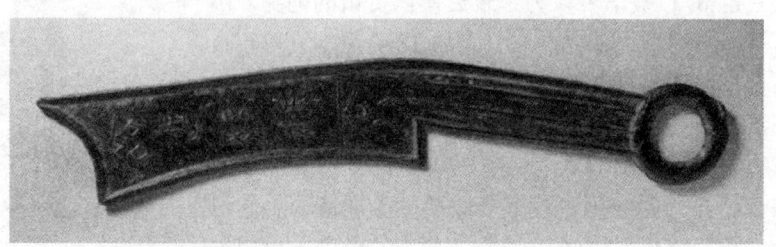

图3-5 齐返邦长大刀（图片来自中国钱币博物馆）

往往指的就是三字刀，为齐国后期所铸，量大而粗糙，表现出了后期齐国开支较大。此外，对于这六种大刀，无论刀面字有何不同，齐刀的文字中都有一个"化"字。"化"字的含义是什么？有学者认为，"化"字同"货"字，是刀币的单位。也有学者认为，"化"原来被写作"七"，是镰刀的象形字，指代"镰刀"。

（三）环钱

环钱又被称作圜金，出现于战国时期（见图3-6）。关于它的来源，学者意见不一，有的学者认为，其来源于生产工具纺轮，有的则认为其源自古代的玉璧、玉环的发展过程中。环钱主要流行于战国时期的周、魏、赵、齐、燕、秦等国家。环钱的特点主要是外形为圆，其中有一孔或圆或方，一般三晋两周为圆孔，齐国、燕国为方孔，秦国有圆有方。从孔的大小来看，大致初期孔小，后期孔大。从内外边缘来看，可分为有轮廓和无轮廓。两种关于环钱的最早起源，目前尚未统一，但大致认为其最早产生于魏国，后来影响到了除楚国以外的黄河流域的各个诸侯国的货币形制。

图3-6 环钱（图片来自中国钱币博物馆）

从环钱上的文字来分，目前已经发现了20多种环钱，有的是地名加币值，有的是货币单位。铸有"安臧"的钱出现最早，"济阴"流通时间最长，"垣"字数量最多，"共"字仿"垣"字，被人以姊妹钱称之，也有学者认为是公元前841年周厉王下台至公元前828年周宣王即位之间的执政者共伯和铸造。垣是魏国的地名，这也佐证了上文观点。环钱虽然是战国时期才出现的货币，但却起到承上启下的作用。环钱的出现与使用，说明从战国中后期开始，货币已经出现了逐步统一的趋势。环钱的形制也是后世大多朝代铜钱的原型。外圆内方的形制代表了后世大多数朝代的文化理念：对外圆柔，内有方寸。

（四）蚁鼻钱

蚁鼻钱又称鬼脸钱、楚铜贝（见图3-7）。从殷商时期开始，楚国地区就开始使用铜贝，仿制天然贝壳，正面凸起，背面扁平或凹入，大小如贝，最终逐步演化形成了后来的蚁鼻钱。蚁鼻钱面部铸有文字，形如"咒"，上端有孔，合在一起酷似鬼脸或是蚂蚁爬鼻，被称为蚁鼻钱或者鬼脸钱。因此，民间也有人认为它是用来殉葬的钱或是被用作防蚂蚁的冥币或是筑堤时被用于防治蚂蚁。蚁鼻钱形制较小，重约3克左右，流通方便，所以在楚国境内得以大量使用。蚁鼻钱已在河南、湖南、湖北、安徽、江苏等多地出土，地域几乎遍布战国时期楚国地界。

图3-7 蚁鼻钱（图片来自中国钱币博物馆）

总的来说，楚国地处南方，距离较远，周朝分封诸侯国后，很难对其产生较大影响。因此，无论楚国的文化还是思想都与三晋两周之地有较大差别。这也形成了楚国别具一格的货币文化。

二、黄金

黄金在春秋战国时期已经被开采,并作为称量货币使用。黄金按重量行使,它有两个单位,一个是斤,一斤合 16 两;另一个是镒,一镒合 20 两。《管子·地数》记载:"上有丹砂者,下有黄金;上有慈石者,下有铜金;上有陵石者,下有铅锡、赤铜;上有赭者,下有铁,此山之见荣者也。"山地表面上有丹砂的,下有金矿,这表明当时已经有了对黄金的勘探。

《管子·国蓄》记载:"五谷食米,民之司命也;黄金刀币,民之通施也。"五谷食粮,是人民的生存命脉;黄金刀币,是人们交易的媒介,这表明黄金和刀币一样,已经作为流通货币,成为百姓生活中不可或缺的一部分。《管子·轻重乙》记录:"金出于汝、汉之右衢,珠出于赤野之末光,玉出于禺氏之旁山。此皆距周七千八百余里,其涂远,其至阨。故先王度用于其重,因以珠玉为上币,黄金为中币,刀布为下币。故先王善高下中币,制下上之用,而天下足矣。"这体现了当时统治者分别按货币贵重程度考虑使用,把珠玉定为上等货币,黄金定为中等货币,刀布作为下等货币,妥善掌握黄金价格的高低以限定下币刀布和上币珠玉的作用,满足天下需要。

图 3-8 "郢称"金版(图片来自中国钱币博物馆)

黄金使用最为频繁的地区是楚国,这也与其丰富的黄金矿藏有关。上文《管子·轻重乙》中提到的"汝、汉"便处于楚国境内。楚国的黄金有特定的铸造形式,通过金版来铸造货币(见图 3-8)。金版通常为不规则的方形,在上面会打上不同的印记,使用的时候可以将其分割成不同小块,因为这些印记形状宛如图章,宋朝人发现后,便将它称为"印子金"。根据出土的实物来看,一个金版上可以使用的小金块的数目不是确定的,有的是 16 方,有的是 20 方,有的是 24 方,数目不一,往往要视金版的大小而定,大者印记更多,小的金版较少,且印记排列也不整齐。使用金版时需将其凿开分割,分割的小金块大多不是完整的,有的缺一块,有的却相互连接,并且受到铸造水平的限制,不同的金版的厚薄也有所不同,印记也有大小,不能给出一个标准重量,所以在使用时需要用先进行称量。金版上文字多用阴文,同楚地特产的蚁鼻钱类似,文字多有用"郢"字,郢是当时楚国的国都。也有"郢爰、陈爰、专爰"等字,被称为爰金。

三、实物货币

春秋战国时期,实物货币仍然较为流行。上文提及,"因以珠玉为上币",就表现出实物货币仍然在当时处于重要地位。《左传》中记载:"夏,齐侯将纳公,命无受鲁货。申丰从女贾,以币锦二两,缚一如瑱,适齐师。谓子犹之人高:'能货子犹,为高氏后,粟五千庾'。高龁以锦示子犹,子犹欲之。龁曰:'鲁人买之,百两一布,以道之不通,先入币财'。"

反映了米粟和布帛在当时作为实物货币而使用。《管子》中也记载："黄金一镒，百乘一宿之尽也。无金则用其绢，季绢三十三，制当一镒。无绢则用其布，经暴布百两当一镒。"可见，当时季绢与黄金能直接进行兑换，三十三两季绢值黄金一镒，百两值金三镒。战国末年，秦国制定的《金布律》也对布帛货币做出规定："布袤八尺，福（幅）广二尺五寸。布恶，其广袤不如式者，不行。"意思是布长八尺，幅宽二尺五寸。布的质量不好，长宽不合标准的，不得流通。同时也规定了布帛与铜铸币的兑换比例："钱十一当一布。其出入钱以当金、布，以律。"意思是11钱折合1布，如出入钱来折合黄金或布，应按法律规定。

第三节 春秋战国时期货币的功能

一、货币的职能

春秋战国时期，由于铁器的使用，社会生产力得到巨大的提高，农产品和手工业产品日益增多，商业不断发展。交易的频繁使得财富聚集，米粟、布帛等实物货币逐渐不能充当很好的交易手段，铸币开始变多，货币经济得到巨大发展。以空首布和平首布作为春秋时期和战国时期的货币代表，比较出土的货币数量，平首布的数量达到空首布的 10～100 倍之多。战国时期，我国的货币流通第一次达到高潮。尽管自然经济依然占据人们日常生活的主要部分，但货币经济也逐渐得到确立。

古代人民也很早地意识到了货币的职能。《管子·揆度》中记录："五谷者，民之司命也；刀币者，沟渎也；号令者，徐疾也。"意思是粮食关乎百姓的性命，货币是物资流通的渠道，号令可以控制过程的缓急。这里，管仲已经认识到货币的流通手段的职能与货币的重要性。《管子·轻重乙》记录"黄金、刀布者，民之通货也"，《管子·乘马》中记录"黄金者，用之量也"，这些都表明了货币的流通手段与价值尺度的职能，也或多或少地展现了货币的其他职能。

在春秋战国时期，黄金作为货币，不能称得上是很完整的货币。古代百姓开采和使用黄金时，最初仅仅是将其作为装饰用品，而当黄金逐步演化为货币时，人们更多地将其作为贮藏手段和支付手段。在春秋战国时期以前，社会为奴隶制社会，土地主要以"公有制"为主体，个体拥有的财富较少，实物货币可以得到很好的储存。但随着社会生产力的提高，大量土地被开垦，逐步形成了公田之外的私田，封建制度逐步建立，地主出现。铁器的使用使得生产出的农产品迅速增加，储存不再是一件容易的事情，实物货币逐步被抛弃，而黄金体积小易保存的特点，使其逐步取得了贮藏手段的职能。许多历史文献也记载了黄金作为支付手段的职能。《战国策·燕王喜》记载："秦王目眩良久，已而论功赏群臣及当坐者各有差，而赐夏无且黄金二百镒。"《战国策·楚怀王》记录："南后郑袖闻之大恐，令人谓张子曰：'妾闻将军之晋国，偶有金千斤，进之左右，以供刍秣。郑袖亦以金五百斤。'"《国语》中表述："黄金四十镒，白玉之珩六双，不敢当公子，请纳之左右。"这些都表明了黄金和铜已经拥有了赏赐、贿赂和馈赠等功能。

许多文献都有黄金作为价值尺度的记载。《公羊传》中记载："公曷为远而观鱼？登来之也。百金之鱼，公张之。"这里的"百金"指的就是称量，一金就是一个称量单位。古人将金银铜都统称为金。春秋战国时期的金有的是铜，有的是货币单位，有的是金。

至于流通手段，黄金在春秋战国时期是极其贵重的金属，普通百姓很少用其进行交易，流通范围较小。但这是由当时的经济发展水平和社会状况所导致的，黄金作为货币使用仍然具有跨时代的意义。

二、货币购买力

随着货币经济的不断发展，春秋战国时期，百姓已经形成了一定的价格观念，货币作为价值尺度的职能已经出现。《管子·轻重甲》中记录"粟贾平四十，则金贾四千"，意思是粮食的价格每石 40 钱，而金价为每斤 4000 钱。

即便如此，有关春秋战国时期的货币购买力的记录却很难进行比较与分析。原因有二：其一，春秋战国时期的币制复杂多变，即便是同一种货币也会有多个"国家"自行铸造，铸币大小轻重都没有相应的标准。此外，不同地区的物品会使用不同的货币进行计价，所以货币的购买力很难进行比较。其二，当时交通发展水平落后，货物不能得到很好的流通，各地区由于自然环境的不同，对于不同物品的需求也不同，即便是同一个国家，不同地区的物价也相差较大。《管子·轻重丁》中记载："齐西之粟釜百泉，则鏂二十也；齐东之粟釜十泉，则鏂二钱也。"意思是现在西部的粮价每釜 100 钱，每枢就是 20 钱。东部的粮食每釜 10 钱，每枢只是 2 钱，东西差价接近 10 倍之多。所以物价也不能有准确的考据。

此外，货币当时由各个地方独立铸造，数量很难得到限制，并且它们的轻重也很难有标准，如前文关于春秋战国时期铜铸币的论述，铸币的重量越到后期越轻。但是也有例外，《国语》中记载："景王二十一年，将铸大钱。"这是我国文献中关于铸钱的最早记录。另外，《史记》中也有记载："庄王以为币轻，更以小为大，百姓不便，皆去其业。"这也说明了当时楚庄王对铸币的改制。但无论如何，大体上铸币都在不断地减少重量。以明刀为例，根据出土的明刀表示，初期明刀重量大约在 5 克左右，但到了后期，明刀已经减少到 3 克左右，这说明货币需要不断朝着便携化的方向发展。

三、货币经济确立的影响

春秋战国时期，货币经济迅速发展，出土的战国时期的货币已经达到春秋时期的 100 倍，战国时期产生了中国货币流通的第一次高潮，货币经济得到确立。

货币经济的确立，给百姓的生活带来了极大的影响。在积极方面，货币经济刺激了商品生产，保证了货币的购买力与稳定性。货币来源于商品交换，货币经济的发展也就是商品经济的发展。商品交换需要货币作为媒介，货币的产生便利了商品的交换。货币作为商品的特殊种类，担任一般等价物的角色。同时，货币经济不断发展，人们获得了更多的自由与独立，货币经济推动了人们思想上的解放，促进人类文化的发展。在原始的社会经济条件下，人们很难转移个人财产，难以脱离土地。随着货币经济的发展，约束减少，人们能够便利地携带财产流动，异地的各种新鲜事物冲击当地人们的思想，启发人们的想象力与创造力。可以说，虽然货币经济不是春秋战国时期百家争鸣的根本因素，却是重要因素之一。

货币经济的确立也有消极的一面。由于货币的出现，社会分化更加严重，贫富差异更大。《汉书》中曾描写这一段时期为"稼穑之民少，商旅之民多，谷不足而货有余"，意思是春秋战国时期的人大多放弃本业，务农的民众减少，经商的百姓增多，粮食不足而奢侈品有余。货币被统治者随意制造与发放，成为了统治阶级剥削的工具，百姓生活受到极大的侵害。此外，货币经济的发展导致了货币拜物教的产生，人们思慕货币已然疯癫。苏秦穷困时被亲友怠慢，富裕时被人尊敬，问及原因，其嫂曰："以季子之位尊而多金。"《列子·说符》中记载了"齐人攫金"的寓言故事，"昔齐人有欲金者，清旦衣冠而之市，适鬻金者之所，因攫其金而去"。齐人看见金子就不见人，强取豪夺，已然鬼迷心窍，见钱眼开了。可见，货币拜物教多么严重，只能让人感叹："嗟乎！贫穷则父母不子，富贵则亲戚畏惧。人生世上，势位富贵，盖可忽乎哉？"

第四节　春秋战国时期的金融政策

一、春秋战国时期的信贷政策

随着生产力的逐步发展，春秋战国时期土地私有制开始出现，信贷行为也随之出现。春秋时期，"贷粟"已经盛行，到了战国时期，信贷规模与数量则更加扩大。

这一时期，信贷的债权人和债务人的角色多样。

债权人可分为以下四种：第一，贵族。春秋战国时期的贵族往往掌握着大量的物资与货币，比如春秋时期的田成氏。《韩非子》中记载田成氏，"下之私大斗斛区釜以出贷，小斗斛区釜以收之"，指的是田成氏放贷时大量器出贷粮食，缩小量器来回收，因此也广得民心。第二，商贾。商贾手中也掌握着大量的货币，他们逐步转化为放贷者。《管子》中记载："曲防之战，民多假贷而给上事者""令富商蓄贾百符而一马，无有者取于公家"。意思是在曲城战役中，百姓多借贷来供给军队，齐桓公想要替百姓偿还，管仲献计令富商凡握有100张债券的，献马一匹，无马者可以向国家购买。可见商贾贷款数目之多。第三，富裕平民。一些富裕的平民也会担任放贷者的角色。《吕氏春秋》中的"昔者往责于东邑"就记录当时的部分平民也会参与放贷活动。第四，政府。《周礼》中记载西周时期泉府便是当时的财政金融机关，执行政府借贷，而春秋战国时期政府信用也继续发展。

债务人也主要有四种：第一，农民。古代农民应对自然灾害的能力差，赋税高，举债往往是不得已的手段。《孟子》谈及农民的惨淡："将终岁勤动，不得以养其父母，又称贷而益之。"百姓一年到头勤劳工作，然而连赡养父母都做不到，只得借债。第二，城市平民。《史记》中记载，"初，苏秦之燕，贷人百钱为资，及得富贵，以百金偿之"。苏秦初到燕国，资金不足，只能借债度日，这就是城市平民借贷的事例。第三，贵族。一些没落贵族，由于挥霍浪费，入不敷出，也只能借债渡过难关，穷贵族往往需要"假器而祭"，借别人的器具来祭祀。第四，政府。《墨子》中提及"民献粟米、布帛、金钱、牛马、畜产，皆为置平贾，与主券书之"，在战争中政府向百姓开收据，募集物资，就是政府在特殊情况下作为债务人的例子。

春秋战国时期的民间信贷发展十分迅速。民间借贷随着商业的不断发展而逐渐专业化，特别是形成了高利贷这样一种行业。贵族、官僚、富商大贾纷纷充当债权人的角色发放高利贷，汇集财富。齐国孟尝君就是十分著名的放高利贷者。《史记》中记载其在薛地放债："岁余不入，贷钱者多不能与其息……召取孟尝君钱者皆会，得息钱十万。"可见，孟尝君通过放贷获利颇多，一年的利息收入就有十万多钱（约相当于现在人民币十万元），能够供养三千名食客。

春秋战国时期的高利贷利息极高。《管子·轻重丁》中记载齐国四方借贷利息，西方"钟也一钟"，南方"中伯伍也"，东方"中钟五釜也"，北方"中伯二十也"，分别代表利率为100%、50%、50%以及20%。可见高利贷的利息之重，过高的利息使得当时的百姓深受其害。由于当时的生产技术不发达，不能很好地应对自然灾害的侵害，小生产者尤其是农民，往往会因为水旱灾害导致生活穷苦，但赋税不减，所以百姓不得不举债度日。《史记》中记载："息愈多，急，即以逃亡自捐之。"大多债务人都偿付不起，无奈卖身抵债甚至因此流亡他乡。《孟子》中也谈及："又称贷而益之，使老稚转乎沟壑。"孟子指责过高的赋税导致百姓不得不借高利贷解决燃眉之急，但是利息最终使老弱幼小穷困不堪。不仅百姓会借高利贷，一些贵族有时候也会借高利贷，"债台高筑"也出自这一时期。周赧王姬延为抵抗秦国，联合六国征讨秦国，向国内富户借钱。结果征战失败，为了避债，只好筑高台躲起来。

春秋战国时期部分思想家认识到高利贷的危害，提出要限制高利贷的发展。比较有代表性的便是管仲。《管子·问》篇就有管仲针对高利贷提出的调查问卷："问邑之贫人债而食者几何家……问人之贷粟米，有别券者几何家。"指的就是询问人们有多少人靠借债度日，有多少人借粟米时签署借据等。通过调查，管仲更加认识到了高利贷对百姓的剥削："不弃我君之有萌中一国而五君之正也，然欲国之无贫，兵之无弱，安可得哉。"高利贷导致国贫兵弱，于是，管仲建议齐桓公将高利贷者聚集起来，采用怀柔之策使得高利贷者主动废债。有些统治者为了收揽民心也会减少或放弃百姓对政府的债务。公元前636年，晋文公归国执政，施行"齐责薄敛，施舍分寡，救乏振滞，匡困资无"。取消百姓对晋国政府的债务。公元前589年楚共王，公元前573年晋悼公，公元前522年齐景公也都分别施行了"齐责"，即取消百姓对政府的债务。

二、春秋战国时期的货币理论

春秋战国时期，空前繁荣的商品经济使货币的产生和流通得到了较快的发展。很多思想家也开始思考货币的属性与作用，这些货币思想的产生为日后货币的统一与货币制度的建立提供了坚实的理论指导，促进了货币经济的进一步发展。

（一）子母相权论

公元前524年，周景王改制，废除轻钱铸造大钱。大臣单旗反对并提出了子母相权论，这是目前所发现的最古老的货币理论："古者天灾降戾，于是乎量资币，权轻重，以救民。民患轻，则为之作重币以行之，于是乎有母权子而行，民皆得焉。若不堪重，则多作轻而

行之,亦不废重,于是乎有子权母而行,大小利之。今王废轻而作重,民失其资,能无匮乎?"(《汉书·食货志下》)

单旗从轻钱和重钱的角度出发,提出在商品贸易中,百姓若发现轻钱不易携带交易,就应该铸造重钱,并以重钱为标准,轻钱按一定比例兑换重钱,由此母权子而行。反之,百姓若发现重钱不易携带交易,就应该铸造轻钱,并以轻钱为标准,重钱按一定比例兑换轻钱,由此子权母而行。最后,百姓才能获得好处。单旗认为铸造轻钱与铸造重钱都是没有问题的。在子母相权理论中,不同的货币只要有了一定的比价关系,进行兑换,就能"民皆得焉"。使用的货币种类不以统治者的意愿决定,而是由市场所选择,货币的重量要符合商品流通的需要。但如果统治者只因个人意愿便废除轻钱铸造大钱,百姓就会失去财产,民不聊生。需要注意的是,单旗的子母相权理论与今日的主币与辅币不同。主币是国家用法律规定的作为价格标准的货币,辅币是主币单位下的小额货币,便于大面值货币的流通。

总的来说,子母相权理论提供了一种对于不同货币的币值关系的思考,货币的购买力或者货币单位必须要适合流通。子母相权论在历史长河中长期流传,历久弥新。随着货币制度的不断发展,子母相权论不仅指同种材质不同货币之间的比价关系,还会指不同材质不同货币之间的比价关系,甚至有铸币与纸币、纸币与纸币之间的关系等。子母相权理论对于后世货币制度的发展起到了促进作用。

(二)刀籴相为价论

墨子(见图 3-9)开创了墨家学派,著有《墨子》一书,其中记录了墨家对货币本质的思考:"买无贵,说在仮其价。"意思是买东西无所谓是否昂贵,因为昂贵的商品说明使用的货币太过便宜,这说明墨家已经认识到货币也是一种商品。尽管受时代发展的局限,墨家并未认识到货币是充当一般等价物的特殊商品,没有了解到货币所具有的社会属性,但这种想法已具有跨时代的意义。除此以外,《墨子》中有记载:"买,刀籴相为贾。刀轻则籴不贵,刀重则籴不易。王刀无变,籴有变。岁变籴,则岁变刀。"意思是用刀币买籴,刀币和籴互为对方的价格,刀币轻贱则籴价格高也不能算贵,刀币购买力高时,籴价格低也不能算便宜。统治者铸造的刀币没有变化,但是籴价格却在变化,年成好坏使籴价变化,同时也会使刀币价格变化。在

图 3-9 墨子

这一段话中,不仅反映了墨家对货币本质的思考,也反映了墨家认识到商品价格的变化不完全取决于商品的价值,货币的变化会影响价格的走势,往往商品与货币的交换比例会呈现反方向变化。

总的来说,墨家的货币思想十分超前。17 世纪,西方才提出了类似的货币观点,而中国墨家货币思想的认识领先西方 2000 多年。

(三)《管子》的货币理论

《管子》由多人编著,主要记录的是管仲的言行与思想,内容包罗万象,包括政治、经济、军事、五行算法等。管仲(前723—前645)(见图3-10),颍上(今安徽省阜阳市颍上县)人,被称为管子、管夷吾、管敬仲,是春秋时期法家代表人物,是中国古代著名的哲学家、政治家、军事家。后人赞誉管仲为"法家先驱""圣人之师""华夏文明的保护者""华夏第一相"。

《管子》中涉及经济的部分是全篇的精华,可谓是齐国称霸的主要经济举措。以下论述体现了《管子》中对货币的看法:"黄金者,用之量也。辨于黄金之理,则知侈俭。知侈俭,则百用节矣,故俭则伤事,侈则伤货;俭则金贱,金贱则事不成,故伤事。侈则金贵,金贵则货贱,故伤货。货尽而后知不足,是不知量也,事已,而后知货之有余,是不知节也,不知量,不知节不可,为之有道。"

图3-10 管仲

首先,这段话反映了古人对货币职能的认知。认识到黄金是计量价值的工具,体现了货币具有价值尺度的功能。其次,这段话反映了古人认识到货币对生产活动的调节作用。了解货币才能了解什么是奢侈和俭省。了解奢侈与俭省则各项用度都能得到适度的满足。货币用度过少,货币币值低廉,对举办事业不利;货币用度过多,货币币值昂贵,对商品资源不利。最后,这段话反映了价格的贵贱与货币流通量的关系。所以管仲提出:"夫民有余则轻之,故人君敛之以轻;民不足则重之,故人君散之以重。"民间物资有余就肯于低价卖出,故统治者应该以低价收购;民间物资不足就肯于高价买进,故统治者应该以高价售出,统治者用这种方式就能轻易地积聚财富。

《管子》中提出"金粟相争"的理论,讨论货币与农产品谁才是社会财富。《管子》中认为"市不成肆,家用足也",即如果农业发达,农产品众多,即使没有市场店铺,百姓依然可以自给自足,国家就能兴旺。反之,"时货不遂,金玉虽多,谓之贫国也"。《管子》中认为货币不能真正算作社会财富,如果农产品不能满足人们需要,那么即使货币再多,也只能算作贫困的国家。这反映了古人的小农经济思想,认为自然经济才是社会发展的主体。

三、春秋战国时期的经济政策

(一)井田制

春秋战国早期,各国依旧沿用过去采用的井田制。根据《公羊传》中的记录,所谓"井田",即8家公用一口井。这里的"井"是灌溉单位,按一口井的水量可以灌溉多少亩农田,进行三三划分,分为9格,中间的一格为公田,其余划分给8家为私田。《穀梁传》中记载:"井田者,九百亩,公田居一。私田稼不善,则非吏;公田稼不善,则非民。"意思是私田的庄稼长势不好，过错在于官吏；公田的庄稼长势不好，过错在于百姓。井田制度下，没有出现土地兼并的现象，一个候国中，君、卿、大夫、士按等级分得土地。这时候，耕种土地并不收税，《公羊传》记载："古者什一，藉而不税。"贵族依赖公田的收益，私田由各家各自管理。

随着冶铁技术的提高，社会生产力得到了空前的发展，人们开始开垦更多的私田，土地兼并出现。晋杀三郤就是当时很典型的土地兼并事件。《左传》："晋厉公侈，多外嬖。反自鄢陵，欲尽去群大夫，而立其左右。胥童以胥克之废也，怨郤氏，而嬖于厉公。郤锜夺夷阳五田，五亦嬖于厉公。郤犨与长鱼矫争田，执而梏之，与其父母妻子同一辕。既，矫亦嬖于厉公。栾书怨郤至，以其不从己而败楚师也，欲废之。"记载的是晋厉公的宠臣与三郤因争地而产生矛盾。随着土地的开垦与不断地兼并，私田的面积逐渐超过公田，因而私家的财富也逐渐超过公家，地主阶级出现，井田制也就名存实亡。不久，各国实行一系列的改革措施，传统的井田制被打破。

（二）初税亩

公元前594年，鲁国对赋税制度进行改革，即初税亩。改革取消公田，收取私田租税。在改革之前，鲁国只有"赋"没有"税"，意思是只实行军赋制度，战争时才收取百姓钱财或者劳务，不征收税款。"税"字由"禾"和"兑"组成，象征着古时候收取的土地上生长的禾苗谷物的税款。

初税亩产生的直接原因是私田的增多。当时人们广开私田，自己得到收益，上层统治者却没有得到任何好处。此外，人们为了自己得到更多的收益，往往对待公田极其不用心，《诗经》中记载"无田甫田，维莠骄骄。无田甫田，维莠桀桀"的场景。人们不认真耕作，公田便会荒芜，于是统治者便对私田开始收取租税。初税亩的后续发展是用田赋。公元前483年，鲁哀公对赋税制度进一步改革，按田亩征收租税，征收1/10。这种办法逐步演化为后世的田赋制度，田赋也因此得名。自此，赋与税的区分不再明显，赋税逐步混为一件事情。比如《管子》中提到"赋禄以粟，按田以税"。

总的来说，初税亩、用田赋是奴隶制向封建制演替中的一种剥削制度，奴隶在缴纳一定的赋税后，可以获得剩余的利益。奴隶阶级逐步成为中国历史上最重要的农民阶级，奴隶主则逐步变成封建贵族。

（三）平籴法

平籴法是李悝变法时提出的经济政策。李悝是战国时期魏国著名政治家、法家，他实行的李悝变法使得魏国走向富强。《汉书》中记录了他的货币思想："籴甚贵伤民，甚贱伤农；民伤则离散，农伤则国贫；故甚贵与甚贱，其伤一也。善为国者，使民无伤，而农益勤。"他认为粮食价格太高则会伤害城市消费者的利益，粮价太低则会损害农民的利益。居民受到伤害则会人心分散，农民受到伤害则会导致国家贫穷，所以粮价太高与太低，伤害是一样的。于是他提出平籴法，将丰年分为上中下三等，凶年也分三等，根据不同等级收购多余的粮食或者平价卖出多余的粮食。《汉书》中评价此法："虽遇饥馑水旱，籴不贵而民不散，取有余以补不足也，行之魏国，国以富强。"

与李悝使用相似政策的还有计然和范蠡。计然是春秋时期著名谋士、经济学家，曾收范蠡为徒，协助越王勾践，用五计灭吴国。他们师徒二人认识到，挽救经济危机的办法，就是利用货币政策来调节物价。《史记》中有记载："夫粜二十病农，九十病末；末病则财不出，农疾则草不辟矣。上不过八十，下不减三十，则农末俱利。平粜齐物，关市不乏，治国之道也。"计然和范蠡认为，米粟贱，损害农民利益；米粟贵，则损害商人利益。政府要调控市场上的价格来确定适中的物价。如果物价太过极端，就需要采取一定的措施："贵出如粪土，贱取如珠玉，财币欲其行如流水。"当物价过高时，政府就要及时卖出物品，物价过低时，政府就要购买，最终使得物与钱如同流水般平稳运转。越王用二人的方法治国，不出十年，越国就富强，最终得以打败吴国。

粜法的实行，极大地鼓舞了农民种植粮食的积极性，适用此法的魏国、越国等国的国力日益强盛。平粜法本质上是政府干预市场，对市场经济的平稳运行进行调节，保持经济持续、稳定、协调增长。后来的历朝历代也都用平粜法的办法，实施与此类似的均输、常平仓等政策，取得了不俗的成果，证明了平粜法的可行性。

（四）官山海

官山海是管仲相齐时的经济措施，是古时"盐铁专卖"的雏形。管仲"轻重鱼盐之利，以赡贫穷"，或言"通轻重之权，徼山海之业"以至"通货积财，富国强兵"。

管仲反对向房屋、树木、牲畜和人口抽税，认为这会导致人们拆毁房子、砍伐幼树、杀死幼畜、收闭情欲，导致民不聊生。他认为"凡治国之道，必先富民"和"天下之所生，生于用力；用力之所生，生于劳身"。管仲已经认识到劳动力才是价值的最终创造者。他提出"王者藏于民，霸者藏于大夫，残国亡家藏于箧"，他主张轻徭薄役，免除自耕农的徭役，将公田分给自耕农，有"均田"的性质；废除关税、商品税、人头税等。

最终，管仲根据齐国自然资源的特点，主张"唯官山海为也"。"山海"就是铁和盐。管仲选择了利润最大的山（铁矿）和海（食盐）。当时，"十口之家，十人食盐，百口之家，百人食盐"，并且"一女必有一针一刀，若其事立；耕者必有一耒一耜一铫，若其事立；行服连轺辇者必有一斤一锯一锥一凿，若其事立"。普通人要生存下去，除粮食外，盐、铁都是必不可少的物品，齐国靠海多山，盐铁自然是主要产业。若此记载可信，则管仲所在的年代就已经实行了统治盐铁的经济政策了。《管子》中记录了对于盐铁不足的国家可以实行的办法："名有海之国雠盐于吾国，釜十五，吾受而官出之以百。我未与其本事也，受人之事，以重相推。"意思是国家虽不参与制盐，但可以接受别人的生产，用加价推算盈利。管仲手腕很高明，没有和民众直接对抗。"量其重，计其赢，民得其七，君得其三"，王室只是垄断食盐和铁器销售，生产环节仍旧留给原有的盐商和铁商，没有彻底断掉这些人的财路。这种"官办民营"并未过多侵蚀私商利益，百姓也没有太多反对。

官山海政策表面上没有增加税收的种类或者提高税率，百姓不会有过激反应，但是在很隐蔽的情况下，增加了政府的财政收入。官山海政策是我国古代历史上第一次国家垄断行业经营，它的运作理念与运行方法都对后世有着极其重要的借鉴意义，成为政府解决财政危机的一种手段。我们也要看到，官山海在具有积极意义的同时，也有消极意义。官山海政策禁止私人销售盐铁，盐铁产品的所有权收归政府。官山海本质上形成了一种国家垄断，是对民营经济的国有化，可能会抑制民间私营经济的发展。

第五节　金融人物与案例

一、孔子

孔子（前551—前479）（见图3-11），名丘，字仲尼，祖籍宋国夏邑（今河南省商丘市夏邑县），春秋时期鲁国陬邑（今山东省曲阜市）人，是中国著名的思想家、教育家、政治家。孔子开创私人讲学的风气，是儒家学派的创始人。对于经济运行，孔子有着别具一格的见解，对后世影响深远。

首先，对于商人最重要的义利观，孔子认为"富与贵，是人之所欲也，不以其道得之，不处也"。财富是人人都想要的，但是如果不能用合适的方法来取得的话，君子是不能安享的。张居正评价孔子的这几句话，认为"君子之为仁，不但处富贵贫贱而不去也。自至静之中，以至应物之处，自一时之近，以至终身之远，其心常在于仁，未尝有一顿饭的时候，敢背而去之"。

图 3-11　孔子

其次，对于物质生产观，孔子认为"君子怀德，小人怀土"。君子思考的是德行，小人思考的是私利。"土"有两种解释，一种是"乡土"，另一种是"土地"，但无论哪一种，大抵上小人都将乡土之情或是土地这些家长里短当作行事时所要考虑的事情。而君子则会以社会公德作为自己行事的准则，他们行事时会关注民生。

对于赋税观念，孔子认为"君子之行也，度于礼。施取其厚，事举其中，敛从其薄"。他主张征用徭役不能影响百姓的日常生活生产，农忙时不宜劳烦民众。他认为"使民以时"，百姓才会"劳而不怨"。他的弟子冉求帮助鲁国大夫季氏搜刮百姓钱财，增加赋税，他直接批评"为之聚敛而附益之"，并将其逐出师门，要求其他弟子不能效仿冉求。孔子反对统治者在赋税征收上对百姓苛责，要轻徭薄赋。孔子提倡节俭，"政在节财""节用而爱人"，要求统治者不能奢靡。孔子认为"百姓足，君孰与不足"。百姓富裕了，国家才能富裕，国家赋税是建立在百姓富足基础上的。

对于分配和流通观，孔子秉持着"不患寡而患不均"的分配观念。各个诸侯、卿大夫不需要担心土地、人民的多寡，只要施行政策公平合理，百姓就能安心发展生产。"均"就是政教平均，即分配施政管理原则的公平、公道。朱熹评价孔子的话为"均，谓各得其分"。即使到了现在，孔子的这句话仍然有适应现代社会的一面，如果一个社会贫富差距过大，社会便会动荡不安。社会的稳定需要靠一定的平均。

对于消费观，孔子的思想是"贫无怨""贫而乐""富而无骄"。孔子认为，百姓应该富者莫骄，贫者莫怨。一个人的财富不是恒定不变的，人们需要在富裕时谦逊，贫穷时努力。每个人只有通过自己的不懈努力，才能改善自己的生活、改变自己的命运。

二、端木赐

端木赐（前520—前456）（见图3-12），复姓端木，字子贡，春秋末年卫国（今河南鹤壁市浚县）人。孔子曾称端木赐为"瑚琏之器"，端木赐是孔子的得意门生，是"孔门十哲"之一。端木赐曾经担任鲁国、卫国的国相。端木赐被评价为"亿则屡中"，说明他善于观察与分析，料事如神，对待经商，亦是如此。端木赐善于经商，家财万贯，是当时十分富有的商人。"端木遗风"是指端木赐遗留下来的诚信经商的风气，民间信奉端木赐为财神。端木赐认为"君子爱财，取之有道"，这也被后世所推崇。端木赐继承了孔子的思想，被认为是儒商的代表。许多商人都会在经营的商店中悬挂"陶朱事业，端木生涯"的牌匾。其中"陶朱"指的是范蠡，"端木"指的是端木赐。

图3-12　端木赐

儒商文化现如今也被推崇。儒商指的是具有传统文化理念，品德高尚、自强不息、勇于创新的商人。儒商精神提倡"以义取利，以利济世，以和为贵，以儒兴商"；儒商人格提倡"仁爱立人，见利思义，讲信修睦，乐于施善"；儒商生活提倡"博学儒雅，亦文亦商，以商养儒，以儒促商"；儒商之道提倡"重守诚信，谋利有度，宽厚圆融，内圣外王"。儒商文化符合现代公民道德建设。儒家商业文化植根于儒家的沃土，与当代经济发展的经验相结合，能够促进经济社会全面发展，促进国民素质全面提高。儒商文化能够补充社会主义市场经济体制。市场这只"看不见的手"无法解决腐败垄断等问题。但是儒商文化所提倡的道德可以促进社会形成诚信经商的良好风尚。当每个人都能遵守道德，那么市场就能有序进行，经济就能高速发展。最后，儒商文化能促进企业文化建设，加快企业发展。儒商文化中的注重产品质量、守法经营、注重环保、关心职工、协作发展、顾客至上等理念均有助于企业发展。

以端木赐为代表的儒商及其所属的儒商文化是全球华商的旗帜。"亚洲四小龙"的腾飞与儒商文化密不可分。现如今，商业发展在社会越来越重要，发扬儒商文化也越来越重要。

三、范蠡

范蠡（前536—前448）（见图3-13），字少伯，春秋末期楚宛三户（今河南省南阳市淅川县）人，是我国著名的政治家、军事家、经济学家。范蠡是中国道商的鼻祖，被人称为"商圣"。范蠡是越国著名谋士，与文种同为勾践股肱之臣。范蠡师从计然，被授予计然七计，然而只用五计便灭吴兴越。灭吴后，范蠡来到齐国，和父亲一起努力耕作种植，没过几年，就聚集了

图3-13　范蠡

数十万财产。齐国人听闻范蠡的贤能，欲任命范蠡为相国。但是范蠡辞别不接受，后来居住到陶地（今山东省定陶县），史称定陶。范蠡通过经商积资数十万，世称"陶朱公"。范蠡在经商上有着自己独到的见解。

范蠡注重营商环境的选择，抓住有利时机，应用市场规律，有备而来，不盲目。根据时机行动，得失是平衡的。范蠡关于待乏原则的全面论述具有重要的现代价值。《史记》中记载："夏则资皮，冬则资绨，旱则资舟，水则资车，以待乏也。"只有合理预期市场行情的变动，及时存储物资，供应需求，才能获得高额利润。待乏原则实际上要求经营者站在机会面前，等待时机，就像撒网捕鱼一样："知斗则修备，时用则知物，二者形则万货之情可得而观已。"如果范蠡知道会有战争，他就会做好各方面的准备。只有知道什么时候需要货物，了解货物的价值，才能看清商品市场的供求关系。"得时无怠，时不再来，从时而追"，要果断地识别机会，快速应对。"从时者，犹救火，追亡人也"，把握时机，就像救火和追击逃亡者一样，必须果断行动，快速出击。

对于销售商品，范蠡认为要贵出贱取。贵出如粪土，即在商品价高时要像粪土一样赶快将其出售，商品价格上涨到一定程度必然会下跌。贱取如珠玉，即当商品价格下降到谷底时，要像对待珍宝一样购买这种商品，商品价格下降到一定程度必然会上涨。范蠡认为，商品定价要适中。范蠡与计然一样有着"夫粜，二十病农，九十病末，末病则财不出，农病则草不辟矣。上不过八十，下不减三十，则农末俱利"的想法。如果损害商人利益，商人就不会经营粮食商品；如果损害农民利益，他们就不会发展农业生产。二者同时得利，经济才能平稳运行，社会才能长治久安。

范蠡对于囤积货物有着独到见解："积著之理，务完物，无息币。以物相贸易，腐败而食之货勿留，无敢居贵。"范蠡提倡保持商品质量，不把钱放在手里，不储存易腐食品，不贪图过高的价格，要合理地贮存商品，加速资金周转，保证货物质量。范蠡还提倡薄利多销，认为销售商品，只需要获得 1/10 的利润。虽然从某一商品中获得的利润不多，但是由于商品价格低廉，销量会上涨，最终反而获得更多的利润。

四、吕不韦

吕不韦（前 292—前 235），战国末期卫国著名商人，后为秦国丞相，政治家、思想家，卫国濮阳（今河南滑县）人。《史记》中描述吕不韦，"吕不韦者，阳翟大贾人也。往来贩贱卖贵，家累千金"。意思是吕不韦是阳翟的大商人，他四处经商，用低廉的价格买入商品，再用高昂的价格卖出，以此聚集起来千金的家产。商业贸易活动为吕不韦积累了大量财富与资本，富甲一方。

吕不韦按照需求与供给的关系进行商业贸易。在做生意时，吕不韦特别注意观察市场状况，分析影响市场的各项因素，以便得出最准确的决策。有一次，他从赵国前往卫国贩卖木材，发现卫国的高粱茎粗穗大，长势喜人。然而，当他折断高粱茎叶时发现了大量的害虫，就不再贩卖木头而是购买高粱。卫国人误以为高粱会有好收成，于是把家中存粮低价卖给吕不韦，当卫国人发现高粱为虫所害减产时，吕不韦便高价卖出囤积的高粱，获利颇丰。《吕氏春秋》中记录的"民之情，贵所不足，贱所有馀"就验证了这个道理。供求原理阐述了供大于求，商品的价格就会下跌；供不应求，商品的价格就会上涨。

吕不韦以"奇货可居"闻名于世。《史记》中记载："子楚，秦诸庶孽孙，质于诸侯，车乘进用不饶，居处困，不得意。吕不韦贾邯郸，见而怜之，曰'此奇货可居'。"公元前265年，秦王孙嬴异人作为人质，生活在赵国，生活窘迫，穷困潦倒。吕不韦偶然遇见异人，见其虽然贫穷但不乏王贵之气。在了解了异人的身世和品性后，吕不韦认为他以后必成大器。于是，吕不韦想要帮助异人脱困。吕不韦的父亲不解，询问他为何宁肯得罪赵王也要帮助异人。吕不韦认为，如果只是努力在田地中耕作，只能获得10倍左右的利润，贩卖珠宝经营商品也只能获得百倍的利润，但是帮助一个国家的君主却能获得无数的利润。于是，吕不韦通过华阳夫人等众人的协助，使得异人脱离赵国，最终登上了秦国王位。吕不韦立主定国，享尽荣华富贵。吕不韦的"奇货可居"在金融领域就是风险投资。风险投资具有很强的不确定性，有可能带来极大的回报。即便是风险投资，也要像吕不韦一样事前搜集信息，对项目合理评估，作到有大气魄、有远见。吕不韦预见准确，收获丰富，可以称得上古今中外第一风险投资商。

五、货币战争：衡山之谋

提及"货币战争"或"金融海啸"，多数人认为这是当下热词，和古代不搭界。实际上，早在2000年前，春秋时期的管仲，就经常策划发动"货币战争"，颠覆敌国政权，是中国货币战争的鼻祖。"衡山之谋"是齐国运用货币战争击溃衡山国的一次古代货币战争。《管子》一书详细地记录了这次战争的始末。

衡山国善于铸造兵器，所铸造的兵器锋利无比。齐国若是想凭借武力来征服衡山国，困难重重。于是，管仲派人前往衡山国高价收购兵器。齐国在收购兵器10个月之后，与齐国接壤的燕国和代国认为齐国急于扩充军备可能是要攻打他们，心生恐慌。于是，燕国和赵国也前往衡山国以高价收购兵器。同样，与燕、赵接壤的国家也变得紧张，纷纷加入抢购兵器的行列，天下群雄开始争购。衡山国君主看到此情此景，下令兵器价格继续上涨。衡山国的百姓发现制造兵器有利可图，纷纷放弃耕种，开始制造铁器。一年之后，齐国派隰朋前往赵国购买粮食，赵国的粮食卖每石15钱，隰朋却按每石50钱高价收购。其他国家看到有利可图，纷纷把粮食卖给齐国。齐国在收购到足量的兵器和粮食后，却突然封闭关卡，不再收购兵器和粮食。衡山国没有足够的粮食供养军队，武器也卖给了各诸侯国。于是，鲁国侵占衡山国的南部，齐国侵占衡山国的北部。最终，衡山国自认为没有办法继续抗衡二者，于是奉国降齐。齐国不用吹灰之力便攻占了衡山国。

春秋战国时期，这样的货币战争还有很多。管仲用此法屡试不爽，先后击败了鲁、代、吕等很多诸侯国。范蠡用此法协助越国击败吴国，成就春秋霸业。有时候，不是诸侯太愚蠢，而是在利润驱使下，每个人都已经疯狂了。"衡山之谋"的道理在于用高利润吸引敌人放弃本业，造成产业畸形，最后导致经济瘫痪。在完全竞争的条件下，长期均衡中利润只会变为零。高利润只会吸引更多的人去生产商品，增加供给。在古代，农业是立国之本，盲目追求别的产业，不仅得不到高利润，农业也会被破坏，国家终究不能长久。

"衡山之谋"的故事带给当今社会很多启示。20世纪以来，金融市场和房地产市场火爆，人们对此趋之若鹜，大量资本涌入虚拟经济，造成实体经济发展缓慢，所以，制定相应的约束机制是十分必要的。

课后习题

一、即测即练

二、思考题

1. 春秋战国时期各个诸侯国发行了不同形式的金属铸币，请列举布币、刀币、蚁鼻钱和环钱的使用国家，分析使用这类钱币的原因。

2. 官山海是管仲相齐时的经济措施，是古时"盐铁专卖"的雏形。管仲"轻重鱼盐之利，以赡贫穷"，或言"通轻重之权，徼山海之业"以至"通货积财，富国强兵"。请分析官山海措施的利弊，以及对当今社会的借鉴意义。

3. 请分析范蠡与端木赐的经济思想，分析他们成功的源泉是什么。

三、案例分析题

《管子·轻重篇》记载，齐桓公期望借鉴高利贷问题，问计于管仲。

桓公说："我需要办理的事情很多，只好派官向富商蓄贾和高利贷者征收赋税，以帮助贫民和农夫维持农事。但若改变这种办法，还有别的出路吗？"

管仲回答说："只有运用号令来改变这种办法才行。"

桓公说："具体做法如何？"

管仲回答说："请把宾须无派到南方，隰朋派到北方，宁戚到东方，鲍叔到西方。对他们说：'你们去调查各地放贷的情况，调查那里负债的人有多少家'。"

鲍叔去了西方，回来报告说："西部的百姓，是住在济水周围、大海附近、草泽之地的百姓。他们以渔猎打柴为生。那里的高利贷者多的放债有千钟粮食，少的有六七百钟。他们放债，借出一钟粮食收利一钟。那里借债的贫民有九百多家。"

宾须无去了南方，回来报告说："南方的百姓，是住在山上谷中、登山下谷的百姓。他们以砍伐木材，采摘橡栗，并从事狩猎为生。那里的高利贷者多的放债有一千万，少的有六七百万。他们放债，利息百分之五十。那里借债的贫民有八百多家。"

宁戚去了东方，回来报告说："东方的百姓，是居山靠海，地处山谷，上山伐木，并从事渔猎的百姓。他们以纺织葛藤粗线为生。那里的高利贷者有丁、惠、高、国四家，多的放债有五千钟粮食，少的有三千钟。他们放债，是借出一钟粮食，收到五釜。那里借债的贫民有八九百家。"

隰朋去了北方，回来报告说："北方的百姓，是住在水泽一带和大海附近，从事煮盐或在济水捕鱼的百姓，他们也依靠打柴为生。那里的高利贷者，多的放债有一千万，少的有六七百万。他们放债，利息相当百分之二十。那里借债的贫民有九百多家。"

上述所有高利贷者，共放债三千万钱，三千万钟左右的粮食。借债贫民三千多家。

四位大臣报告完毕，管仲说："没想到我国的百姓等于一国而有五个国君的征敛，这样还想国家不穷，军队不弱，怎么可能呢？"

桓公说："有办法解决么？"

管仲说："只有运用政令来改变这种情况才行。请命令前来朝拜贺献的，都须献来织有'枝兰鼓'花纹的美锦，美锦的价格就一定上涨十倍。君上在'栈台'所藏的同类美锦，也会涨价十倍。"

齐桓公下令召见高利贷者，并设宴招待。太宰敬酒后，桓公便提衣起立而问大家："我需要办理的事情很多，只好派官在国内收税。听说诸位曾把钱、粮借给贫民，使他们得以完成纳税任务。我藏有'枝兰鼓'花纹的美锦，每正价值万钱，我想用它来为贫民们偿还本息，使他们免除债务负担。"

高利贷者都俯首下拜说："君上如此关怀百姓，请允许我们把债券捐献予堂下就是了。"

桓公再说："那可不行。诸位使我国贫民春得以耕，夏得以耘，我感谢你们，无所奖励，这点东西都不肯收，我心不安。"

高利贷者们说："我们再拜接受了。"

国家拿出栈台的织锦还不到三千纯，便清偿了四方贫民的本息，免除了他们的债务。

四方贫民听到后，父告其子，兄告其弟说："种田除草，是君主的迫切要求，我们还可以不用心么？国君对我们的关怀一至于此！"

问题：管仲这套方法的基本原理是什么？对于解决齐国的高利贷问题有什么帮助？

参考文献

[1] 叶世昌. 中国金融通史[M]. 北京：中国金融出版社，2002.
[2] 马开樑. 春秋战国经济史[M]. 昆明：云南大学出版社，2003.
[3] 姚遂. 中国金融史[M]. 北京：高等教育出版社，2007.
[4] 晁福林. 春秋战国的社会变迁[M]. 北京：商务印书馆，2011.
[5] 钱穆. 中国经济史[M]. 北京：北京联合出版有限责任公司，2016.
[6] 姚公振. 中国农业金融史[M]. 郑州：河南人民出版社，2018.
[7] 王永生. 三千年来谁铸币[M]. 北京：中信出版社，2019.
[8] 石毓符. 中国货币金融史略[M]. 天津：南开大学出版社，2019.
[9] 彭信威. 中国货币史[M]. 北京：中国人民大学出版社，2020.

 **附录**

货币时间线

时间		春秋时期 （前770—前476年）	战国时期 （前475—前221年）
货币类型	布币	布币具体出现时间难以界定，春秋年间，布币多为空首布，流行于周、晋、卫、郑、宋等地	布币，战国年间形制改革，平首布出现，多流行于韩、赵、魏、燕等地
	刀币	刀币产生于春秋中期以前，燕国等地铸造针首刀、尖首刀等小刀	刀币盛行于战国晚期，多流行于狄、中山、齐、燕、赵等地
	环钱		环钱最早产生于魏国，后被韩、赵、魏、齐、燕等国铸造使用
	蚁鼻钱	春秋年间，楚国使用铜铸贝蚁鼻钱体系	战国年间，楚蚁鼻钱的流通区域扩大

第四章

秦汉时期货币金融简史

大风起兮云飞扬，威加海内兮归故乡，安得猛士兮守四方。

——刘邦《大风歌》

力拔山兮气盖世，时不利兮骓不逝。骓不逝兮可奈何，虞兮虞兮奈若何！

——项羽《垓下歌》

第一节 秦汉时期的社会概况

一、秦朝概述

秦朝（前221—前207年）是由战国时期的秦国发展起来的中国历史上第一个统一的封建王朝。秦国时期，秦穆公任贤使能，虚心纳谏，灭国十二，开地千里，国力日趋强盛。公元前361年，秦孝公重用商鞅，实行两次变法，使秦国的经济得到发展，军力持续增强，发展成战国后期最富强的诸侯国。秦王嬴政继位后，在前人积攒的国力基础上，励精图治，先后灭韩、赵、魏、楚、燕、齐六国，完成统一。

公元前221年，秦朝正式建立，嬴政称帝，史称"秦始皇"。完成统一后，秦朝为了巩固统治，政治上在中央设立三公九卿，是最核心的统治集团，辅助秦始皇管理国家；在地方上废除分封制，实行郡县制，建立高度中央集权的统治模式；民生上实行书同文、车同轨，统一度量衡，包括统一钱币、铸半两钱等；军事上对外北击匈奴，南征百越，进一步扩大了中华的疆域，筑长城以拒外敌，凿灵渠以通水系。

公元前209年，秦始皇驾崩，秦二世胡亥继位，他进一步加强对农民的剥削和压迫，百姓怨声载道。因此，当年便爆发了由陈胜吴广率领的大泽乡农民起义，各地农民在"王侯将相宁有种乎"的号召下纷纷起义。最终，秦二世被赵高杀死，赵高立子婴为秦王，向刘邦投降，秦亡。

秦朝是一个短暂的朝代，二世而亡。但秦给后世留下了统一的中央集权制，奠定了中国2000多年来的政治基本格局和中国大一统王朝的政治基础，对中国的历史产生了深远影响。秦朝是一个复杂的朝代，中国统一的历史自秦始，书同文、车同轨和统一的度量衡，促进了民族的认同和国家的发展，攻打匈奴和百越，扩张了疆域，为国内发展提供了稳定的环境。但是在秦朝，人民徭役繁重，苛捐杂税众多，人民负担巨大，秦举全国之力修建了长城这一世界奇观，在当时的科技水平下，人民的负担之重可见一斑，也是在秦朝出现了"焚书坑儒"。

中国历史上的第一个大一统王朝由秦而建，中国历史上的第一次大规模农民起义将秦毁灭。目前，对秦朝的评价并没有统一的定论，有人认为秦始皇是千古一帝，也有人将其视作一代暴君，但不可否认的是，秦朝和秦始皇在中国历史上有着举足轻重的地位。

二、汉朝概述

汉朝（前202—220年）是继秦朝之后的又一个大一统王朝，分为西汉、东汉两大时期，历时400余年。秦末农民起义，刘邦先入咸阳推翻秦朝，后被封为汉王，之后经过"楚汉争霸"，刘邦战胜项羽建立了汉朝，定都长安，史称西汉。汉朝前期，经历过漫长战争，百姓苦不堪言，百废待兴，汉高祖刘邦开始休养生息；之后，汉文帝和汉景帝继续推行休养生息的国策，开创了"文景之治"；汉武帝即位后，先后通过"推恩令"和"罢黜百家，独尊儒术"，解决了国内诸侯国分裂问题和思想问题，进一步加强了中央集权。之后，派张骞出使西域开辟丝绸之路，通过数十年的战争彻底击败了匈奴，解决了边境问题，东并朝鲜，扩张疆域，创建了一代盛世，即"汉武盛世"。

汉朝，设立西域都护府，将西域纳入版图。公元8年，王莽篡位，建号为新，西汉灭亡。但是王莽的统治没能延续，公元25年被刘秀推翻，汉朝重建，定都洛阳，史称东汉。东汉经过几代帝王励精图治，百姓生活富裕，匈奴西迁，丝绸之路一直延伸到欧洲，国力极其强盛，创造了"光武中兴"和"明章之治"。东汉末年，群雄割据，天下大乱。公元220年，曹丕篡位，建立魏朝，史称曹魏，东汉灭亡，汉朝正式退出了历史舞台。

汉朝是中国历史上无可争议的强盛王朝之一，汉朝时期政治、军事、民生、经济等全面发展。政治上汉承秦制，实行三公九卿制和郡县制，沿袭了中央集权制并进一步加强了集权制。选举方面，以察举制为主，结合考试制度，后续发展为推荐与考试相结合的选士制度；军事上，汉朝向东、北、西、南四个方向全面扩展，东边合并了朝鲜，北边赶跑了匈奴，西边将西域纳入中国版图，南边进一步扩展疆域至越南，为中华版图奠定了基础；民生上，汉朝兴盛之时，人口达到了6000余万人；经济上，汉朝时期农业、冶铁业、纺织业和商业全面发展，极盛时实现耕者有其田，丝绸之路延伸至欧洲；科技上改进了造纸术，发明了地动仪并将二十四节气纳入历法等。可以说，汉朝是当时世界上最强大的帝国。自汉朝后，华夏民族逐渐被称为汉族。

三、秦汉时期的经济

秦朝时，由于刚实现大一统，各行各业都有一定的发展。农业方面，以律法的形式确定了土地私有，广泛推广牛耕和铁农具，大兴水利，开通灵渠和江南运河，开发西北、西南等地；为了中央统一管理和征税，实行了户籍制度；手工业方面，秦时期的采矿、冶炼、造船和纺织都有所发展，但因实行了盐铁官营制度，发展受限；商业方面，由于统一了度量衡，尤其是统一了货币，实行金钱双本位制，再辅以驰道修建后交通的便利，商业得到了一定的发展，但受限于重农抑商思想和相关政策，秦朝的小商贩和自由商人较少，却依然诞生了一些大商人。

汉朝前后历时 400 余年，经济上先后经历了繁荣和衰落两个阶段。繁荣时期，汉朝人口大幅度增长，最高时达 6000 余万人，城市化程度相较于同时期其他文明显著提高；农业发展较为充分，实行土地私有制，铁制农具已得到全面推广，新式的耕种方法得到推广，国家兴修水利，农业生产效率较高，农民大部分自给自足，但却越来越依赖商业交换；手工业方面主要包括冶铁业、漆器业和纺织业，由中央政府管理的国营、地方官府管理的官营和民营三种形式构成；商业方面虽然受到重农抑商思想和政策的影响，但是在文景之治后，商业势力蓬勃发展，甚至一度出现了"夫用贫求富、农不如工、工不如商"的社会心理改变，商业的发展也产生了社会贫富差距，政府在一些特殊时期不得不向商人借贷来填补国库，出现了数个商业中心，如长安、洛阳、邯郸等，丝绸之路也是当时世界上最重要的商路之一。

四、秦汉时期的外交

秦朝时期主要奉行"耕战"政策，农业是国家的基础，主要为国家的对外战争服务。当时秦周边已知的只有北方的匈奴和南方的南蛮，而秦选择了最简单的对外策略即军事外交：以战争方式进行征服，北边收复河套地区修建长城抵御匈奴，南方征服百越地区，开辟西南地区。唯一可能实现了外交效果的事件是徐福东渡日本，但是由于缺乏史料记载和考古证据支持，只是民间流传的说法。

汉朝时的外交活动较为频繁，主要包括与西方和东方两个方向的交流。西方主要是与西域的交流，其中张骞出使西域最为有名。汉武帝派遣张骞出使西域，开辟商路并联合西域各国对抗匈奴，张骞及其使团曾到达大宛（今锡尔河上游）、大月氏（阿姆河中游）、康居（锡尔河下游）等地。张骞的副使还到达过大夏（今阿富汗）、安息（今伊朗）等国。继张骞之后，汉朝的使臣还到达过如今黑海以北地区、叙利亚和埃及地区，最远到达了罗马帝国，但受地形所限没有实现交流。亚欧各国也派出外交使臣到访汉朝。西汉时期，朝鲜曾并入汉朝版图；汉朝时日本岛上的国家有上百个，汉统称其为倭国，其中 30 余国通过朝鲜向汉朝纳贡，光武帝时曾赐日本倭奴国王"汉倭奴国王"金印，表明其是汉的属国。

第二节　秦汉时期的货币

秦汉时期的官方货币主要是黄金和铜钱，辅以白银、铁钱、皮币等铸造量和流通量较少的币种。秦朝时，秦始皇统一了币制，在环钱的基础上，废除了刀、布、贝等多元的货币体系，以秦"半两" 环钱为法定货币，通行全国，以黄金为上币，铜钱为下币，构建了新的货币体系。

汉朝经历西汉、东汉两个时期，货币制度和种类纷繁复杂，其中主要以西汉初期的各类型"半两"钱、汉武帝的"五铢"钱、西汉各类型的"五铢"钱、王莽货泉和东汉各类型"五铢"钱为主。"天地英雄气，千秋尚凛然。势分三足鼎，业复五铢钱。"刘禹锡的《蜀先主庙》中提到的五铢钱即为汉武帝五铢。汉朝时，黄金更多地作为标价对象和对外贸易使用，国内贸易和百姓日常使用以铜钱为主，部分时期黄金无法用于购买商品，只能先兑换为铜钱才能使用。

一、秦朝货币

秦王嬴政二十六年（前221年），灭六国，建立了中国历史上第一个统一的中央集权国家，定都咸阳，秦王嬴政改称皇帝，史称秦始皇。秦一统六国后，面对各国形形色色的币制和种类繁杂的货币，选择废除原来六国的刀、布、贝等货币制度，以秦"半两"环钱为唯一法定货币，全国实行，至此翻开了中国货币史上新的一章（见图4-1）。然而，由于秦存在时间较短，货币实行时间短，且秦"半两"非秦始皇所创，是秦国货币的延续，铢两的计量单位也是在战国时期各国影响下逐渐确定的，所以秦的币制没有开创一个新的时代，而更多的是一种承上启下。

图4-1　半两钱（图片来自中国国家博物馆）

秦国流通的环形半两钱源于秦惠文王二年（前336年），这不意味着秦国以前没有货币，可以理解为自此始秦国规范了铸币权，而此前的钱只在秦国范围内使用，是一种区域性的货币，距离秦始皇发行秦半两环钱尚有115年。秦一统天下后，统一币制，发行半两环钱，《史记·平准书》记载："及至秦，中一国之币为三等。黄金以溢名，为上币；铜钱识曰'半两'，重如其文，为下币；而珠玉、龟贝、银锡之属为器饰宝藏，不为币。"可见，当时的货币体系应包含三种货币，金为上，铜钱为下，但缺乏对"中币"的叙述，也没有说明三种货币之间的等价关系。在《睡虎地秦墓竹简·金布律》出土后，我们知道"中币"应为"布"，"布袤八尺，福广二尺五寸。布恶，其广袤不如式者，不行""钱十一当一布。其出入钱以当金、布，以律"。因墓主人死于秦始皇三十年（前217年）以后，可以推断出记载的币制就是秦始皇统治时期实行的币制。

自此，我们可以确定秦朝的货币制度由金、布和半两钱构成。《金布律》中记载：出入钱币折合金或布的法定比价，11钱当1布；同时期也有不少对财物的记载，均为11的倍数，可以证明日常以布为计价单位；黄金按照重量使用，是称量货币；铜钱按照数量使用，记作枚，币面铸造有"半两"二字，意为每一枚铜钱重量为半两，也称为半两钱（秦时半两为12铢）。

秦始皇推行的半两钱不是新创造的货币，而是将秦国地区使用的货币推广到全国使用。

从记载和出土的文物来看，半两钱为方孔圆形，大多数没有周廓，方孔两旁有"半两"二字，文字较高，触及钱币边缘，文字为小篆体。由于文字高挺，使用过程中容易磨损，这也成为了秦半两钱的一个特点。在出土的半两钱中还发现钱的形制不完全统一，无法通过钱的形制来确定是否为统一铸造。在已发现的秦半两钱中，每一枚的重量、大小、文字规矩均不同，大体上钱的直径为 2.3～3 厘米，重量为 4～6 克，即为五铢至六铢，很少达到半两，只有一小部分超过半两。可见，当时统一的币制里可能对钱币的铸造没有明确的规范，或者即使进行规范，但是在当时的条件下，实行过程中存在一定的困难，导致了铸造出的钱币形制不一，成色不同。但是钱币本身优劣的不同并不影响钱币的使用。《金布律》中提到"钱善不善，杂实之……百姓市用钱，美恶杂之，勿敢异"，无论是官府还是百姓，不论钱币本身的质量好坏、轻重大小，均一起流通，不允许挑选，即钱币的流通信誉并不由其本身决定，而是通过律法和国家的强制力来保证使用时的一致性，避免了因铸造水平所限导致的钱币质量不一引起的使用问题。

秦始皇对币制的统一，不仅是统治制度的需要，也是促进经济社会发展的需要。货币的统一，对于促进秦朝各地的贸易往来和人民的认同有重要的意义。此外，币制改革的意义还在于对货币形态的确定，在统一前有各种形态的货币，统一后，秦始皇选择了方孔圆钱的形制，中国货币的形制也就固定了下来。同时其对周边的国家也有影响，这一形态不在于由谁发明，而在于谁将它确定并推行。秦始皇对货币统一的规定是中国货币史上第一个统一的货币立法，而半两钱以重量为名称，也是中国量名钱的开端。

二、汉朝的货币

汉朝整体承袭秦的货币制度，是秦朝货币制度的延伸和发展。秦朝货币以金钱为主，上币为黄金，用作大数，下币为铜钱，用作小数。由于汉朝存在时间超过 400 年，货币制度有较大的变化。西汉初期，也是金钱本位，黄金改为以斤为单位，半两钱也一再减重；汉朝中期，汉武帝推出"五铢"钱，推出币制改革，将铸币权收归中央政府，全国只允许使用五铢钱；此后，汉朝各代帝王纷纷推出各种类型的五铢，中途王莽篡权时期进行了一系列的币制改革却均不成功；东汉初年继续使用五铢钱；汉后期即东汉中后期和三国时代，仍然使用各种类型的五铢钱；董卓挟汉献帝迁都长安后，推出了无文小钱。至此，汉朝的货币使用概况基本齐全。

（一）铜钱

1. 西汉的钱币

汉朝初年"为秦钱重难用，更令民铸钱，一黄金一斤，约法省禁"（《史记·平准书》）。政府下放铸币权，民间可以私铸钱币，简省法令禁条，以消除秦朝的酷法和暴政。西汉早期，黄金的使用量也较大，但多作为价值尺度和世界货币使用，对内用于赏赐和贮藏，对外用于贸易。由于国内货币流通专用铜钱，所以在百姓的日常生活中，铜钱具有举足轻重的地位。汉朝早期，仍然使用半两钱，但是钱币的大小不同，重量有别，已渐渐和钱币名称相背离，如汉初允许民间私铸钱，出现重量不足一铢的荚钱，吕后二年减为八铢，文帝五年减为四铢,为钱面文字的1/3,这是政府规定的重量,但是由于私铸的盛行,实际流通的货币重量更轻。西汉的铜钱大致可以分为以下几个阶段:

(1) 汉朝初年的"半两"钱

汉朝初年,由于连年战争,国家经济衰败,百废待兴。汉高祖刘邦实行休养生息政策,为了减轻民众和中央财政的负担,下放了政府的铸币权,允许民间私铸钱币,以快速恢复经济。然而,在利益的驱使下,民间所铸的钱币分量越来越轻,钱币形似榆荚,也被称为"荚钱"(见图 4-2),荚钱仅重三铢,在高祖后期甚至不足一铢,导致货币持续贬值,物价飞涨,一石米要万钱,马匹需要以黄金计价。汉高祖时期钱币重量的持续减轻是一个值得研究的问题:即使将铸币权下放,也不会允许重量由秦半两(十二铢)变为不足一铢,为何钱币如此"缩水",物价为何如此上涨,尚没有定论。

图 4-2　榆荚半两(图片来自中国国家博物馆)

(2) 八铢半两

汉惠帝三年(前 192 年)有记载"铸伪钱"非法,表明至少从此时起已禁止私铸。吕后二年(公元前 186 年)行八铢钱,铜钱样式仍为半两圜钱,钱重八铢,吕后六年开始发行五分钱,为半两的1/5,即二铢四累,属于荚钱的一种。

(3) 四铢半两

汉文帝五年(前 182 年),开始实行四铢半两钱,同时废止《盗铸钱令》,再次下放铸币权,允许民间铸钱。四铢半两重四铢,字面为半两,钱身较小,文字整齐。此时再次允许私铸,所以四铢半两的版式有别,不同地区的钱币各有特点。后续所称的三分钱即十二铢的1/3,重四铢,也是四铢半两的一种。由于没有废止其他的半两钱,所以规定以四铢半两的法重来衡量其他钱币的重量,且为了能够推行四铢半两钱,保障其流通,在使用钱币时不仅要清点数目,必要时还要称重来判断是否符合重量要求。

(4) 三铢钱

关于三铢钱的铸造和废止,目前的史料记载不一。《汉书·武帝纪》记载:建元元年(前 140 年)铸造,建元五年废止,恢复使用四铢半两。武帝元狩四年(前 119 年)废半两再行"三铢",同时将"铢"字偏旁改为"王"字旁,第二年即废止,改为五铢钱。元狩四年,根据张汤的意见实行了一次币制改革,启用白金币和皮币。白金币是一种银锡合金,一共有三种面额,分别为龙纹圆形币,重八两,值三千钱;马纹方形币,重六两,值五百钱;龟纹椭圆币,重四两,值三百钱。皮币由白鹿皮制成,每张一方尺,绘有彩画和装有彩饰,值四十万钱，规定王侯、宗室朝觐和聘享时需以皮币荐璧，是朝廷增加收入的一种方式，不可视作是正常使用的货币，且其价值远不值四十万钱，是一种虚值币。

白金币是中国货币史上记录的最早使用的银币。具有重要的历史意义。在白金币使用过程中，由于币值远大于铸造成本，对于这种大额不足值货币，民间纷纷效仿进行私铸。虽然朝廷严禁私铸，违者处死，但巨大的利益驱使人以身犯险，导致私铸盛行，故在元鼎三年（前114年）废止了白金币。

（5）武帝"五铢"钱

汉武帝元狩五年（前118年），开始发行"五铢"钱（见图4-3），五铢钱的种类繁多，在实行初年尚未集中铸造，导致早期的五铢钱很难有详细梳理，后由中央收回铸造权，因此五铢钱先后经过郡国五铢、赤仄五铢和上林三官五铢三个时期。在五铢钱实行初期，铸造权仍然分散在各郡国手中，因此称为郡国五铢。赤仄五铢发行于元鼎二年（前115年），当时由于战争导致财政困难，中央政府为了缓解财政，命京师钟官铸造"赤仄钱"也称为赤侧钱，因没有废除郡国的铸币权，赤仄钱与其他五铢并存，一枚赤仄钱相当于五枚郡国五铢，同时由于民间盗铸严重，赤仄五铢在使用过程中逐渐贬值。元鼎四年，汉武帝实行了一次币制改革，开始铸造上林三官五铢。这次币制改革主要包含两项措施：一是中央收回铸币权，郡国不得再铸造钱币，中央的铸币事宜由上林三官负责；二是以国家强制力，推行上林三官五铢，市场上流通的其他五铢可继续使用，但不得再次铸造。同时，为了防止民间私铸，上林三官五铢在铸造工艺上有所提升，铸造技术要求较高，使得私铸困难，民间的盗铸得到了有效的制止。五铢钱的推出以及武帝的币制改革，是中国历史上最成功的币制改革之一，五铢钱也是中国货币史上使用最久、最成功的钱币，史学家曾评价五铢钱轻重适宜、大小合适，是当时经济条件下最合适的商品交换媒介，为之后历朝历代的铜钱设计和重量起到了很好的借鉴作用。

图4-3 五铢钱（图片来自中国国家博物馆）

（6）其他各种类型的"五铢"钱

自汉武帝推出五铢钱后，西汉历代帝王在上林三官五铢的基础上，铸造了各种类型的五铢钱，其中唯有宣帝时期的五铢容易辨认，剩余出土的五铢被统称为小五铢。宣帝五铢因出土的一些钱币上有宣帝的年号，故较为容易辨认。小五铢形似宣帝五铢，但铜钱的直径较小，有些钱币减掉了周廓或部分减除，所以被称为"鸡目钱"，形容小五铢之小。小五铢的出现在中国货币史上是浓墨重彩的一笔，在此之前，铜钱已是最小的流通单位了。然而，小五铢五枚合一普通五铢，进一步细分了最小的货币单位，使得小额贸易得以进行，对经济起到了一定的助推作用，同时从侧面说明了当时五铢钱购买力较强，导致百姓产生了需要更小价值单位进行贸易和流通的需求。

2. 王莽的钱币

王莽于西汉末年篡位，在公元8年时改国号为新。西汉末年，国家经济体系被破坏，百姓手中的钱币币值不稳，导致民不聊生，于是王莽进行了一系列的货币改革。王莽在位期间一共进行了4次货币改革，但是收效甚微，反而造成了货币制度的混乱。

（1）第一次改革

王莽的第一次改革于居摄二年（公元7年），当时王莽尚未篡位，五铢钱还是政府法定的货币。此次改革主要措施有二：一为下令开铸三种新钱，一种圆钱和两种刀币，圆钱名为"大泉五十"，钱币直径为当时的1寸2分，是五铢钱的2.4倍，重十二铢，每枚钱值五十铢，是一种虚值钱；刀钱分为契刀和错刀，前者每枚值五百铢，但是重量仅为二十铢，后者有字"一刀平五千"，其中"一刀"二字有黄金镶嵌，也称为金错刀，值五千铢，两者均为虚值钱。发行虚值大钱导致民间为了逐利，盗铸盛行，钱币贬值严重。二为禁止民间使用和流通黄金，黄金都需要去官府兑换为钱币，是一种逆行倒施的行为，导致社会经济遭受重大打击。总而言之，这次币制改革是中国货币史上独特的一页，王莽创立了"泉"这一钱币名称，发行的刀币也与战国时期形制不同，采用了全新的样式。然而，禁止黄金流通却使得经济进一步崩溃。

（2）第二次改革

王莽获得政权后，因"刘"字含有刀、金等部分，认为于他不利，于是进行了第二次币制改革，废止五铢钱和刀币，新铸小泉，实行小泉和大泉五十并行的货币体系。小泉钱为小泉直一，重一铢，为最小的货币单位，大泉五十值50小泉。为了保证货币得到推行和打击民间盗铸，王莽下令民众不得持有铜，并在各个郡国大力铸造钱币，补充流通所需。大泉毕竟是一种虚值大钱，民间对其认可度不足，且各个郡国均可以铸钱，导致了币制的混乱，民间在流通过程中仍然使用五铢钱。

（3）第三次改革

公元10年，因前一次的币制改革不顺，王莽决意进行一次彻底的改革，推出了奇特的"宝货制"改革，所造各种货币通称"宝货"。这种新币制十分复杂，共含有五物六名二十八品，五物指金、银、铜、龟、贝五个材质的货币，六名二十八品指泉货六品、贝货五品、布货十品、龟宝四品、银货二品和黄金一品，其中最基础的货币为小泉直一，为1钱，最大的钱为黄金，1斤值10000钱，具体等价关系如表4-1所示。

表4-1　王莽第三次币制改革等价关系表

五物	六名二十八品		币值/钱
黄金	黄金	黄金一品（1斤）	10000
银	银货二品	朱提银（8两）	1580
		普通银（8两）	1000
龟甲	龟宝四品	元龟（1尺2寸）	2160
		公龟（9寸）	500
		侯龟（7寸以上）	300
		子龟（5寸以上）	100
贝壳	贝货五品	大贝（4.8寸以上）	216
		壮贝（3.6寸以上）	50

续表

五物	六名二十八品		币值/钱
贝壳	贝货五品	幺贝（2.4寸以上）	30
		小贝（1.2寸以上）	10
		贝（1.2寸以下）	3
铜	布货十品	大布一千	1000
		次布九百	900
		第布八百	800
		壮布七百	700
		中布六百	600
		差布五百	500
		序布四百	400
		幼布三百	300
		幺布二百	200
		小布一百	100
	货泉六品	大泉五十	50
		壮泉四十	40
		中泉三十	30
		幼泉二十	20
		幺泉一十	10
		小泉直一	1

五物六名二十八品名称烦琐，种类繁多，违背了货币发展由繁至简，由天然币材到金属币材变化的规律。且不同货币之间的兑换有些不是整数，完成一些交易可能涉及多种材质货币的不同细分种类。官方的固定比价也导致有些货币成为虚值大钱货币，引诱民间盗铸。这种复杂的货币体系不必说当时大部分民众没有分辨能力，即使官府在使用时也需要即用即查，最终导致民间使用最多的还是大泉与小泉，其他种类货币基本不使用，相当于实际废止。最终，王莽不得不废止了这一货币体系。

（4）第四次货币改革

天凤元年（公元14年），王莽废止宝货制后，进行了第四次货币改革，实行货布、货泉制，货布重二十五铢，值25钱，货泉重五铢，值1钱。可见，货布仍为一种虚值大钱，且大泉五十与货布重量相仿，大泉被废止，兑换时只值1钱，导致民间将大泉私自铸造为货布，盗铸盛行，使得王莽不得不降低对盗铸的刑罚。

王莽在位时间虽然不长，但是其执政期间进行了四次币制改革，尽管全都失败，但在中国货币史上却是独此一家（见图4-4）。王莽的币制改革没有考虑货币流通的客观规律和经济社会发展的需求，多推行虚值大钱，其目的是从民间搜刮钱财。铸造不符合经济社会的虚值大钱，唯一的作用是剥削民间充实政府，这样的政府注定是不得民心的，因而加速了王莽政权的灭亡。

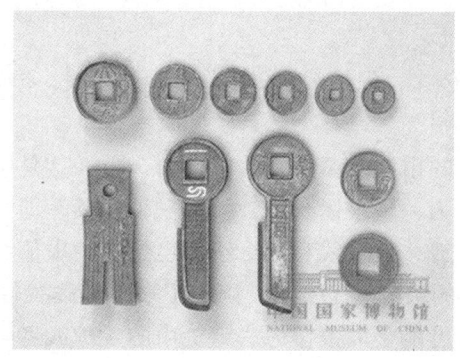

图 4-4　王莽时期的各种货币（图片来自中国国家博物馆）

3. 东汉的钱币

（1）东汉早中期的钱币

王莽政权末期，民不聊生，社会动荡不安，百姓怨声载道。刘秀于公元 25 年建立东汉，社会才平稳下来。建国之初，政局初稳，经济凋敝，百姓急需休养生息，于是政府没有新铸钱币，默许民间使用五铢钱和王莽时期的钱币。建武六年（30 年），占据四川的公孙述铸造铁钱，这是中国货币史上最早的使用铁铸造钱币的记录。建武十六年（40 年），刘秀在官员建议下才进行了币制改革，废除王莽的钱币，推行"建武五铢"，重新推行五铢钱后，币值逐渐稳定，社会经济重新走上正轨。刘秀之后，史书对铸造钱币的记载寥寥无几，使我们无法对东汉早中期的钱币发行做出判断，但是根据流传下来和出土的一些五铢钱发现，其形制和重量与西汉五铢和王莽时期的五铢均不同，与建武五铢倒是十分相似，可以推测东汉早中期也进行了钱币的铸造。

（2）东汉晚期的钱币

东汉晚期，货币贬值，物价上涨，百姓的财产无形之中流失，社会矛盾凸显，尤其到东汉末年，黄巾起义导致政局不稳，币值无法得到保证，经济秩序崩溃。目前，有记载和可辨别的东汉晚期的五铢有桓帝五铢，灵帝五铢和董卓无文小钱。桓帝五铢铸造于桓帝在位期间（147—167 年），字迹不清，重量较轻；灵帝五铢包含一些被减掉外廓的五铢和减掉内圈只剩外廓的钱币，即残缺的钱币。此外，还有一种四出五铢，钱背面有四道斜纹由方孔直达外廓，被人称为四道而去，得名"四出五铢"（见图 4-5）。董卓无文小钱铸造于初平元年（190 年），董卓挟持汉献帝至长安，发行一种钱身小、没有文字、没有内外廓的小钱，这也是东汉史上最后一次铸造钱币。

图 4-5　四出五铢（图片来自中国国家博物馆）

（二）金、银

汉朝使用黄金的记载较多，但是黄金多用作赏赐和贮藏，作为标价和流通手段较少，白银的使用更加稀少。

武帝于元狩四年推行的币制改革中开始发行白金币，这是中国货币史上记录的最早使用的银币。白金币实际为一种银锡合金，包含三种面额，即圆形龙币、方形马币和椭圆形龟币，分别作价三千钱、五百钱和三百钱，也是一种虚值大钱。此次白银币的使用或许不是中国历史上最早的银制法定货币，因为史书里记载秦始皇不将银、锡作为货币，说明在战国时期有些国家可能是以银作为法定货币的一种或者是允许银作为货币进行流通。白金币在中国货币史上的独特地位来源于两点：一是其为中国历史上有记载的最早使用的银币，二是其形制与汉之前的货币形制均不同，可能是受当时西域各国货币流通进入汉朝的影响，外形上参考了国外银币的样式，图案换为中国人熟悉的龙、马、龟的样子，便于推行。但是白金币没有使用多久，武帝即推出了五铢钱，导致白金币存量较小，目前尚没有发现有流传下来或者有出土的白金币，也就使得人们对这一种货币的印象仅限于文字的描述。

第二次明确规定使用金银的时期为王莽时期，王莽在第三次币制改革中明确规定了黄金一品和银货二品两种材质的货币，并将其作为币值最高的两种货币，但可惜的是这一次币制改革没有推行多久便被废止。

第三节 秦汉时期货币的功能

一、货币的职能

现代经济学家认为，货币具有价值尺度、流通手段、贮藏手段、支付手段和世界货币五大职能。货币的这五大职能是货币在使用过程中为满足商品经济的发展而逐渐形成的。其中，价值尺度和流通手段是货币最基本的职能。在古代的社会经济体系中，贮藏手段也是货币的一大基本职能。货币首先作为价值尺度，对需要交换的商品和服务做出衡量，以帮助人们对商品和服务做出判断，从而做出是否交换的决策，为货币作为流通手段打下基础。

秦朝时，秦始皇对度量衡做出统一，其中重要的一条就是对货币做出统一规定，明确全国的法币为半两钱，黄金作为货币的补充，以斤计量。此时，民间的流通手段主要以铜钱为主，黄金更多地被用作赏赐和贮藏。在秦朝短暂的存续时间内，半两钱和黄金的物价比较稳定，在中央政府公权力的保证下，货币有较强的购买力。

汉朝分为西汉和东汉两个时期。在两汉时期，铜钱是主要的流通手段，黄金主要用于赏赐和对外贸易中，白银只短暂出现过一段时间。铜钱在整个汉朝一直是主要的法定货币，也是民间使用范围最广、使用频率最高的货币。西汉早期，汉高祖刘邦沿用秦朝时期的半两钱，之后一直使用不同重量的半两钱，包括惠帝时期的八铢半两、文帝时期的四铢半两等，武帝建元元年推出三铢钱之后，结束了汉朝半两钱使用的历史。汉朝中晚期，以武帝推出的五铢钱为主，主要包括武帝时期的上林三官五铢、宣帝五铢、小五铢等一系列五铢钱的变种。王莽篡位后，进行了多次币制改革，其中首次提出将铜钱命名为"货布""货泉"，不再使用五铢钱。东汉早中期，铜钱主要以西汉五铢钱和王莽时期的钱币为主，早期还出现地方铸造铁钱补充流通的。建武六年，汉光武帝刘秀听从官员建议铸造建武五铢，开启了属于东汉时期的货币。东汉晚期，国内政治不稳，社会动荡不安，政府开始多次铸造新钱币以稳定物价，如桓帝五铢、灵帝剪轮五铢、四出五铢等。纵观整个汉朝存在的历史，铜钱一直作为主要的流通手段，具有不可替代的作用。

黄金作为两汉时期的法定货币之一，主要功能是赏赐，民间多作为一种高价值商品贮藏使用，很少用于流通和支付，此外多用于对外贸易，如作为丝绸之路的主要货币。在王莽执政时期的"宝货制"货币改革中，曾将黄金作为法定货币的一种，给出了明确的比价关系。此外，关于黄金与铜钱的比价，很少有明确的记载。可以了解到的是黄金一直在使用，但黄金在各个时期具体发挥的货币功能及使用量，需要更多的历史材料来支持。

二、货币购买力

（一）铜钱的购买力

秦朝时的铜钱是半两钱，半两钱的铸造和发行由中央统一管理，且秦规定，对于半两钱的使用，不看重量，只看数量，其购买力由国家强制力来保证，故当时半两钱的重量差异较大，但也不影响使用。半两钱具体的购买力很难进行考证，史学家多认为在战国后期至秦朝时，物价普遍较低，正常的粟价每石约为几十个钱，1斗米仅需3枚秦半两。刘邦率军进入咸阳时，众官吏每人仅送给刘邦3枚钱，可见在秦朝时半两钱购买力之强。

在汉朝漫长的存续期内，铜钱的购买力起起伏伏，时高时低。西汉初期，由于社会刚刚经历数年的战乱，经济秩序崩溃，百姓急需恢复生产，于是汉高祖实行休养生息的政策。在此期间，为了满足社会对货币的需要，汉朝对铜钱进行了减重。铜钱的减重，根据官方的标准由秦半两减成吕后二年的八铢半两，减轻1/3；但民间所铸的半两，未必有八铢重；有些小半两，文字制作酷似秦半两的，重量在一铢左右，可能是汉初民间所铸的，若以这种半两为标准，那就是减成1/10了。一系列的减重导致了物价急剧上涨。按照史书记载，米价涨到1石5000钱到1万钱，马价涨到一匹100金，以《九章算术》中的价格来对比，粟价平均每斛15钱，按照当时的换算率，则粝米或粗米每斛为25钱，稗米或精米为28钱，米价涨了170多倍，导致了汉初大通胀。

文帝为了稳定物价，采取了两个主要的措施：一是让百姓自由铸造钱币，保证货币的供应，二是规定增加铜钱的重量，双管齐下，币值慢慢得到了稳定，并且逐渐恢复到正常水平。在文帝统治时期，粟价最低曾到每石十余钱，谷价每石几十钱到一百钱，在稳定的物价和较强的货币购买力支撑下，社会经济得到了较好的发展。

然而，好景不长，铜钱的购买力在文景二帝时期基本达到了顶峰，之后开始走下坡路，逐渐出现了货币贬值。武帝时期，借助"文景之治"留下的积蓄，对内大兴土木，对外征讨匈奴，国库很快告急。为了补充国库，武帝先是铸造了三铢半两，重量相较四铢半两减轻了1/4，导致货币出现贬值。随后推出了皮币、白金币等大额虚值货币，致使民间盗铸盛行，物价飞涨。元狩五年（前118年），每匹马的价格为20万钱。为了平抑物价和抑制盗铸，开始推行五铢钱，并将铸造权收归中央所有，再辅以各种税收政策和税率的调整，收回了社会中多余的货币，才将物价控制在一定的范围内，没有出现物价的大规模上涨。

武帝之后，对外征伐逐渐减少，百姓逐渐回归田园，生产得到发展。宣帝时，谷价每石5钱，货币的购买力得到明显的提高。当时的国情，国家以谷贱为忧，货币购买力的提高可能只是社会经济发展的结果。由于货币购买力的提高、货币流通的推广，使得有必要铸造小五铢。宣帝时的粮价，似乎低于文景时的粮价，因为文景时谷价100钱1石，最低也要几十钱1石。宣帝时每斛谷只合37~38文，元帝时1斛谷约128文。

王莽篡位之后，共计进行了四次币制改革，铜钱的购买力也在一次次的改革中急剧变动。在居摄二年（7年）第一次币制改革中，王莽发行了三种新的货币，大泉五十、契刀五百和一刀平五千，与当时流通的五铢钱相比，约贬值1/20、1/123和1/710，一刀平五千因当时黄金贬值，可能没有直接计算的这么多，但也在几百分之一的范围内。辅以当时不允许持有黄金的政策以及黄金一斤万钱的情况，导致了铜钱等三种货币的大幅度贬值。人民为了反抗暴政，拒绝新的货币，继续使用五铢钱，于是王莽进行了第二次币制改革，废止了五铢钱和刀钱，改为使用大泉和小泉。小泉重一铢，成为新的最小流通货币，代替五铢钱，同时禁止民间私铸钱币，以此来推行钱币。然而，一铢的小泉以及价值较大的大泉五十，不方便百姓日常使用，因此百姓还是以使用五铢钱为主，并且民间有说法称大泉马上要废止，导致新货币推广更加困难。此时是铜钱的购买力波动最大的时期，人们不接受新的货币，旧的货币存量不足，导致币值无法准确地进行计量。在人们强烈的反对下，公元10年，王莽进行了第三次币制改革，推行"宝货制"，纷繁复杂的货币种类和等级，不要说是当时目不识丁的百姓，即便是大部分官员也很难分清货币之间的比价关系，导致大部分货币根本没有流通。布币法定价值与重量之间不对称，如小布重量为小泉的15倍，但币值是小泉的100倍，大布重量为小泉的24倍，币值为小泉的1000倍。这些虚值大额货币的出现导致了两个后果：一是民间在巨大的利益面前盗铸盛行，二是民众对这些大额虚值货币失去信心，币值大幅下跌。面对这样混乱的经济局面，天凤二年（15年），王莽进行了最后一次币制改革，废止"宝货制"，发行货泉和货布，货泉重五铢，值1钱，货布重二十五铢，值25钱。货布仍然是一种虚值货币，但由于货泉的重量与五铢相同，相当于恢复了五铢钱的使用，只不过名义上不称为五铢钱。在中央政府强力的禁止私铸和其他措施的辅助下，货布的贬值比较轻微，货币的币值得到了稳定。但好景不长，在王莽政权后期，由于政权的不稳定和物资的缺乏，国内的货币又出现了大幅度贬值。据史书记载，当时的米价，每石自2千钱到1万钱，甚至有时用黄金来交换，黄金 1 斤易粟 1 斛，或 1 斗或 2 升，就是照官价折算起来，每石粟也合得 1 万钱到数十万钱。

东汉年间相比于西汉和王莽时期，币值整体上比较稳定，除东汉末年董卓发行的无文小钱外，很少出现大规模的币值变动情况。刘秀执政期间，由于战乱刚结束，百姓需要休养生息，于是其早期也没有推行新的货币，民间自由选择使用五铢钱和货泉，之后在建武十六年时才发行了建武五铢。由于民间本来就在使用五铢钱，且社会的物资在休养生息政策下逐渐充裕，铜钱的币值得到了稳定。刘秀的努力在明帝时期看到了成效，公元 62 年时，粟价每石只要 20 钱，恢复到了西汉文景时的水平；永平十年和十二年，每石米只要 30 钱；此后的汉章帝、汉和帝和汉安帝时期，币值一直比较稳定。但是在安帝后期，因为对西羌的战争，谷价曾涨到了每石万钱，不过仍没有发行大额货币，而是出现了不足重的五铢钱，以缓解货币数量的不足。顺帝永和五年（140 年）至桓帝永康元年（167 年），由于持续的战争，货币的币值一直有贬值的迹象，但是变动不是很剧烈。自灵帝起，汉朝的经济秩序开始崩溃，当时买官，公 1000 万钱，卿 500 万钱。光和四年（182 年），每匹马 200 万钱，1 个公爵只值 5 匹马。中平年间（184—189 年）连年饥荒，谷价一斛要 600~700 钱，百姓无法承担谷价，于是爆发了农民起义，黄巾起义也在此时爆发。东汉末年进入了军阀割据时期，各个地区的物价均有不同。献帝时，董卓在长安发行无文小钱，导致货币大幅度贬值，谷价飞涨到每石数万钱、十万钱和百万钱、割据幽州的刘虞时期，每石谷只要 30 钱。东汉末年的货币已无法进行统一的认定。

综上所述，秦朝时由于刚统一币制，朝廷强制推行半两钱，且规定半两钱不论重量只看数量，所以币值一直比较稳定，购买力较强。由于汉朝存续时期较长，铜钱的币值一直在上下波动，购买力时高时低。盛世时，人民生活富足，币值较高，购买力较强；在战争时期，由于物资的缺乏及政局不稳，导致物价飞涨，币值较低，购买力较弱。以谷价为例，在"文景之治"时期，每石仅需 20~30 钱，而在东汉末年董卓所在长安一带，谷价甚至涨到了每石数百万钱。根据《九章算术》和《居延汉简》记载，大致可以对秦汉时期的物价有一个量化的认知。《九章算术》指出，秦朝和汉初时，以半两钱为基础计数单位，粟每斛自 10 钱到 20 钱，麦 1 斛 40 钱，马价每匹为 5400~5500 钱。《居延汉简》所述为武帝至东汉初年间，货币以五铢钱为基础，粟价每石 85~195 钱，谷价每石 35 钱，大麦每石 110 钱，小麦每石 90 钱，一匹马 4000~5500 钱。东汉时期，可以使用官员的俸禄进行推算，合算下来为米价平均 1 石 150 文。

（二）金银的购买力

黄金自秦朝开始使用，并被定为法定货币，而白银却被明令禁止使用。到汉朝时，黄金被延续使用，但多用于朝廷赏赐和对外贸易，白银只在部分时期明确允许使用，其他时期含糊不清。

《九章算术》中记载，黄金有两种比价，分别为 1 斤 6250 钱和 1 斤 9800 钱。第一种金价大概率是以秦八铢半两进行的计价，以此为基准，则麦价每公石价值黄金三公分六。至西汉时，黄金以斤计价，1斤黄金值1万钱；王莽时期，黄金被明确定为法定货币，黄金一品，黄金每斤值1万钱，一钱为一小泉。东汉时普遍认为黄金仍然是一斤值万钱，但由于东汉时的五铢减重，难以继续维持一斤万钱的价格，应该有所上升。《孙子算经》中记载的金价1斤值钱10万，涨幅达11倍，但这应该是三国时期的计价，东汉时期的金价涨幅应在1倍至11倍之间。

白银在秦朝不作为法定货币，也就没有购买力一说。汉朝时，白银逐渐成为一种金属货币。白银作为法定货币有两次明确可考证的记载。一为武帝时期的白金币，其为一种大额虚值货币，是朝廷调整民间货币数量的一种手段。白金币一经发行，因盗铸严重，币值大幅度下降，使用几年后就废止了。二为王莽的"宝货制"改革中，银货有二品，普通银8两值1000钱，朱提银（优质银）8两值1580钱。若仅以重量换算，则两种银分别值200钱和316钱，与黄金的比价约为10∶1，是金和铜钱之间一种很好的过渡币种，然而在之后的改革中被废止，白银的使用也没有了详细的记载。

第四节 秦汉时期的金融发展

一、秦汉时期信用的发展

（一）秦朝信用的发展

秦朝信用的发展目前暂未有史书记载，只能够从《睡虎地秦简》关于秦律的相关记载中进行简单的推测，相关的秦简主要包括《金布律》和《秦律问答》，涉及财产保护和债权保护。

依照对象的不同，秦朝信用可简单分为两类：一为涉事双方均为民间个体，二为涉事方包括公方，即官府。对于民间的债务，《秦律问答》记载："百姓有责，勿敢擅强质。擅强质及和受质者，皆赀二甲。"即债务需要按期偿还，但债权人不能够擅自向债务人强行索要人质作为抵押，在擅自索取人质的情况下双方债务关系成立的，即违反秦律，应当罚铠甲两副。从这一规定中可以看出，秦朝律法首先对人权有保护，债务关系不允许以人作为质押，此外，违反律法的惩罚是上缴铠甲，这也与秦朝四处扩张的国情相关。

对于涉及官府的债务关系，《金布律》记载："有责（债）于公及赀，赎者居它县，辄移居县责之。公有责百姓未赏，亦移其县，县赏。"即百姓欠官府的债务，不能够按期偿还的，需要以劳役偿还，一天抵8钱，欠债人移居的，由债务人迁入地的县政府索偿。从这一规定中可以看出，百姓即使欠官府的债，官府也不能强制进行清偿，而应以劳役的方式让欠债者逐渐偿还，这对于百姓是公平的，没有官欺民的情况。

可以看出，秦朝已经对公私财产和权益进行了保护，对债务的偿还设置了具体规定，信用在秦朝已经有了一定的发展，但是受限于史料，我们无法得知秦朝的信用发展到什么地步。目前所知，朝廷律法对公私信用的规定较为公平，没有存在官府优先的规定，这对秦朝的信用发展是一个好的开端。

(二)汉朝信用的发展

1. 西汉时期的信用

汉朝沿袭了秦朝的体制,在此基础上又发展了对外贸易,这就使得汉朝时期国内外贸易十分发达。贸易的繁荣离不开商人的崛起,当时国内出现了若干经济区域和商业中心,汉朝都城长安也产生了九市,专为商业服务。商人和商业活跃必然促进信用事业的发展,西汉的信用主要以借贷的形式出现,包括主流的货币借贷和少部分的实物借贷。

西汉比较重要的一项借贷即为政府赈贷。政府赈贷的标的物主要是口粮和种子,有时还会包括农具和家畜,这与现代社会的农业贷款类似,也可以看作是一种简化版的扶贫贷款。汉武帝时期,曾派出使臣视察全国,对无力谋生和缺乏谋生基础物资的人,进行政府赈贷,收取低息甚至是无息,政府只收回本金。此项政策的目的在于救济百姓,帮助百姓维持生计,而不在于盈利,百姓无力偿还本金时还会延期收取甚至是免除债务。如《汉书》记载"贷种食未入,入未备者,皆赦之",文帝三年(前177年)对未归还的种子和粮食全部赦免;"往年灾害多,今年蚕、麦伤,所振贷种、食勿收责。"昭帝始元二年(前86年),因灾害,故免除存续的振贷,元帝时也曾赦免振贷。王莽篡位后,曾实行五均赊贷,赊贷的方式分为赊和贷,赊用于祭祀或丧祀的货币借贷,祭祀期限为十天,丧祀期限为三个月,均不计利息;贷用于生产经营的货币借贷,期限可协商,利息为年息16%或36%,这两项借贷事宜由钱府负责。

除政府的借贷外,还有私人借贷。私人信用在西汉时期由于"丝绸之路"的开辟得到极大的发展,当时的借贷双方包括王公贵族、子钱家、商人、地主、农民、手工业者、平民、官僚等。然而,发达的私人信用中,高利贷占有重要的地位。汉朝早期,长安内就有了借贷的市场,借贷的资本被称为"子钱",借贷关系中的放款人被称为"子钱家"。《史记》记载,汉景帝时期曾爆发国内叛乱,史学家称为吴楚"七国之乱"。当时的王公贵族为了参军平定战乱,曾向子钱家借贷筹集军费,但是多数子钱家认为战争借贷的风险太高,不想承担如此大的风险,不敢放款,只有毋盐氏敢于冒险,放出1000金,并约定10倍的利息,可谓极高风险高收益。战争进行了三个月后,叛乱被平定,王公贵族们依照约定还款,毋盐氏也成为关中的首富。如此高的利息以现在的眼光来看是不可理解的,但结合当时特定的军事战争环境,对于部分人来说,10倍的利息则是能够使他们敢于放手一搏的可接受条件。在西汉,通常情况下,高利贷的利率可以达到100%,也被称为"倍称之息"。高利贷的盛行与汉朝时商人、地主和高利贷者与官府勾结有关,一方面,一些放款人本身就是王公贵族,如萧何、旁光侯刘殷和陵乡侯刘诉等,利用自身职权和身份的便利寻求高额的利润;另一方面,一些放款人结交这些王公贵族和政府官吏,或是合伙经营,或是行贿寻求便利,成为利益群体,从百姓身上攫取超额收益。当时的朝廷,因种种原因,对民间的高利贷现象选择了睁一只眼闭一只眼,默许其发展。

2. 东汉时期的信用

东汉时期的信用基本延续了西汉时期的模式。光武帝刘秀建立东汉之初,国内仍然存在大大小小的多个割据势力,为了稳固政权,刘秀选择了对百姓、地主和商人等做出让步,进而寻求他们的支持。让步的好处在于除政府赈贷能够正常进行外，官府也能够从民间得到借贷，而坏处在于民间高利贷持续横行。

东汉时期延续了西汉政府赈贷的政策，帮助农民维持生产活动。《后汉书》记载，汉章帝时，政府按照赈贷政策把公田给予农民，一定期限内免租免税赋，还给予种子、口粮和农具，农民只需要出力即可，所有生产资料都由政府提供，将赈贷进一步发扬光大。汉朝初期，为了得到商人和地主的支持，继续默许民间高利贷盛行。《后汉书》中记载："今富商大贾，多放钱贷，中家子弟，为之保役，趋走与臣仆等勤，收税与封君比入。"即在东汉时期，富商大多参与了高利贷，中等家庭的子弟们也多为放贷者服务，收入可以与贵族比肩。东汉中晚期，对民间借贷进行了控制，利息不得过高，曾有夏阳侯因放贷利息过高被改爵位为罗侯。

东汉做出让步换回的是官府能够通过民间借贷来救急。东汉中后期，由于对羌人近20年的战争，社会经济遭到巨大的破坏，人民徭役繁重，田地荒废，且由于战争支出增加，以及战争导致的耕作人数减少，税赋收入减少，进而导致了地方政府和中央政府严重的财政困难。政府不得不想办法筹集资金用于政府运作和战争花费，选择向民间和握有大量财产的王公贵族、官员借贷，这种借贷可以看作是中国历史上较早的国债。不少贵族和官员借助官府借债之便，在民间进行大量的借债，汉安帝永初四年（110年）"官负人责数十亿万"，可见当时官府借债数量之庞大。

3. 两汉时期信用的总结

总体来看，两汉时期的信用发展可大致分为私人间的借贷和官府与私人间的借贷两个方面。私人借贷以高利贷最为盛行，官府与私人的借贷在西汉时多以政府赈贷的形式存在，到东汉时期，除政府赈贷外，还出现了政府向民间的借贷，也就产生了早期的国债。信用活动中，主要的参与人包括中央政府、地方政府、王公贵族、官员、地主、商人以及作为贷款人的农民、手工业者和城市平民。而专营借贷事业的信用机关，以目前的记载来看，似乎尚未产生，《后汉书》记载的"典当胡夷"中的"典当"与我们目前所理解的"典当"可能不是一个意思，我们认为的"典当"在当时叫作"质"，多用作与人相关的记录，如秦简中所指的人质等。与放款的兴盛相比，存款的发展就缓慢得多。当时的百姓一方面很少有积攒的钱财；另一方面其对剩余的钱财更喜欢进行"窖藏"，从而导致存款业发展很难有大的进步。

二、秦汉货币理论的发展

中国自秦朝统一以来，对货币一直存在争论，这些争论大多集中于货币铸造权、高利贷以及货币与社会的关系等方面，其中讨论最激烈的即为货币铸造权的问题。战国时期，货币多由地方铸造，秦朝时形成中央集权，将铸币权收归国有。汉朝沿袭秦的体制，但是在汉朝的存续期内又放开铸币权，这就使得对于货币铸造权是否该收归国有的争论一直占据主导地位。

（一）货币铸造权理论

西汉初期，汉高祖刘邦沿袭秦制，将铸币权继续掌握在中央政府手中，不允许民间盗铸。然而在汉文帝五年（前175年），废除了《盗铸钱令》，再次将铸币权下放，允许民间私铸钱币，这引起了当时贾谊、贾山的极力反对。

《汉书·食货志》记载："法使天下公得雇租铸铜锡为钱，敢杂以铅铁为它巧者，其罪黥。然铸钱之情，非殽杂为巧，则不可得赢；而殽之甚微，为利甚厚。""又，民用钱，郡县不同；或用轻钱，百加若干，或用重钱，平称不受。法钱不立，吏急而壹之乎？则大为烦苛，而力不能胜。纵而弗呵乎？则市肆异用，钱文大乱。苟非其术，何乡而可哉。今农事弃捐而采铜者日蕃，释其耒耨，冶镕炊炭；奸钱日多，五谷不为多。""上收铜勿令布，则民不铸钱，黥罪不积，一矣。伪钱不蕃，民不相疑，二矣。采铜铸作者反于耕田，三矣。铜毕归于上，上挟铜积以御轻重，钱轻则以术敛之，重则以术散之，货物必平，四矣。以作兵器，以假贵臣，多少有制，用别贵贱，五矣。以临万货，以调盈虚，以收奇羡，则官富实而末民困，六矣。制吾弃财，以与匈奴逐争其民，则敌必怀，七矣。"这些描述大致可以总结为贾谊论述的下放铸币权的三大弊端和"禁铜七福"。三大弊端分别为：第一，下放铸币权会诱导民众犯罪，百姓私铸钱币大多是为了追逐利益，那么在铸造钱币的时候就会想方设法节省铜的用量来获取利益，这也会导致民众犯罪被刺字，犯罪者数量巨大。第二，政府的法定货币会无法推行，导致经济秩序被破坏，钱币铸造权下放，政府仅凭政令来让民众按照规定铸造，会使政府需要大量的人力物力来监督执行，得不偿失，如果政府不加以监督，便会导致社会中的钱币形制不一，百姓难以取舍，进而导致经济社会秩序崩溃。第三，铸币权下放会导致民众争相铸钱，一方面造成铜原料紧缺，大量民众采掘铜矿，社会劳动者减少；另一方面，人们热衷于铸钱，会导致农田荒芜，农业生产的人力不足。据此，贾谊提出不仅要收回铸币权，同时也要禁铜，这才能彻底解决民间盗铸的问题，进而提出了"禁铜七福"。"七福"是一个涵盖多方面的、层层递进的论述，简单理解为：不允许私铸，犯罪的人会减少；流通的假币少了，民众使用钱币时就不会互相猜疑；铸钱的人回归农业生产，保证了农业所需的人力；国家收回铜原料，可以据此来调控市场，平抑物价；铜可以用来铸造兵器，赏赐给不同官员，达到区分贵贱的目的；用货币来调控商品交易；控制铜材，以此来和匈奴争夺人口，匈奴失去人口优势，必然阻碍社会发展。

贾谊关于垄断货币铸造权的论述具有重大意义。第一，这是中国历史上，甚至世界历史上最早的单独、系统地讨论货币问题的文章；第二，文中指出了垄断铸造权的重要条件是垄断货币铸造的材料；第三，将货币本身轻重的概念扩展到了商品流通领域，提出了用发行和收回货币的方式来平抑物价，稳定市场；第四，中国历史上第一次提出了"法钱"的概念，指出"法钱"可以消除民众对于货币的猜疑，但前提是"法钱"是由国家垄断的。

当时的贾山也持有相似的观点，他认为："钱者无用器也，而可以易富贵。富贵者，人主之操柄也，令民为之，是与人主共操柄，不可长也。"这句话有两层含义：一方面，贾山认为钱本身是没有用的，只有进行交换，才可以产生价值，实际富贵。在2000多年前，贾山就已经认识到了货币的交换价值，能够从双重价值的角度去考量货币本身，是世界货币史关于此项讨论最早的记录。另一方面，贾山认为货币是皇帝分配社会财富的工具，如果让民众参与进来,就会破坏政权的稳固,所以铸币权必须掌握在朝廷手中,不能让其他人干预。

此外,在文帝十二年(前168年)时,晁错著《论贵粟疏》,从商业兼并农业导致农民流离失所的现象入手,分析了货币在其中的作用,提出了"贱金玉""贵五谷"的结论。《汉书·食货志》记载"夫珠玉金银,饥不可食,寒不可衣,然而众贵之者,以上用之故也。"晁错认为货币不可以用来充饥,不可以用来避寒,人们都重视它,只是因为皇帝重视它而已,如果皇帝不再重视它,那么它就没有价值。此时,晁错只看到了货币双重价值中的使用价值,属于名目主义的货币理论,没有看到货币作为一般等价物更重要的交换价值。之后他又提到"其(指珠玉金银)为物轻微易藏,在于把握;可以周海内,而亡饥寒之患。此令臣轻背其主,而民易去其乡"(《汉书·食货志》)。晁错后来提出的观点意思是货币有体积小、价值高、容易携带和储藏等优点,人们带着它可以走到任何地方都不需担心温饱问题。晁错逐渐认识到货币具有的交换价值,对金银等贵金属天然适合作为货币有一定的认知。但是晁错过分看重货币的缺点,即会使大臣轻易地背弃君主,使人民能够轻易地离开家乡,造成统治不稳,进而产生"贱金玉"的结论。

相较于晁错贱金玉的观点,桑弘羊则极力支持铸币权应该收归中央。汉昭帝始元六年(前81年),昭帝召集了各地的贤良、文学及部分朝廷官员共同举行会议,讨论民生、经济等问题,桑弘羊作为官员代表之一出席参加,史称"盐铁会议"。桑弘羊认为"故教育俗改,弊与世易。夏后以玄贝,周人以紫石,后世或金钱刀布。物极而衰,终始之运也。故山泽无征则君臣同利,刀币无禁则奸贞并行。""臣富则相侈,下专利则相倾"。即如果不禁止民间私铸钱币,就会导致私铸的品质低劣的钱币与政府铸造的品质较好的钱币同时流通于市场上,使得"法钱"不立,出现"劣币驱逐良币"的现象。百姓在使用钱币的时候多有疑虑,最终使得商品流通不畅,货币系统混乱,经济秩序受到破坏。下放铸币权,使得地方割据势力能够通过铸造钱币敛财,进而与中央政府分庭抗礼,使得政局不稳。所以,桑弘羊认为要统一铸币权,这样可以"故统一,则民不二心;币由上,则下不疑也"。

(二)货币信用理论

两汉时期,发达的商业和繁荣的对外贸易,催生了国内对信用的需求,出现了民间借贷和政府借贷等现象。关于信用的出现及发展,不同历史时期的人有不同观点。

"文景之治"时期,晁错曾对当时的高利贷现象进行过分析。《汉书》记载:"有者半贾而卖,亡者取倍称之息,于是有卖田宅鬻子孙以偿责。""商贾大者积贮倍息,少者坐列贩卖,操其奇赢,日游都市,乘上之急,所卖必倍。""因其富贵,交通王侯,力过吏势,以利相倾。"晁错认为,过高的利息导致人们无力偿还贷款,被迫卖田产甚至卖子女来还债,而放贷的富商们却因放高利贷越来越富裕,用放贷积累的财富结交王公贵族,获得政治支持,进而更加毫无忌惮地放贷,形成了恶性循环。晁错认为造成农民落入高利贷陷阱进而逐渐无力自救的原因有三:一是农民的收入有限,而家庭的压力过大,一个五口之家,若两人劳作可耕作田地百亩,收获的粮食仅够五个半人食用一年;二是朝廷的赋税劳役过重,民众既要在田地里耕作,又要面对朝廷随时可能变化的劳役和赋税,民众难以对自己的生计做好规划;三是旱涝灾害不可控,农业生产主要是靠天吃饭,水旱之灾导致农民可能颗粒无收或是无法达到预期的收成，但是民众还要吃饭，朝廷也要收税，这就需要民众想办法解决。以上三个原因导致了农民在一些情况下不得不向高利贷求助，但是高额的利息会使得部分农民因无法还债而陷入死循环，直至最终彻底破产。

与晁错的反对观点不同，司马迁认可高利贷的合理性，他是我国货币历史上公开承认高利贷合理性的第一人。司马迁将货币借贷视作正常经济业务，认为富商分为三类：本富、末富和奸富。本富是依靠经营土地、牲畜等从事农业生产经营活动致富的类型，末富是工商业和高利贷致富的类型，奸富是违法犯罪活动致富的类型。司马迁的上述观点表明了他对高利贷合法性的认可。

到了东汉时期，对高利贷持反对态度的人居多，汉光武帝时的桓谭就是一个典型的代表。东汉初期，战乱刚平，百废待兴，朝廷的法律规定"商者不农"和"禁民二业"，但是在实施过程中没有起到预期的作用。桓谭对此提出反对意见，《后汉书》记载："夫理国之道，举本业而抑末利，是以先帝禁人二业，锢商贾不得宦为吏，此所以抑并兼长廉耻也。今富商大贾，多放钱货，中家子弟，为之保役，趋走与臣仆等勤，收税与封君比入，是以众人慕效，不耕而食，至乃多通侈靡，以淫耳目。今可令诸商贾自相纠告，若非身力所得，皆以臧界告者。如此，则专役一已，不敢以货与人，事寡力弱，必归功田亩。田亩修，则谷入多而地力尽矣。"其观点可简要总结为以下几点：(1) 高利贷者多为富商大贾，包括地主、王公贵族和官吏等，导致了商业资本与高利贷资本相互融合，市场秩序基本被这些人把持；(2) 高利贷活动猖獗，且高利贷者成为社会的榜样，中家子弟在高利贷者面前如同仆人一样，社会上的人争相效仿，甚至可以和官府相比肩；(3) 高利贷对社会风气有不良影响，助长了奢靡之风，富商之间大肆进行土地兼并，导致民众流离失所，盗贼四起。他提出要抑制高利贷，以保证农业这一本业正常发展，主张"禁民二业，锢商贾不得宦为吏"和实行"令诸商贾自相纠告"，鼓励告发持有非劳动所得财产者，告发者有特定的奖励。

第五节　金融人物与案例

一、李斯

李斯（？—前208）(见图4-6)，战国末楚国上蔡（今河南省驻马店市上蔡县）人。少为郡吏，曾从荀卿学。战国末年入秦国，初为秦相吕不韦舍人，被任命为郎。旋任长史，拜客卿。秦王政十年（前237年）下逐客令时，上书力谏客不可逐，为秦王采纳。又为秦并六国谋划，建议先攻取韩国，再逐一消灭各诸侯国，完成统一大业。

李斯对于中国货币史最大的贡献即上书秦始皇，建议统一货币，废除各国货币。公元前210年，李斯向秦始皇上了一道重要的奏折：废除原来秦以外通行的六国货币，在中国范围内统一货币。在李斯的主持下，规定了以黄金为上币，以镒为单

图4-6　李斯

位，每镒重24两，以半两铜钱为下币，一万铜钱折合一镒黄金。并严令珠玉、龟、贝、银、锡之类作为装饰品和宝藏，不得当作货币流通。同时，规定货币的铸造权归国家所有，私人不得铸币，违者定罪等。

李斯此举被后人认为是经济史上的一个创举。他所主持铸造的圆形方孔的半两钱（俗称秦半两）因其造型设计合理、使用携带方便，一直被使用到清朝末年。

二、贾谊

图4-7　贾谊

贾谊（前200—前168）（见图4-7），洛阳（今河南省洛阳市）人，西汉初年著名政论家、文学家。贾谊少有才名，文帝时任博士，迁太中大夫，受大臣周勃、灌婴排挤，谪为长沙王太傅。三年后被召回长安，为梁怀王太傅。梁怀王坠马而死，贾谊深自歉疚，抑郁而亡，时仅33岁。

文帝二年（前178年），针对当时"背本趋末"（弃农经商）、"淫侈之风，日日以长"的现象，贾谊上书《论积贮疏》，提出重农抑商的经济政策，主张发展农业生产，加强粮食贮备，预防饥荒。汉文帝采纳了他的建议，下令鼓励农业生产。汉文帝五年（前175年），贾谊在长沙向文帝上《谏铸钱疏》，在此次上书中，贾谊论述了将铸币权下放的各种利弊，提出了著名的"禁铜七福"，极力反对废止《盗铸钱令》，主张将铸币权掌握在中央政府手里。但是最后文帝没有听取贾谊的建议，还是下放了铸币权，并且把蜀郡的严道铜山赐给宠臣邓通。

贾谊在经济上主要的贡献有二：一为根据当时的社会生产关系和生产力，提出重农抑商，以农为本的政策主张；二为在货币政策上，承认货币流通的客观性质，不认为单凭君王权力就可以解决货币问题。因而贾谊建议禁止私人铸钱，由中央垄断造币原料，统一铸钱，既不让铜流传于民间，也不准老百姓私自采炼铜矿。可惜文帝未听取贾谊建议，以致币制混乱。贾谊的货币主张，在客观上已为后来汉武帝时实现统一的五铢钱制度，即所谓"三官钱"开辟了道路，武帝时期禁止铸钱的政策正是贾谊思想的延续。

三、晁错

晁错（前200—前154）（见图4-8），颍川（今河南禹州）人，西汉政治家、文学家。汉文帝时，任太常掌故，后历任太子舍人、博士、太子家令，景帝即位后，任为内史，后迁至御史大夫。

晁错发展了"重农抑商"政策，主张纳粟受爵，增加农业生产，振兴经济；政治上，进言削藩，剥夺诸侯王的政治特权以巩固中央集权，损害了诸侯利益，以吴王刘濞为首的七国诸侯以"请诛晁错，以清君侧"为名，举兵反叛。景帝听从袁盎之计，腰斩晁错于东市。

图4-8　晁错

晁错力主振兴汉室经济，汉文帝十二年（前168年），晁错上奏《论贵粟疏》，继承了贾谊的重农思想，强调重农抑商。晁错细致地分析了农民与商人之间的矛盾，导致农民流亡、粮食匮乏的严重状况。面对商人势力日趋膨胀、农民不断破产的局势，晁错提出重农抑商、入粟于官、拜爵除罪等一系列主张。建议文帝采取两个方面的措施：其一，贵五谷而贱金玉；其二，贵粟。接着，晁错又给文帝上奏一篇关于减收农民租的疏。务农桑，薄赋敛，广蓄积；号令有时，要求统治者的政治活动不要影响农时；利民欲，即满足人民的欲望，给老百姓以看得见的物质利益。

四、司马迁

司马迁（前145或前135—？）（见图4-9），字子长，生于龙门（西汉夏阳人，今陕西省韩城市，另说今山西省河津市），西汉史学家、散文家。司马谈之子，任太史令，被后世尊称为太史公、历史之父。

人们对司马迁最主要的印象是其所著的《史记》。《史记》全书130篇，52.65万余字，包括十二本纪、三十世家、七十列传、十表、八书，对后世影响巨大，鲁迅先生誉为"史家之绝唱，无韵之《离骚》"。

司马迁在《史记》的一些篇章中谈及货币相关的内容，发表了自己独到的见解。《史记·平准书》记载："农工商交易之路通，而龟贝金钱刀布之币兴焉"。司马迁认为，随着农业、手工业和商业之间的交换和流通渠道的畅通，社会上逐

图4-9　司马迁

渐出现了龟、贝、金、铜钱、刀、布等材料，物品充当货币来流通，这是其关于货币起源的认知。同样在《平准书》中记载"往往即多铜山而铸钱，民亦间盗铸钱，不可胜数。钱益多而轻，物益少而贵"。这是司马迁对货币数量与物价关系的论述。司马迁认为，钱币数量多了就会导致贬值，而社会生产跟不上会导致商品匮乏、物价上涨。也就是说：流通的货币数量越多，货币购买力越不足；交易的货物越少，物价越贵。这已经涉及"物以稀为贵"的自然规律。前文提到司马迁是我国公开承认高利贷合理性的第一人，他对货币和社会经济现象的思考，有助于我们探究汉朝时人们对货币的认知程度。

五、桑弘羊

桑弘羊（前155—前80）（见图4-10），河南洛阳人，西汉政治家，汉武帝的顾命大臣之一，官至御史大夫。

桑弘羊出身商人家庭，13岁时以精于心算入侍宫中，历任侍中、大农丞、治粟都尉、大司农等职。自元狩三年（前120年）起，在汉武帝大力支持下，桑弘羊先后推行算缗、告缗、盐铁官营、均输、平准、币制改革、酒榷等经济政策。这些措施都在不同程度上取得了成功，大幅度增加了政府的财政收入，为武帝继续推行文治武功事业奠定了雄厚

图 4-10　桑弘羊

的物质基础。后元二年（前 87 年），汉昭帝即位，桑弘羊迁任御史大夫。始元六年（前 81 年），盐铁会议召开，因贤良文学指责盐铁官营和均输、平准等政策"与民争利"，桑弘羊与之展开辩论。元凤元年（前 80 年），桑弘羊因与霍光政见发生分歧，被卷入燕王刘旦和上官桀父子的谋反事件，牵连被杀。

桑弘羊在汉武帝时期，主管国家的财政，为了支持汉武帝的宏图大业，推行了一系列经济政策和货币政策，取得了较好的效果。主要措施包括算缗告缗、币制改革和盐铁官营等，其中的币制改革在中国货币史上具有重大意义。汉朝初期仍然使用半两钱，不过重量有所改变，文帝时期下放铸币权，导致汉朝币制混乱。武帝执政初期，为了整顿财政，在元狩四年（前 119 年）发行了三种货币：皮币、白金币（银、锡合金币）、三铢钱，但效果不佳。元鼎四年（前 113 年），为了彻底整顿货币，汉武帝接受桑弘羊等人的建议，禁止郡国和民间铸钱，由政府指定上林三官分别负责鼓铸、刻范和原料；废除过去铸的一切钱币，而以新铸的五铢钱（三官钱）为全国唯一通行的货币。这次币制改革基本解决了私铸铜钱、币制混乱的问题，不但增加了国家的财政收入，而且稳定了市场和流通，起到了巩固西汉统治的作用。同时，这次币制改革最终将汉朝的币制稳定下来，使汉朝的五铢钱成为质量稳定的钱币，一直流通至隋朝，700 余年而通行不废，这与桑弘羊的经济思想是分不开的。

六、文景之治

"文景之治"是指西汉汉文帝和汉景帝统治时期出现的太平盛世。汉文帝与汉景帝时期实行休养生息政策，注重农业生产，进一步减轻徭役赋税，随着生产得到恢复并且迅速发展，出现了多年未有的稳定富裕的景象，史称"文景之治"。

文帝、景帝时期，在经济方面，主要实行休养生息政策，减轻百姓苛捐杂税、鼓励生产、推行节俭、抑制豪强等。汉文帝下诏"弛山泽之禁"，开放原来归国家所有的山林川泽，促进了农民的副业生产和与国计民生有重大关系的盐铁生产事业的发展。此外，文帝十二年废除了过关用传制度，促进商品流通和各地区间的经济交往。汉景帝时采纳晁错"损有余补不足"的理财思路，以捐献粮食授予爵位的方式，诱使富人去购买农民的粮食来实现重农国策。

为了使民众能够得到安定的生活环境、恢复经济发展，文帝与景帝在政治上尽力安抚诸侯，实行郡县制与诸侯制并行的制度，实现国家内部的和平，军事上加强中央军权，对外主要采取防御策略、强化边疆，对内逐步减弱诸侯国的军事实力。在一系列政策下，百姓得到休养生息。至文景二帝时期，诸侯国大者三四万户，人口的富足使得农业大幅度发展，粮价得到有效抑制。在文帝初年粟每石降至十余钱至数十钱。据《汉书·食货志》记载，汉初至武帝继位的七十年间，由于国内政治安定，如果不遇水旱之灾，百姓就能人给家足，郡国的仓廪堆满了粮食。政府的库房有余财，京师的钱财有千百万，连穿钱的绳子都腐烂了。

汉文帝时降低田租的税率，按"三十税一"征税。这是中国封建社会田赋税率最低的时期，而且以后始终不变。景帝二年（前155年）下诏："令民半出田租，三十而税一也。"将以往十五税一的田租，又减轻了一半。

汉初的统治者采取了休养生息政策，减轻徭役赋税，注重发展农业生产，以巩固封建统治。文景两代，继续大力推行这一政策，因而促进了社会经济的较快发展。这些政策符合当时社会的发展状况，促进了政治的进步和经济的繁荣，出现了中国历史上著名的盛世。

七、汉武帝《轮台诏》

征和四年（前89年），桑弘羊等大臣上书汉武帝，劝诫其在轮台地区屯兵以备战匈奴，但汉武帝在"巫蛊之祸"、国内暴乱和贰师将军李广利兵败投降匈奴等一系列事件的影响下，对自己一贯坚持的强硬政治主张产生动摇，进而驳回桑弘羊的建议，并下召反思自己，史称"轮台罪己诏"，诏书原文如下：

上乃下诏，深陈既往之悔，曰：前有司奏，欲益民赋三十助边用，是重困老弱孤独也。而今又请遣卒田轮台。轮台西于车师千余里，前开陵侯击车师时，危须、尉犁、楼兰六国子弟在京师者皆先归，发畜食迎汉军，又自发兵，凡数万人，王各自将，共围车师，降其王。诸国兵便罢，力不能复至道上食汉军。汉军破城，食至多，然士自载不足以竟师，强者尽食畜产，羸者道死数千人。朕发酒泉驴、橐驼负食，出玉门迎军。吏卒起张掖，不甚远，然尚厮留其众。

曩者，朕之不明，以军候弘上书言："匈奴缚马前后足，置城下，驰言：'秦人，我匄若马。'"又汉使久留不还，故兴遣贰师将军，欲以为使者威重也。古者卿大夫与谋，参以蓍龟，不吉不行。乃者以缚马书遍视丞相、御史、二千石、诸大夫、郎为文学者，乃至郡属国都尉成忠、赵破奴等，皆以为"虏自缚其马，不祥甚哉"，或以为"欲以见强，夫不足者视人有余"。《易》之卦得《大过》，爻在九五，匈奴困败。公军方士、太史治星望气，及太卜龟蓍，皆以为吉，匈奴必破，时不可再得也。又曰："北伐行将，于鬴山必克。"卦诸将，贰师最吉。故朕亲发贰师下鬴山，诏之必毋深入。今计谋卦兆皆反缪。重合侯得房候者，言："闻汉军当来，匈奴使巫埋羊牛所出诸道及水上以诅军。单于遗天子马裘，常使巫祝之。缚马者，诅军事也。"又卜"汉军一将不吉"。匈奴常言："汉极大，然不能饥渴，失一狼，走千羊。"

乃者贰师败，军士死略离散，悲痛常在朕心。今请远田轮台，欲起亭隧，是扰劳天下，非所以忧民也，今朕不忍闻。大鸿胪等又议，欲募囚徒送匈奴使者，明封侯之赏以报忿，五伯所弗能为也。且匈奴得汉降者，常提掖搜索，问以所闻。今边塞未正，阑出不禁，障候长吏使卒猎兽，以皮肉为利，卒苦而烽火乏，失亦上集不得，后降者来，若捕生口虏，乃知之。当今务在禁苛暴，止擅赋，力本农，修马复令，以补缺，毋乏武备而已。郡国二千石各上进畜马方略补边状，与计对。

——《汉书·西域传第六十六下》

课后习题

一、即测即练

自学自测 扫描此码

二、思考题

1. 请分析汉朝的货币铸造情况。汉五铢为什么能够得到迅速流通，并延续数百年之久？
2. 霍光与桑弘羊之争的焦点是什么？他们在货币发行权利方面的主要差别是什么？
3. "文景之治"与"汉武盛世"出现的根源是什么？两者在本质上的差别是什么？

三、案例分析题

明 章 之 治

明章之治，东汉汉明帝、汉章帝统治时期，采取了宽松治国和息兵养民的政策，明章两代帝继承了光武的施政方针，励精图治，经济发展，社会稳定，使文治、武功都有很大的成就，故史称"明章之治"。明章之治的政绩表现如下。

1. 轻徭薄赋、减省刑罚

汉明帝、汉章帝在位时，劝课农桑，薄赋税，减徭役，修水利，安置无地贫民，贷给粮食、种籽、农具。屡下诏令，以苑囿地和郡国公田赋予贫民耕种，几度减免租赋。史载汉明帝末年"天下安平，人无徭役，岁比登稔，百姓殷富，粟斛三十，牛马被野"。汉章帝时放宽刑律，废除苛法五十余条，政治上采取宽厚态度。

2. 力倡文教，崇尚儒学

汉明帝秉光武遗教，尊崇儒术，他曾亲赴太学，主持"大射""养老"等礼，又升堂讲说，故上至宗室诸王大臣子弟，下至于宫廷卫士，莫不受经习儒。汉章帝亲赴阙里祭祀孔子，召集当时名儒，群会于京师的白虎观，讨论诸经的异同，故学术风气一时大盛。

3. 征伐匈奴，威服西域

西汉末至东汉初，匈奴的势力又有所发展，成为北边的严重威胁。建武二十四年（公元48年）后，匈奴因内乱而分为南北二部，南匈奴逐渐内附，但北匈奴仍不时入侵。汉明帝时，遣窦固于永平十六年（公元73年）击败北匈奴，追至天山和蒲类海（今新疆巴里坤湖）。派班超出使西域各国，使西域各国再次断绝与匈奴的关系，重新归附汉朝。和帝永元元年（公元89年），窦宪率师出击北匈奴，大破之，北匈奴降者前后二十余万人，窦宪等

"遂登燕山,去塞三千余里,刻石勒功,纪汉威德,令班固作铭"。不久,北匈奴之余众在屡败之后,乃向西远徙。

问题: 请分析明章二帝统治之下出现盛世的原因。班超出使西域各国对"丝绸之路"的发展的重要作用是什么?

参考文献

[1] 姚遂. 中国金融史[M]. 北京:高等教育出版社,1993.

[2] 袁远福,缪明杨. 中国金融简史[M]. 北京:中国金融出版社,2001.

[3] 彭信威. 中国货币史[M]. 北京:中国人民大学出版社,2020.

[4] 司马迁. 史记(传世经典·文白对照)[M]. 北京:中华书局,2019.

[5] 张永雷. 汉书[M]. 北京:中华书局,2017.

[6] 马彪. 后汉书[M]. 北京:中信出版社,2015.

[7] 张文强. 三国志[M]. 北京:中华书局,2017.

[8] 陈磊. 资治通鉴[M]. 北京:中华书局,2017.

[9] 桓宽. 盐铁论[M]. 北京:中信出版社,2014.

[10] (魏晋)刘徽注. 九章算术[M]. 蔡践,编译. 南京:江苏凤凰科学技术出版社,2016.

附录

货币时间线

朝代	时间	皇帝	铜钱	白银	黄金	备注
秦朝	秦始皇 (前221—前210年)	嬴政	半两圜钱	不允许使用	按斤使用	
	秦二世 (前209—前207年)	胡亥	半两圜钱		按斤使用	
西汉	汉高祖 (前206—前195年)	刘邦	半两钱 允许民间私铸		按斤使用	
	汉惠帝三年 (公元前192年)	刘盈	禁止民间私铸			
	吕后二年 (前186年)	刘恭 刘弘	八铢半两钱			
	吕后六年 (前182年)	刘恭 刘弘	五分钱			
	汉文帝五年 (前174年)	刘恒	四铢半两钱 允许民间私铸			
	建元元年 (前140年)	刘彻	三铢钱			

续表

朝代	时间	皇帝	铜钱	白银	黄金	备注
西汉	建元五年（前135年）	刘彻	四铢钱 废止三铢钱			
	元狩四年（前119年）	刘彻	三铢钱 废止四铢钱	首次作为法币		皮币
	元狩五年（前118年）	刘彻	五铢钱 废止三铢钱			
	汉宣帝（前73—前49年）	刘询	宣帝五铢			
新	居摄二年（7年）	王莽	大泉五十		禁止黄金	刀币
		王莽	小泉直一			
	始建国二年（10年）	王莽	布货十品、货泉六品	银货二品	黄金一品	"宝货制"改革
	天凤元年（14年）	王莽	货布、货泉 废止宝货制			
东汉	建武六年（30年）	刘秀				铸铁钱 历史首次
	建武十六年（40年）	刘秀	建武五铢 废止王莽钱币			
	汉桓帝（147—167年）	刘志	桓帝五铢			
	汉灵帝（168—189年）	刘宏	灵帝五铢			
	汉献帝（189—220年）	刘协	董卓无文小钱			

第五章

魏晋南北朝时期货币金融简史

《短歌行》

（魏）曹操

对酒当歌，人生几何！譬如朝露，去日苦多。
慨当以慷，忧思难忘。何以解忧？唯有杜康。
青青子衿，悠悠我心。但为君故，沉吟至今。
呦呦鹿鸣，食野之苹。我有嘉宾，鼓瑟吹笙。
明明如月，何时可掇？忧从中来，不可断绝。
越陌度阡，枉用相存。契阔谈䜩，心念旧恩。
月明星稀，乌鹊南飞。绕树三匝，何枝可依？
山不厌高，海不厌深。周公吐哺，天下归心。

第一节 魏晋南北朝时期的社会概况

魏晋南北朝，又称三国两晋南北朝，历经360余年，是中国历史上政权更迭最频繁的时期，主要分为三国（曹魏、蜀汉、东吴）、西晋、东晋和南北朝时期。由于长期的封建割据和连绵不断的战争，社会生产遭到了严重破坏，商品经济发展缓慢，不具备统一的货币体系。金属铸币流通范围小并伴有币值的剧烈波动，实物货币大为流行，形成了铸币和实物共同流通的货币体系。同时，信用体系得到进一步发展，民间信用机构开始出现。

一、魏晋南北朝时期的经济

魏晋南北朝时期，国家四分五裂，民族矛盾引发战争不断，经济发展遭到严重阻碍。此时，全国面临的一个主要问题是地广人稀，战争和动乱造成了人口大量死亡，劳动力不足是当时社会经济发展的主要矛盾。各诸侯国纷纷建立起集中统一的制度，对人口进行管理，并施以相应的土地政策，让农民有田可耕，农税负担也较轻，以保证对劳动力和人口的控制。另外，由战争带来的人口迁徙，人口大量由东北、西北向巴蜀和江淮以南转移，促进了这些地区的经济发展。同时，进入北方和中原的游牧民族掌握了农业知识，使北方经济得到了恢复和较为迅速的发展，全国均衡统一发展的格局开始形成。此时，一个重要的经济现象是商业的畸形发展：魏晋南北朝时期，动乱和朝代的不断更迭带来了钱币的衰落，替代而来的是实物货币的盛行。虽然实物货币在金融领域明显落后于金属货币，但其实用性和普适性却完美地契合了魏晋南北朝时期的大背景，不仅对稳定当时的经济秩序发挥了巨大的作用，而且对中国历史的发展产生了巨大的影响。因此，我们可以将魏晋南北朝时期的货币发展看作是符合中国封建社会经济发展特点、处在两大货币经济高潮间的过渡时期。

这一历史时期货币制度中存在的诸多矛盾，特别是钱币重量的不断减轻，使得货币完全沦为统治阶层剥削人民大众的一种特殊工具。在这样的时代背景下，货币制度本身的混乱带给国家经济建设、人民日常生活等方面的消极影响和惨痛教训仍然历历在目，同时也给了后人鲜明的历史启示。

二、魏晋南北朝时期的外交

魏晋南北朝是中国历史上政权更迭最频繁的时期。由于各个政权需要巩固与发展，且海上及陆路交通条件得到改善，因此这 400 年间与外国的文化交流比秦汉时期发达。这一时期，佛教成为中国与许多外国文化交流的纽带。佛教在中国广泛传播，鸠摩罗什、真谛等印度、中亚、南亚的僧人来华并译出许多重要经典。随着佛教的传播，渊源于印度的开凿石窟、绘制壁画、雕塑佛像等佛教工艺艺术，自西向东传入，在新疆、甘肃等地逐渐与中国传统艺术相融合，成为中国古代艺术的瑰宝。佛教从中国向东传入高句丽、百济，由高句丽传入新罗，又经由百济传入日本。在朝鲜、日本流行千余年的佛教，许多方面都有中国烙印。

三、魏晋南北朝时期的综合实力

魏晋南北朝是中国古代历史上动荡不安的时代，但这一时期的社会文化反而因时局的动荡而获得了发展，科学技术成就突出于世界，如祖冲之的圆周率的计算、郦道元《水经注》等。此外，这一时期思想异常活跃，道教被系统化。随着佛教的传播，文学、绘画、石窟艺术等都打上了佛教的烙印，龙门石窟、云冈石窟都是这个时候开始建造的。人们处在这个混乱、动荡不安的社会中，深切地关注自己的内心，同时执着地追求精神和灵魂的救赎。人们潜心于诗文绘画等艺术中，倾心笃信佛教和道教，这在某种意义上说是这个时代的必然。

第二节　魏晋南北朝时期的货币

魏晋南北朝时期长达 362 年，其中只有西晋有过短暂的统一，其余时间都处在分裂割据中。长期分裂的局面，形成了各不相同的货币制度，在钱币名称上各朝各代也不尽相同。《隋书》中记载的"物价贵腾，交易者以车载钱，不复计数而唯论贯"反映了魏晋南北朝时期货币流通的混乱状态。除了铸币的流通之外，实物货币也发挥了重要作用。

一、钱币

魏晋南北朝时期,钱币处于中国货币发展史上的一个重要转变期,即中国铜钱由铢两体系向唐宋年号、宝文钱制转变。

(一)三国时期的铸币流通

魏、蜀、吴三国不同的经济基础和社会形态,导致不同的货币流通形势。220年曹丕代汉,建立曹魏政权,曹魏初期曾一度废钱不用,交易皆用谷帛,至魏明帝时才复铸五铢钱。吴蜀两国的钱币与魏相比则十分复杂,多为大钱。蜀钱有"直百""直百五铢""犍为五铢"等(见图5-1)。吴国的铜币作价更高,有"大泉五百""大泉当千""大泉二千"等。

曹魏地处中原,相对来说,人口众多,地大物博,经过厉行屯田、兴修水利等一系列措施,社会经济得以恢复和发展,商品经济相对发达,因此币制亦较稳定。曹操主政以来,初期以谷帛、布帛为币,使用五铢钱,后仅用了七个月五铢钱即废止,继而又恢复流通五铢钱,形同汉制。铜币主体较汉代五铢稍小,显著的特点是外郭压五又压铢。在此基础上,于太和元年(227年)复铸行五铢钱,其形状仿东汉五铢,导致曹魏五铢很难辨认。孙吴地处江南,物产丰富,人民较富裕。孙权统治下的吴国最初是使用王莽大泉,后自己铸币,嘉禾五年铸大泉五百,赤乌元年铸大泉当千,后又铸当二千、当五千的大钱,都是用红铜。大泉五百和大泉当千的规格大小不一,初期的厚重,以后逐渐减重。大泉五百于公元236年开始铸行,重十二铢,当500个五铢钱,比王莽的大泉五十又大幅度减重。之后又铸大泉当千、大泉当二千、大泉当五千,随着钱币面额越铸越大,物价愈来愈高,人民深受其害,纷纷起来反对和抵制使用大钱。孙吴不得不于赤乌九年(246年)回收大钱。孙权实行大泉当千、大泉二千和大泉五千(见图5-2)这几个大额币种,目的是聚敛,以满足财政掠夺的需要,结果币值惨跌、物价飞涨,使得官民交困,财政极度亏空,国基不稳。孙吴在经济基础较为脆弱的情况下,铸行大面额钱币,"钱既太贵,徒有虚名",终在280年为晋所灭。

图5-1 直百五铢(图片来自山东大学博物馆)

图5-2 大泉五千(图片来自中国国家博物馆)

蜀汉与地理历史不符时期所铸的钱币不符合民情,先后铸造了一些类似孙吴的虚值大额钱币,庶民多不乐用,后不得已,改铸实值钱以平民愤。蜀汉连年战争,开支巨大,加上币材紧缺,不得不实行通货膨胀政策,所铸行的多是大面值钱币。比如直百五铢于214年铸行,重四铢,当五铢钱一百。蜀国后期即使想方设法整治币制,但也无法改变铸币流通混乱的情况,逃脱不了失败亡国的命运。

（二）两晋时期的铸币流通

两晋时期，仍沿用汉魏及东吴旧钱，十六国中的前凉、后赵和成汉则发行过少量钱币，但谷帛等实物交易仍是主要的流通手段。这个时期在中国货币经济史上也有其重要性，年号钱的出现，钱币的称文、称贯等都是这个时期的事。当时的新铸币种为沈郎钱，沈郎钱是指吴兴（今浙江湖州）的沈充所铸的小五铢，这种钱遗留后世较多，特点是称朱而不称铢，铜色发白。传世的丰货钱和汉兴钱也属这一时代。两晋时一直沿用不铸钱政策，以使用汉、魏旧钱为主，兼用谷帛等实物。东晋建立之初，依旧沿用孙吴时期的各种钱币，后来出现一种五铢小钱，钱文作"五朱"，相传便为沈充所铸。

总的来看，自西晋惠帝元康元年（291年）"贾后乱政"开始，爆发了长达16年的"八王之乱"，西晋百业凋敝，未铸新钱，在流通中主要沿用汉、魏五铢钱和各种古钱。东晋偏安东南一隅，制钱继承了西晋的指导意识，不铸新钱，主要沿用了孙吴地区旧钱。轻重杂行，既有"大泉五百""大泉当千"的大钱；也有轻薄小巧的"沈郎钱"。这些钱币相互交替或同时流通成为货币。每个钱币的单位定名为"文"，一千文为一"贯"。

（三）南北朝时期的铸币流通

南北朝时期是历史上大动荡时代，也是中国货币史上大衰退、大混乱时代。各朝各国都曾铸钱，货币缺乏统一性和连续性，减重极盛，私铸劣质钱币充斥市场，还出现了不以重量命名的国号钱和年号钱。

公元420年，东晋大将刘裕废掉东晋皇帝自立，国号宋。此后60余年间，南方先后历经宋、齐、梁、陈四个朝代，史称南朝。南朝铸币名目复杂，币制混乱，随着朝代的更迭，货币屡次更改，民间私铸盛行，劣质钱币泛滥。刘宋时期的铸币有"四铢""孝建四铢""永光"等（见图5-3）。《宋书·文帝纪》："元嘉二十四年（447年）六月……以货贵，制大钱，一当两……元嘉二十五年五月罢大钱当两。"这种大钱当两，被认为是当两五铢钱。当两五铢钱直径2.7厘米，穿径1厘米，重5克，面文"五铢"文字粗壮，面有外郭无内郭，背有内外郭，钱径重量均不同两汉五铢钱。"大钱当两"是不足值的虚钱，实际上是通货贬值，所以施行不到一年便被废止。南齐继刘宋之后，经济形势严峻，一直实行货币紧缩政策，很少铸钱。

图5-3　孝建四铢（图片来自中国国家博物馆）

南齐高帝萧道成建元四年（482年），曾计划铸钱，但没有实行。齐武帝萧颐永明八年（490年），派人到四川在西汉邓通铸钱的旧址铸铜钱一千多万枚，后因成本过高而停止。萧梁一朝，战乱不息，为弥补政府开支和军费的不足，梁武帝萧衍在建国之初即铸行新钱，不仅制造铜钱，而且还制造铁钱，币制相当混乱。"天监五铢"和"公式女钱"为梁武帝萧梁所铸，后梁元帝与梁敬帝分别铸造了面有两星的两柱五铢和面背各有两星的四柱五铢。陈朝铸币不多，史载仅铸造陈五铢、太货六铢（见图 5-4）两种。但陈朝的钱币比较精美，其中陈宣帝太建十一年（579 年）铸的"太货六铢"，钱文为玉箸篆，轮廓深峻，十分精整。

图 5-4　太货六铢（图片来自中国国家博物馆）

从 386 年北魏建国到 581 年隋朝统一北方的近 200 年时间，在北方先后出现的北魏、东魏、西魏、北齐、北周合称北朝。北魏初期，货币经济落后，实行粟帛交换。直到太和八年（484 年）颁布官用俸禄，仍以帛、絮、丝、粟四种实物为主。北魏末年，政治腐败，统治集团内部斗争激烈，孝武帝元修永熙三年（534 年）分裂为东魏、西魏。魏时最重要的两种钱币是纪年与纪重合体的"太和五铢"和"永安五铢"。其中在太和十九年（495 年），孝文帝在洛阳铸行年号钱"太和五铢"，其形制与汉五铢类似，钱文直读，光背，字体方折，在隶书和篆书之间，又有增笔，钱体大小轻重不一，大者直径2.5厘米，重3.4克，小者直径 2 厘米，重 2.5 克左右。"太和五铢"为北魏建国百年后的"第一钱"，可惜的是孝文帝的这次铸币并不成功。究其原因，一是"太和五铢"铸行后，只流通于京师（洛阳）一带，而不入徐州、扬州之市，未能成为北朝的通用货币；二是私铸盛行，劣质钱充斥，造成物价不断剧烈波动。纵观我国历史，从汉高祖刘邦开始的历次民间私铸钱币，无一不以失败而告终，出现这种情况的原因在于孝文帝允许民间私铸钱币。"永安五铢"也是年号钱，孝庄帝永安二年（529 年）铸（见图 5-5），"永安五铢"对北魏的经济发展没有起到积极作用，但是它作为一个时代的产物是具有收藏价值的。此后，西魏曾铸过一种"大统五铢"；北齐代东魏之后，齐文宣帝天保四年（553 年）开始铸行"常平五铢"。此钱篆法精妙、笔画圆润流畅，十分精美。北周攻破西魏以后铸行了"布泉""五行大布""永通万国"三种钱，钱文均为华丽的玉筋篆，加之制作精美，被誉为"北周三品"。到了隋朝，专用五铢钱，"隋五铢"在形制上仿西魏"大统五铢"，大多制作精良，整齐如一。

图 5-5　永安五铢（图片来自中国国家博物馆）

总之，南北朝时期，币制混乱，官方铸币减重，同时民间私铸泛滥，造成了通货膨胀和通货紧缩交替出现，经济发展受到严重阻碍，这也是王朝更替频繁的一个重要因素。

二、实物货币

整个魏晋南北朝时期，货币经济都是不发达的，与秦汉相比，甚至有倒退现象。这一时期，金属货币的使用日渐减少，黄金几乎退出了流通领域，铜钱因为各种原因发挥的职能也有限。由谷、帛、粟、布、绢等实物固定地充当"一般等价物"的商品，称之为实物货币。

东汉末年，董卓铸小钱导致剧烈的通货膨胀，故转向使用谷帛等实物货币。曹魏时期，下令罢五铢而用谷帛。前文提到，蜀汉和东吴发行了大额的虚值货币，民间怨声颇多，故贸易也采用谷帛等实物货币。两晋时期，金属货币虽然一直在流通，但谷帛在经济中仍有十分重要的作用。南北朝时期，主要使用钱币，谷帛次之，还有些地区盛行布帛。魏晋南北朝时期的谷帛等实物货币在很多地区发挥了巨大作用。这类实物货币除了本身的使用价值外，还执行了货币的其他功能。首先，谷帛等实物货币是一种价值尺度的体现，它们用来表示商品交易额、劳务费、处罚标准和财产价值，用以赏赐、悬赏、赎身、赋税和俸禄。无论官府还是民间，都以布帛、谷粟来计量价值，这些实物货币和铜币之间有一定的兑换比例，因此成为衡量商品价值的价值尺度。其次，谷帛等实物货币也是重要的流通手段，在战乱频繁的时候，资源也较匮乏，谷帛等实物货币普遍为人们所接受，成为铸币的替代品或者与铸币同时执行流通手段的功能。最后，在魏晋南北朝时期，由于金银退出了流通领域，谷帛等实物货币作为支付手段，用来支付债务、税负等。北魏时期，为保证谷帛等实物货币作为购买和支付手段的公正性、保证交易的公平性，魏孝文帝专门发布了重申谷帛的制造规定，不许流通不符规格的谷帛。

综上所述，在各种矛盾错综复杂，农业、手工业和商业经济不发达的魏晋南北朝时期，实物充当货币是历史的必然，而实物在一定程度上可以起到货币的职能，减少了人们在金属货币未能发挥应有作用时所遭受的损失，使商品交易活动不至于完全中断，有利于国计民生和社会经济的恢复及发展。但用实物充当货币是一种原始的、落后的手段，它有着自身不可避免的巨大缺陷，特别是作为流通手段和贮藏手段，实物难运置，又易毁坏。如孔琳之所说："谷帛为宝，本充衣食，今分以为货，则致损甚多，又苦劳毁于商贩之手，耗弃于割截之用"。以谷帛为货币，"人间巧伪渐，竞湿谷以要利，作薄绢以为市"，不仅使谷帛的使用价值降低，也使谷帛不能很好地充当货币的价值尺度，从而干扰和阻碍了商品经济的发展。只有在社会安定，经济恢复和发展时，普遍使用实物货币的状况才会改变，商品经济繁荣的时代也就随之到来。这时，铸币必将再次代替谷帛等实物货币在流通领域起主导作用。

三、金银等贵金属

魏晋南北朝时期，黄金渐渐退出了流通领域，贵金属金银基本被做成了器具，用于穿戴和收藏，执行货币的贮藏手段职能。金银等贵金属的地位发生这种转变的原因，主要是战乱所带来的贸易和经济上的衰败。有经济现象可以证明，相比于金来说，银的价值更低，适合用于一些规模较小的商品交易，这与魏晋南北朝战乱下的小规模贸易不谋而合，自然而然，黄金慢慢褪去了作为货币的身份。与之前的朝代相比，魏晋南北朝时期，流通中的金银贵金属数量大大减少，但金银的货币职能并没有减弱，金银常常会当作赏赐，以奖励有功绩的文臣和武将。当然，这一时期外国把金银当作货币职能并没有停止，因此在与外国贸易频繁的地区，金银自然发挥了货币的职能，如南方的广州和北方的河西，前者是当时与南海诸国海上贸易中心，后者是与中亚西亚诸国交易的陆地贸易中心，故当时中国收到的外国金银主要有拜占庭金币和波斯银币，以及南海诸国的金银。

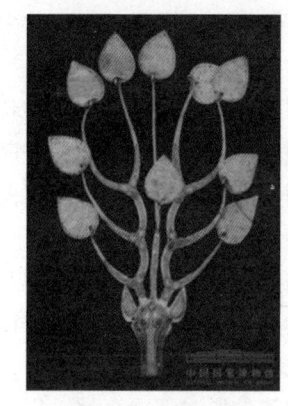

图 5-6　南北朝金制饰品（图片来自中国国家博物馆）

退出流通领域的金银成了政府与私人大量储藏的对象，各王朝和地方割据势力都极力掠夺和占有金银等贵金属，民间也竞相窖藏。还有不得不提的是魏晋南北朝时期的金银器，尽管当时天下大乱，但是对于金银器的制作和使用却一直在持续着，不仅没有被战争影响，反而还有了新的发展。这个时期经常制作的金银器为各种装饰品，比如说手镯、金钗、银簪、耳环、珠宝等，还有各种镂空、雕镂、锤铸的小饰品等（见图 5-6）。与汉朝相比，适用于生活的金银器增加了不少，为唐朝乃至以后朝代金银器的发展奠定了一定基础。总之，魏晋南北朝时期，在诸多因素的作用下，贵金属中金的货币地位逐渐消失，银的流通、储藏数量逐渐增加，这也是当时商品经济发展情况的反映。

第三节　魏晋南北朝时期货币的功能

魏晋南北朝时期，国家一直处于分裂和混战之中，社会经济因连续的战乱而遭到严重破坏。货币流通出现了重实物轻铸币的现象，随着金属货币的流通范围减少，货币功能萎缩。民间铸币及朝代更迭使得货币标准不统一，形制各异，减重普遍，不同经济基础和社会形态下的货币流通出现不同的形式，严重影响了经济发展。但在南北朝时期，信用有了较大程度的发展，既有民间的高利贷，也有政府的赈贷，还有寺库这种信用机构的出现。

一、赈贷

作为一项基本的社会保障措施，灾荒赈恤是古代民政事务的一个重要组成部分，关系到经济恢复和社会稳定。秦汉以来，历朝历代政府皆对灾荒赈恤给予了高度重视，并在无数次应对灾荒的具体实践中积累了丰富经验，形成了若干行之有效的惯例。魏晋南北朝时期的灾荒赈恤在对前代的继承中又有新的发展，即以官方为主，辅以民间自救，呈现出赈恤程序的日益制度化、动员面更加广泛和形式更加多样化等鲜明的时代特点。

具体来看，这一时期的灾荒赈恤有如下几个特点：其一，建立了一套应对灾荒的反应机制。当发生灾荒时，首先由关涉地区的官员负责上报，然后由中央政府制定具体的、切实可行的赈助政策。其二，建立了一套灾荒赈济的法律法规。对流浪者的管理，此前没有明确而系统的制度，这种状况在魏晋南北朝后期发生了根本性的变化，开始出现了类似的制度，有了可供操作的程序。需要政府赈恤的群体，政府专门为其造籍，依格赈赡。这种制度的核心是将（重）灾民与非（重）灾民按一定标准作了区分，在籍者将享受政府的赈济，而凡不在籍者将无缘于此。其三，形成了一套以政府为主体、各种社会力量联合的赈恤办法，大致由政府通过开仓放赈、择地安置等办法来解决，同时鼓励民间自救，必要时甚至动用军备。其四，这个时期的灾荒赈济糅合了抵制舞弊的内容。放赈须有严格的监督，按程序上报并获得批准后，还必须在有关人员的监督下方可开仓赈赡；放赈操作过程须以粮簿的形式记录存档，以备中央或上级政府有关部门据以查验。

二、寺库

魏晋南北朝之前，寺院收入主要依靠布施。然而在两晋之后，寺院经济活动开始以盈利为目的，寺院的资产不断聚集，寺院经济开始形成。从北朝的僧祇粟，即北魏僧祇户每年向僧官机构所交纳的谷物，再到南朝的寺库，都是信用的体现。下面我们着重来介绍富有鲜明时代特征的寺库经济。

南朝寺院的兴盛有多方面因素。首先要归功于江南经济出现大发展。江南的经济增长期落后于北方，西晋末年江南许多地方还停留在原始耕作阶段。南方经济的发展，与北方长期混乱、人口大批南移有密切关系。东晋以后，南方的农业、手工业和商业都出现飞速发展的局面。寺院兴旺的直接因素，则是信奉佛教的多为皇家、贵族和士人。南朝从宋、齐、梁到陈，帝王们大都十分崇信佛教，有了经济实力的他们，出手更加"大方"。梁武帝萧衍在位48年，相对和平的环境使都城的繁盛达到六朝顶峰，这段时间也成为寺院经济发展的辉煌时期。梁武帝不仅亲自赐建十余所宏伟壮丽的寺庙，还赐予大量土地，数以千计的和尚和尼姑享受特殊薪给。他四次"舍身"同泰寺，每次都让群臣以巨款赎他回宫。王公们也竞相捐款立寺，以至于同泰寺有十方金铜像、十方银像，光宅寺有丈八弥陀铜像，还有无数金、银、铜、石佛像。频繁的战乱促使更多灾民依附于寺院。仅梁武帝时期就约有10万余人托身于寺院，作"白徒""养女"，以逃避赋税、杂役，他们牢牢束缚于寺院，终年为寺院耕田、经商、服役，促进了南朝寺院经济实力的增长。《南史·郭祖深传》记载，梁武帝时，"都下佛寺五百余，穷极宏丽。僧尼十余万，资产丰沃。所在郡县，不可胜言"。当时僧业究竟富到什么程度？据《宋书》记载，南朝宋文帝讨伐北魏时，资金紧张，筹款无门，竟然想到向寺院借贷以解燃眉之急。仗打了一半，军费再次告急，皇帝只得再次要求4个州县中，家产满50万的"在家人"和资产满20万的僧尼，各拿出1/4财产借给国家，战事结束后立即奉还。这种国家向僧人借钱的情况，相当罕见。

由于南朝货币流通混乱，苛捐杂税繁多，百姓、商贾不得不经常告债。于是，拥有巨额财富的寺院，通过收取债务人的金银、耕畜、衣物、农产品作质押进行放款活动。除了借钱外，寺院也会出借实物，最常见的是粮食，出借对象是农民。《南齐书》中记载，南齐尚书令褚渊一生清廉，爱接济百姓，家无余财，就曾将太祖所赐的白色貂皮坐褥、发巾、犀角梳子等物品，包括他常乘的黄牛，质于招提寺，直到他去世以后才由其弟赎回。这是关于典当业起源以及质押放款有准确年代可考的最早记录，也是史书经常引用的范例。《大藏经》卷四十《行事钞》中甚至规定了寺院借贷的利息率："善生经，赡病人不得生厌，若自无物，出求之，不得者贷三宝物，差已，十倍偿之"。南北朝时，寺院的典当借贷机构主要是寺库。寺库本是寺院的财产保管机构，其放贷以低于实物价值的物品作为贷款的保证，如果在约定期限内偿还借款，赎回质押物品，寺库则须收取较高的利息；如无力归还借款，过期不赎，质押物品则任由放款人处理。这种模式为后来的"当铺"所沿袭，成为中国经济史上典当业务之源。

南朝和寺院典当有关的故事在典籍中还有不少。齐士人甄彬在赎回抵押的一束苎时，发现管库僧误将黄金藏在苎中，立刻归还。寺库管僧感激不尽，以一半黄金送给甄彬作为酬金，但往复十余次，甄彬坚决不受，留下一段佳话。有据可考的典当业起源于晨钟暮鼓的南朝建康寺院，想必在北朝也是有典当业出现的。比如在北魏太和的时候，姚坤"旧有庄，质于嵩岭菩提寺"，后来去赎时遭到僧侣的陷害。但从史料记载来看，北朝的典当业显然没有南朝多。

第四节　魏晋南北朝时期的金融政策

魏晋南北朝时期，商品经济被破坏，币制混乱，各朝各代推行了一些政策来稳定经济。在当时的社会背景下，金融政策的焦点主要是：要不要废除钱币，是否改用谷帛等实物货币，货币铸造权是该由政府垄断还是允许民间自由铸造等问题。

一、三国时期各国对经济的恢复

三国时期，由于战乱，社会正常的生产活动被打乱，曹操意识到不能坐等农业生产自然恢复，必须利用空荒土地兴办屯田。汉献帝建安元年（196年），颁布《置屯田令》始兴屯田储粮。曹操于建安九年（204年）实行租调制以适应战乱，使田租和户调成为最大宗的赋税。"租"是田租，曹操改汉朝三十税一的田租为计亩定额租税；"调"是政府额外征调物品，即临时征收的附加税。曹操把"调"的附加税固定化且按户征收，称为"户调"，当时每户出绢2匹、绵2斤。这一税改使赋税征收手续大为简化，在一定程度上减轻了农民负担，税负更加公平。户调作为一种新的赋税制度，有利于促进家庭手工业的发展，但由于户调从户而税，百姓为了避税累世同居不肯分灶，形成中国古代大家庭格局，对后世中国家族文化走向起到一定的作用。曹操税制改革调整了农民的赋役负担，促进了生产的发展，创造了一个可以长久依靠的赋税基础。

刘备取得益州，建立蜀汉政权时，战争还在不断地进行。为了适应战争的需要，达到重新统一的目的，蜀汉政权比较重视发展生产。诸葛亮在治理蜀汉期间，励精图治，赏罚严明，并亲自组织制定了法律《蜀科》(《三国志·伊籍传》)，对触犯法律的人给以严厉制裁，在一定程度上限制了当地豪强地主任意兼并土地、侵夺人民财产的不法行为，客观上有利于蜀国经济的发展。与此同时，诸葛亮还积极推行"务农殖谷"的经济政策，努力发展生产。刘备在世时，经常领兵在外作战，诸葛亮镇守成都，就能做到"足兵足食"，保证战争所需要的人力物力。诸葛亮曾提出"唯劝农业，无夺其时，唯薄赋敛，无尽民财"的主张，鼓励农民积极发展生产，统治者不要妨碍他们及时耕种和收割，要减轻赋役。白帝城托孤后，诸葛亮对蜀锦手工业颇为重视，蜀锦贸易成为蜀汉的重要财源，以至于诸葛亮说："今民贫国困虚，决敌之资，唯仰锦耳"。诸葛亮七出祁山，九伐中原，但最终还是因为军备粮草不足而以失败告终。

孙权统治时，江东经济有显著发展。北人南来，山越出居平地，劳动力增多。长江两岸地区都设有屯田区，其中毗陵屯田区（今江苏常州、镇江、无锡一带）最大，会稽郡农业生产比较发达。历代陆续修成的浙东运河和江南运河在孙吴时发挥了通航效益。江南运河云阳至京口（今江苏丹阳至镇江）一段流经山间，不便通航，在吴国末期得到修整。云阳以西开辟破冈渎，使秦淮河和江南运河联通，为三吴至建业的便捷水道。丝织业开始在江南兴起，但织造技术还不高，所以蜀锦成为重要的输入物资。铜铁冶铸继承东汉规模而有所发展，青瓷业也在东汉釉陶制造基础上走向成熟。由于河海交通的需要，造船业很兴旺，海船经常北航辽东，南通南海诸国。黄龙二年孙权派遣万人船队到达夷洲，即今中国台湾省，这是大陆与台湾省联系的最早记录，吴国使臣朱应、康泰泛海至林邑（在今越南南部）、扶南（在今柬埔寨境内）诸国。大秦商人和林邑使臣也曾到达建业。经济发展与外界交往增加，促进江南文化的进步。但孙权为维护政权，重徭厚役，铸大钱，其子孙皓残暴无道，徭役更重，最后孙皓投降晋国。

二、不铸钱政策

在中国古代，新王朝建立后往往会重新整合各项政策、律令，无论政治、军事还是经济，都会在汲取前代衰亡教训的基础上进行重新调整。具体到金融方面，各新王朝也会推出自己的政策，包括统一货币体系、设计或铸造"新钱"以代替旧有货币等，这不仅是新王朝权威的体现，更有利于建立统一秩序，恢复和发展社会经济。但晋朝有些特殊，无论西晋还是东晋，都没有这方面的措施。《晋书·食货志》称"魏明帝乃更立五铢钱，至晋用之，不闻有所改创"，还称"晋自中原丧乱，元帝过江，用孙氏旧钱，轻重杂行"。此外，《通典》也有东晋"用孙氏赤乌旧钱"。也就是说，西晋建立后主要使用的货币是曹魏时期及之前的五铢钱，东晋南渡后则主要使用"孙氏旧钱"，即孙吴时期铸制的钱币。

在文学作品中时常提到两晋时期的钱币，唐朝诗人王建有诗："素柰花开西子面，绿榆枝散沈郎钱"，李贺也写过"榆荚相催不知数，沈郎青钱夹城路"，还有李商隐写的"谢家轻絮沈郎钱"，说的都是"沈郎钱"，一般认为这是东晋大将军王敦手下参军沈充所铸的钱币，这种钱币考古发现较少，且主要集中于江浙一带，说明这并不是官方发行的全面流通货币，而属于地方势力的私铸。"沈郎钱"之所以被后代诗人们频频提及，是因为这种钱币又轻又小，使它成了众人揶揄的对象。从总体上看，两晋官方没有推出统一的、流通全国的新货币，商品交换所依靠的主要是汉代以来各个时期发行的"旧钱"。从现代金融的视角看，铸币权不仅是国家主权的一部分，而且政府还可以借此获得收益（铸币税），两晋的统治者是出于怎样的考虑主动放弃铸币权的呢？一种流行的看法是，晋朝的初建者晋武帝司马炎平吴之后"耽于声色，意志消沉"，缺乏雄才大略，安于"率循旧章"，很多政策都沿袭曹魏旧制，加上当时商品经济并不发达，社会上对发行新的货币没有迫切需求，所以"终晋一代没有铸造过铜钱"。

然而，由此带来的弊端是显而易见的。"旧钱"铸造于不同时期，品种繁多，并不统一，给交换带来了麻烦。更为重要的是，汉代推行五铢钱时，其价值本来体现在自身的重量上，"五铢"既是重量也是它的面值，但在此后的战乱时代，以蜀汉、孙吴为代表的割据政权出于化解经济危机的需要，陆续推出了许多面值与重量不相匹配的钱币，如蜀汉的"直百五铢"及孙吴的"大泉五百""大泉当千"等，这类货币上铸着官方规定的面值，在当时也是以所标示的面值来使用的，如"直百五铢"就是1枚当100枚铜钱花，而"大泉当千"是1枚当1000枚铜钱花，这些都是特定历史条件下的特殊金融现象。显然，按照它们所标示的"面值"来流通是不合理的，百姓也不会接受，如"大泉当千"，尽管铸造时它比五铢钱更大更重，但尚不至于比五铢钱重1000倍。经过对考古发现进行统计分析，1枚"大泉当千"约相当于7枚五铢钱，公平来讲，晋朝流行的"大泉当千"既不能当1000枚五铢钱使用，也不应该只当1枚铜钱使用，按照合理的"比价"应该相当于7枚五铢钱，也就是不按"面值"而按其实际重量进行交换。

事实上，这些钱币在晋朝的流通情况也的确如此。《晋书·食货志》记载，当时的百姓把各种杂乱不一的钱币分成几类，"大者谓之比轮，中者谓之四文"，就是按重量进行区分的，"大泉当千"被列为所谓的"比轮钱"。《晋书·食货志》还记载："广州夷人宝贵铜鼓，而州境素不出铜，闻官私贾人皆于此下，贪比轮钱斤两差重。"这里说的是，南方一些少数部族需要铸造铜鼓，他们喜欢收购北方的"比轮钱"拿回去铸鼓，原因就是这种钱在市场上是按重量交易的，比五铢钱显得更划算一些。

本来五铢钱最大的优势是使货币标准更加统一，人们通过"面值"进行交易即可，不必再去称重，但由于币制的混乱，人们又不得不重回货币称重交易的时代。不过，这还只是两晋时期不铸新钱所带来的问题之一。更严重的问题是，"旧钱"总是有限的，随着将钱币回炉铸成铜鼓或将钱币陪葬等现象越来越多，加上铜钱在使用中的自然损耗，人们很快发现市场流通中的钱币越来越不够用了，即《晋书》所称"钱既不多，由是稍贵"，钱币变得越来越有价值，越来越稀有，出现了所谓的"钱荒"。

三、晋朝的"废钱"之争

只使用"旧钱"所带来的问题已经出现，且越来越严重，但两晋的统治者并没有意识到应该尽快统一货币、增加货币投放量以满足商品交换的需求，而竟然想到了废除钱币，重回"物物交换"的时代。《晋书·食货志》记载:"安帝元兴中,桓玄辅政,立议欲废钱用谷帛。"桓玄等持此论者还找到了依据:"魏氏不用钱久,积累巨万,故欲行之,利公富国。"在曹魏时期,一度也曾废除过五铢钱,改用谷物、帛作为媒介进行商品交易,退回到物物交换阶段。但是,曹魏当年是在不得已情况下推行此策的,当时蜀汉、孙吴相继推出"大钱",等于打起了"货币战",曹魏不想步其后尘,但五铢钱又实在坚持不下去了,这才短暂"废钱"而改用谷帛,待经济条件稍稍好转后又立即恢复了五铢钱。两晋的统治者无视今昔不同的经济环境,希望用货币政策倒退的方式解决遇到的新问题,显然是行不通的。

对于"废钱"之议,大臣孔琳之等人坚决反对。孔琳之指出:"制无用之货,以通有用之财,既无毁败之费,又省难运之苦。此钱所以嗣功龟贝,历代不废者也。"他强调"致富之道,实假于钱",离开了"钱"作为中介,经济发展便会受到阻碍。同时,孔琳之还认为如果"废钱",不仅会出现"用钱之处,不以为贫,用谷之处,不以为富"的问题,而且"有钱无粮之民,皆坐而饥困,此断钱之立弊也"。孔琳之的结论是"救弊之术,无取于废钱"。最终,在这场"废钱之争"中,孔琳之等人取得了胜利,"朝议多同琳之"。然而,这仅是继续维持原有状态而已,没有解决已经出现的"钱荒""钱贵"等问题,货币政策依然严重滞后,成为制约经济发展甚至影响社会稳定的一个重要因素。

那么,是不是两晋时期的统治者毫无金融常识以至于在金融方面没有尽到应尽的责任呢?问题也许没这么简单。两晋时期是中国古代门阀制度最兴盛的阶段,其特点是世家大族进一步兴起,他们在垄断了政治资源的同时,占据着经济方面的优势。两晋实行租调制,普通百姓手中的钱通过赋税方式一部分回笼到朝廷,再通过食邑、俸禄等流转到王公大臣等贵族阶层手中。晋朝皇帝的赏赐也十分惊人,从史书记载看,两晋时期皇帝频频赏赐大臣,动辄数十万钱。货币以这种模式投放和回笼,造成钱币越来越向世家大族手中集中。不铸新钱也许不是因为没有眼光或者"太懒",而是维护一部分人现实利益的需要,因为在钱币总量有限的情况下,"钱贵"将是总体趋势,意味着世家大族手中的财富可以进一步增值。提到晋朝,人们很容易联想到一个个"斗富"的故事,在诞生石崇、王恺等"富可敌国"的大家族过程中,不恰当的货币政策也充当幕后推手。不过,作为门阀中的一员,桓玄却提出了"废钱"。这与桓玄当时的处境有关。桓玄是东晋大司马桓温之子,历史上著名的权臣,提出"废钱"正值他建立桓楚政权的前夕,作为控制东晋实权的新兴世族,桓玄想以"废钱"的手段,从经济上打击其他世家大族。但由于牵涉的利益太多,"废钱"遭到了广泛反对,使这件事不了了之。这场"废钱之钱"的背后其实是门阀斗争,在维护自身利益方面双方并没有本质区别,没有人真正认识到问题所在,更没有拿出切实办法来解决问题。

两晋时期,滞后的金融、货币政策所造成的后果非常严重,使经济发展受到不必要的制约,同时也加剧了社会不公,制造出新的社会矛盾。大一统的西晋王朝只存在51年,偏安江南的东晋王朝国祚也未到百年,都没能创造出盛世辉煌。在造成它们短命的众多原因中,金融和货币政策的问题也值得认真反思。

四、南北朝的赋税制度

南朝宋、齐、梁、陈，历经 170 年（420—589 年），其赋税政策基本沿袭晋朝，而且赋敛无时，税收的多少也没有固定标准。宋、齐征纳户调，根据所占土地、房屋、资产确定每户调额，结果造成户民因纳税而不愿从事生产，甚至拆除房屋、砍去树木。直到梁、陈时期，重新实行"计丁为布"，按人头纳调，这种局面才有所转变。这一时期南朝的关税、市税有所加重。北魏时期，中国北方连续多年的战乱破坏，造成北方生产效率低下，经济停滞。北魏统一之后，一直坚持以农为本的方针，北方的农业经济逐步得到恢复，但长期实行粟帛交换，造成"钱货无所周流"，商业阻塞，致使国家在商业、手工业、盐铁等方面的税收受到严重影响。直到北魏后期，北方的工商业和手工业才得以发展，为盐铁专卖和各种工商杂税的征收创造了条件。

北魏统一中国后，孝文帝重视改制，于太和九年下诏"均给天下民田"，在统辖区（江淮以北）内推行"均田制""三长制"和"新租调制"，把土地分为露田、桑田和麻田分配给农户。改革的重心在于土地制度和赋税制度的全面变革。均田制的思想基础和理论发端及推动者是李安世，其在《均田疏》中详述以下赋税制度：其一，土地类别与土地性质划分，分为国有与私有；其二，授田对象明确规定；其三，授田数量明确界定；其四，授田与还田的具体办法，这是土地国有与私有的转换，是一种土地产权的制度创新。其中，露田为国有，按人口亩数授给农民，老死后田地归还政府，桑田、麻田为世业田，由家族耕种，可传给子嗣，也可买卖。官员可受公田，调职或免官后交给下一任官员，严禁买卖交易。因此，北魏的均田制是中国历史上第一个土地成文法。新租调制是李冲首先提出来的，该制度规定按照一夫一妇缴税，而不是按照一家一户，这样豪强大户地主缴税就比以前增加了。大批曾为士家大族荫庇的隐户显露出来，成为国家户籍直接控制下的农户，纳税人口迅速增加，国家的赋税收入明显增加，但贫民的缴税相对减少了。这些措施，对史称盛世的隋唐两代影响很大。北齐、北周沿用北魏的赋税制度，工商税政宽松，"弛关津之禁"，市税仅为每人一钱，客观上促进了工商业的发展。魏晋南北朝时期是中国税史上一个重要的思考、创新、变化的时期，虽然有阵痛、有冲突，但租调制、占田制、课田制、均田制等赋税改革思想得到了实践推行，其对后世赋税实践的价值和影响不可估量。

第五节　金融人物与案例

一、恶钱

恶钱即质料低劣的钱币，质量不过关，钱币中掺杂有大量的铅锡，金银铜的比例非常少。"恶钱"和"标准钱"是相对立的，在某些特殊时期，常常会出现金属货币萎缩、实物货币回潮的现象，例如三国时期，北方曹魏一度由官府下令"罢五铢钱，使百姓以谷帛为市"。发生这一现象的原因有很多，比如币制混乱、恶钱太多、标准钱被百姓藏起来不肯用等情况。现代经济学称之为"劣币驱逐良币"。

三国两晋南北朝很长一段时间里，社会混乱。分裂割据的政治局面让货币体系彻底崩溃，混乱的社会状况使"恶钱"泛滥成灾，而中央官府没有能力阻止。三国两晋南北朝的"恶钱"是历史有名的。司马氏的西晋大一统虽然结束了三国长期的分裂局面，但它从建立到灭亡都没有铸造过钱币。三国两晋南北朝时期用的大部分都是五铢钱形式的钱币，王莽篡汉改制过程中也对"货币"下手，推出许多让人眼花缭乱的钱币，所谓的"五物、六名、二十八品"正是那时候的产物。这一情况没持续多久，就跟随新朝政权走向灭亡。

"恶钱"一般有两大特点：一是型式轻薄，二是材质不纯。"恶钱"还有几个符合现代文化的"假币""假钱""假钞"的称呼。虽说有的恶钱质量和重量比官方所铸更好，但这是极少数。因"有利可图"，各方割据政权的政府插手铸钱币一事，铸造出来的"五铢钱"有着"法定货币"的名头，可实际质量与"恶钱"无异。三国两晋南北朝延续的400余年时间里，虚币大钱（原本一枚五铢钱，官府规定它值过去的一百枚五铢钱，即直百五铢）盛行，尤其是蜀汉和孙吴。史上这段时期可被称为"恶钱最活跃时代"。恶钱的盛行会将一个国家推向战争和混乱的深渊，它虽可解"一时的燃眉之急"，但会扰乱经济秩序和掠夺人民的财富，造成社会的极大动荡。

二、钱神论

《钱神论》是西晋隐士鲁褒创作的一篇赋。文章通过虚构的情节，推出了司空公子和綦毋先生两个假设的人物，以二人在集市邂逅为纽带，以其问答诘难的框架结构成篇。篇中主要描写钱的神通广大和无孔不入，写了钱在某些人心目中的神圣形象和在现实生活中的无边力量，并征引了《诗经》为佐证。有人把《钱神论》归类于寓讽刺鞭挞于嬉笑嘲谑的俳谐文，但该文谐中有庄，对金钱的描绘，对时风的讽刺、揭露都非常深刻。

作者假托司空公子和綦毋先生的对话，揭示当时社会风气大变，指出当时"时易世变，古今易俗"，作为钱神产生的背景。而后借司空公子之口，叙述钱的历史，交代金钱的来历；描述钱的形体，交代名为孔方的原由；分述钱的特性，交代人的贫富、强弱在于钱之有无、多少，以此作为揭露金钱神力的引子。接着，作者集中笔力，对金钱的巨大神力从不同角度进行了深刻而有力的揭露。其一，学优则仕原是儒者传统的人生道路。但自金钱来到人间后，做官就不靠知识了。文章列举了大量的史实，说明如今"官尊名显，皆钱所致"。金钱主宰着一切：危安、死活、贵贱、生杀等。它可以"排朱门，入紫闼"，通关节，买人情，使人"无位而尊，无势而热"。办任何事情，都非钱不可。金钱成了万能的神，知识贬值，已一文不值。因而作者愤激地说："何必读书，然后富贵！"其二，"死生有命，富贵在天"原是儒家传统的观念，但由于钱的法力无边，作者提出了"死生无命，富贵在钱"。钱是万物的异化形式，它可以使万物互相转化：祸转为福，败转为成，危转为安，死转为生。甚至"性命长短，相禄贵贱"，也在于钱，而不在天。作者把钱和天的力量作了一番比较，认为"天有所短，钱有所长"，结论是"天不如钱"。钱的力量超过了主宰一切的上天，成了宇宙间至高无上的神。依照儒家观点，人格的完美必须具有仁、义、智、勇、礼、乐等条件。由于现在钱可使丑变成美，使卑贱变成高贵，使罪过变成正义，因而完人的条件，亦"唯孔方而已"，钱成了左右人格的动力。其三，俗话说："朝中无人莫做官"，但时至西晋，朝中有人而无钱也仍然做不了官："虽有中人，而无家兄，何异无足而欲行，无翼而欲翔？"即使此人才貌超群，空手摇臂，无钱送礼，也仍然做不了官。但只要有钱，就可以买到权势，做高官，可见钱的神通广大。这些对金钱神力的论述是大胆的揭发，是犀利的解剖，在当时是十分难能可贵的。

与此同时，作者还对世人追逐金钱的丑态做了形象的描绘。一些清高的读书人听儒者讲学或玄学清谈，都深感无味，昏昏欲睡，而"见我家兄"则"莫不惊视"，精神振奋；唯一能刺激他们神经的只有一个"钱"字。至于那些当朝权贵更是嗜钱如命，"爱我家兄，皆无已已。执我之手，抱我终始"。"执"和"抱"，活画出这伙钱癖的丑恶嘴脸。西方谚语说："金钱无臭味"。他们对钱也是"不计优劣，不论年纪"，只要是钱，就如蝇逐臭，唯钱是求。文章结尾，作者通过钱神的自白，揭示钱之为神，"处处皆有"；爱钱之癖，古已有之。回应前文，收束全篇。两晋社会之所以贪鄙之风盛行，是因为"钱"在社会生活中显示出其决定一切的作用。有了钱，可以虽无官位但受人尊重，虽无势力而炙手可热；有了钱，可以变危为安，死而后活；有了钱，便能转祸为福，转败为成。总之，人的性命长短，福禄贵贱，皆取决于钱的多少，真可谓有钱能役使鬼，而况人乎！《钱神论》无情地揭露了当时社会唯钱是图的丑恶现象，所谓的清谈名士、儒家学说，在钱面前都黯然失色。

三、"不惜铜爱工"论

"不惜铜爱工"论是南北朝时人孔觊提出的反对铸币贬损的货币主张。刘宋明帝时延用古钱，铸币贬值严重，通货短缺。479年，萧道成取得政权，建立南齐，他坚持废除古钱，另铸新币，造成通货紧缩。针对这种情况，孔觊于南齐建元四年（482年）提出铸钱均货主张的同时，还从总结历史上钱币流通的经验教训中尖锐地批判了货币名目论，明确提出铸造钱币不能惜铜爱工的主张。

在孔觊看来，铸造钱币，首先在于稳定币值，不能轻易改变单位货币的重量，使钱时轻时重。钱轻则盗铸盛行，钱重则流通不便，以往的"铸钱之弊，在轻重累变"（《南齐书·刘俊传》）。孔觊认为："民所盗铸，严法不禁者，由上铸钱惜铜爱工也，惜铜爱工者，谓钱无用之器，以通交易，务欲令轻而数多，使省工而易成，不详虑其为患也。"也就是说，货币有它本身的价值，这种价值是由一定数量的铜和人工的耗费所构成，并应同货币的名义价值保持相适当的比例，不能只求增加钱币数量而轻易减少铜的比例；现在盗铸盛行，严法不禁，就是因为这个比例不适当；比例失调的原因，在于统治者铸钱时惜铜爱工，力求省工减料，尽量多铸轻铜钱。孔觊进一步深究造成惜铜爱工现象的原因，是由于错误地把钱看成是无用之物，其价值可以由封建王朝规定，铸造得越多越好，致使盗铸难禁。由此可见，孔觊对货币的认识，已涉及货币价值论问题，他所提出的铸钱"不惜铜爱工"的主张，成为以后货币理论家反对铸币贬值政策的理论基础。

四、土断

西晋时期已经出现了"土断"这一概念。晋初司空卫瓘主张恢复汉代乡举里选法，户籍按住地编定，取消客籍户，选举由乡里评定，这是针对九品中正制的弊病提出的。东晋、南朝的土断则是针对当时侨人和侨州郡而实行的政策。

西晋末，人民大量南流，东晋建立后，政府设立了许多侨州、侨郡、侨县予以安置。他们只在这种侨立的地方机构登记，称为侨人。侨人的户籍称为白籍，不算正式户籍，入白籍者不负担国家调役。侨人有的相对集中，有的居住分散，"十家五落，各自星处，一县之民，散在州境，西至淮畔，东屆海隅"。他们虽在侨县登记户籍，却不住在侨县寄治的地方。侨州和它所属的郡县也不是都在一处，有的相距很远，管理极为不便。侨州、郡、县起初只是办事机构，并无实土，所以仅在晋陵（今江苏常州一带）一郡就有侨立的徐、兖、幽、冀、青、并六州的10多个郡级和60多个县级机构。流人初到，并无产业，为了安抚他们，凭借他们的武力为北伐资本，尽可能给予优厚特权。但北伐多次失败，重返绝望，居处既久，人安其业。侨人中的上层多已占有田园别墅；下层的除了沦为部曲、佃客者外，也有的通过开荒或其他手段取得少量土地，成为自耕农民。他们与当地百姓生活无异而负担不同，容易引起侨旧矛盾。而许多江南农民也因逃亡而变成豪强私附，这些都不利于政府的统治，故东晋政权在江南站稳脚跟后便实行土断政策。

如前所述，东晋政府为了安抚、控制北方流民，陆续设了许多侨州郡县侨民著侨籍后，流民仍然享受国家赋役减免的优待。这样，虽然北方南下的人在不断增加，但于国家兵源、财源无补。随着内乱的接连发生和北伐战争不断进行，统治者越来越感到对北方流民这一兵财之源充分利用的重要性。因此，除了局部的、零星的括户外，又采取了一项重要措施，就是"土断"。所谓"土断"，就是让流民以所居之"土"为断，人在哪里便在哪里著籍，便算作哪里的编户民，同原住民一样纳课服役。但是"土断"并非一纸命令即可完成，加上北方流民不断南下，南方本身也在不断产生流民，所以"土断"反复多次进行，"土断"的对象也由最初的北方侨人演变到包括所有的脱籍之人。

"土断"受到侨人及一些大族的反对，士族害怕丧失作为北来高门的标帜，百姓则深知从此要负担沉重的调役，所以宋孝武帝时，雍州刺史王玄谟要"土断"雍州侨民，侨居雍州的河东大族柳氏带头反对，宋政府因百姓不愿属籍，停止实行。即使以严厉著称的义熙"土断"，也把在晋陵界内的徐、兖、青三州流人除外，因为这三州流人正是组成刘裕的基本武力北府兵的主要成分，刘裕不能不考虑他们的利益，在"土断"时保留部分侨州、郡、县，并从南方原有州郡中划出部分土地来归它们管辖。这是照顾侨人大族利益的措施，也是一部分北来大族赞成"土断"的条件。"土断"使政府增加了收入和兵源，"财阜国丰"，侨人则加入了负担调役的行列。由于每次"土断"都不能彻底，遗留下一批没有著籍的侨人，而且新的侨人和侨郡县不断出现，所以"土断"政策持续推行，贯串整个东晋、南朝。

课后习题

一、即测即练

二、思考题

1. 蜀国地处天府之国,物产丰富,经济发达。为什么在三国之争中却率先被灭亡?请从货币制度入手进行分析。

2. 晋朝时期,斗富流行,贵族们生活奢侈,被描述为"死生无命,富贵在钱"。请分析原因。

三、案例分析题

三国魏晋南北朝时期的社会动乱,金属货币的流通范围减小,且形制多样,币值不一,出现了重物轻币的现象。

曹魏实行的实物货币政策,魏明帝时恢复铸行五铢钱,形制与东汉时期五铢相似。蜀汉和东吴多实行大钱。蜀国货币主要有:直百五铢、直百等。吴国货币主要有:大泉五百、大泉当千、大泉二千等。

西晋成立后主要沿用汉魏旧钱,兼用谷帛等实物;东晋成立之初则沿用吴国旧钱,后来出现了五铢小钱,相传是吴兴沈充所铸,所以又称:"沈郎五铢"。

南北朝时期的社会十分动荡,币值混乱。例如:《宋书·文帝纪》记载:"元嘉二十四年(447年)六月……以货贵,制大钱,一当两……(元嘉)二十五年五月罢大钱当两。"这种大钱当两,被认为是当两五铢钱。南齐高帝萧道成建元四年(482年),曾计划铸钱,但没有实行。齐武帝萧颐永明八年(490年),派人到四川在西汉邓通铸钱的旧址鼓铸铜钱一千多万钱。后因成本过高而停止。梁武帝萧衍在建国之初即铸行新钱,不仅制造铜钱,而且还制造铁钱,其币制相当混乱。

问题:请分析魏晋南北朝时期货币制度混乱的原因是什么?混乱的货币制度造成了怎样的后果?

参考文献

[1] 姚遂. 中国金融史[M]. 北京:高等教育出版社,2007.

[2] 刘静夫. 中国魏晋南北朝经济史[M]. 北京:人民出版社,1994.

[3] 彭信威. 中国货币史[M]. 北京：中国人民大学出版社，2020.
[4] 孔毅. 东晋南朝的实物货币[J]. 西南大学学报（社会科学版），1993,（2）.
[5] 朱安详. 学术视野下的魏晋南北朝的货币研究[J]. 中国钱币，2018,（6）.
[6] 蔡昌. 动荡时期的创新与冲突——魏晋南北朝的赋税制度变迁[J]. 中国财政，2015,（11）.
[7] 徐世拒. 三百七十年间乱中变——简述三国魏晋南北朝赋税制度的流迁[J]. 税务研究，1987,（7）.
[8] 肖振才. 典当起源于南朝寺院[N]. 南京日报，2011-03-22.

附录

货币时间线

时间	皇帝	货币类型		
		铜钱	实物货币	金银
黄初元年（220年）	曹丕	罢五铢钱	薄绢	民间有白银自发的交易
太和元年（227年）	曹睿	五铢		黄金逐渐退出货币流通领域
建安十九年（214年）	刘备	直五百铢		
蜀国后期	刘备 刘禅	定平一百，太平百钱		
西晋	司马炎	不铸钱	流通曹魏蜀汉旧钱	
东晋	司马睿	不铸钱	流通孙吴旧钱	
元嘉七年（430年）	刘义隆	元嘉四铢		
永光元年（465年）	刘彧	永光二铢，景和二铢		
天监元年（502年）	萧衍	天监五铢		
太平元年（556年）	萧方智	四柱五铢		
天嘉三年（562年）	陈蒨	陈五铢		
太建十一年（579年）	陈顼	太货五铢	实物货币	
太和十九年（495年）	拓跋宏	太和五铢	在魏晋南北朝时期	
永平三年（510年）	元恪	永平五铢	一直有流通	
永安二年（529年）	子攸	永安五铢		
天保四年（553年）	高洋	常平五铢	谷、帛	
建德三年（574年）	宇文邕	五行大布	布、粟、盐、	
大象元年（579年）	宇文阐	永通万国钱	米等	

第六章

隋唐时期货币金融简史

《将进酒》

（唐）李白

君不见黄河之水天上来，奔流到海不复回！
君不见高堂明镜悲白发，朝如青丝暮成雪！
人生得意须尽欢，莫使金樽空对月。
天生我材必有用，千金散尽还复来。
烹羊宰牛且为乐，会须一饮三百杯。
岑夫子，丹丘生，将进酒，杯莫停。
与君歌一曲，请君为我倾耳听。
钟鼓馔玉不足贵，但愿长醉不复醒。
古来圣贤皆寂寞，惟有饮者留其名。
陈王昔时宴平乐，斗酒十千恣欢谑。
主人何为言少钱，径须沽取对君酌。
五花马，千金裘，呼儿将出换美酒，与尔同销万古愁。

第一节　隋唐时期的社会概况

经历了"五胡乱华"和南北朝两个漫长时期后，隋朝（581—618 年）和唐朝（618—907 年）是中国历史上最强盛的时期之一。

隋文帝于开皇九年（589 年）将历经 280 多年战乱的中国重新统一。隋末大乱严重分裂，经过九年的统一战争后，唐朝建立。所以史学家常把"隋唐"并称，同时人们为了纪念隋文帝的功绩，将隋文帝时期尊称为"开皇之治"。618 年唐，高祖李渊建立唐朝；907 年，朱温灭唐；唐朝共存在了 289 年。唐朝分前期和后期，中间以"安史之乱"为界限，前期是昌盛期，后期则是衰亡期。唐高祖建立了唐朝，而唐太宗李世民领兵用 10 年时间完成了统一大业。李世民通过"玄武门之变"成功登位后，励精图治，使唐朝社会空前繁荣，出现了"贞观之治"，在政治、经济、文化等方面都居于当时世界领先地位。此后，唐玄宗时期出现了"开元盛世"，国强民富，升平之世再次出现。唐玄宗后期发生了"安史之乱"，唐朝从此走向了衰亡。

隋朝鼎盛时期，北至东北辽宁一带，西至新疆塔克拉玛干沙漠地区，东临东海，南至越南北部一带。唐朝鼎盛时期，北至贝加尔湖以北和外兴安岭，西至中亚的咸海，东至库页岛，南至越南北部。隋唐时期的民族思想比较开放。隋唐两朝在政治、军事、文化、经济、科技上达到前所未有的发展水平，两朝君主在治国政策上较为开明，也影响了周边诸国向中国朝贡、学习。

一、隋唐时期的经济

隋唐时期的农业、手工业和商业迅速发展、经济繁荣。隋朝继续实行北魏以来的均田制，开始实行租庸调制，开凿大运河，为唐朝的经济繁荣打下基础。唐朝前期，经济呈现全面繁荣的景象。唐朝后期，"安史之乱"使农业生产遭到破坏，土地兼并使均田制和租庸调制无法维持，两税法也没有能使经济复苏，但奠定了唐后期至明中叶中国古代赋税的基础。隋唐时期的农业呈现如下特点：江南土地资源得到进一步开发；农田灌溉得到发展，农具得到进一步改进；农产品的商品化程度有所提高。隋唐时期的手工业部门齐全，产地分布广；生产规模大，产量多；分工细、品种多，还出现许多新产品；手工技艺高，具有外来风格。隋唐时期的经济繁荣主要体现在：商人增多；市场成熟，有固定的交易场所；水陆交通畅通；对外贸易发达；城市兴旺。隋唐时期经济的繁荣发展对以后的宋朝经济发展产生了影响。

二、隋唐时期的外交

隋唐时期的外交，对外有两种途径：一是陆上的"丝绸之路"。以长安为中心，北路经蒙古到叶尼塞河、鄂毕河上游，往西达额尔齐斯河流域以西地区。西路经河西走廊，出敦煌、玉门关西行，至新疆。唐朝遣派使者到高丽、新罗、天竺，使臣、僧侣、商人不绝于途。在宗教传播方面，僧人东渡日本传播大唐文化，最著名的是鉴真和尚。在中印文化交流史上，两国佛教徒作出了卓越的贡献，其中最著名的是唐朝高僧玄奘和义净。新罗（朝鲜）派遣大批留学生到长安学习，唐朝的外国留学生，以新罗最多。二是海上之路。唐朝曾与波斯、非洲的一些国家互赠礼物，大唐向外输送丝绸、茶叶、瓷器等，非洲国家送来了香料、黄金和一些热带稀有动物。丝绸、瓷器、纸张运往波斯，又从波斯运销西方；造纸、纺织等技术传到大食，又通过大食传到非洲和欧洲。唐朝时期，经济、文化在世界的传播，推动了世界经济文化的发展。

隋唐时期已出现中远程航船，为日后宋朝的航海大发展做铺垫。唐朝的经济和文化处于世界先进地位，对外交通比过去发达，唐和亚洲各国之间的友好往来出现了前所未有的盛况。唐朝的经济和文化对朝鲜、日本等国产生巨大影响；又通过学习各国之长，进一步促进了自己经济、文化的发展。隋唐时期对外交往的空前繁荣，对现代改革开放、发展经济有借鉴作用。

三、隋唐时期的综合实力

隋朝（581—618年）是中国历史上承南北朝，下启唐朝的大一统朝代。隋朝的军事力量空前强大，三次东征高句丽，出兵人数总计超过300万人。隋朝先后降服突厥、征服林邑、驯服契丹、收复琉球、震服伊吾、攻土谷浑。不仅如此，隋朝的基建能力也是首屈一指，动用上百万百姓修建隋唐大运河，发动上百万民夫参与这一超级工程。隋朝在各地修建了许多粮仓，其中著名的有兴洛仓、回洛仓、常平仓、黎阳仓、广通仓等，存储粮食皆在百万石以上。在教育方面，隋炀帝增设进士科，正式形成科举制度。当时秀才试方略、进士试时务策、明经试经术，形成一套完整的国家分科选才制度。这一制度对中国后世影响了上千年。

唐朝的鼎盛时期，国土占地面积在当时排名全球第一。经济发展迅速，交通便利，商业贸易发达，唐朝的经济水平也位列第一。唐朝虽然军队总数不是很多，但是军队质量极高，军事能力居世界第一。在古代，人口越多代表国家实力越强，唐朝鼎盛时期的全国人口数量约为4000万人，是世界人口数量最多的国家。在唐朝时期中国出现了很多诗人和文学家，唐宋八大家就有其中优秀的代表人物。唐朝也有着极高的艺术水平，例如让人流连忘返的敦煌壁画。鼎盛时期的唐朝有着精湛的文化艺术作品和脍炙人口的诗词歌赋，同时拥有先进的科学技术。唐朝的一行和尚成功地观测出了恒星位置移动的特别现象，这一发现比欧洲早了1000年。

第二节　隋唐时期的货币

隋唐时期的货币较为多样化，隋文帝发行"隋五铢"（图6-1），也叫"开皇五铢"，成为全国流通的统一货币，结束了三国时期混乱的货币制度。与此同时，谷帛等实物货币地位超过了铜钱。从唐朝开始，钱币不再以重量为名称，改称宝，并冠以当时的年号。最先铸造的是开元通宝，表明我国古代的钱币发展进入了一个新阶段，消除了铜钱重量名实不符的现象，有利于商品经济的发展和货币的正常流通，开辟了年号钱的时代。唐朝时期钱帛成为主要货币，黄金除了用作宝藏外，有时候也用作价值尺度和流通手段。在唐朝末期，白银的地位逐渐上升。

一、隋五铢

隋朝之前的南北朝长期处于割据状态，各地发行的货币种类不一，钱币比值极为混乱，尤其是北周

图6-1　隋五铢
（图片来自中国钱币博物馆）

发行的虚值大钱，严重伤害了本已脆弱的社会经济。隋文帝在推行一系列改善民生政策的同时，也致力于统一货币。隋文帝于开皇元年（581年）九月始铸隋五铢，又叫"开皇五铢"，或称"置样五铢"。

钱文"五铢"二字篆书，笔画精整，边缘较宽，面无好廓，"五"字上下左端有竖纹，钱背肉好均有廓。"五"字交笔有圆曲与斜直两种，"朱"头多呈方折。外廓甚阔，面无穿廓，"五"字交笔直，近穿处有一道竖画。文帝为统一币制，曾放五铢样钱令诸关查禁劣钱，称"置样五铢"。隋五铢早期直径24毫米，晚期直径逐步减小，多集中在23.5毫米左右；早期重3克以上，大部分重量集中在2.7~2.8克。后隋炀帝在扬州开炉鼓铸夹锡五铢，铜色发白，世称"白钱"，另有铁钱。隋五铢是我国"铢两钱制"的终结。《隋书·食货志》载："开皇三年（585年）四月，诏四面诸关，各付百钱为样。从关外来，勘样相似，然后得过。样不同者，即坏为铜，入官。"这里的样钱即后世所称的"置样五铢"。

钱币学界一般认为隋朝铸币仅有开皇年间所铸的"置样五铢"及其减重钱"直笔五铢"和传为隋炀帝在扬州铸造的"曲笔五铢"两类。从《隋书》记载中发现，隋五铢的铸行至少可以分为以下三个阶段。

第一阶段，隋开皇元年（581年）至开皇九年（589年）。北周后，隋朝革新币制，统一新钱。隋于开皇初年更铸新钱，"文曰'五铢'，而重如其文"。几乎同时，百姓便"私有熔铸"，因此，文帝在开皇三年四月"诏四面诸关，各付百钱为样"。官方规范货币的做法并非隋朝独创。早在东魏武定六年，权臣高澄就以标准秤衡准足重五铢，但隋朝创新之处是以官方发行的样钱去规范钱币型制。这样的努力并没有完全禁止前代货币的流通，如北周的五行大布、永通万国和北齐的常平五铢依旧被用于贸易，到开皇四年，这种现象"尚犹不绝"。直至开皇五年正月，文帝下诏严令钱制，才终于达到"钱货始一"。统一货币对隋初社会经济的恢复和发展起到了关键性的作用。在统一货币样式后，隋五铢的发行迎来另一个问题，那就是由于作为铸币原料的锡镴易于获取，以至于民间"私铸之钱，不可禁约"，因此只能通过国家垄断锡镴矿的方式加以阻止。

第二阶段，隋开皇十年（590年）至仁寿四年（604年）。隋文帝在统一全国后分设钱炉推行货币，劣私钱开始普遍出现。开皇九年平陈后，隋文帝于次年诏晋王杨广在扬州立五炉铸钱。开皇十八年，文帝诏汉王杨谅在并州立五炉铸钱；允许杨广在鄂州白纻山设十炉铸钱；诏令蜀王杨秀可在益州设立五炉铸钱。除岭南新定且自梁朝以来"交、广之域，全以金银为货"外，四个铸钱之州分别位于帝国东、北、中、西四地，鄂州比之其他三州多出五炉，能够辐射南北。开皇十年后，奸狡之徒"稍渐磨鑢钱郭"，也就是说，磨鑢钱的边缘以取铜私铸，又掺杂锡钱使用。于是大家争相仿效，钱币变得愈发轻薄。在一些直径普遍较大的隋五铢窖藏中，虽偶尔能够挑出钱文有异的私钱，但其做工精整，直径较大，与后期劣私之钱截然不同。因此，在第一阶段的"置样"政策下，虽有私钱，但货币型制尚能保证完整。随着货币发行量的增大，钱币直径、铜质和重量都因私铸盛行而受到影响。在政府的严格监管下，这一阶段私铸情况尚不严重，甚至"数年之间，私铸颇息"。

第三阶段，隋炀帝大业元年（605年）至隋末。这一时期的钱币减重明显，私劣钱币的盛行加速了隋王朝的灭亡。《隋书》记载：大业年间，"初每千犹重二斤，后渐轻至一斤。"

隋炀帝时采用古制，一斤折合今 222.73 克，也就是说后期一枚钱才 0.223 克，若按隋文帝时一斤约合 668.19 克的标准计算，一枚钱只有 0.668 克，与汉制五铢 3.25 克的标准重量相去甚远，可谓有名无实。隋炀帝大业元年即营造东都洛阳，因此洛阳出土的批量隋五铢也可作为了解大业年间铸币情况的参考。现今洛阳地区出土的隋五铢整体上直径多在 23 毫米以下，铜质发白但型制较为规整，版式亦沿袭前期型制，可能部分属于官方主导下的减重钱。另一方面，私铸情况在大业年间更加严重，使得钱币贬值严重，物价飞速上涨，引发了大规模的社会动乱。《隋书》记载：大业年间，政府管理松弛，于是私铸盛行，钱币变得薄小劣质，甚至"剪铁鍱，裁皮糊纸以为钱"，与普通铜钱混杂使用。五铢钱制的败坏，使得百姓生活处于水深火热之中，以至于将隋五铢五字左边为防止锉穿取铜而设计的一竖和篆书五字联系起来，附会为一个"凶"字。这种谣传与东汉末年民间附会灵帝四出五铢的背面四道出纹为"四道而去"同理，皆是以谶纬之说发泄对货币政策的不满。

隋五铢具有不可小觑的历史意义。隋五铢是大一统的见证。西晋末年到南北朝时期，是继春秋战国之后中国历史上第二次大分裂时期。隋朝完成大一统，结束了 400 多年分裂动荡的历史，进入了辉煌的隋唐时代，隋五铢就是历史的见证，是承上启下的重要一环。从汉武帝铸五铢到隋，五铢体系延续了 700 多年，隋五铢作为最后一种五铢钱，见证了五铢的辉煌。隋五铢之后就是唐朝的开元通宝，开启了通宝钱新纪元。在铢两钱和通宝钱之间，隋五铢有着承上启下的作用。隋五铢有助于解密六朝钱。六朝时期连年战乱，缺乏史料，所以六朝钱有很多谜团。研究隋五铢，有助于从侧面揭开六朝钱的面纱，比如北周五铢、大统五铢的定性和断代，以及研究南北朝钱的铸造工艺演化。

二、谷帛

隋朝时期，社会自然经济色彩浓重，商品经济尚不发达，谷帛等实物货币用途广泛。谷帛主要用于国家收入、赏赐、大额支付和计赃定罪等情形。

隋文帝期间，货币流通稳定，隋炀帝即位后，大兴土木、游幸江都、吸引胡商、奖励对外贸易、三次发动高丽战争，开销巨大、社会矛盾激化，物价飞涨，加速了货币经济崩溃。起初每 1000 钱重 2 斤，后来减重到 1 斤，钱贱物贵，导致了隋朝的灭亡。

三、开元通宝

开元通宝是唐朝铸造的一种铜质货币，钱币在唐朝始有"通宝"（图 6-2）。唐初沿用隋五铢，轻小淆杂。唐高祖武德四年（621 年），为整治混乱的币制，废隋五铢，效仿西汉五铢的严格规范，开铸"开元通宝"，取代社会上遗存的五铢。中国历史上行用了数百年的铢两货币被废除，进入通宝钱阶段。

《旧唐书·食货志》记载："（唐）高祖即位，仍用

图 6-2 开元通宝图
（图片来自中国钱币博物馆）

隋之五铢钱。武德四年七月，废五铢钱，行开元通宝钱，径八分，重二铢四絫，积十文重一两，一千文重六斤四两。"钱文由书法家欧阳询书写，面文"開元通寶"，形制仍沿用秦方孔圆钱。

开元通宝分为七个时期：初唐开元、盛唐开元、中唐开元、会昌开元、普通晚唐开元、私铸小径开元和五代十国开元。

621年，开元通宝始铸。初唐开元始于唐高祖武德四年，终于唐高宗中后期。初唐开元通宝行用钱是钱文为欧阳询所书、经钱监严密督造的一种优质开元钱，又叫武德开元。从质地上看，初唐开元所用材料为青铜和白铜，面、背肉好，廓整，钱文深峻清晰，铜质纯净，铸造精良。从形体上看，钱径24～25毫米，穿径7毫米，廓宽2毫米，质量为3.7～4.2克，集中于4克。从钱文上看，正面"开元通寶"四字，笔画端庄沉稳，"开"字间架匀称，疏密有致；内部作"井"状且"井"部不与内廓相接，"元"字首划为一短横，次划长横左挑；"通"字的"辶"前三笔各不相连，呈三撇状，"甬"部上笔开口较大；"寶"字着笔庄重，其"贝"部内为两短横，不与左右两竖笔连接，整体钱文笔画较粗，但书写自然，灵动，富有活力。钱背光背无文。但是，自初唐后期起，出现了一些寄郭大字的版别，笔画也逐渐变细，开始向盛唐开元过渡。

盛唐开元始于唐高宗中后期，终于唐玄宗天宝末年。从质地上看，盛唐开元主要采用青铜和紫铜铸造。面、廓更加精细，做工更加精美。从形体上看，钱径25～27毫米，穿径7毫米，廓宽2～3毫米，质量为4.2～5克，集中于4.7克。从钱文上看，盛唐时期的开元钱文是处于变化中的。相比初唐，盛唐的钱文变得更加纤细，并逐步从欧阳询书写的初唐开元钱文端庄沉稳、大气洒脱的笔体，演变成笔画疏朗，纤细清秀的笔体，"开"字逐步变长，内部的"井"部与内廓相连。"元"字首横加长，次划左挑，"通"字的"辶"前三笔由三撇状逐步演变为似连非连的顿折状，进而又演变为连续的拐折状。"甬"部上笔开口逐渐变扁，"寶"字之"贝"部内中间两横加长，与左右两竖笔相衔接。"宀"下的"尔"逐步演变为三个竖道。整个字体比初唐开元更加标准规范，但少了初唐开元字体的灵动与活泼。这些演变在唐玄宗开元年间完全定型，脱离了初唐开元的体系，自成一版并趋于稳定。对于钱背面而言，盛唐初期的光背无文，从唐玄宗开元年间起开始有星月印记。背面的月型印记在坊间传说为杨贵妃的指甲痕，故民间又称其为贵妃钱。其实这些说法并不可信。事实上，星月型印记为各钱局钱炉上的炉记，用来区分不同的钱炉。

中唐开元始于唐肃宗初年，终于唐宪宗元和末年。这一时期的开元通宝特点与盛唐后期的大同小异。从质地上看，中唐开元主要采用青铜和紫铜铸造，并夹有一定量的铁和铅。面、廓比较精整，但做工不及初唐精美。从形体上看，中唐开元的直径23～26毫米，穿径7毫米，廓宽2～3毫米，质量为3.2～4.5克，相比盛唐有所减重。从钱文上看，中唐开元的正面钱文与盛唐后期无异，只是"开"字向宽体发展，相比正面，其背文却更加繁缛，出现了如祥云、同心结等新型背文。同时，传统的星月背文铸造量也大幅度增加且成为主导。中唐初期，钱文尚且精整，但经历安史之乱后的唐朝铸钱水平呈下滑态势，后期铸工不精、边廓不整，向晚唐过渡。这一时期出现了阔字版的开元通宝，并在之后成为主流。

会昌开元，亦为特殊晚唐开元。会昌五年（845年）唐武宗灭佛，将灭佛所得铜料铸成会昌开元。大小径寸如之前的开元通宝，只是在钱背铸上铸钱局所在州的州名，如京师长安铸"京"字、东都洛阳铸"洛"字。而淮南的扬州为纪念会昌灭佛，所铸背文为"昌"字。从质地上看，会昌开元采用较为优质的佛铜铸造，铜质为青铜和紫铜。从形体上看，会昌开元普遍质量 3.2～4.2 克，钱体大小与中唐基本相同，但也有小钱，可能是私铸品。相比初唐开元通宝的统一，晚唐时的各地铸钱工艺存在着明显的差别，多数周廓偏斜，铸文模糊，个别出现花穿现象。时过一年唐武宗驾崩，但继任的唐宣宗认为钱币精好，继续铸造并持续至唐亡。钱币学界一般将会昌开元视为晚唐开元的典型标本。

普通晚唐开元在唐宪宗元和年间之后铸造，一直持续至唐亡。它沿袭了中唐开元的特点。从质地上看，这种开元通宝所用铜料很杂，说不清是何种铜合金，铜质发黑、纯度低，含铁量高，个别可被磁铁吸引。从形体上看，质量较小，普遍不超过 4 克，钱径 23～24 毫米。铸工草率，多数轮廓不整，普遍不如中唐开元精美，很多应属私铸之列。从钱文上看，正面钱文笔划比较纤细，与中唐后期的钱文一致，但字迹模糊。在背文上，多有小型月痕、对月月痕、多月痕及孕星出现，还有合背开元。它们普遍做工粗糙，有的连钱文都难以辨识。

私铸小径开元是指钱径在 21～23 毫米的开元钱，这种小开元可能都是各个时期的民间私铸钱币。《旧唐书·食货志》："如闻官铸之外，私铸颇多。"根据发掘出土的小开元标本，按其流行阶段，大体分出三型：一型，钱文笔迹极力摹仿武德开元，唯钱径仅 23 毫米，重量不到 3 克，钱文尚清晰，穿廓尚规整，铜质并不很差；二型，中唐小开元，字体模糊，铸造工艺粗陋，铜质内掺杂铁铅，锈蚀严重；三型，晚唐小开元，周廓宽窄不一，铜质发黑，掺杂铁铅，肉薄量轻，铸范模糊，钱背穿廓近平，钱径 22～23 毫米，质量 1.7～3 克，多数是私铸。

唐哀帝天祐四年（907 年）四月十八日，唐朝灭亡，中国历史进入五代十国时期。其中闽、楚、南汉、南唐、后蜀等政权先后铸造过开元通宝，除南唐开元基本延续唐朝开元通宝特点外，其余形制皆与唐有别。其中，闽开元字体雄健，背后有"闽""福""殷"字样，过去曾被误认为是会昌开元。楚和南汉的开元通宝多为小平铅制，钱币轻小，做工粗糙，文字漫晦，背文多种多样。南唐开元通宝基本延续中唐特点并有所发展，开创对钱，即除字体不同其余特征完全相同的一组钱。南唐开元通宝有篆书和隶书两种，其中隶书基本沿袭唐制，无论篆书还是隶书，做工均很精美。它们是五代钱币中做工非常精致的。早期钱币缘较阔，后期由于南唐国力衰退，铸币较初期轻小些。

开元通宝钱，在我国钱币史上具有划时代的地位。"开元"，意指开辟新纪元，而非唐玄年号；"通宝"，意指通行宝货。开元钱的划时代地位表现在：唐朝以前的钱币，多以形制或重量为名称，如刀币、五铢钱等，而自开元钱后，改称"宝""通宝""元宝"等。开元通宝是唐朝统治 290 年中的主要流通货币，影响了中国 1000 多年钱币的形制、钱文模式和十进位衡法。

四、绢帛、谷粟等实物货币

唐朝很长一段时间自然经济占据统治地位，即使在社会经济繁荣的时期，自然经济的色彩依旧很浓郁，社会分工仍不明确，商品种类有限。在商品经济发展水平有限和铜钱数量不足的背景下，唐朝实行了钱帛兼行的货币政策。小额交易使用铜钱，大宗交易和长途贩运使用绢帛。绢帛又分为绢和布，其中绢为丝织物用于大额支付，布是麻苎织成，为一般劳动人民使用。绢帛依旧存在着某些弊端，比如不耐久藏、易破裂、易污染、不便小额交易，易偷工减料。

生产力水平和贸易发展程度存在地区差异，影响地区货币体系的形成。在广大农村和经济不发达的边远地区，谷粟等其他实物作为主要货币。谷粟因单位价值小、分量重、携带不便等缺点，多在当地用做支付手段。有些地方也使用食盐、贝壳等实物货币，例如南诏不用钱币，多用食盐、缯帛、贝等。

五、金银

在隋唐时期，金银不是通用货币，主要用于制造器物、首饰和宝藏。在唐朝后期，岭南（今两广和越南北部一带）和西洲（今新疆吐鲁番）两个特殊边境地区将白银作为主要货币，白银货币化初露端倪。图6-3为岭南道税商银铤。

图6-3　岭南道税商银铤图（图片来自银锭博物馆）

第三节　隋唐时期货币的功能

一、货币的职能

在发达的商品经济条件下，货币具有价值尺度、流通手段、贮藏手段、支付手段和世界货币五大职能。隋唐时期的货币主要有钱币、绢帛、谷粟和金银。

隋朝初期，承袭南北朝的紊乱币制，流通北齐、北周和南朝的旧钱、恶钱。开皇元年（581年）发行新五铢，即隋五铢、开皇五铢。583年下令检查入境铜钱，没收不符合标准的铜钱并将其回炉重铸。次年，宣布如果县令执行不力，扣除半年俸禄。开皇五年（585年），隋五铢成为全国流通的统一货币。此后，允许各位王子铸钱，具有代表性的有杨广、杨谅和杨秀。杨广、杨谅和杨秀分别在扬州、并州和益州设五炉铸钱。由于币材配剂中铅、锡比例较高，所需铸造的"白钱"在江南民间较少，杨坚在鄂州设十炉铸钱。后来隋五铢的重量名不副实，民间盗铸现象严重，国家新铸钱数量不足，导致市场上恶钱泛滥。585

年,隋文帝下诏禁止百姓私自开采锡铅矿藏,政府增加铸钱数量投入市场,同时收缴恶钱,严惩违法者。

到了唐朝,金属称量货币出现,货币称宝并冠以年号。货币称宝具有重要的社会意义,它表明了货币的威力增大,钱币自唐朝起成为宝物支配人类社会。开元通宝是唐朝最先铸造的数量最多的钱币,它表明了我国古代钱币发展进入一个新阶段,它的重要意义仅次于五铢钱。随后,开元通宝流通了1000多年,至此,中国古代铸币制度基本完善。由于货币需求不断增加,加之铸钱规模趋于萎缩,导致了货币供给不足,唐朝后期出现了货币危机,即钱荒。

面对钱荒问题,政府采取了积极应对措施,颁布了相关法令强制使用布帛等实物货币,修改了两税法,将大部分税额折换成实物进行征收。价值尺度、流通手段、储藏手段、支付手段这四种职能,绢帛已经全部具有了,绢帛同铜钱广泛应用于中原内地等经济发达地区。绢帛可以衡量商品价格,作为劳力收入。绢帛可以在市场上流通用于市场交易,也可以用作支付手段,比如赏赐、接待、薪俸、租金、缴纳赋税、经费开支等。绢帛也具有储藏手段这一货币职能。绢帛在作为实物货币时存在着不耐久藏、易破裂、易污染、不便小额交易、易偷工减料等缺点。

由于隋朝商品经济不够发达,以自然经济为主,谷粟主要用于国家收入、赏赐、大额支付等,甚至可以凭借谷粟进行认账定罪。在唐朝,谷粟等其他实物货币主要使用在广大农村和经济不发达的边远地区,多在当地用于支付手段。作为实物货币谷粟具有单位价值小、携带不便等缺点。

唐朝时期的钱荒推动了白银货币化的进程,白银进入流通领域发挥了货币职能。金银虽然不作为社会的通用货币,主要用于器物和首饰的制造以及收藏使用,所以金银具有贮藏手段职能。文献中没有关于直接用金银计价的记载,所以金银并无流通手段这一货币职能。但是金银具有支付手段职能,广泛用于赋税、捐献、赏赐、军政开支和谢礼等情况。岭南、西洲两个特殊边疆地区将白银作为主要货币,标志着白银货币化时代的到来。

二、货币购买力

(一)隋五铢的购买力

隋朝统一中国后,在历史上存在了30年,由隋文帝杨坚和隋炀帝杨广分别统治。隋文帝采取了紧缩的货币政策,而隋炀帝则采取了膨胀的货币政策。

隋文帝时期取消了酒盐等的专卖制,减免徭役和赋税,并在开国初期对战功进行赏赐。隋文帝是如何实现紧缩的货币政策的呢?原来,隋文帝对他个人和宫廷的开支进行了紧缩,减少开支的结果就是"库藏皆满"。也有人评论:"古今称国计之富者莫如隋"。

隋炀帝即位后,建东都、开凿运河、修长城等举措使国家开支巨大,为了满足建立超级帝国的野心,对外战争和对外贸易引起了通货膨胀问题。币值的下跌大部分是由私铸引起的。面对政府的开支,民众采取了铸造坏钱的办法,导致物价高涨,百姓负担又加重了。

当私人铸钱被禁止后，百姓不堪重负，纷纷起义，隋朝不能平定战乱，于是便灭亡了。

（二）开元通宝的购买力

唐朝经历了 289 年，21 位皇帝，在历史上具有重大的影响力。在开元、天宝年间，唐朝实体经济波动较大，从货币购买力来看，物价较低。此时，唐朝国内太平、连年丰收，处于盛世，物价较低。"安史之乱"后，通货膨胀，物价高涨。贞元以后，物价虽然有回落，但是与盛唐相比物价依旧较高。

唐朝废止了使用 700 多年的五铢钱，改用开元通宝，结束了魏晋南北朝以来混乱的币制，并稳定了隋末以来波动的币值，出现了"贞观之治""开元盛世"的盛景。由于国内太平，生产发展，加上钱币数量不够，盛唐的物价很低。

唐玄宗晚年渐趋奢侈，"安史之乱"发生后，通货贬值。通货贬值的结果一是官吏货币所得增加，二是税收增加。由于战时生产遭受破坏，物资缺乏，货币购买力降低。大历二年，"安史之乱"的余党被逐渐剿平，但币值仍旧没有恢复。面对通货膨胀的局面，政府采用了开源节流的措施，即增税、降低京官职田和裁员，这些措施都有通货紧缩的效果。直到德宗贞元时采行两税法，币值才稳定，"安史之乱"后的物价上涨阶段才真正告一段落。

唐德宗贞元以后出现了一次通货紧缩的现象，其原因包括四个方面。第一，通货贬值之后，人民对货币失去信心，货币购买力下跌，铜钱的市价低于它的币材价值，因而发生私销现象。通货数量减少，购买力也就慢慢提高了。第二，铸钱减少，宪宗时期铸钱量远不及开元年间。第三，用钱区域扩大。唐朝国力兴盛，贸易发达，商贾所至铜钱流布，远到波斯湾的西拉夫也有中国铜钱。当时日本同中国接触频繁，钱币早已流入日本。最后是租税政策的施行，尤其是两税法只增加了对货币的需要，没有增加货币的数量，在一定程度上刺激了实物货币的发展。更重要的是，贞元年间虽然因为通货紧缩而物价回落，但币值并没有恢复"安史之乱"以前的水平。尤其是因为绢帛有输出的需要，所以绢的价格相当高。

唐武宗会昌年间的币制改革在一定程度上缓和了通货紧缩局面。贞元、元和以来的钱币缺乏，使得许多支付都用绢帛，连年战争造成军费开支增加，当局出台反佛教政策。会昌六年二月下令实行币制改革，自第二年正月起只用新钱。由于旧钱并没有回收，加之新钱发行，货币数量增加，通货紧缩有所缓解。

三、金融机构

隋朝结束了长期的分裂割据局面，国家统一，天下太平。商业迅速发展，各种信用事业也随之兴盛。到了唐朝时期，社会稳定、经济繁荣，国内商业和对外贸易都很发达，长安的东市和西市是国内最大的市场，西市产生了中国最早的金融市场，众多的金融机构应运而生。

（一）公廨

隋唐时期，各种公用和官吏俸钱支付来源于官府经营商业和高利贷，本钱又称公廨本钱。公廨是政府经营放款的业务，官营高利贷。

隋朝初期，在京师和诸州官署设有公廨钱，出贷经商，收利以供公用。唐承隋制，武德元年（618年）即设置了公廨本钱，以诸司令史掌管，每司九人，号捉钱令史，其中以品子（六品以下官员子孙）充当的，称"捉钱品子"。唐太宗时一度废罢，至贞观二十一年（647年）又恢复。当时京师共有70余司，有捉钱令史600余人。诸司公廨本钱总数为2.4万～3万贯。公廨本钱在唐高宗和唐玄宗时又曾几次停罢，但不久即恢复。在唐朝前期，公廨息钱一直是百官俸禄的主要来源之一。

地方州县和折冲府也设置公廨本钱，以典吏主之，以供佐史以下吏员的常食费用和各官员的俸禄。据敦煌县博物馆藏敦煌地方志残卷所载州县公廨本钱和《新唐书·食货志》所记州县公廨本钱数额推算，开元时全国州县公廨本钱总额在80万贯至100万贯左右。

（二）质库

唐朝的私人放款分为信用放款和抵押放款。供给放款的主要是富商，中外商人都有，还有皇亲国戚和官吏。放款对象除普通商民外，还有官吏。抵押放款除动产外，不动产、房屋、田地都可以抵押。办理抵押放款的机构是质库，质库是一种独立的放款机构。开设质库的主要是商人、官吏、贵族，他们以此牟利。

（三）柜坊

唐朝时期，商业发达，商人经常携带大量现钱到市场买卖货物，非常不便，于是他们便将现金存入商店，由商店代为保管，也有人存入药店或外国人开的波斯店，这便是最早的存款和保管业务。唐朝专营钱币和贵重物品存放与借贷的机构称为柜坊。柜坊有僦柜、寄附铺、质库、质舍等名称。柜坊是由邸店衍生出来的，在唐玄宗开元初年（713年）已经出现。柜坊是我国最早的银行雏形，比欧洲早几百年。经营的业务是代客商保管金银财物，收取一定的租金，柜坊有时使用帖或者书贴以作为信物凭证，可以说是世界上最早的支票。它是存户向寄附铺或柜坊发出的要求付款的通知书，上面写有付款数量、收款人姓名、出贴人姓名、出贴日期等项。

唐朝以前，寄存者多为官僚、贵族和富豪，寄存的目的在于保险和避乱。唐朝时寄存者多为商人，目的则为方便市场交易付款，以免随身携带产生麻烦和危险。唐朝广泛使用铜钱，人们预先将铜钱存放在柜坊，在进行买卖时，取用比较方便。铜钱每贯重6斤4两，如果携带大量铜钱出门，既重又不方便。市场上有了代人存钱的柜坊，自然有利于商贸的开展。柜坊已具有近现代初期金融市场的某些业务雏形，这也是唐朝商品经济快速发展，成为盛世的重要原因。

（四）寄附铺

唐朝专门办理存款业务的机构除了柜坊，就是寄附铺。寄附铺是唐宋时一种代人出售物品并放高利贷的商行，类似之后的当铺与寄卖商店。寄附铺以办理存款为主要业务，兼营商业，是最早的存款机构。

（五）金银铺

唐朝的币制是钱帛本位制，金主要充作保值手段，白银已开始作为货币流通。因此，

图 6-4 飞钱图
（图片来自辽宁省博物馆）

金、银、钱就有相互兑换的需要，兑换业务便由此产生。

货币兑换是指金、银、钱之间的兑换。经营货币兑换业务的机构就是金银铺。

（六）汇兑业务

唐朝中叶以来商品经济不断发展，地区间商业贸易频繁，由于在京师的商人不能运钱出境，便创造了"飞钱"（图6-4）。商人将钱交给本道进奏院，军使在京机构或富商，换取取钱凭证，回乡后合券取钱。"飞钱"也叫"便换"，即现在所说的汇兑。飞钱属于有价证券，可以视为纸币的萌芽，但还不是真正的货币，商人汇款对汇兑机关而言是一种放款。

促使飞钱产生的直接原因是唐朝中后期政府实行两税法之后货币缺乏，"钱荒"问题严重，由于铜钱短缺，各地州县纷纷禁止铜钱出境。唐朝末年，各州府留难、拖延不付款的情况增多，汇兑业务逐渐衰败。

第四节　隋唐时期的金融政策

一、隋唐时期的信贷政策

隋唐时期信用的主要形式有放款、存款、金银买卖和汇兑四种。

放款分为信用放款和抵押放款。信用放款主要由富商提供，有中国商人外国商人，官吏皇亲贵戚也进行放款。信用放款的对象主要有普通商人、农民和官吏。隋朝的公廨本钱就是由政府拨款给各级机关用于牟利以供官吏薪俸的一种资本，也叫食利本钱。唐朝在继承这种制度后又进行发展，发明了捉钱，办理信用放款的叫作捉钱令史。信用放款不限于现钱，有时以粟麦等实物为借贷工具，偿还时可以用现钱或实物。由于利息过重，不管是私人放款还是政府放款，当债务人无法偿还时会选择逃亡。

抵押放款分为不动产抵押放款和典当押款。不动产抵押放款又叫贴赁，抵押品多以田地为主，也有用房宅等物押款的。典当押款是最普通的押款，唐朝时期称质或收质，当铺则叫作质库。唐朝的商人和官吏贵族常开设质库来获取收益。唐朝政府对放款的利率进行了限制，始终不允许复利，对典当放款也规定当铺不能随便变卖所当物品。只有利息超过本钱且还不赎当时，才可以报告当地政府变卖，但在偿还押款后如有剩余，还须还给债务人。

隋唐时期最接近专门存款机关的是柜坊和寄附铺。唐朝时期的存款业务已经超过了保险箱式的阶段，支票的原理被应用在柜坊中。存户可以命令存款机关付于第三人，或以物为凭，或使用帖或书帖。当时的帖或书帖相当于世界上最早的支票，上面有付款数目，出帖日期，收款人姓名，出帖人署名。与现代支票不同，帖或书帖是临时书写的，而非印好的空白格式。寄附铺是一种寄售商店，在唐朝就有人专设寄附铺来替商民保管金钱和其他贵重物品，并代寄户出售寄存物品。长安西市的景先宅就是一家寄附铺。

　　钱庄出现前主要的兑换机关是金银匠和金银铺，金银匠和金银铺有时超出了兑换业务范围。金银可以作为装饰品以满足人们对金银工艺品的需要，作为价值的储藏工具和支付工具，促进了金银匠的发展。金银铺以打造器饰为主，兼营金银器饰和金银买卖，有时也兼卖珠玉；同时，金银买卖又促生了金银鉴定业务。唐朝主要以钱帛为主要流通工具，金银作为主要保值工具，偶尔也用作支付工具，所以金银买卖也有需要。金银买卖和兑换性质不同，金银买卖是把金银当作一种商品，兑换则是把它当作货币。

　　唐朝时期由于钱币缺乏，各地存在禁钱出境的情况，加之税场增多，税款常须移转。随着商业的发达，人们渐渐发觉铜钱携带不便，汇兑便产生了。唐朝的汇兑叫作飞钱，也叫作便换，是一种信用。经营飞钱的可以是商人，也可以是衙门。商人在汇款时对承汇机关供给放款，付款单位遵守信用。

二、隋唐时期的货币制度

（一）五铢钱制度

　　隋文帝杨坚于开皇元年铸行标准五铢钱，属于年号钱。隋文帝统一铸造和发行开皇五铢钱，禁止其他钱币流通。在开皇五年，实现了"钱币始一，所在流布，百姓便之"，结束了此前中国长达100多年的币制混乱局面。

　　隋炀帝穷奢极欲，实行变相的通货膨胀政策，铸行成色差及重量轻的五铢白钱，导致私铸和劣钱盛行，钱制败坏。隋朝的铁鍱皮纸钱，是经过裁糊成为厚纸板后使用的钱币，货贱物贵导致了隋朝的灭亡。同时，谷帛等实物在隋朝尤其是隋末仍是重要货币，隋末的恶性通胀对唐初的通货紧缩政策产生了影响。

（二）通宝钱制度

　　唐朝中前期，政治清明、经济发展，相继出现了"贞观之治"和"开元盛世"。中国商品经济的发展超过了以前的发展水平，货币、信用也随之出现了创新，传统金融有了显著的发展。在货币制度上，通宝钱体制取代了五铢钱体制，年号钱取代了量名钱。同时，白银的货币性逐渐增强，汇票、支票等信用工具产生，纸币的萌芽已经出现。

　　公元621年，唐高祖进行了币制改革，改革内容主要如下：废除流通700多年的五铢钱；仿照五铢钱外圆内方的形制以及5铢的重量铸造"开元通宝"钱；规定了通宝钱的大小、成色以及金属重量。

　　这次币制改革用通宝钱取代名不符实的五铢钱，发展出了延续到清末1000多年的新钱币体制。总结此前近千年中国钱币形制的变迁，再次肯定了钱币外圆内方的形制，规定了钱币的大小（直径2.4厘米）、重量（每枚铜钱重约5克）、成色（铜占83.33%、白镏占14.56%、黑锡占2.11%），这些规定成为以后历代王朝的铸币标准。改革结束了以货币金属的重量来命名钱币的历史，开辟了年号钱的新时代。避免了钱名重量与货币金属实际重量悬殊时带来的麻烦，通宝钱铸有相关朝代皇帝的年号，成为后世研究某个历史时期社会经济文化发展的资料。币制改革规定了通宝钱每 10 文重 1 两，每 1 文重量称为 1 钱，这开创了后世"两"以下十进位衡法使用的先河，废除了铢、累等称量货币单位。开元通宝钱以及后世钱币上的铸文，反映了中国书法的演变，为后世钱文书法提供了榜样，也为中国书法史研究提供了史料。

开元通宝创立后，唐朝基本上没有变动过。此后到清末，中国的铜钱体制也基本上没有什么变化，这使得中国的钱币形制进入另一个相对稳定的时期。

（三）钱帛本位制

唐朝的币制延续三国两晋南北朝的钱帛本位制，钱帛为合法货币，南诏和云南等地还用食盐和海贝，实物货币占有重要地位。此时金银也具有一定的货币性，另外，部分边远山区还进行物物交换。

唐朝因为铸币供不应求而经常出现"钱荒"，即出现通货紧缩，说明金属作为货币本位也具有内在的局限性。商品经济的发展要求货币从金属货币、内生货币，向信用货币、外生货币演进。"安史之乱"的发生破坏了生产，税收减少，军费开支大增，财政困难，财政支出对钱币的需求增加。为解决钱荒，唐肃宗时期实行变相的通货膨胀政策，即铸行大钱。史思明在燕京铸行得壹元宝和顺天元宝，导致了唐肃宗和唐代宗时期的通货膨胀。

面对通货膨胀的局面，唐代宗劝农垦殖和大量屯田，大力发展生产，以减轻国库开支。唐代宗提倡去奢崇俭，改革税制，税青苗，增盐税以增加财政收入，削减职田、官吏献俸，淘汰寺庙僧尼，紧缩行政开支。唐德宗出台的两税法规定了用钱交税，使货币大量回笼。唐德宗至唐文宗时期，少铸和停铸钱币，实行了通货紧缩政策。两税法要求纳户税以钱为计算单位，用铜钱纳税。税种和税负的增加加大了作为支付手段的钱币的需求。盐价上涨以及区域经济的商品化和货币化，导致了钱币流通区域扩大，钱币需求增加。日本、西域及东南亚各国贸易发达，经济的国际化导致货币的国际化，大量铜钱外流。

唐宪宗时期，兴建佛寺导致铜钱被大量熔铸成佛像、铜器，尽管政府三令五申禁止毁钱铸器，藩镇和商家依旧囤积铜钱渔利，民间窖藏钱币之风盛行。为了加快货币流通速度，唐宪宗提出了禁贮钱的理论并颁布了禁贮钱令，从此政府和民间铸钱大减。

唐武宗会昌年间，为减轻财政负担，唐武宗诏令废灭天下佛教，拆废寺院，拆毁佛像等用以铸钱。淮南节度使李绅率先铸造进呈一种背面铸有"昌"字的"开元通宝"钱，以纪年号"会昌"。朝廷下令各地州郡仿效淮南的做法，铸造背面有纪地文字的开元钱。这些背面有纪地文字的"开元通宝"钱，因铸造于唐朝会昌年，故后世称为"会昌开元"钱。这个时期的钱荒问题得到解决，货币流通较为正常。

唐懿宗时期，藩镇割据，经济破坏，地方租税不交给中央，各镇自行铸钱币使用，劣币铸行造成了恶性通货膨胀。民间恢复实物经济，有些大额开支则使用白银。盛唐的钱荒、钱币的私铸、"安史之乱"后的藩镇割据，使得唐朝铸币减重，恶钱屡禁不止，因此恶钱流行、通货膨胀与通货紧缩交替，成为唐朝货币流通的特点。

总之，唐朝钱帛并行的币制和钱荒与通胀的交替出现，离不开唐朝前期政治和币制统

一、商品经济发达、税法改革、佛教兴盛造成的钱币供不应求,也受到了唐朝中后期安史之乱、藩镇割据、唐懿宗以后政治腐败、宦官专权、朋党之争、苛捐杂税繁重、货币贬值、生产破坏的影响。

三、隋唐时期的经济政策

(一)均田制

公元582年,隋朝在北朝均田制的基础上重颁均田令。均田令的主要内容是:自诸王以下至正七品的都督,受永业田自100顷递减至40顷;普通百姓受田遵照北齐之制,丁男一人受露田80亩(妇人40亩),永业田20亩;限额内的奴婢和普通百姓一样受田,京官还有职分田,一品官5顷,每品以50亩递减;官吏还有公廨田以供公用。

均田制的实行,对隋朝社会经济的发展有积极作用。唐朝的均田制度直接继承于隋朝,在许多方面有所发展,变得更加周密完备。公元642年颁布"均田令",男子(18~60岁)每人受永业田20亩,口分田80亩;官员按品级受不同数量的永业田,勋官受不同数量的勋田,还分别领有数量不等的职分田和公廨田;道士女冠和僧尼寡妻妾及笃疾、废疾者亦能得到少量授田。另外还放宽对买卖永业田、口分田的限制。

隋唐用来授田的土地主要是无主的荒地,它不是打乱人们的现有土地重新分配,因此未触动地主阶级土地所有制。尽管如此,授田仍对当时社会经济的发展发挥了积极的作用。首先,它使无地少地的农民可以获得一些土地,并有鼓励垦荒的作用。其次,它对土地兼并也有一定的抑制作用。最后,它使农民在战乱中所获土地以及其原有土地作为授田进行合法登记,保障了他们的土地所有权,调动了生产积极性。均田制本身存在着国有土地和私有土地的矛盾,既限制土地买卖,又在一定条件下允许买卖,这是导致其逐步瓦解的根本原因。人口增殖过快、土地过少,也是均田制瓦解的重要因素。唐朝中期以后,随着土地兼并的加剧与大土地所有制的发展,均田制开始退出历史舞台。图6-5为唐朝雨中耕作图。

图6-5 唐朝雨中耕作图(图片来自敦煌博物馆)

（二）租庸调制

租庸调制是隋唐时期实行的赋税制度，以征收谷物、布匹或者为政府服役为主，是以均田制为基础的赋役制度。租即田租，每年要纳粟 2 石。庸则是力役，每年替政府服劳役 20 日，这项制度原本在隋朝开皇二年（582 年）试行，原是役期 2 个月，开皇三年减为 20 日，也可用物品折抵役期。调是户调，男丁随乡土所产而纳。除租庸调外，农民还须负担杂徭和色役。本质上承袭了北魏的"租调"税收制度。隋朝沿用北魏以来的租调制，租调数量比北周轻，农民服役时间也短。后来又规定"民年五十，免役收庸"，即缴纳一定的绢代替服役。

唐朝在隋朝的基础上，以轻徭薄赋的思想改革赋税体制，实行租庸调制。唐朝的租庸调制不再有年龄的限制。租庸调制规定：凡是均田人户，不论其家授田多少，均按丁交纳定额的赋税并服一定的徭役。租庸调的制定和实施须均田制的配合，使农民在有土地耕种的同时保证了有充足的农耕时间，不会因为长期服役在外而耽误农时，推动了农业的发展。一旦均田被破坏，租庸调法则会随之失败。

图 6-6　洛安庸调银饼图
（图片来自陕西历史博物馆）

唐初施行租庸调制时，运作良好，人民生活安定，国家收入稳定。武周后由于人口增加，土地兼并，公家已无土地实行均田制。男丁所得土地不足，却要缴纳定额的租庸调，使农民无力负担，大多逃亡。但自安史之乱后，户籍失修，生产破坏，国家支出大增，旧有的租庸调制已不合时宜，不得不以两税制取代之。唐德宗年间，改行杨炎的两税法，以征收银钱为主。洛安庸调银饼图如图 6-6。

租庸调制被破坏的原因是均田制的破坏。租庸调制是要配合均田制的，均田制破坏，租庸调制亦不可行。唐朝人口不断增加，到后来政府已无足够土地实行均田制，领田者所得土地不足，但又要缴纳定额的租庸调，使农民负担不起，唯有逃亡，从而造成租庸调制的破坏。另外，唐中叶后，土地兼并严重。均田令虽然有限制土地买卖和私人占田过度的规定，但同时也放宽了对土地买卖的限制，田地仍可出卖，使免课户如官僚、寺院等可以兼并土地。失去土地的课户仍要纳租庸调，故在无法负担的情况下不得不逃亡。大量课户的逃亡，使征税对象减少，国家税收被削减。由此可见，租庸调制的破坏是因均田制的破坏。

租庸调制本身存在不少漏洞，以致后来不得不被破坏。首先，课户与免课户的区分，使免课户无须负担服役，并且享有占田占地建立庄园的特权，而且原来针对免课户的户税和地税，也由课户一并承担。而租庸调制中的定额税率在人人领田 100 亩的情况下是公平的，但到后来人们领田不足 100 亩却要缴纳与领田 100 亩一样的税额，是绝对不公平的。故在不合时宜的情况下，租庸调制不可行。唐朝是典型的封建等级社会，贵族、官僚户和其他特殊身份之人可以免除租调徭役，享有免税免役特权。这些特权的存在，无疑是对租庸调制的侵蚀。贵族官僚户、庇荫户的不断扩大及其逃避租庸调行为，直接对租庸调制造成了破坏。

导致租庸调制破坏的另一原因是户籍散失。租庸调是依照完整户籍来征收赋役的，但在开元时代，承平日久，丁口死亡、田亩转让等未记入户籍，国家失去征税根据。德宗时，造成有田者不纳税、无田者仍要负担的局面。农民逃亡，而赋税却由逃亡户的邻保代交，称为摊逃，出现恶性循环的逃亡潮，迫使朝廷不得不放弃租庸调制而施行两税法。

（三）两税法

大历十四年（779年）五月，唐德宗即位，宰相杨炎建议颁行"两税法"。两税法是以原有的地税和户税为主，统一各项税收而制定的新税法。分夏秋两季征收，所以称为"两税法"。两税法是对当时赋役制度较全面的改革，到建中元年（780年）正月，两税法正式以敕诏公布。

两税法规定：中央根据财政支出定出总税额，各地依照中央分配的数目向当地人户征收；主户和客户，都编入现居州县的户籍，依照丁壮和财产的多少定出户等；两税分夏秋两次征收，夏税限6月份纳毕，秋税11月份纳毕；"租庸调"和一切杂捐、杂税全部取消，但丁额不废；两税依户等纳钱，依田亩纳米粟，田亩税以大历十四年的垦田数为准，均平征收；没有固定住处的商人，所在州县依照其收入征收1/30的税；凡鳏寡孤独不济者，可以免税；此外敛者，以枉法论。

"两税法"颁布以后，到建中年（780—783年）年末，就有了1300多万贯的两税收益，比"两税法"以前唐朝的全部财赋收入还多出100万贯，唐朝的全部财赋收入达到了3000余万贯。但是，"两税法"施行不到30年，就被迫多次下令改货币计征为折纳实物。随着时间的推移，贪得无厌的封建官吏又在两税定额之外巧立名目敲诈勒索，如"间架税""除陌钱"等。许多官吏为了得到升官提位，在正税之外横征暴敛。沉重的苛捐杂税，使劳苦大众陷入了生不如死的悲惨境地。

"两税法"改变了自战国以来以人丁为主的赋税制度。"唯以资产为宗，不以丁身为本"，使古代赋税制度由"舍地税人"向"舍人税地"方向发展，反映出过去由封建国家在不同程度上控制土地私有的原则变为不干预或少干预的原则。"两税法"改变了租税徭役依据丁口征收，租税徭役多落到贫苦的劳动群众头上的做法，它以财产的多少为计税依据，不仅拓宽了征税的广度，增加了财政收入，而且由于依照财产多少即按照纳税人负税能力大小征税，税收负担比较公平合理，在一定程度上减轻了广大贫苦人民的税收负担，简化了税目和手续。这对于解放生产力、促进当时社会经济的恢复发展，起到了积极作用。"两税法"调动了劳动者的生产积极性，奠定了宋朝以后"两税法"的基础，是中国赋税制度史上的一件大事。

"两税法"也存在一些局限，比如长期不调整课户和免课户，不贯彻按贫富征税的原则。两税中户税部分的税额以钱计算，因政府征钱，市面上钱币流通量不足，不久就出现钱重物轻的现象，农民要贱卖绢帛、谷物或其他产品以交纳税钱，增加了负担。两税制下，土地合法买卖，土地兼并更加盛行，富人勒逼贫民卖地而不移税，产去税存，到后来无法交纳，只有逃亡。土地集中达到前所未有的程度，而农民沦为佃户、庄客者更多。"两税法"

的部分内容超越了客观条件，尽管社会经济有了一定的发展，但货币经济的发展仍受到各种条件的限制，租税改按货币计征的条件还不充分具备。

四、隋唐时期的进出口政策

（一）朝贡贸易

隋唐两朝虽然积极开展对外贸易，但执行的主要是一种国家垄断性的对外贸易政策，其具体表现在朝贡贸易上。朝贡，即朝觐贡献，封建统治者以"天朝"自居，将外商来中国贸易看成"朝贡"。虽然"朝贡"不是始于隋唐，但这两朝的"朝贡"贸易活动，在规模和范围上都远远超过了前朝。

朝贡体系自公元前3世纪开始，直到19世纪末期，存在于东亚、东南亚和中亚地区。是以我国古代中原帝国为主要核心的等级制网状政治秩序体系，常与条约体系、殖民体系并称，是世界主要国际关系模式之一。藩属国奉隋朝为宗主国，定期朝贡，各国和平相处。如果有国家不愿意臣服，必要时隋朝会采取战争的手段威服之。如果有国家侵犯另一国，隋朝为了维护朝贡体制，会帮助弱国击败侵略者。如果各国臣服隋朝，隋朝会给予优惠回馈。

每次外国人来"朝贡"，朝廷都要给予"回赐"，实际上这是一种买卖形式，不过是由国家垄断罢了。国家垄断对外贸易，还表现在进出口的主要货物上，出口丝绸主要由国家"回赐"给外商，"朝贡"的珍宝、香料、犀角、象牙，主要供封建统治阶级享用。在这样外交理念下，出现了万邦来朝的恢宏局面，然而隋炀帝过度夸耀，浪费了不少人力与物力。隋唐两朝的"朝贡"贸易影响深远，一直延续到清朝前期。

（二）京杭大运河

京杭大运河始建于春秋时期，主要是为了征服他国的军事行动。隋朝在统一后立即做出了贯通南北运河的决定，其动机已超越了服务军事行动的目的，因为此时"天下"已经统一。

魏晋南北朝时期是门阀世族大发展的时期，他们的力量相当强大。隋统一后，他们仍依恃其强大的势力，企图与中央政权抗衡。这一尖锐矛盾在江南地区一直存在，使隋政权面临严重威胁，隋统治者要实施对南方的有效统治，贯通南北运河势在必行。同时，北部边境少数民族政权对隋亦是大患，隋朝派出大量军队驻扎边境，这些军队仅靠屯田是不够的，必须依靠江淮和中原粮饷供应。路途遥远，开凿运河才是解决问题的关键。

中国古代很长时期内，经济重心一直在黄河流域，北方经济比南方发达。魏晋南北朝时期，社会发生了深刻变化。400多年的混乱，使北方经济受到严重冲击，与此相比，南方经济获得迅猛发展。隋统一全国后，格外重视这个地区，但隋定都长安，其政治中心不能伴随经济重心的发展变化南移。国家需要加强对南方的管理，长安需要与富庶的经济区联系，不论是中央朝廷还是官僚贵族或是北方边境，都需要南方粮食物资供应北方。长期的分裂阻断社会南北经济的交流，而随着生产力水平的提高，迫切要求南北经济加强联系。

受到政治、经济因素的影响，隋唐大运河于大业元年（605年）开始开凿，分为永济渠、通济渠、邗沟、江南河四段。公元7世纪初隋炀帝掌权后，迁都洛阳。为了控制江南广大地区，便于长江三角洲地区的丰富物资运往洛阳，隋炀帝于大业元年下令开凿洛阳到江苏靖江（淮阴）约1000公里长的"通济渠"，直接沟通黄河与淮河，并改造邗沟和江南运河；大业四年（605年）开凿从洛阳经山东临清至河北涿郡长约1000公里的"永济渠"，连同584年开凿的广通渠，形成多枝形运河系统。再于610年开凿江苏镇江至浙江杭州长约400公里的"江南运河"，同时对邗沟进行了改造。这样，洛阳与杭州之间全长1700多公里的河道，可以直通船舶。扬州是里运河的名邑，隋炀帝时在城内开凿运河，从此扬州成为南北交通枢纽，藉漕运之利，富甲江南，为中国最繁荣的地区之一。南朝梁文学家殷芸小说中提到"腰缠十万贯，骑鹤下扬州"表达了文人对扬州的向往。

（三）丝绸之路

"丝绸之路"一般是指陆上"丝绸之路"；从广义上讲，分为陆上"丝绸之路"和海上"丝绸之路"。

隋开皇九年（589年），隋朝结束南北分裂，新兴突厥族占领了西域至里海间广大地区，今青海境内的吐谷浑人也向河西走廊侵扰，隋唐与西域、与西方的交往受到不少阻碍。但隋朝与"丝绸之路"沿线各民族之间关系仍越来越密切，西域商人多至张掖互市，隋炀帝曾派裴矩专管这方面工作。裴矩用厚礼吸引他们到内地，使其往来相继。官民交往又活跃起来。

"丝绸之路"交往的繁荣鼎盛时期，是继隋朝后建立的强大的唐朝。唐太宗李世民击败了东突厥吐谷浑，征服了漠南北。唐高宗李治灭西突厥，设安西、北庭两都护府。大唐帝国疆域东起朝鲜海滨，西至达昌水，是当时世界第一发达的强盛国家，经济文化水平都居世界前列。东西方通过"丝绸之路"，以大食帝国为桥梁，官方、民间都进行了全面友好的交往。

唐朝"丝绸之路"的畅通繁荣，进一步促进了东西方思想文化交流，对以后相互的社会和民族意识形态发展，产生了很多积极、深远的影响。这种思想文化的交流，是与宗教密切相关的。佛教自西汉哀帝时期传入我国后，南北朝开始大行，至隋唐时达到鼎盛。唐太宗时，高僧玄奘由"丝绸之路"经中亚往印度取经、讲学，历时16年，所著《大唐西域记》一书，记载了当时印度各国的政治、社会、风土人情，至今仍为印度学者研究印度中世纪历史的头等重要资料。景教（东正教）在唐初由东罗马帝国传入，摩尼教（祆教、拜火教）在唐朝中期由波斯传入，"中国化"之后称为"明教"。

唐朝东西方相互传入和移植的东西很多，医术、舞蹈、武学和一些著名动植物，都使双方增加了不少视野。唐朝曾与300多个国家和地区通使交往，每年取道"丝绸之路"前来长安这个世界最大都市的各国客人，数目皆以万计，长期定居的，单广州便以千计。唐朝"丝绸之路"的畅通繁荣，进一步促进了东西方思想文化交流，对以后相互的社会和民族意识形态发展，产生了很多积极深远的影响。

"安史之乱"后，唐朝开始衰落，西藏吐蕃越过昆仑山北进，侵占了西域的大部；中国北方地区战火连年，丝绸、瓷器的产量不断下降，商人也唯求自保而不愿远行，"丝绸之路"逐步走向低谷。

海上"丝绸之路"在隋唐以前只是陆上"丝绸之路"的一种补充形式，但到隋唐时期，由于西域战火不断，陆上"丝绸之路"被战争阻断，代之而兴的便是海上"丝绸之路"。到唐朝，随着我国造船、航海技术的发展，通往东南亚、马六甲海峡、印度洋、红海，以及非洲大陆的航路纷纷开通并延伸，海上"丝绸之路"最终替代陆上"丝绸之路"，成为我国对外交往的主要通道。

（四）市舶使

由于外贸的发展，国家已开始设置专门机构管理。隋朝在京城建国门外设有四方馆，专管国际贸易事宜。但对地方港口的管理外贸机构还没有明确记载。唐朝对外贸易有了新发展，特别是海上贸易的空前发展，除了设置陆路方面的国际贸易机构以外，还在广州开始设立市舶使，专门管理海路的对外贸易。

唐朝时对外开放，外商来货贸易，广州等城市就成了重要通商口岸。国家在此设市舶司，或特派，或由所在节度使兼任。唐高宗显庆六年（661年），在广州创设市舶使，总管海路邦交外贸，派专官充任。市舶使，又称押蕃舶使、监舶使、结好使，其主要职责是：向前来贸易的船舶征收关税，代表宫廷采购一定数量的舶来品，管理商人向皇帝进贡的物品，对市舶贸易进行监督、管理和抽分。市舶司作为中国古代的外贸机关，是管理海上对外贸易的官府，相当于海关。图6-7为泉州市舶司出土物。

图6-7 泉州市舶司出土物（图片来自泉州海外交通史博物馆）

唐朝在广州港口建立税收制度，但对货税却未见史籍记载。唐朝为了鼓励来华贸易，对外商抽税不重，但具体税率在现存的史籍中没有明确说明，只知唐朝税收，一般是征收实物。根据阿拉伯人写的《中国印度见闻录》可知：唐朝只征收进口税，不征收出口税；对进口货征收 30%的实物税，其余由政府以高出市场一倍的价格进行收买，供统治阶级消费，这是对外商的优惠政策。对蕃货的"博买"早在唐朝就已开始，征税日期为西南季风期结束，进港海船齐集后才统一办理，对贵重货物征收 1/10 的实物税。

唐朝的市舶制度和税收制度对以后各个朝代都有很大影响，宋朝以后在唐制的基础上得以沿袭和发展，并由广州推广至全国。市舶制度在清康熙二十四年（1685 年）粤海关建立后才结束其使命，在中国历史上存在了 1000 多年，在港口管理和组织发展海外贸易中，都曾起过重要作用。

第五节 金融人物与案例

一、隋文帝杨坚

杨坚（541—604），弘农郡华阴（今陕西省华阴市）人，汉太尉杨震十四世孙，隋朝开国皇帝，开皇元年（581 年）至仁寿四年（604 年）在位（图 6-8）。小字那罗延，鲜卑姓普六茹，杨坚掌权后恢复杨氏。隋文帝于仁寿四年（604 年）去世，庙号高祖，谥号文皇帝，葬于泰陵。

隋文帝除了在政治、军事、社会治理等方面有杰出成就，在经济金融方面的改革也尤为卓越。隋朝初年，农民隐漏户口、诈老诈小的现象极为严重，直接影响到国家财政收入和对劳动力的控制。为了查实应纳税和负担徭役的人口，隋文帝实行了"大索貌阅"，要求官吏经常检查人口，根据相貌来检查户口，使编户大增；实行"输籍定样"，在第一个的基础上确定户口数，编制"定簿"，以此为依据来收取赋税。开皇三年（583 年），清理出阴漏丁男 44.3 万人，共计

图 6-8 隋文帝杨坚
（图片来自国家博物馆）

164.15 万人。这些举措能防止地方豪强和官僚勾结、营私舞弊。将从豪强手里依附的人口解放出来，增加了国家的劳动力，调动了贫苦农民的生产积极性。使国家掌管的纳税人丁数量大增。

隋文帝杨坚统一了币制，废除其他比较混乱的古币以及私人铸造的钱币，改铸五铢钱，世称"隋五铢"。"隋五铢"背面肉好，皆有周郭，重如其文，钱 1000 文重 4 斤 2 两，成为全国流通的统一货币，结束了三国时期的货币混乱制度，度量衡在隋文帝时也重新统一。除此之外，杨坚还曾颁布"人年五十，免役收庸""战亡之家，给复一年"等仁政措施。

二、唐高祖李渊

图6-9 唐高祖李渊
（图片来自台北故宫博物院）

李渊（566—635）字叔德，唐朝开国皇帝、军事统帅，唐太祖李虎之孙，唐世祖李昞之子（图6-9）。玄武门之变（626年）后立李世民为皇太子，传位退居大安宫自称太上皇。贞观九年（635年）病逝，庙号高祖，安葬于献陵，初谥曰太武，上元元年（674年）改谥为神尧，天宝十三年（754年）累谥"神尧大圣大光孝皇帝"。

武德四年（621年），唐高祖李渊对钱币进行了一次重大改革，废除五铢钱，铸通宝钱。中国历史上行用了数百年的铢两货币被废除，进入通宝钱阶段。唐高祖的币制改革是对近千年钱币形制的总结，再次肯定铜钱外圆内方的形状和5铢的重量，规定钱币的大小、成色，成为唐以后历代封建王朝铸造钱币的标准。改革使钱币名称同钱币重量完全分离，是中国钱币的重大变化，从此，中国钱币进入年号钱阶段。

唐朝赋役制度主要是均田制和租庸调制。均田制对贵族田地进行限制，不同等级的官员授田数不等，各级官员有职分田，用地租补充，作为俸禄的一部分。均田制对土地的买卖也做了限制，官僚和贵族的永业田和赐田可以买卖，百姓在贫穷无法办理丧事时可以卖永业田，从人多地少的地方往人少地多的地方搬迁时也可以出卖永业田。唐高祖李渊在实行均田制的基础上，又实行租庸调制：受田的农民，每丁每年要交粟2石，这是租；每年交绢2丈、绵3两，或者交布2丈5尺，麻3斤，这是调；每丁每年服役20天，不服役可折算为每天绢3尺，这是庸。假如官府额外加役期，加够15天则免调，加30天免租调。每年的加役最多30天。与隋朝相比，唐朝用庸代替服役的条件放宽很多，更有利于农民从事农业生产。

三、唐朝货币政策之争：该不该铸钱

唐朝时期的货币流通较不稳定，初唐以实物经济为主，中唐发生过严重的货币贬值，接着是一次回缩，晚期又一定程度地返回实物经济。所以，唐朝涌现出持有不同货币政策观点的代表人物。

唐朝初期，国内和平，商业发展迅速，货币数量不够。特别是受到南北朝的钱币制混乱的影响，绝大部分钱币不够分量，加上武德四年的币制改革已废用旧钱，采用开元通宝，货币供应全靠新铸，货币数量显得更少，所以实物经济盛行。受金属论观点的影响，许多人主张铸钱。代表人物有陈子昂和张九龄。

唐朝时期铸钱权限收归中央，陈子昂要求开禁，允许剑南诸州开矿集中在益府铸钱，以供军需、增加国用。张九龄认为货币经济比实物经济好，而且认为物价受到货币数量的限制，影响生产。张九龄主张要维持生产，就必须提高商品价格，必须增加铸钱，因此他提出了让人民私铸货币的观点。此观点受到了当时不少人的反对，由于视货币为统治手段之一的观点，刘秩也举出了五不可的理由。和刘秩持有类似观点的是杜佑，他认为货币是一种计算单位或价值单位，用以权衡万物。万物不能凭其各自的个数来比较，只能凭其价值的数量来比较。而货币的一种基本职能，即作为价值尺度的职能恰巧可以用来衡量万物的价值。虽然他没有指出价值的基础是什么，但是他明确货币是价值的一种测量标准，用来进行比较。

不仅如此，对于为什么不用金银或谷帛作货币而必须用钱这一问题，杜佑也给出了答案。他强调了货币的另一基本职能，即作为流通手段的职能。他认为金银主要用于器物和饰品，不赞成使用金银作为货币。由于五谷携带不便，布帛容易污染、破裂，所以谷帛也不适于作为货币。他强调铸造货币与实物货币相比的优越性。

德宗建中元年（780年），"两税法"规定了各种租赋要用现钱缴纳。由于钱币供应不够，大量钱币流入国库不放出来，于是物价下跌，富人争相窖藏，农民只有卖出更多的农产品，才能支付同样多的租赋额。原本可能会大大推进货币经济发展的举措，引发了货币发行问题。有些人在反对两税的同时，主张用布帛来代替现钱，代表人物有陆贽、韩愈、杨于陵、李翱等。

陆贽认为货币是帝王为了一定目的而制定出来的，货币的基本职能是作为价值尺度，利用这一职能来实行政府的价格政策，表示了御财的权柄。陆贽认为国家是通过货币数量的增减来调节物价，并且价值的高低取决于钱的多少，是典型的"数量说"观点。所以，他主张铸钱和禁铜为器，并反对用钱纳税。因为如果人民不铸钱，纳税就不能铸钱，买东西也就不能用钱。这样一来，政府铸的钱只有流出，没有收入，钱只能在统治阶级之间流通。这一想法代表当时很多以人民不铸钱为理由来反对租税货币化的观点。

韩愈同样也是反对两税的，但是他认为纳税要用实物，买卖要专用钱。因为他不主张废用钱币，而主张实行货币贬值来克服紧缩现象。他的目的是恢复农产品的价格，但他主张的新当5钱和原来的小平钱同时流通、两者重量相同的观点，会引发"劣币驱逐良币"的现象，使旧钱被人销镕改铸，而从流通界退出。与之相反的是柳宗元，柳宗元站在消费者的立场，保护纳税农户的利益，规定以固定数量的布帛纳税，使农民的负担不致加重，主张低物价政策。

杨于陵和陆贽的观点几乎完全一样，他们主张让百姓用布帛土产充税，不必征收现钱，认为钱是统治阶级的一种手段。杨于陵强调货币的两种最重要的职能，即价值尺度和流通手段，指出钱重物轻的原因，并在理论上主张钱币要流通，不要蓄聚。

李翱反对两税，主张用布帛来代替钱。他指出当时的物价比40年前初定两税的时候要低得多，因此虽然税额没有发生变化，但是农民却要卖好几倍的米绢才能缴纳同样多的税，增加了农民的实际负担。

当时除了以上代表人物，还有一些观点也十分流行。白居易认为百姓不铸钱，所以不应税钱，但是他无意废除货币，只是在纳税方面，主张暂用布帛作为一种权宜之计。作为名目论者，皮日休认为一种物品的贵贱，完全不在于它的本身，而在于王者的主观意志或根据这种主观意志定出来的法律。元和年间通货紧缩的出现，导致富贵人家大量藏钱，宪宗时期蓄钱禁的出台正是意识到死藏钱的无用之处，印证了货币的效用只有在流通的时候才能发生，即货币如果藏在家里不用，就等于没有这货币，但是如果货币的流通次数增加，就等于多了许多货币。

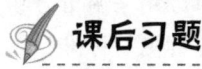 课后习题

一、即测即练

自学自测　扫描此码

二、思考题

1. 隋唐时期多次出现了盛世之治，例如"开皇之治""贞观之治"和"开元盛世"等，请分析其中的货币与金融政策。
2. 唐朝开始铸造开元通宝钱，请分析开元通宝钱与之前的重量钱的差别。
3. 唐朝初期，国内和平，商业发展迅速，货币数量不够。特别是受到南北朝的钱制混乱的影响，绝大部分钱币不够分量，加上武德四年的币制改革已废用旧钱，采用开元通宝，货币供应全靠新铸，货币数量显得更少，所以实物经济盛行。请分析其中的原因。
4. 隋唐时期的对外贸易，多数以"朝贡"形式，朝贡即朝觐贡献，封建统治者以"天朝"自居，将外商来中国贸易看成"朝贡"。隋唐的"朝贡"贸易活动，在规模和范围上都远远超过了前朝。请分析朝贡活动的利弊。

三、案例分析题

隋唐公廨钱制度

公廨本钱：隋唐时期为供官府各种公用和充作官吏俸钱而设置的由官府经营商业和高利贷的本钱。

隋初，在京师和诸州官署都设有公廨钱，出贷经商，收利以供公用。唐承隋制，武德元年（618年）即设置了公廨本钱，以诸司令史掌管，每司九人，号捉钱令史，其中以品子（六品以下官员子孙）充当的，称"捉钱品子"。每人领掌五十贯以下，四十贯以上；每月纳利四千，每年纳利五万文，作为京官的俸钱。能按时送利者，满一定年限，可参加吏部铨选，授予官职。太宗时一度废罢，至贞观二十一年（647年）又恢复。当时京师共有七十余司，有捉钱令史六百余人。公廨本钱总数在二万四千贯至三万贯之间。

地方州县和折冲府也设置公廨本钱，以典吏主之，以供佐史以下吏员的常食费用和各

官员的俸料。开元时期,全国州县公廨本钱总额在八十万贯至一百万贯左右。

公廨本钱在高宗和玄宗时曾几次停罢,但不久即恢复。在唐朝前期,公廨息钱一直是百官俸料的主要来源之一。

唐后期公廨钱制度继续实行,息钱主要用于官府公食、祠祭、蕃夷赐宴、诸项杂用及馆驿、病坊、教坊等。贞元十二年(796年)京师六十八司所置食利本钱总计二十四万余贯。捉钱官和捉钱户人数也大为增加。

公廨钱的利率,武德、贞观时皆月息八分生利,开元初七分生利。开元十六年(728年)以后,直至建中二年(781年),大致为月息五分。长庆(821—824年)、会昌(841—846年)间利率进一步降低,月息四分生利。

公廨钱制度的缺陷在于:社会不需要这么多的贷款,而且总有贷不出去的情况。如果贷不出去,捉钱令史的办法只有两种,一种是拿本金充作利息,期待下一次提高贷款利息补回本金;另一种是强迫商人们贷款,并强迫他们付出利息。

唐高宗通过多收一定的特别税来获得本金。政府把这笔本金直接交给外面的高等户(富裕人家)。高等户怎么放贷,皇帝不管,但是每个月必须按时把利息交给官府。政府的经营变成了明目张胆的讹诈,高等户只能自认倒霉。

公廨钱的出现,是因为唐代的财政制度始终问题重重,效率低下,财政收入不足以养活日益庞大的官僚系统。随着官僚系统的膨胀和军事开支的增加,政府的财用出现不足。税收制度不能满足所需,政府就绕开正规的税收制度,采取其他方法来满足需求。

到了玄宗时期,皇帝和大臣们已经想方设法开拓其他的方便渠道来筹措资金。例如,政府需要更多士兵时,不是通盘考虑财政状况,而是出于惯性直接设立了若干节度使,让他们自己筹措军队,并自己解决粮草的问题。节度使包揽军政大权,造成了制度失衡,从而开启了"安史之乱"的闸门。

到了后期,唐代的财政官僚制度也进入了崩溃阶段。户部逐渐被边缘化,新设的转运使、租庸使、盐铁使、度支盐铁转运使、常平铸钱盐铁使、租庸青苗使、水陆运盐铁租庸使、两税使等,取代了户部的职能,在正规财政机构之外敛财,增加了百姓的负担,引发了农民起义,最终使唐朝崩溃。

问题:隋唐为什么实行公廨钱制度?带来了什么样的后果?是否有其他方法来规避公廨钱的弊端?

参考文献

[1] 何盛明. 财经大辞典[Z]. 北京:中国财政经济出版社,1990.

[2] 赵君. 唐史原来超有趣[M]. 北京:中国华侨出版社,2016.

[3] 陈明光. 20世纪唐朝两税法研究评述[J]. 中国史研究动态,2000(10).

[4] 王仲荦. 唐朝两税法研究[J]. 历史研究,1963(6).

[5] 旧唐书·列传第六十八[M]. 北京:中华书局,1975.

[6] 赵德馨. 中国经济史辞典[Z]. 武汉:湖北辞书出版社,1990.

[7] 彭信威. 中国货币史[M]. 北京:中国人民大学出版社,2020.

[8] 谢天宇. 中国钱币收藏与鉴赏全书·下卷[M]. 天津：天津古籍出版社，2005.
[9] [唐]魏徵. 隋书[M]. 北京：中华书局，1997.
[10] [宋]欧阳修，宋祁. 新唐书[M]. 北京：中华书局，1975.

附录

货币时间线

时间	皇帝	货币类型		
		铜钱	绢帛	金银
开皇元年（581年）	杨坚	五铢钱		
武德四年（621年）	李渊	开元通宝		开元通宝银钱、鎏金开元（作为赏赐品，为上层社会的人所玩赏，宫廷中特别多）
贞观十一年（637年）	李世民		绢用来计算米价、赃款价值和债务	
乾封元年（666年）	李治	乾封泉宝		
开元二十年（732年）	李隆基		市面交易，可以用绫、罗、绢、布、杂货等，不得专用现钱	
开元二十二年（734年）	李隆基		庄宅、牲口、马等交易专用绢、布、绫、罗、丝、绵等	
乾元元年（758年）	李亨	乾元重宝		
乾元二年（759年）	李亨	壹元宝、顺天元宝（占领货币或军用货币）		
大历四年（769年）	李豫	大历元宝		
贞元十二年（796年）	李适		以绫、罗、绢、布、杂货与钱兼用（市井交易）	
建中年间（780—783年）	李适	建中通宝		
元和六年（811年）	李纯		公私交易十贯钱以上要兼用匹段	
会昌五年（845年）	李炎	会昌开元		
咸通十一年（870年）	李漼	咸通玄宝（试铸，流传极少）		

第七章 宋朝货币金融简史

《江城子·密州出猎》
（宋）苏轼

老夫聊发少年狂，左牵黄，右擎苍，锦帽貂裘，千骑卷平冈。
为报倾城随太守，亲射虎，看孙郎。
酒酣胸胆尚开张。鬓微霜，又何妨！
持节云中，何日遣冯唐？会挽雕弓如满月，西北望，射天狼。

《念奴娇·天丁震怒》
（金）完颜亮

天丁震怒，掀翻银海，散乱珠箔。六出奇花飞滚滚，平填了山中丘壑。
皓虎颠狂，素麟猖獗，掣断真珠索。玉龙酣战，鳞甲满天飘落。
谁念万里关山，征夫僵立，缟带占旗脚。
色映戈矛，光摇剑戟，杀气横戎幕。貔虎豪雄，偏裨真勇，非与谈兵略。
须拼一醉，看取碧空寥廓。

第一节 宋朝的社会概况

宋朝是中国历史上承五代十国、下启元朝的时代，分北宋和南宋，历时 320 年（960—1279 年）。建隆元年（960 年），后周诸将发动"陈桥兵变"，拥立宋州归德军节度使赵匡胤为帝，建立宋朝。赵匡胤为避免晚唐"藩镇割据"和宦官专权乱象，采取重文抑武方针，剥夺武将兵权，以加强中央集权。宋太宗继位后统一全国，宋真宗与辽国缔结"澶渊之盟"后，逐渐步入盛世。靖康二年（1127 年）金国大举南侵，导致"靖康之耻"，北宋灭亡。康王赵构于南京应天府即位，建立南宋。绍兴和议后，南宋与金国以"秦岭—淮河"为界，端平元年（1234 年）联蒙灭金，次年爆发宋元战争。祥兴二年（1279 年）崖山海战后，南宋灭亡。

宋朝是中国历史上商品经济、文化教育、科学创新高度繁荣的时代。宋朝时期，儒学复兴，出现程朱理学，科技发展迅速，政治开明，且没有严重的宦官专权和军阀割据，兵变与民乱次数相对较少、规模相对较小。北宋因推广占城稻，粮食产量大增，人口迅速增长，从 980 年的 3710 万人增至 1124 年的 12600 万人。

陈寅恪言："华夏民族之文化，历数千载之演进，造极于赵宋之世。"[①]西方与日本史学界中亦有学者认为宋朝是中国历史上文艺复兴与经济革命的时期。

一、宋朝的经济

宋朝的经济繁荣程度在之前的历史上可谓是前所未有，农业、印刷业、造纸业、丝织业、制瓷业均有重大发展。航海业、造船业成绩突出，海外贸易发达，和南太平洋、中东、非洲、欧洲等地区 50 多个国家通商。宋朝对南方大规模开发，促成经济中心南移。宋朝的农村赋役制度在大致延续唐末的"两税法"的基础上，增加了丁税。甚为繁重的差役给人民带来了负担，因此，王安石变法时有免役法的推行。宋朝大兴水利，大面积开荒，注重农具改进，农业发展迅速。由于西夏阻隔了西北的"丝绸之路"，加上经济中心的南移，从宋朝开始，东南沿海的港口成为新的贸易中心。宋朝先后在多地设立市舶司专门管理海外贸易，泉州在南宋晚期一跃成为世界第一大港和海上"丝绸之路"的起点。宋朝海外贸易分官府经营和私商经营两种方式，其中民营外贸又占大宗。元丰三年（1080 年），宋朝政府制定的《广州市舶条法》是中国历史上第一部贸易法。

二、宋朝的外交

宋朝外敌繁多，外交的重要性日益增强。针对不同的外交对象，宋朝给予不同的馆待礼遇，并逐渐走向专门化。北方的辽金两朝都对宋朝构成巨大威胁，其外交事务主要由枢密院的礼院负责，包括文书往来、使节派遣和一切接待事宜等。元丰年间，枢密院改置北面房，掌北界国信，南宋沿袭之。此外，宋朝专门设置主管往来国信所，作为负责与辽、金交往的具体事务机构；宋朝视西夏、高丽、越南等为藩属国，发出的外交文书和礼物等皆称"制诏"或"赐"，国家的外交承认被称为"册封"；与西南的大理国保持"欲寇不得，欲臣不能"的关系，进行茶马贸易。宋朝奉行朝贡体制，然而重心放在政治利益与经济利益，也就是"来则不拒，去则不追"。

三、宋朝的综合实力

论综合实力，宋朝是中国古代历史上数一数二的朝代。经济方面，宋朝在农业上实行精耕细作与扩大复种制，粮食产量获得极大增加。至道二年（996 年），全国耕地面积为 312.52 万余顷，天禧五年（1021 年）增加到 524.75 万余顷。工业方面，尤其是冶金业发展迅猛，宋朝采用煤进行冶炼的技术，比欧洲早 700 年，宋朝也是当时世界上最大的产煤国。人口方面，唐朝人口最鼎盛时只有 5000 万人左右，而宋朝人口最盛时突破 1 亿人。

---

① 陈寅恪. 邓广铭《宋史职官志考证》序[J]. 读书通讯，1943(3). 原载 1943 年 3 月《读书通讯》.

即使南宋时的人口也比盛唐多 1000 多万人。与此同时，北宋末年超过 10 万人以上的城市有 52 座。科技方面，中国古代引以为傲的四大发明中，一半产生于宋朝，分别是火药和活字印刷术，指南针技术在宋朝也得到了极大的改进，这三种发明对整个人类历史都具有深远的影响。文化方面，唐诗宋词是我国古代文学的两座高峰，唐宋八大家更是我国古代文学的巨匠，八人中宋朝占据六个席位，中国古代史学最伟大的著作之一《资治通鉴》也是在宋朝编写发布。

第二节 宋朝的货币

宋朝商业繁盛，铜铁钱币、纸钞、金银锭并行。宋太宗时期，每年铸币 80 万贯，到熙宁六年（1073 年），达 600 余万贯。由于商品进口，宋朝大量铜钱、白银外流，造成硬通货短缺。宋真宗时期，成都 16 家富户主持印造一种纸币，代替铁钱在四川使用，是为交子，这是世界上最早的纸币。宋仁宗后交子发行改归官办，并定期限额发行。宋徽宗时期，改交子名为钱引，并扩大流通领域。南宋于绍兴三十年（1160 年）改为官办"会子"，会子主要有东南会子（也称行在会子、湖北会子和两淮会子）。为防止铜钱北流，宋朝政府规定在与金交界处只能使用铁钱。与交子不同，会子是以铜钱为本位的，面值有一贯（一千文）、两贯和三贯三种，后增印二百文、三百文与五百文小面额钞票。乾道四年（1168 年）定为三年一界，每界发行一千万贯，以旧换新。"三更趋役抵昏休，寒呻暑吟神鬼愁。从来鼓铸知多少，铜沙叠就城南道。钱成水运入京师，朝输暮给苦不支。海内如今半为盗，农持斗粟却空归。"宋代诗人孔平仲的《铸钱行》中描绘了当时铸钱扰民的场景。

一、铜钱、铁钱

宋朝的钱制，南北宋大不相同。北宋以铜钱为主，南宋以铁钱为主；北宋以小平钱为主，南宋则以折二钱为主。北宋钱多变化，南宋钱比较一致。

钱监是北宋的主要铸币机构，一般设在适宜铸钱的州，各钱监都有监名。钱监的长官称监官，大的钱监有文、武官各一员或文武官共三员，小的钱监只有一员。钱监有铜钱监和铁钱监两大类，但区分并不是绝对的，有时铜钱监也铸铁钱。饶州永平监为宋朝最重要的铜钱监之一，原属南唐，并入宋朝后开始大量铸钱。池州永丰监，宋太宗至道二年（996 年）十月设置，一直延续到南宋初年仍在铸钱。到真宗咸平三年（1000 年），政府再设置江州广宁监、建州丰国监，至此，北宋饶州、池州、江州、建州四个著名的钱监全部建成，每年铸造铜钱 135 万贯。熙宁六年（1073 年），政府在京西、淮南、两浙、江西、荆湖六路各设置一个钱监，又在河北设置卫州黎阳钱监，加上宋仁宗时期增设的陕西、河东、广南等钱监，钱监基本分布在宋朝全境内，改变了过去只有东南少数州军铸钱的局面。宋太祖开宝三年（970 年），置雅州百丈监铸造铁钱，近年来出土的"宋元通宝""太平通宝""淳化元宝"小铁钱，均属其所铸。真宗景德二年（1005 年）二月，嘉州丰远与邛州惠民二监始铸行大铁钱。

宋朝钱币是中国钱币史上最复杂的，这种复杂性表现在许多方面：第一是币材的种类多；第二是货币流通的地方性；第三是钱币大小以及铜铁钱作价的不一；第四是钱名种类多；第五是钱文书法的多样性。宋初铜钱铸造数量很少，宋太祖在建隆元年（960 年）铸宋元通宝（图 7-1），这是宋朝的第一种钱。宋元钱有光背也有背星月的，种类很多，是仿周元钱的制作。同一钱上有星就没有月，星和月或在穿孔上面或在下面或在左右，月文有在穿孔的四角上的。宋元有铁钱，为四川雅州百丈县所铸，小样广穿，数量不多。

图 7-1　宋元通宝
（图片来自中国国家博物馆）

宋太宗十分重视货币的铸造，在太平兴国年间（976—983 年）铸造太平通宝（图 7-2）。太平通宝作为宋朝年号钱的开端，还不很规范，背面也间有星月，但板别不多。四川、福建等地则铸有铁钱。至景德年间（1004—1007 年），每年的铸造额达到 180 余万贯。到此，宋朝的铜钱铸造能力已远超唐朝。

图 7-2　太平通宝
（图片来自中国国家博物馆）

宋仁宗在天圣元年（1023 年）铸天圣元宝（图 7-3），这是北宋最早的对钱。同时用两种或三种书体。两者在形制方面，穿孔大小、轮廓阔狭、钱身厚薄、钱文的深浅以及铜的成分都一样，甚至有时两者同样错范、流铜和破裂。在文字方面，字体的大小和位置、笔画的粗细，都相符合，所不同的是一篆一隶或一篆一楷，这样就产生一种对称美。

图 7-3　天圣元宝
（图片来自中国国家博物馆）

宋神宗时，钱币数量大增，折二钱开始通行。至元丰年间（1078—1085 年），每年铸铜钱 506 万贯，铁钱 88 万多贯，合计近 600 万贯，这是宋朝铸币金额的最高记录。元丰钱也是篆书行书成对，板别极多，书法水平很高。相传有一种隶书的元丰钱是苏轼的笔迹，故称为"东坡元丰"，但留传很少。

南宋初年的钱制继承了北宋的遗风。钱文有几种书体，而且成对。例如宋高宗时的建炎钱和绍兴钱就是这样。建炎钱种类很复杂，包括建炎通宝、建炎元宝，还有建炎重宝。通宝分小平、折二、折三等，都有篆书和真书成对。但四川所铸的小平钱是仿瘦金体，初铸的背后穿上有一个"川"字。当三钱有大样的，有人说是当五，但不见史书记载。通宝有小铁钱。建炎元宝只发现折二钱，篆书。重宝则为当十钱，也是篆书。绍兴钱有元宝和通宝两类。元宝有小平和折二两种，篆书和真书成对。通宝有小平、折二、折三等，分铜铁两类，都只有真书，不成对钱。虽然绍兴钱有 32 年之久，南宋小平钱却以绍兴钱为最少，尤其是元宝。铁钱背面穿上有"利"字，为利州绍兴监所铸。

终两宋之世，"钱荒"之声不绝于耳，这反映了商品经济发展对钱币需求量的增加，也是宋朝特殊的政治形势所带来的一系列问题中较为棘手的一个，成为严重制约经济发展和社会稳定的因素。北宋钱荒的原因是商品货币流通领域铜钱不足。一方面，市场货币短缺，东南诸路，尤以江淮、两浙为甚：在东南诸路商品经济较之其他地区更为发达，所需铜钱数量巨大，无法满足商品流通的需要。另一方面，铜钱大量囤积在官僚、地主、商人和高利贷者手中，大量贮藏金银铜钱，造成很大数量的货币退出了流通领域，使得钱荒问题更加严重。在收获季节，钱荒问题更严重，大量商品涌向市场，货币的市场需求量大且集中，容易出现"钱重物轻"的现象，产生钱荒。南宋钱荒的原因是铜钱不断退出流通。由于铜钱含铜量的实值远远超过其面值，销毁铜钱改铸铜器或者改铸劣质钱现象普遍，减少了铜钱的数量；有大量铜钱外流，加上铸造减少，导致铜钱不断减少。南宋商品经济的发展需要更多的铜钱，作为主要通货的铜钱却日益缺乏，钱荒问题随之出现。货币形态由主要使用铜钱变为钱楮并用，铜钱被楮币所取代，楮币成为主要通货，发行量越来越大，而政府在付税征收等方面始兴"钱会中半"政策，造成铜钱需求量很大。随着铜钱的不断退出，铜钱供需之间的矛盾越发尖锐，这就是南宋钱荒的实质。

南宋曾铸过几种钱牌，有铜铅两种，铜质钱牌有上方下圆的，有上圆下方的，有纯长方形的。牌面有"临安府行用"五个字（图7-4）。牌背有纪值的文字，分为"准贰伯文省""准叁伯文省""准伍伯文省"三种，其中"省"是"省陌"义。铅质钱牌比较小，面额有一十文、二十文、四十文等。这些钱牌，只能算是一种代币。

图 7-4 铜制钱牌
（图片来自中国国家博物馆）

二、纸币

纸币在货币发展史上是较高级的形态，商品经济的发展是其产生的前提条件。在北宋太宗末年、真宗初年，川峡诸路出现了纸币交子。这不但是中国历史上最早产生的纸币，而且也是世界上最早的纸币。交子的流通范围除四川外，还有河东路和陕西路，也就是铁钱流通区。南宋的纸币，流通范围比较广，种类也比较多。最初发行的是关子，曾经一度改为交子，但最通行的是会子。

中国纸币的产生和发展由以下三方面经济原因促成。第一，宋朝商业发达，要求有大量轻便的货币，铜铁钱都因区域限制而不复使用，笨重不便的缺点极大地阻碍了地区间商品交易的发展。第二，造纸业和印刷业的发展，为纸币的产生提供物质基础和技术保障。第三，宋朝为防北方辽、夏、金的威胁和侵略，被迫养重兵备战，军费开支庞大，财政非常困难，依靠发行纸币以弥补开支，促进纸币发行的进步。

"交子"是四川方言。"交"是"交合"的意思，是指合券取钱。交子的发展分为三个阶段：第一阶段是自由发行时期，大概纯粹是代替铁钱流通。这时的交子是一种楮券，两面都有印记，有密码花押，朱墨间错。券上并没有交子的字样，票面金额也是临时填写的。当时式样也不统一，所谓印记不过是指发行人的图章，整体说来，同普通收据没有多大区别。第二阶段由 16 家富商来主持，大概是大中祥符年间（1008—1016 年）的事。此时，交子的形制有所改进，图案是屋木人物，一律采用纸张印造。至于其他方面，如密码、花押、图章等，仍保留前一阶段的办法，形成所谓的朱墨间错。券上仍没有"交子"的字样，金额是应领用人的临时申请填写，不限多少，只要交付现钱，便发给交子。随时可以兑现，但兑现时每贯收手续费 30 文。因为在大中祥符年间，这 16 家富商已经衰败，交子不能兑现，因而争讼数起，大中祥符末薛田建议由政府接办。第三个阶段是天圣元年（1023 年）政府设置益州交子务，改由官办。官交子的形制和私交子差不多，张若谷和薛田的奏文中曾说："其交子一依自来百姓出给者阔狭大小，仍使本州铜印印记"。当然，相同的只是大小和一部分图案，券上的文字不一定相同，官交子可以规定流通的范围和兑钱的数目，宋朝是以 770 文为 1 贯。券面仍不印交子字样，金额也还是临时填写，不过有一定的等级。起初是自 1 贯到 10 贯；宝元二年（1039 年）改为 10 贯和 5 贯两种，并且规定发行额中，

图 7-5　北宋壹拾贯贞祐交钞钞版
（图片来自中国国家博物馆）

八成是 10 贯的，两成是 5 贯的；熙宁元年（1068 年）改为 1 贯和 500 文两种，六成为 1 贯的，四成为 500 文的。券上金额的表示，可能使用套印的办法，也可能各种面额使用不同的格式或图案。

最初因交子是私人发行，所以也称私交子，发行交子的富商称为交子铺或交子户。景德年间（1004—1007 年），益州知州张泳对交子铺户进行整顿，剔除不法之徒，专由 16 户富商经营。交子既能远近行使，又随时需要兑现，所以除成都外，各地还有分铺。后期有时因为交子铺户的诈伪行为激起民愤，而发生挤兑的事，政府出来干涉。最初提议由政府接办交子发行事宜的是转运使薛田，他在大中祥符末年奏请设立交子务，但当时政府没有采纳。后来政府接受建议，于天圣元年（1023 年）设置益州交子务。自次年 2 月起发行官交子，由京朝官 1~2 人担任监官主持交子发行，并"置抄纸院，以革伪造之弊"，严格其印制过程。北宋的交子流通还不广泛，最初只流通于益州，熙宁二年（1069 年）河东苦于铁钱的运输不便，曾在潞州设置交子务，熙宁三年一度废罢；熙宁四年又行于陕西，熙宁九年又罢废。崇宁元年（1102 年）又行于陕西。所以，交子的流通范围，除四川外，不外河东路和陕西路，即铁钱流通区域。

官交子是分界发行，界满以新交子收回旧交子。《宋史·食货志》说私交子以三年为一界，但《宋朝事实》所引的《成都记》和《蜀中广记》所引的元费著《交子》篇都没有提到私交子的界分，《宋史》对交子起源的记述不太可靠，对私交子的界分的说法，也未必可信。私交子可能是随时兑现的，所谓三年为一界应当是指官交子。官交子有发行限额且有现金准备。发行限额每界是 125.634 万缗，但这是最高额，并不是每界实际的发行数字。

如果请领的人不多，发行数就不到限额。后来把交子用来发军饷，常常超过限额。至于现金准备，是用四川通行的铁钱，每次用36万缗，如果照发行限额计算，为28%的准备金。

盐钞是宋仁宗庆历八年（1048年）由提点陕西路刑狱兼制置解盐范祥改革盐法创置的取盐凭证，商人出钱购买盐钞，凭盐钞取盐。盐钞是一种信用证券，不是货币。因为盐钞是盐的代表，具有价值，故可以充当流通手段或支付手段，因而具有类似于纸币的性质。

崇宁、大观年间实行币制改革，把交子改为钱引，四川以外的各路在崇宁四年（1105年）印制新式的钱引，但四川一时还用旧法。到大观元年（1107年）才正式改交子务为钱引务。不过，大观元年的第四十三界还是使用旧印，到大观三年的四十四界才改用新的钞印印制。关于钱引的形制，元朝费著在《楮币谱》中有说明。每张钱引用六颗印来印制，分三种颜色，这是多色印刷术的开始。第一颗印是敕字，第二颗是大料例，第三颗是年限，第四颗是背印，这四颗印都用黑色；第五颗是青面，用蓝色，第六颗印是红团，用红色。六颗印都饰以花纹。拿整张钱引来说，最上面写明界分，随后分别是：年号（如辛巳绍兴三十一年）；贴头五行料例（如至富国财并等，多是些格言）；敕字花纹印、青面花纹印、红团故事印、年限花纹印（如三耳卣龙文等，多为花草）；背印，分1贯和500文两种；书放额数。钱引流通区域比较广，除四川外，还有京东、京西、淮南、京师等地。

南宋的纸币流通范围广，种类繁多。最初行的是关子，起初具有汇票的性质，和唐朝的飞钱很接近。关子之中有所谓现钱关子或铜钱关子，意思是指不兑茶盐钞引，专兑现钱。又有所谓公据关子，绍兴二十九年（1159年）发行，用于淮东，面额自十千到百千，共五等，通行两年，普通关子则通行三年。商人用钱和白银向政府领取公据，凭公据便可以领到茶、盐、香、矾等商品，所以不能算是真正的货币。南宋末年，贾似道也曾造铜钱关子，又有金银关子，上面有黑印，像一西字，中间有红印，三画相连，像一目字，下面两旁各一小长黑印，整个图案俨然一个"贾"字。绍兴年间也曾发行交子，并在杭州设置交子务，本想流通于东南各路，但是因为办理得不好，后来仍旧改为关子。

南宋通行的纸币还有会子。绍兴七年（1137年）川陕宣抚使吴玠在河池发行银会子，以钱为单位，面额分为一钱和半钱两种，每年换发一次，这是最早的银本位制。发行额为：一钱的14万张，半钱的1万张。银会子同钱引也发生了联系，银会子四钱抵钱引1贯，发行总额为14.5万钱，合钱引3.625万贯。吴玠死后，于绍兴十七年（1147年）七月实行改革，在利州的大安军重造，两年一换。到乾道四年（1168年）四月增发一钱银会3万纸，九月行于文州，后来流通扩大，每两年发行61万余纸，共折川引15万余缗，显然还是以四钱折川引一缗。宝祐年间（1253—1258年），四川还有银会的发行，以一当百，发生贬值现象。

东南所用的会子，起初也是民间发行，叫作便钱

图7-6 行在会子库大壹贯文省铜钞板
（图片来自中国国家博物馆）

会子,仍带便换的性质。后来钱处和主持临安府,才收为官营。其后钱处和调为户部侍郎,于是由户部接办。起初只行于两浙,后来通行到淮、浙、湖北、京西等区,纳税和交易多可使用,几乎成了一种法币。

会子的式样似乎和钱引大不相同,遗留下来的会子板仍是长方竖形,上半为赏格,即"敕伪造会子犯人处斩,赏钱壹阡贯,如不愿支赏,与补进义校尉,若徒中及窝藏之家,能自告首,特与免罪,亦支上件赏钱,或愿补前项名目者听"。这赏格的右边为票面金额,如"大壹贯文省",左边为号码,称第若干料。赏格下面一行大字,自右至左"行在会子库"五字,再下面为花纹(图7-6)。因为南宋的艺术水平似乎要比北宋差,可能没有钱引那样精美。但各界的会子,或各种面额的会子,式样不一定相同。乾道四年(1168年)改革会子发行制度的时候,对会子的式样也有改变。淳熙初年的会子上是有人物图案的,图案用土朱、靛青、槐墨三种颜色。会子的面额分为四种:最初以一贯为一会,后来在隆兴元年(1163年)增发二百文、三百文及五百文三种。乾道四年规定以三年为一界。

宋朝还有一些地方性的纸币:除了川引以外,还有湖会、淮交等。湖会是指湖北会子和湖广会子。湖北会子为隆兴元年湖广的王琪所创发,叫作直便会子,分一贯和五百二等。专用于湖北路,后来通行于湖广。淳熙初曾用京会尽数收回湖广会子。又有所谓铁钱会子,也创于隆兴元年,流通于兴元府金洋州,分三百、二百、一百三等,同川引发生联系。淮交是两淮用的交子,印造于乾道元年,面额也分四等,和会子相同。背面印有"付淮南州军行使"字样,所以只通行于两淮州县。

三、金银和金银钱

金银的形式有各种各样。最普通的是铤,也叫锭,宋以后少用"铤"字,专用"锭"字。宋朝的大银铤每枚重五十两,小铤有各种重量,没有固定的等级。大铤也叫笏或版,文献中若称银若干铤或若干笏,大抵都是指每枚五十两重的大铤。黄金只有小铤。这些情况同唐朝差不多。南宋庆元年间的《辇运令》规定:上供金银要用上等成色,白银要鞘成铤,每枚大铤五十两,每枚小铤二十两,上面要镌明字号、官吏职位、姓名等,可以说是官银。传世也有南宋银铤:一枚是休宁出土的,上有"达州今解发宝庆三年绍定元年分进奉大礼银重伍拾两"字样。另一枚是湖南临湘出土,上有"潭州善化县和买到大礼银伍拾两"等文字。两枚都有解发人姓名和官衔。另有一枚景炎年造的银铤,重库平四两八钱多,也作砝码形,表面有纤细的波纹,中央有"十分"二字的戳记,戳记成葫芦形,下面有"景炎年造"四字,背面耸起如元宝。

宋朝曾铸造大量的金银钱,是中国历史上

图7-7 北宋葫芦印五十两银锭
(图片来自中国国家博物馆)

使用金银钱最多的朝代。不但宫廷中多,民间也多。宣和年间金人攻入汴京的时候,在宫中发现金钱71贯,银钱142贯。宫廷中的金银钱主要用来赏赐亲王、贵邸、宰臣、巨珰等,又因为赏赐关系而流落到民间。民间得到这种金银钱,主要当作宝贝一样留作纪念品。富裕人家或者用来辗转馈赠,尤其是作为生儿育女的吉礼,或作为娶妇时的撒帐钱,但这种场合所用的金银钱可能不是普通金银

图 7-8 北宋淳化金质元宝
（图片来自中国国家博物馆）

钱,而是民间金银匠所打造的,上面文字也不是年号,而是些吉利语。金银钱也有用作普通开支的,据说苏东坡曾用金钱在岭南惠州的丰湖筑苏公堤。从遗留下来的实物看来,宋朝的金银钱,以北宋末年到南宋初年铸得最多,特别是徽宗的时候铸得最多,因为大观、宣和等年号都有银钱留下来。大观通宝银钱有两种,一为篆书,一为隶书,成对钱。宣和只有楷书年号,但宣和金钱有篆书的。靖康也有银钱。南宋铸有乾道元宝金钱,和铁乾道一样。

宋朝金银还有饼和牌的形状。饼是实物形,宋朝用得不多。牌是长方形,比较小。此外还有马蹄金、沙金、橄榄金、瓜子金、麸子金、胯子金、叶子金等。马蹄金自然是形如马蹄;沙金如细沙;橄榄金和瓜子金形如其名;麸子金是指碎屑如麸片,粗于沙金;胯子金据说是像蒳茶腰带胯子,叶子金应当就是金叶子。嘉定初没收苏师旦的家产中,有马蹄金1.572万两,瓜子金5斗。

第三节 宋朝货币的功能

一、货币的职能

铜钱和铁钱是宋朝的主要货币,不仅数量大、流通地域广,而且是当时标准的价值尺度,各种商品的价格主要用其来表示,其他货币亦需要以其为标准以确定购买力。铜和铁钱是贱金属货币,单位重量大而价值小,不适合用作大宗贸易的直接支付手段,流通同样具有地方性。熙丰年间,朝廷常常把铜钱赠给外国使节,有些国家使用中国铜钱,这些国家的使节不但把赠给的铜钱带回去,还多方设法私运出境。爪哇日惹发掘的几十枚中国钱中,除两枚开元钱外,都是北宋钱,且以元丰钱为最多,铜钱表现出其世界货币的功用。

四川交子务发行的交子,当时用它来入中粮草,以解决军费支出问题。入中,即商人将物货——主要是粮草和现钱,入纳沿边州军或京师,异地支偿茶、盐、香药和钱等。这种交子在庆历年间（1041—1048年）已施行。四川交子本在陕西使用,并非是陕西与交子发生联系之始,早在天圣年间（1023—1032年）已有证据表明陕西与交子有联系,只是当时是作为支付秦、渭州的交钞。依《宋会要·食货》天圣四年（1026年）记载:"三司言,陕府西转运司勘会:辖下秦州所入纳粮草,取客稳便指射,赴永兴、凤翔、河中府及西川嘉邛等州,请领钱数,准益州转运司牒。近就益州置官交子务,书放交子行用,往诸处交

易，其为利济"。在天圣四年秦州交引已经于益州支请交子，交子与陕西发生联系由此开始。秦州交引与四川交子异地支偿后不久，在天圣四年之后，于渭州人中粮草的商人"若或愿于川界请领铁钱"，钱数也"依秦州人中例出给交钞，于四川益州或嘉邛等州请领钱铁及交子使用"。由此而知，四川交子在天圣四年已与陕西发生联系。陕西通过以交子支付交引的方式，把自己的一部分财政支出转移给了四川。但这时四川交子并没有在陕西发行。受限于发放的条件，秦州交子虽可以在陕西行用，但仍由四川承担着兑换义务。通过史料可知，秦州交子是四川发行的，但它与四川所行使的交子不尽相同。此种交子没有准备金，也不通过见钱兑换，它是在四川行用的交子定额外，由国家强制发行，在陕西使用的一种特殊交子。这种没有储备金交子的发行无疑隐藏弊端，也对四川交子制度产生破坏，最终使交子无法如实兑换。因此，在皇祐三年被停止。由此可见，此前交子仅有流通职能。交子发展到崇宁年间（1102—1106 年），在流通区域发生了重大变化，几乎成为全国范围内通行的纸币。"崇宁三年（1104 年），置京西北路专切管干通行交子所，傚川峡路立伪造法。通情转用并邻人不告者，皆罪之；私造交子纸者，罪以徒配"。后来又通行于京东西、淮南等诸路。到崇宁四年，"令诸路更用钱引，准新样印造"，但四川仍用旧法。"罢在京并永兴军交子务，在京官吏併归买钞所"。也就是说，崇宁四年交子几乎成为全国通货，时仅"闽、浙、湖、广不行"，只不过它通行时间不长，到崇宁五年被废止。《宋史》载："明年（崇宁五年），尚书省言：'钱引本以代盐钞，而诸路行之不通，欲权罢印制。在官者，如旧法更印解盐钞；民间者，许贸易。渐赴买钞所如钞法分数计给。'从之。"以上材料表明，交子在四川以外其他地区应用，每次时间至多不过三年，陕西虽曾三次缘用，总计也不过十载。尽管如此，交子毕竟在其发展中突破了四川界限，且在所到领域内既以交易媒介发挥作用，也作为支付手段发挥作用，并为南宋纸币在全国的流通奠定了基础，表明交子在其发展史上又迈进了一步。

纸币在北宋交子后以钱引之名继续发展。到了南宋，以关子、会子的名称出现，最终以会子之名通行各地，并广泛用于商业往来、民间纳税，几乎成为一种法定货币。会子票面上已标明发行机构、货币名称和号码等，这和近代纸币票面设计已没有多大差别。国家"籴本以楮，盐本以楮，百官之俸以楮，军士支犒以楮，州县支吾无一而非楮"，"公私买卖支给，无往而不用"，直至终宋之世。

黄金在宋朝所发挥的货币职能，基本上同唐朝一样。宋朝政府把黄金看作一种重要的支付手段，包括帝王的赏赐、政府的开支、人民对政府的赋税缴纳以及其他付款等。另一种重要的职能便是作为保存价值的手段，即贮藏手段。有时也作为价值尺度，但不作为流通手段。因为不具备流通手段这种最基本的货币职能，所以黄金在宋朝不能算是真正的货币。

白银在宋朝比黄金重要。它不但具备黄金所具备的各种职能，而且在每一种职能方面，都比黄金运用得更为广泛。在作为支付手段方面，帝王的赏赐，常常是金银并提，与黄金相比，用白银的次数更多。政府的开支、人民的税捐以及其他付款等也是这样。宋初因为铜钱缺乏，转运使张谔于太平兴国五年（980 年）建议准许人民暂时用银绢代替铜钱纳税，这就赋予白银一种法偿资格。官吏俸给和军饷也有用银的例子，这是黄金所没有的一种用途。作为贮藏手段和国际货币，金银两者有约略同等的重要性，也许作为贮藏手段，黄金需要得更多一些,因为黄金更适于发挥这种职能。作为国际货币,白银用得更多,因为当时同中国有经济关系的国家多是用银交易的。作为价值尺度,金银似乎差不多。作为支付手段,白银比黄金的使用更为广泛。这些虽不能证明白银成了真正的流通手段,但是比黄金用途更广一些。南宋的会子有时用金银来收兑,主要是用白银来收兑,白银成了纸币的兑现基金。绍兴七年(1137年),吴玠在河池发行的银会子是一种银本位。宋末收买逾限的田地,1000亩以上的,5%用白银支付。所以白银在宋朝不但比在唐朝更通行,而且比唐朝的黄金发挥了更多的货币职能。

二、货币购买力

(一)铜钱和铁钱的购买力

研究两宋时期特别是北宋时期的币值,应当注意波动的局部性。因为国土广大,交通不便,各朝代的币制和币值的变动都具有地方性特征,各地的情形大不相同。许多区域有其独特的通货,尤其是两淮和四川,它们的钱不许出界,外面的钱也不许入境。在这种情况下,一个地方发生通货贬值,别的地方通常不会受到影响。例如太宗时四川的铁钱,因发行过多,一匹罗要两万钱。在真宗咸平五年七月还特别增加了川陕的官俸钱。可是从整个国家看来,那时币值还算稳定。如真宗时四川行大小铁钱,张咏以350文小铁钱1斗的价格籴米,百年后还有人称颂他的德政。而淮蔡间麦子每斗10文钱,粳米每斛200文钱。

北宋初年的币值问题,主要是铁钱问题,而铁钱问题,主要是四川的问题。四川使用铁钱有着悠久的历史,后蜀孟昶的广政通宝是四川正式用铁钱的开始。陕西、河东等地使用铁钱,也是受四川影响,然而后蜀的铁钱铸得不多,没有发生贬值的现象。到宋初铸额突然增加,才不能同铜钱维持平价,因而铜钱被驱逐,四川成为一个专用铁钱的地区。后蜀每年铸造铁钱的数目不得而知,但宋初在益、邛、嘉、眉四州,每年铸造50多万贯的铁钱。铁钱是一种价值符号,当局原想用于和铜钱平价流通,视为一种信用货币;在数量上既不加限制,又不能维持兑现,所以其价值就难以维持。铁钱对铜钱的比价原是1:1,乾德四年(966年)由1.1:1降为5:1,太平兴国年间变成10:1,甚至低至14:1。李顺起义,各监都停铸。李顺失败后,虽然恢复鼓铸,但数额逐渐减少。大中祥符七年(1014年)以后,每年只铸造21万贯,皇祐年间增为27万贯,嘉祐元年(1056年)又减少十几万贯,嘉祐四年(1059年),嘉、邛二州停铸10年,每年只有兴州铸3万贯。之后铁钱的价值没有再下跌。熙宁、元丰年间,铁钱的铸造又有增加,但熙宁末年,四川嘉、邛、兴三州的铸额每年不过23.6万多贯,元丰年间不过13.9万多贯,远比不上宋初。元丰二年(1079年)利州路银铁钱的比价是1.5:1到2:1,因当时开支的弥补主要靠发行交子,铁钱已不再是重要的货币政策工具。

北宋最重要的一次货币贬值,是同西夏元昊的战争引发。宋仁宗宝元二年(1039年)正月,元昊表请称帝,十二月便同北宋打起来。本来北宋就没有享受过真正的和平,尤其是边境上,局势尤为紧张。乾兴元年(1022年)已有"商旅往来,边食常艰,物价腾涌,匹帛金银,比旧价倍;斛食粮草,所在涌贵"。天圣五年(1027年)金价每两上涨1贯。

当时农民多被征去当兵,生产减少,灾害增加。对西夏的战事一旦发生,财政上自然更加困难。所以康定元年(1040年)年底铸造当十钱来助边费。庆历元年(1041年)九月,元昊侵陷丰州等地,又命河东铸大铁钱;十一月令江、饶、池三州铸铁钱300万缗充陕军费;庆历五年(1045年)铸当十的庆历重宝铜钱和铁钱。当十铜钱不到2钱重,等于减重成1/5以下。铁钱的铸造溢利更大,尤其是当十铁钱,铸造成本不到1/10。宋朝历代都铸铁钱,但数目不多,而康定、庆历间铸造的数目却比较多,价值很低,使得铜钱或被隐匿或被销毁改铸恶钱,物价自然上升。甚至连小铁钱也可能被销镕改铸,史书均提到庆历小铁钱,似乎铸得很多,但却没有留传下来。而大铁钱则不难见到,若非史书记载错误,则为销镕改铸大钱。庆历八年(1048年)停铸铁钱,将大铜钱改为1当3。

崇宁元年(1102年)蔡京得势,于是辰沅(湖南)瑶人起义,12月便铸当五钱。次年又有安化蛮人起义,于是又铸当十的崇宁重宝钱。除陕西、河东、四川等铁钱地区以外,都令通行。崇宁三年(1104年)废止小平钱和当五钱,专用当十钱。连熙宁以来所积压的折二钱,也改铸为折十钱。大钱发行后,民间生出许多纷扰,甚至有拿钱买不到东西的。因为无论从重量上,或从含铜的成分上来讲,1枚大钱都比不上天禧小平钱的3枚,每枚只有3钱重,含铜还不够6成,贬值成1/3以下。结果钱分两等,市有二价,发生盗铸。苏州盗铸到几千万缗之多,至兴大狱。私铸的钱,重量自然不到3钱。小平钱多销镕改铸,后因物价上涨,乃令东南改为当五;然而仍有私铸,乃再改为当三。大观元年(1107年)蔡京再做宰相,又主张用当十钱。除小钱折二当三以外,又铸当十大钱,都以大观通宝为文。大观当十钱虽然比崇宁当十钱厚重得多,然而比起小钱来还是省铜,私铸仍然有利。三年蔡京再下台,计大钱为害已有9年,各方都加以攻击,新宰相张商英主张收回,每10贯给银1两绢1匹,收回后挑选分量比较重的改为当三,政和元年(1111年)实行。崇宁四年(1105年),蔡京在铸崇宁当十钱之后,又铸所谓夹锡钱,每缗用铜8斤,黑锡4斤,白锡2斤,每枚不到3钱重,当铜钱2枚。本来限陕西使用,有人提议通用于全国,蔡京以为对,但刚好他又下台所以终未通用。大观元年(1107年)蔡京恢复宰相职位后,改铸当五的夹锡铁钱。只因成色越来越低,有时要7~8文夹锡钱才抵得1个铜钱和铁钱,这使物价上涨几倍。三年蔡京再下台,曾废止东南所铸的夹锡钱。次年连河北河东京东等路的夹锡钱也废用,但陕西仍以夹锡钱和大铁钱并用,都作折二。于是东南的夹锡钱,全运到陕西去,结果跌成20文当1文用。政和二年(1112年)蔡京得政,复用夹锡,于是各路铜钱监鼓铸夹锡的政和通宝钱。夹锡表示一种成色,钱文仍用当时的年号,但因废了又用,用了又废,人民也常常拒用,则以法惩,徽宗曾说:夹锡钱之患,甚于当十钱。到重和年间关中还有铸造使用。

(二)纸币的购买力

崇观年间,除铜钱发生贬值以外,川陕一带的纸钞也在膨胀。交子自熙宁五年(1072年)以来,两界同时流通,在四川已发生局部膨胀。绍圣以后,发行的数目有所增加,用于陕西沿边的募兵和办军粮。计绍圣元年(1094年)增加15万贯,元符元年(1098年)增加48万贯。因此纸币价值大跌,换发的时候,新交子1缗收回旧交子4缗。崇宁三年(1104

年）京西路（今河南）也用交子，四年改为钱引，通用范围更广，除闽浙湖广以外均可使用，所以更具重要性。这时，宋正同西夏作战，军费开支浩繁，发行额不断增加。崇宁元年（1102年）增印200万贯，崇宁二年增印1243.5万贯，崇宁四年增印507.5万贯，大观元年（1107年）增印554.57万贯，为天圣年间界额的20倍。后来不再有现金准备，钱引1缗只值十几文钱或几十文钱。大观年间改革四川币制，发行钱引，发行额以天圣的125万多缗为限，但对于41界到43界旧交子不予兑现，等于作废，商人利益因此受到损害。

北宋时因对西夏战争，四川纸币已由120多万缗增发到2000多万缗，由此纸币的价值大跌。大观年间经过一次整理，恢复天圣时的限额。南渡以后，又开始继续增发，建炎二年（1128年）靳博文因为利州路增加驻军，加印62万缗，三年张浚又增印100万缗作军饷。此后的八年间，共增加2054万缗。到绍兴七年（1137年）的时候，三界并行，发行总额为3780万缗。30年间增加30倍，跌价幅度可想而知。四川的物价，利州路往往比其他地区高1倍。陕西大部分被沦陷后，利州所受的军事压力更大了。由于军费不能减少，只有采取铸钱这一办法，因为当时钱引不能兑现，所以跌价现象愈发严重。大家以为如果有钱兑现，跌价的趋势便可以缓和，因此在绍兴年间先后在利州、邛州、施州等地铸钱，来救济钱引。但铸钱数目有限，对于几百倍的纸币，没有多大作用。绍兴年间，钱引1贯，值铁钱800文，或值铜钱400文。吴玠在河池发行银会子，无非想求得那一地区物价的稳定。银会子以白银1钱为单位，每年发行14.5万钱，合钱引3.6250万缗，数目不多。如果同钱引发生联系，势必要受银价下跌影响，进而失去银本位的意义。

淳熙初，会子的流通额有2200多万，受购买力下跌的影响，政府不得不用金银铜钱等全数收回。淳熙三年（1176年）让第三界和第四界会子各展期三年，这就是正式让发行额加倍。不过，百姓收到会子，便以纳税的方式送回国库。当时户部岁收1200万贯中，一半是会子。同时当局又用金银收回400万贯，所以实际流通数只超过界额200万贯。淳熙十二年（1185年），临安会子1贯，只值钱750文。到了光宗绍熙元年（1190年），第七和第八两界会子又展限三年。庆元元年（1195年）索性把每界的发行数增为3000万贯，等于乾道四年（1168年）的3倍。由于伪造的很多，于是1贯就跌成620文。虽想当局维持每贯合钱770文的比价，但举措的成效不高。嘉定三年（1210年），会子1贯只值300～400文。发行量增多，政府赋税收入也增加。淳熙末年有6530多万贯，等于南宋初的6～7倍。史家或加以夸耀，或替人民忧虑，其实这是通货膨胀的应有现象。

（三）白银的购买力

两宋的物价，以铜铁钱表示；南宋用纸币表示。白银只作大数目的支付而不用来表示物价，南宋流通银会子的区域除外。乾道九年（1173年）曾有用银支付铜价的事例，4斤铜付1两白银，但在全国看来，民间的日常交易不用白银，所以不能说是十足的货币。只有租税的折纳往往用银，银价的记录也比以前任何一个朝代都要多。宋朝因为铜铁钱的购买力逐渐降低，纸币更是膨胀得厉害，所以用钱钞计算的银价也有上涨的趋势。宋初每两大概1000文上下，后来涨成每两2000～3000多文。虽然有官价与市价之别，且铜钱区与铁钱区的价格不太相同，但白银上涨的倾向还是存在的。白银的购买力虽然比纸币稳定，但购买力下降的倾向也是很明显的,这种下降应当是由于白银的跌价。白银的数量增加,一方面是由于本国生产的提高,另一方面是由于外国白银的流入或本国白银外流的减少。唐朝产银每年不过1万~2万两。北宋产额大增,至道末年14.5万余两,天禧末年88.3万余两,皇祐中期21.982万两,元丰元年(1078年)21.5385万两。南渡以后银矿停闭很多,生产困难并且金银铜钱外流,所以白银的购买力没有再下跌。

三、金融机构

宋朝的金融机构与唐朝类似,商业信用得到长足发展。金融中心由长安移到汴京,南宋时移到临安。

(一)质库

供给抵押信用的金融机构只有典当,宋朝仍称之为质库或质肆。押款时叫作典或典质,江北人称之为解库,江南人称之为质库。宋人说自南朝以来即如是,然而宋以前"解库"一词却少见。寺庙所经营的多称为长生库。南宋时,杭州城内外的质库有几十家,收解以千万计。在五代和宋初,凭300~500贯钱开一家质库就足够了。除了押款业务,质库是否进行信用放款业务,我们不得而知,但开质库的人,兼作信用放款。野史中曾记述南宋时临安质库做类似投机性质的买卖。

(二)金银铺

宋朝的兑换机关比唐朝发达,黄金的使用虽与唐宋类似,但白银的地位却更为重要,几乎比西汉时的黄金还更重要,流通范围更广。办理兑换业务的机构以唐朝遗留下来的金银铺或银铺为主,南宋时期称之为金银交引铺或金银钱交易铺(图7-9)。因为宋朝除了金

图7-9 金银铺(图片来自《清明上河图》截图)

银的买卖兑换以外，还有各种钞引的买卖，也称之为金银盐钞引交易铺。所谓钞引就是一许证，商人向京师榷货务缴费领茶引或盐钞，然后才允许到茶场或盐场去贩卖。当时贩卖茶盐都是很赚钱的业务，所以茶引和盐钞就成了一种商品，在金银铺中进行买卖，也可以换纸币。北宋时汴京金银铺很多，如唐家金银铺、王家金银铺等。屋宇雄壮，门面广阔，望之森然，每一笔交易，动辄千万两，俨然现代的银行区。唐朝已经有金银行的称呼，不过那时是指金银区或金银业的意思，和金银市的名词一样，是一种泛称。南宋时杭州五间楼一带，金银钱交易铺有100多家。规模大的有沈家金银交引铺、张家金银交引铺、邓家金银铺等。

（三）交引铺

交引铺近似于当今的证券交易所，在这里成交的商品有盐引、茶引、矾引、香药引、犀象引等有价证券。宋朝广泛实行了禁榷制度，盐、茶、矾、香药等采取间接专卖：先由商人向政府设立的榷货务入纳现钱换取一张交引，然后凭着这张交引到指定地点领取盐茶等商货。跟所有的证券交易一样，交引铺也是通过买进、卖出交引的差价获利。北宋时京师有一些得到茶引的市民，"不知茶利厚薄，且急于售钱，得券则转鬻于茶商或京师坐贾号'交引铺'者，获利几无。茶商及交引铺或以券取茶，或收蓄贸易以射厚利"。为了坐获厚利，宋朝的一些"金融大鳄"还凭借其雄厚的资金操纵市场，压低交引市场价，购入交引。北宋皇佑年间"券至京师，为南商所抑，茶每直10万，止售钱3000，富人乘时收蓄，转取厚利"。"交引铺"收购交引，通常不会直接用于提货，而是转手卖给茶盐商："铺贾自售之，转鬻与茶贾"。

（四）便钱务

宋朝初年的汇兑业务由政府机关办理，和唐宪宗时的办法差不多，允许人民在京师向左藏库付现款，到各州去取现，叫作便换。开宝三年（970年），政府特别设置便钱务，专门办理这种业务，同时命令各州，凡商人拿券来的，必须当日付款，不得搁延。至道末年（997年），汇款金额每年达170多万贯。天禧末年（1021年）有280万～290万贯。后来用纸币，携带较为方便，由于纸币本身兼有汇票的作用，所以专门的便换业务就衰落了。

（五）柜坊

宋朝仍有柜坊。宋初淳化二年（991年）的诏书中，提到京城的无赖辈，相聚蒲博，开柜坊，屠牛马驴狗以食，铸铜钱为器用杂物等。似乎柜坊专做犯罪的事，开设柜坊的全是恶少，他们租用居人邸舍来开设柜坊。南宋绍兴三年（1133年）诏书中提到贵族阶级的子弟，多从事酿私酒、开柜坊。绍兴年间，桂阳军曾告谕百姓以窝藏柜头的罪格，仍是把开柜坊同赌博联系在一起。《庆元条法》中将开柜坊和博戏赌财物并列，或者同茶户、酒肆、妓馆、食店、马牙、解库、银铺、旅舍等并列。这里柜坊同解库、银铺等并列，可能是一种信用机关。普通商店还有保管存款的业务，而且有用书帖取钱的办法，柜坊自然也可能有这种业务，尤其是它同赌博有密切的关系，不但会替赌徒保管钱财，还可以借此发展借贷业务。宋朝有的所谓兑坊，似乎用于填补柜坊所遗下的空白。

第四节　宋朝的金融政策

一、宋朝的信贷政策

在宋朝，无论乡村还是城市，都有高利贷活动。从事放债取利的除了官府、官员外，还有寺观僧道，"库户""钱民"以典质为业，是专业的高利贷者。放款方面，仍可分为信用放款和抵押放款。信用放款叫作贷息钱，出子本钱，赊放，称贷，有时仍叫出举。利率大体上比唐朝低，也就是利息不得超过本金。这主要由于宋朝货币数量多，容易获得信用。熙宁年间，王安石所制定的市易和青苗法，都是政府放款。市易是一种抵押信用，人民赊贷地方当局的财货，以田宅或金帛为抵当，没有抵当就要有三个保人，周息 2 分，过期不输息，则每月罚钱 2%，也叫保贷法。青苗法是一种农业信用，春天放，秋天还，利率 2 分，合年息 4 分。出现市易，一是为调节农村金融，二是为增加政府收入，但受到反对党的猛烈攻击，韩琦说利率比周礼的利率高 1 倍。然而，民间利率比这还要高。民间供给放款的，除普通有钱的商民外，寺僧也放款，大概当时寺僧仍相当富足。南宋还有市易法，绍兴四年（1134 年），设置市易务，只把钱在市面出借，利率 3 分。政府的农业信用并不限于青苗钱，还有所谓营田也可以得到农贷。凡是官田或逃田，以 5 顷为 1 庄，募民承佃，5 家为保，共佃 1 庄，每庄给牛 5 具，耒耜及种副之，别给 10 亩为蔬圃。绍兴六年（1136 年），贷钱 7 万，分 5 年偿还。

宋朝高利贷利息的计算方法有月息、季息或半年息、年息、复利四种。首先，宋朝按月计息的方法比较普遍。宋朝的月息在 1.5%~5% 之间，浮动的幅度比较大。其次，季息或半年息是按照季度或半年计算利息。这种方法在农村比较普遍。这是因为农业生产具有很强的季节性，而农民的生活也深受季节性的影响。农民在青黄不接的时候，需要借贷，以购买粮食，从而产生了按照季节或半年计算利息的方法。王安石变法时，青苗法就是每半年借贷 1 次，利息 2 分。南宋时民间借贷也多有按照 3~4 个月或者按半年来计算利息的。再次是年息，这是宋朝极为普遍的一种高利贷，年息低的有 5 分、7 分，高的则达到 1 倍，甚至是 2 倍到 3 倍。最后是复利，宋朝已经存在复利息，如果借贷者到期还不上，则以年为单位，利转为本，然后再生息。在宋朝文献中，高利贷者"以利为本"获取复利的记载并非个别。

宋朝高利贷的利息率是不断变化的。北宋初年，高利贷一般是"倍称之息"，利率是 100%，但此后逐年下降，到王安石变法期间下降了 30%，甚至是 50%。到南宋中期，高利贷利率开始有所回升，但在经济发达地区则继续保持了原来下降的趋势。造成宋朝高利贷利率变化的因素有很多。首先，北宋初年以来，社会经济有了很大发展，资本积累有了明显的增加。入宋以后，商人不仅总量增加，而且财富力量也达到了新高度。其次，宋朝资本雄厚的大商人为数不少，其他拥有一定数量的资本、从事贩卖的中小商人数量更多。因此，唐宋社会中商人的资本总量大大增加了。如此数量巨大的商业资本自然不甘寂寞，资本积极投入到包括高利贷在内的可以增值的商业活动中去。与唐宋以前相比，货币投入流通领域的情况更为常见。由于资本积累的增加，人们获得货币的机会也随着增加，高利贷的利息率自然会随着下降。再次，北宋以来商品经济的迅速发展对农村产生了深刻的影响。农民与市场之间的联系进一步密切，他们需要用货币从市场上购买自己需要的生产、生活资料，或者需要用货币交纳赋税，但农村却存在严重"钱荒"问题。高利贷就趁机而入，北宋初年以来"倍称之息"甚至是更高利率的高利贷在农村便得到了发展。但在城市中由于资本积累不断增加，高利贷利息率呈现下降趋势。王安石变法时，政府推行青苗法，每年将大约1000多万贯缗钱借贷出去，借款利率是40%，限制了私人高利贷的高利率。同时，政府大量铸造铜钱，年铸造量达到了500多万贯，"钱荒"问题有所缓和。在此期间，因经济的发展、资本积累的增加，高利贷利息率下降了30%～50%。南宋中期，利息率回升的重要原因之一是纸币的使用。南宋铜钱铸造数量大量减少，政府大量发行纸币以弥补铜钱的不足。纸币的流通量对利息率的波动有相应的影响，当其流通量相对少时，利息率就相对提高。由于南宋政府为解决财政困难而大量发行纸币，造成流通领域中纸币排挤铜钱、铜钱日益减少、纸币日益贬值。在通货膨胀的情况下，利息率也随之上升。

在商品经济繁荣的基础上，宋朝的商业信用也有了长足的发展，商业信用的发展又促进了商业的繁荣。宋朝的商业信用相当发达。从乡村到城市、从经济发达地区到经济落后地区，都存在商业信用活动。从民间的小商贩、大商贾到国家的专卖机构、各级官府，在商品交换过程中都不同程度地采用了赊买赊卖或预付货款的交易方式。不论是官民之间还是民庶之间，都和商业信用发生一定的联系。

宋朝商业信用可分为民营和官营两种。宋朝官营的商业信用分为三种，分别是政府向民间提供的信用赊卖、政府赊买和官营的预付货款。民营商业信用是民间在商品生产和商品交换中自发产生的信用行为，最常见的是赊买赊卖方式。宋朝之前，民间的赊买赊卖主要存在于消费领域。五代时期，开始涉足流通领域。到宋朝，这种商业信用在流通领域就比较普遍了。在唐宋时期，钱重物轻情况很多，钱荒问题长期困扰着封建政府。市场上流通货币数量不足，自然对商品流通不利，赊买赊卖遂成为解决问题的重要途径。商人或生产者向消费者零售商品时，经常采用赊买赊卖的方式。赊买赊卖有利于大商人与中小商人之间的商品批发和零售业务，能够加快商品流通速度，对双方均十分有益。另外，宋朝已出现了商人与生产者之间的赊买赊卖活动。根据宋朝文献的记载，当时在某些城市、某些行业中，民间的赊买赊卖已经相当普遍，现钱交易反而成为次要的交易方式。宋朝之前，民间的预付货款现象十分罕见，宋朝以来这种情况有了很大改观。与赊卖赊买不同，预付货款是买方向卖方预付现钱。尤其是在专业化商品生产比较发达的地区和行业中，商人和消费者向生产者预付货款和定金的现象更加普遍，对宋朝商品经济的发展极具深远意义。

由于商业信用的发展，宋朝商业领域出现了一些新现象、新矛盾和新问题。宋朝出现了大量的信用证券，其中最引人注目的是"交引"的大量涌现。"交引"是宋朝发行的信用证券，种类很多，职能也不同，但都是在政府和民间的商业信用中充当中介物。由于宋朝大量发行茶引、盐钞等有价证券，形成了证券交易市场，出现了买卖交引的交引铺，这是商人资本运动的新形式。宋朝商业信用的进步推动"牙人"阶层的发展，壮大牙人队伍。在各种商业信用活动中，需要有人做引领人、担保人、帮办人，这些角色往往由牙人担任。

商业信用的发展为牙人直接经商创造了条件，牙人虽然熟悉市场行情，但多数缺乏商业资本，难以独立经商。在赊买赊卖较为普遍的情况下，牙人可以用赊买方式进货，继而售出，成为中小商人。

除了政府的赊籴粮草制度外，宋朝消费领域商业信用的积极作用不是很明显，但在流通领域，商业信用的积极作用就凸显出来了。首先，商业信用节省了流通费用，主要通过交引体现出来。其次，商业信用加速了商品流通，有利于商业的发展。再次，商业信用还促进了纸币的产生和发展。宋朝交子、会子等纸币的产生，与商业信用的发达有密切关系。最后，赊买赊卖对"钱荒"有所缓和。此外，商业信用对宋朝商品生产也产生了积极影响。第一，购买者向生产者提供预付货款或定金，有利于商品生产的顺利进行。第二，由于赊买赊卖对商品流通有积极作用，间接促进了商品生产。当然，宋朝商业信用存在一些弊端。主要是给不法之徒进行商业欺诈提供了更多机会，从而引发许多商业投机行为，进而增加经商风险和商品生产的风险。

二、宋朝的货币制度

宋朝的货币仍以钱为主，铜钱大量出现在流通领域。绢帛逐渐丧失了货币职能，退回日用品的位置。与此同时，白银有了较大幅度的增长，地位日渐上升。此外，在川峡诸路产生的纸币交子，到南宋时期推广到东南诸路。纸币的产生与推广是宋朝货币制度最大的特点。

宋朝币材的种类较多。铜、铁、金、银、纸都在不同程度上充当货币，绢帛等实物则丧失货币性并退出流通。铜铁钱币、纸钞、金银锭并行的货币制度取代钱帛并行的货币制度。两宋的货币制度，仍以钱币为主，其中北宋以铜钱为主，南宋则以铁钱为主，白银的货币地位大为提高。

宋朝的货币流通具有区域性。虽然宋朝流通的货币以铜铁钱币为主，但由于各地的经济情况不同，所铸造的钱币和发行的纸币各不相同，互不流通，所以此时的货币流通具有区域性。一是因为当时宋朝武力积弱，强敌环伺，所以为了防止铁钱出境被辽夏金套去熔铸成兵器，铁钱的流通性被限制。二是铸币权和纸币发行权分散在各地，各地区铸造的钱币在名称、成色、重量、大小、形状等方面不尽相同，各地发行的纸币也不相同，以至于各地既不准本地的货币出境，也不准外地的货币流入，各地的货币仅限于本地区使用。所以从整体上看，宋朝流通的货币虽然以铜铁钱币为主，但实际上有些地方专用铜钱，有些地方专用铁钱，有些地方是铜铁钱兼用。

宋朝的铜铁钱均有大小钱之分，各地区的铜铁钱之间、大小钱之间的比价既不固定，也不一致，致使货币流通紊乱无序、市场分割。当然，货币流通的紊乱，也为宋朝货币兑换业的发展提供了条件。宋朝商业发展内生的货币需求增加，黄金、铜材不足，制约了货币的供给，以布帛、铁为代表的实物和贱金属不能满足大规模商品交换对高价值单位的货币需求，而白银作为币材的优点逐渐显现。宋朝的白银产量增多，为通行白银提供了条件；宋朝国际贸易发展以及贸易对象国使用白银；辽、夏、金等强邻要求宋朝使用白银来支付

"岁币"和"岁赐",强化了白银的货币地位。在宋朝,白银已成为国家法定货币的一种,民间与官方普遍使用,不受区域的限制,通行全国,白银也是当时纸币的兑现基金。

宋朝的货币不仅逐渐从贱金属货币向贵金属货币过渡,而且还出现了纸币。具体原因如下:第一,宋朝商品经济较为发达,商品流通和大额交易增加,使得贱金属货币流通的局限性日益突出。一是金属币材短缺,二是以贱金属货币为媒介的交易很不方便,商品交换需要轻便的货币。第二,北宋初期的四川是铁钱专用区,商民以车辆装载铁钱进行大额交易殊感不便。四川当时的造纸业和印刷业发达,具有印制纸质货币的独特条件,所以纸币首先产生于四川。第三,宋朝商品流通的扩展需要较多的货币,而政府限制铜铁钱外流以免被敌国熔铸成兵器,这也是纸币产生的原因。第四,唐朝飞钱的启发。唐朝的飞钱以及唐末至宋初的便换,都是在异地间划拨款项的汇票,具有异地兑现的功能,对北宋交子的产生有影响。《宋史·食货志》:"会子交子之法,盖有取于唐之飞钱。"第五,北宋前中期钱荒的出现。

三、宋朝的经济政策

(一)榷矾制

宋朝以前的榷矾法主要是针对贩卖私盐所设立的,目的是维持政府对矾的垄断。但是,即使设立相关的榷矾法加以控制,贩卖私盐的情况也仍然层出不穷,说明政府须采取必要手段加以控制,以便为宋朝榷矾法提供借鉴意义。随着经济的发展,政府对政令的监督与管理水平逐步提高。白矾的使用在宋时达到顶峰,可用的范围加大,炼铜中可以运用,可以作漂染添加剂等,在其他领域也可以利用。宋朝效仿前代榷矾优点,对榷矾加以完善,榷矾法得以确立。在宋朝其他榷法里,榷矾法显得更为特殊。

北宋年间,榷矾的施行办法错综复杂,不断地发生变动。期间发生的很多次中断和复兴与当时的政治军事格局是分不开的。初期,北宋邻国及少数民族领地的范围不断扩大,如西夏、辽等,而矾的主产区多在交界地带。随着周围战乱不断,产品的开采和配送受到干预,导致了税收的变化。换言之,一旦时局动乱,必然会导致整体销售情况下滑,矾因而会大量滞销,给政府带来严重的经济损失,政府只有采取强制措施才能缓解矾的供需矛盾,拯救矾业的发展。

北宋灭亡后,宋都南迁。此时,仍是承袭前制并普遍使用,另派专人管理矾引。历史记载了榷货务效仿了茶引与盐引来治理矾的管控,这一举措无疑是一种突破。矾引是政府和商人之间的纽带,是推行通商法必不可少的部分。政府不仅在矾的生产上做文章,而且将注意力转移到矾的流通上。北宋时期的通商法延续到南宋,但由于南宋地理位置的限制,国力逐渐削弱,实行通商法举步维艰。随之而来的是,矾的产量大大减少,矾的价格一落千丈。为了解决这个问题,政府不得不降低矾的价格来维持稳定发展,但是相应的代价就是获取的利润大不如前。此时官府的收订和贩卖都出现很大的问题,并且南宋政府调控力度不完善,此时的矾业逐渐走向衰落。为此,南宋政府在私矾法上做了调整,即制定告赏法。与北宋的私矾法相比,南宋告赏法的内容更加全面。为了让百姓积极检举揭发,政府发布一些政令来嘉奖检举者,并且将官吏个人的晋升与检举问题联系起来。可见政府对于揭发检举是十分重视的,但从长远角度来看揭发检举这种行为必将是弊大于利的。

综上所述,北宋和南宋采用了完全不同的惩罚措施。北宋是以刑法惩罚来管控私矾泛滥,而南宋则是以奖励的方法来鼓励百姓和官吏揭发私矾者,并将官吏的考核与揭发紧密联系在一起。与北宋相比,南宋的管控政策更加具有人性化的特点,也因此减少了私矾带来的损失。

宋朝禁榷制度对国家经济存在一定的积极影响。首先,对国家经济起到了带动作用。实施禁榷制度最大的优势在于使政府通过垄断经营的手段来获取巨大的利润,进而维护国家财政收入的稳定。由于时局动荡,加之边境战乱不断,导致宋朝财政收入与支出完全不对等,换言之,宋朝初期的财政处于紧张短缺的状态。为了解决财政问题,政府不得不采取措施,禁榷制度也因此被制定出来。只有国家拥有丰富的资源,并对资源加以控制管理,才会为国家带来巨大利益,而巨大的财政支持是继续维护统治的必要因素。其次,禁榷制度一定程度上规范了国家发展模式。这些禁榷的对象大部分不方便由私人来经营,否则会投入大量的财力人力,而且运输风险较大。关系到国家发展命脉的重要资源,比如食盐、酒、茶、铁等,如果交由私人来经营,很难形成一定的规模,必然会造成经济收益的流失,致使效率低下,给政府的统治管理带来隐患。所以,禁榷制度的推广,利大于弊。

禁榷制度在其他方面也存在弊端。比如,私人商品经济得不到发展。禁榷制度极大地妨碍了封建社会自由贸易的发展。政府通过颁布命令,利用强制手段来控制商品的生产和管理,基本上排除了私人的参与,导致私人商品经济在市场中得不到发展。虽然政府会适当地让私人参与到某些商品买卖活动中,但是私人并没有享受到充分的权利和自由,严重影响了商人的商业利润。由于商人无法从中得到好处,没有利益的驱动,民间商业资本的热情也逐渐褪去。政府的直接垄断式经营更是民间商业资本无法同商业联系到一起的重要原因,为此,我国的民间商业资本与产业资本无法顺利地转化,更不能实现经济利益最大化。禁榷制度还会对百姓利益产生危害。宋朝实施的禁榷制度无疑是来弥补财政收入短缺的法律制度,政府为了达到获取巨大利润的目的,会对地方官员制定相应的工作量,并将完成任务的好坏程度纳入地方官员的考核标准。

(二)均输法

均输法是官营商业的一种形式。为保证京城对物品的需要,宋朝向各地征纳实物,而地方官府不管农民是否生产,一律要求交纳,结果是缺物的农民只得从市场高价购买,导致京城物资过剩而低价抛售,得利的是大商人。为解决这一矛盾,熙宁二年(1069年)实行均输法。具体办法是:从内库拨出钱500万贯,米300万石,作为发运司本钱,在歉收地区和不生产的地区不再征纳实物,而责令农民交钱,发运司根据京城的需要,到低价区和距离较近的地区购买,并买进一些可以经营的商品进行运销,从中获利。均输法的推行既满足了京城对物资的需要,增加了政府的财政收入,又抑制了大商人的肆意牟利,即"稍收轻重敛散之权归之公上,而制有其无"。可以"便转输,省劳费""去重敛,宽农民""庶几国用可足,民财不匮"《宋会要辑稿》。

均输法的主要特征为：徙贵就贱，用近易远。首先，不是固定不变地向各地征敛实物赋税，而主要是在灾荒歉收物价高涨的地区折征钱币，到丰收的地区用钱币贱价购买上供物资，即"徙贵就贱"。其次，如果有多个地区同时丰收物贱，就到距离较近、交通便利的地区购买，即"用近易远"。至此，均输法就可以达到"江湖有米则可籴于真，二浙有米则可籴于扬，宿亳有米则可籴于泗，坐视六路之丰歉，间有不登之处，则以钱折斛，发运使得以斡运之。不独无岁额不足之忧，因以宽民力。万一运渠旱干，则近有汴口仓庾"这样的效果。与均输法配套的措施有两种：其一，扩大发运司的职权，拨给发运司专项资金，用于采购，赋予"从便变易蓄买"的权力，并增辟官吏。其二，建立京师所需与发运司上供的信息沟通体制，让发运司预先知晓京师库藏状况，根据实际需要，合理安排籴买、税敛、上供。

（三）减轻商税

五代十国时期，战争频繁，地方割据，苛捐杂税林立，影响了商业的发展。到宋朝，采取了一些减轻商税、促进商业发展的措施。宋太祖建隆元年（960年），制定了商税则例，规定在汴梁设"商税院"，负责全国商税的征收，在全国各地设场、务等机构，征收当地的商税。同时规定各场、务在征税中，不准擅自修改税则，不得多征或少征，不得随意加重或减轻行户纳税负担。宋朝的商税有正税和杂税之分。正税有过税和住税两种。过税是对行商贩运货物征收的税，税率为2%，每遇税卡即须纳税；住税是对坐商买卖商品征收的税，税率3%。宋朝还规定对贩运到京城的商品征收"市利钱"，对商人载货的车、船征收"力胜钱"。宋朝的杂税包括经制钱、总制钱、月桩钱、版账钱等。经制钱和总制钱合称经总制钱，是为筹集军政费开支而设的税目，始于宋徽宗宣和年间（1119—1125年），宋钦宗靖康元年（1126年）废除，南宋高宗建炎二年（1128年）又恢复征收。北宋时经总制钱岁入200万贯，南宋时增到2000万贯。月桩钱和版账钱都是为筹集军饷而设的税目，仅月桩钱一项，岁入就有390余万贯。"商税则例"颁行之初，的确减轻了中小商人的负担，促进了商业的发展。但在封建政权统治之下，任何政策或办法最终都会被花样翻新、层层勒索，反而加重了人民的负担。宋朝的其他商业政策也同样如此。但从总的来看，宋朝的一系列商业政策，无疑促进了商业的发展。

熙宁十年（1077年）北宋税赋总收入共7070万贯，其中农业的两税2162万贯，占30%，工商税4911万贯，占70%。这些数字说明构成国家财政收入主体的已不再是农业，而是工商业了，农业社会已经在开始向工商业社会悄悄迈进。宋朝获得庞大的财政收入并不是靠加重对农民的剥削，而是国民经济飞速发展，工商业极度繁荣，生产力水平提高的结果。作为一个传统的农业大国，我国古代对大量小自耕农直接征收农业税，一向是维护国家统治的经济基础，像宋朝这样的情况实在是绝无仅有，直到清朝末年，工商业税收才再一次超过农业税。南宋绍兴末年（1162年），仅广州、泉州和两浙（浙东和浙西）三个市舶司关税收入即达200万贯，宋朝仅对进口商品征收7%～10%的关税，也就是说每年仅从上面三个市舶司进口的纳税货物达2000万～3000万贯，南宋年均进出口额约在1亿贯以上，甚至可能达到2亿贯或更多。

四、宋朝的进出口政策

（一）市舶司

北宋时期，海外贸易之盛远远超过前代，政府为了增加财政收入及收购进口物资来满足皇室、官僚的生活需要，对海外贸易十分重视。早在开宝四年（971年），就设置市舶司于广州。以后北宋政府又陆续在杭州、明州、泉州以及密州的板桥镇、秀州的华亭县建立了管理海外贸易的机构和制度——市舶司和市舶条法，鼓励中外商人的贸易。除广州市舶司外，其余几处在政和二年（1112年）前曾一度被停废。政和三年，朝廷在秀州华亭县设市舶务。北宋中期以前，各处市舶机构皆称为市舶司。大观元年（1107年）始将各处管理外贸的机构改称"提举市舶司"，将各港口的市舶司改称市舶务。南宋前期，两浙、福建、广南东路的市舶司通称"三路市舶司"或"三路市舶"。罢两浙路市舶司后，原属两浙路市舶司各港口市舶机构只称"场"或"务"。福建、广南东路市舶司设在泉州、广州，下设场、务。建炎二年（1128年）复置两浙、福建路提举市舶司。从此，又恢复了两浙、福建、广南东路三处市舶司并存的局面。乾道二年（1166年），罢两浙路提举市舶司。

宋朝市舶官制变化十分频繁。北宋前期，市舶司由所在地的行政长官和负责地方财政的转运使共同领导，由中央政府派人管理具体事务。元丰三年（1080年），免除地方行政长官的市舶兼职，由转运使直接负责市舶司事务，后又专设提举官。

南宋时，各处市舶司曾一度并归转运司，或由提点刑狱司、提举茶事司兼管，但为时不长。两浙路各处市舶务的"抽解职事"由地方官负责。福建、广南东路的市舶司仍设"提举市舶"一职。宋朝没有关于市舶制度统一完整的规定，市舶司的职责主要包括：根据商人所申报的货物、船上人员及要去的地点，发给公凭（公据、公验），派人上船"点检"，防止夹带兵器、铜钱、女口、逃亡军人等；"阅实"回港船舶；对进出口的货物实行抽分制度，即将货物分成粗细两色，官府按一定比例抽取若干份，这实际上是一种实物形式的市舶税，所抽货物要解赴都城（抽解），按规定价格收买船舶运来的某些货物（博买），经过抽分、抽解、博买后，所剩的货物仍要按市舶司标准，发给公凭，才许运销他处；主持祈风祭海。

市舶收入是宋朝财政收入的一项重要来源。北宋中期，市舶收入达42万缗左右。南宋前期，宋朝统治危机深重，市舶收入在财政中的地位更加重要。南宋初年，岁入1000万缗，市舶收入达150万缗。宋政府还通过出卖一部分舶物增加收入。太平兴国二年（977年）初置香药榷易署，当年获利30万缗。

（二）抽解、博买政策

抽解、博买政策都是直接作用于进口货物的政策。国家对进出口货物抽取一部分作为实物税，"凡舶至，

图7-10 泉州市舶司遗址
（拍摄自福建省泉州市鲤城区）

帅漕与市舶监官莅阅其货而征之，谓之抽解"，博买是对进口货物抽取一定比例予以收购的政策。

抽解制度中，抽解的比率和抽解的货物种类都有变动，趋向比率降低而种类细化。"淳化二年（991年）始立抽解二分"后来多有变动，在真宗时期，"大抵海舶至，十先征其一"，到宋神宗时期进一步减少抽解比例，降至十五分之一。到了哲宗时，政府对抽解的比例做了细化的规定："以十分为率，真珠、龙脑凡细色抽一分；玳瑁、苏木凡粗色抽三分，抽外官市各有差。"将货物分为粗细二色，不同种类的货物抽解比例不同，此后基本沿袭该原则，标志着抽解制度的最终成熟。博买的比率也呈逐渐减少的趋势，博买的商品种类也在后来有所要求。从淳化二年开始，最初"自今除禁榷物外，他货择良者止市其半，如时价给之"。后来宋真宗咸平年间降为30%~40%，宋仁宗时降至30%："十算其一而市其三"。需要注意的是，博买的货物，都要"择良者""视所载"，选择货物中的精良品购买。

这些贸易政策总体上产生了积极作用。第一，贸易政策是北宋财政"开源"的重要手段。中央发给市舶司"博买本钱"后，市舶司以低于市场价的价格强制博买后利用垄断地位高价卖出，抽解获得的货物也可以直接在市场上卖出。这些行为主要通过榷易院等机构进行，以获取高额利润。第二，商人在境内贩卖抽解过后的商品，同样要缴纳商税，时人称之为投税，广州在本路的商税税额占比高达54.3%，而广东是市舶司所在地，是本路唯一的合法贸易港，这些政策对税收也有重要意义。

当然，这样的税收政策也会伤害到海商的利益。但是从具体结果来看，以香药榷易院为例，它是国家专卖香料的机构，这些香料绝大部分都由进口得来，在太平兴国年间（1976—984年）收入为30万贯到淳化年间的50万贯，真宗咸平年间收入到达80万贯，这反映了海外贸易额的增长。有人认为淳化二年（991年）抽解二分过重，抑制了海外贸易发展，从以上数据所反映的情况看，并非如此。

（三）朝贡政策

与朝贡相关的政策主要有对朝贡使团的接待，涉及对使团停留时间和人数的限制，以及对朝贡物品的处理政策，主要问题在于贡品是在原地卖出还是运抵京城。

朝贡是指外国派使臣将本国财物进献给我国皇帝，以表臣服或友好的行为。由于北宋政府为显大国对外藩的怀远，常常以超额的钱财回赐，有时还另有赏赐，对前来朝贡的使臣"邮传供亿，务从丰备"给予丰厚的招待并"诏外夷入贡所过州县，令巡检、县尉护送之"。在所过州县予以护送，来往的迎送接待予以大量回赐，耗费了大量财政资金，相较之下，本国的交易所得却微乎其微。

关于使团接待问题，接待由繁到简，对人数、逗留时间都从放开到有所限制以节省支出。"每国使副、判官各一人，其防援官，大食、注辇、三佛齐、阇婆等国，勿过二十人，占城、丹流眉、勃泥、古逻摩逸等国勿过十人，并往来给券料。广州蕃客有冒代者，罪之。缘赐与所得，贸市杂物则免税算，自余私物，不在此例。"苏轼、苏辙兄弟奏请皇上"定其程限，自入界不两月到阙下"，限制朝贡队伍逗留时间。

关于处理贡品的政策，政策的态度从完全接受并予以超额回赠到拒绝贡品入京，甚至就地卖出。另据"元丰市舶条"的整理，其中有朝贡物品不再送京、一律就地变卖的规定。这一规定虽未得到全面实行，但据"使人免到阙，令泉州差官以礼管设。章表先人递前来，候到，令学士院降敕书回答。据所贡物，许进奉十分之一，余依条例抽买。如价钱阙，申朝廷先次取拨，俟见实数估价定，市舶司发纳左藏南库，听旨回赐。"与"准已降旨：给还占城国进贡一分物色，余令本司斟量依条抽买。"记载，进贡物品被部分拍卖，即规定得到了部分执行。这样就地抽买变卖的政策，完全免去迎送成本，极大地减少了接待成本，是政策上的一大进步。同时，这一政策还促进了当地的商品贸易，对商品经济发展起到积极作用。

（四）番商政策

海商是推动海外贸易的重要主体，番商的数量直接影响到海外贸易额，与政府收入密切相关，而海商毕竟是本国商人，在管理上十分便利。与此相比，番商是少数民族商人或外国商人，与他们相关的政策就需要重新考量。关于番商的政策主要有番商招徕、沿途保护和番商管理三大类。

番商招徕方面的政策。北宋初年，宋太宗下令招徕番商"遣内侍八人，赍敕书、金帛，分四纲，各往海南诸蕃国，勾招进奉，博买香（香料）、药（药材）、犀（犀牛角）、牙（象牙）、真珠、龙脑"；天圣六年（1028年），宋仁宗下诏令广州当地的官员和市舶司出海招诱番商来华贸易；宋神宗时，官员也对番商"示之以条约，晓之以来远之意"。番商的招徕政策从北宋初年一直延续，是一个较为稳定的政策，到当地招揽、诱导番商之举，直接增加了番商来华人数。"示之以条约"，即宣传对番商政策，也能起到招徕的效果。除使番商对宋朝政策更加了解从而增加番商数量外，对待番商的政策本身也很有吸引力。

沿途保护方面的政策。"因风水不便，船破樯坏者，即不得抽解"，在途中遭遇危险、桅杆、船体受损的番商货船，可以获得免税的优惠。若是船毁人亡，元符年间下达诏令，"番舶为风飘着沿海州界，若损败及舶主不在，官为拯救，录货物，许其亲属召保认还。"由官府帮助打捞货物，交由亲属认领。对于沿途出现不测的保护政策，降低了番商来华的风险，也体现出北宋政府的人道主义精神。

番商管理方面的政策。元符年间（1098—1100年），设立"防守、盗纵、诈冒断罪之法"保护番商的私有财产。如有在宋朝病逝的番商，政府通知其家属并将财产代为保留后送还。为保护番商利益，政府规定："除抽解和买，违法抑买者，许番商越诉，计赃罪之。"严禁强制购买番商货物，如遇违者允许番商越级上诉。为了昭示怀远，对前来朝贡的番商予以免税，但该政策随着情况的变化亦有所变动。真宗期间，政府规定"通其公献而征其私货"也只是把番商沿途私自贩卖的货物依法收税，没有惩罚措施。为了让番商感受北宋政府的优待，政府对番商还有优厚的迎送接待待遇。"余（朱彧之父朱服）在广州尝设宴犒设蕃人，……蕃长引三佛齐人来，蕃汉纲首、作头、稍工等人各与其坐。"水手、船工等人都可以参加，宴请规模非常之大。这并非个案，而是一种长期执行的制度，每到特定的月份"依例破官钱三百贯文，排办筵宴"。宋朝政府允许番商在国内长期居住，"听其往还，许其居止"，随意进出国境。此外，政府对他们实行类似编户制的管理，番人聚居之处称为番坊,设番长一人,职责为"管理蕃坊公事,专切招邀蕃商入贡",番长的服饰"巾袍履纷如华人",其他番人也"衣装与华异,饮食与华同"。此外,在番坊中长期居住的番商允许与国内女子甚至宗室女子通婚。

在番商的政策影响下,来华的番商范围极广、人数众多、资产雄厚,成为海外贸易的重要力量,对北宋的海外贸易做出重大贡献。来华的番船从北宋初期的"三两只",南宋时期已经每年有番船"三十六隽左右"来华。这些番商政策对番商数量的增长有卓越贡献。在这些政策的管理之下,番商的财富也达到惊人的数量,"富者赀累巨万",资本非常雄厚。宋朝的番商来自世界各地,范围极广,除东亚、东南亚等国外,在伊朗、斯里兰卡、索马里等地都发现过宋朝货物或宋钱。这些政策吸引了大量的番商来华贸易,并为番商在华居住、贸易提供便利,总体上是十分成功的。

第五节 金融人物与案例

一、沈括

沈括(1031—1095),字存中,号梦溪丈人,汉族,浙江杭州钱塘县人,北宋政治家、科学家。沈括出身于仕宦之家,一生致志于科学研究,在众多学科领域都有很深的造诣和卓越的成就,被誉为"中国整部科学史中最卓越的人物"。其名作《梦溪笔谈》,内容丰富,集前代科学成就之大成,在世界文化史上有着重要的地位(图7-11)。

图7-11 沈括与《梦溪笔谈》(图片来自中国国家博物馆)

宋神宗时钱币铸造达到高峰,钱币数量也大幅提高,但并不能解决北宋日益严重的钱荒问题。对此沈括提议:稳定盐钞价格,达到以钞代币的目的;增加货币种类,将金银纳入货币流通,但宋神宗并没有接受。

沈括还从货币的贮藏手段入手来研究货币流通速度,提出了"钱利于流"的货币理论。他认为,钱如果藏之不用就是死钱,要使钱增值就必须投放到流通领域。因此沈括主张加速货币流通,通过货币在流通过程中的增值来达到稳定币值的目的,这一发现比西方早很多年。货币流通速度对同期货币流通数量有副作用,即货币周转次数越多,同期流通中所需货币量越少。沈括还注意到贸易来往中的顺差和逆差问题,主张根据边境地区的实际情况,通过调节贸易额来达到稳定货币的目的。

二、张方平

张方平(1007—1091),字安道,号"乐全居士",谥"文定",北宋应天府南京(今河南商丘)人。神宗朝,官拜参知政事,反对任用王安石,反对王安石新法。元祐六年(1091年)卒。苏轼哀痛不已,赠司空,谥文定,有《乐全集》四十卷。

张方平指出,在正常情况下向市场投放货币有三个途径,即国家用货币发放俸饷,用于购买谷帛,作为经营矿冶、茶盐业等的本钱,具有俸饷性投放和商品性投放的性质;货币回笼有两个渠道,即通过田税和茶盐酒税等税收或专卖收入流回官库,具有财政性回笼的特点。免役钱的征收破坏了原来的货币流通秩序,必然会引发钱荒问题。张方平还指出,免役钱多为农民所出,而募役的对象却是城市无业人员。募役的结果有利于城市而不利于农村,不仅使农村钱荒加剧,甚至影响了农村的稳定和发展。

张方平认为,实行青苗法和免役钱增加了对货币的需求,而货币的外流和私销降低了国内货币流通量,这一正一负作用的必然结果只能是形成严重的钱荒危机。关于垄断发行权,他强烈要求"为国者必亲操其柄,官自冶铸,民盗铸者抵罪,罪至死,不得共其利也"。封建统治者必须严明法纪,以维护封建政府独享货币发行权的特殊地位。

三、周行己

周行己(1067—1124),字恭叔,称浮沚先生,永嘉县(今温州市鹿城区)人,祖籍瑞安县,是南宋永嘉学派的先驱,著有《浮沚集》。周行己认为"钱本无轻重,而物为之重轻",意为货币原本没有轻重,有了商品才有了轻重,主张以商品轻重来表示商品价格高低。

周行己提出三种对策消除或制止铸币贬值。首先,对于当十大钱,他反对采取简单的公开贬值政策,改当十为当二,主张官府用出卖官诰等有价证券的方式有偿收回当十钱,然后再"改为当二,通行天下"。其次,铁钱、夹锡钱及铜钱分路流通。最后,河北、陕西和河东三路与其他地区进行贸易往来。周行己从虚实轻重论出发,指出纸币发行如果不受钱币的制约,也不考虑能否兑现,就会大大降低信誉,影响纸币正常流通。他还主张足值货币流通,纸币应能兑取现金。

四、叶适

叶适(1150—1223)(图7-12),字正则,号水心居士,温州永嘉(今浙江温州)人,南宋著名思想家、文学家、政论家,世称水心先生。叶适主张功利之学,反对空谈,对朱熹学说提出批评,为永嘉学派集大成者。他所代表的永嘉事功学派,与当时朱熹的理学、陆九渊的心学并列为"南宋三大学派",对后世影响深远,是温州创业精神的思想发源。

叶适认为只有铜钱才是最佳货币,他提倡在铜钱中只推荐开元钱,认为铜钱流通以"开元钱为准,始得轻重之中",统一价格标准。他十分重视货币的流通手段职能,轻视贮藏手段的职能作用,极其反对政府推行货币贬值、通货膨胀政策,反对政府大肆铸造不足值钱币。

叶适反对纸币流通,认为纸币流通的弊端有三点:一是大城市的流通领域被纸币占领,铜钱已纷纷退出市场;二是纸币贬值,给持有者造成经济损失;三是物资匮乏,商品供应短缺。叶适认为一个钱流通100次,就发挥100个钱的作用;如果取得一个钱以后,积而不发,就只能算一个钱。所以他认为紧缩不一定是因为钱少,有时候是因为货币流通速度降低。所谓"障固而不流"和"已聚者之不散"的观点和北宋沈括的主张差不多,沈括认为货币的首要功用在于流通手段,"通百物之用"。

图7-12 叶适雕像
(图片来自叶适纪念馆)

五、澶渊之盟

"澶渊之盟"是北宋和辽朝在经过25年的战争后缔结的盟约,内容如下:
(1)宋辽为兄弟之国,辽圣宗年幼,称宋真宗为兄,后世仍以齿论。
(2)宋辽以白沟河为界(辽放弃瀛、莫二州),双方撤兵;此后凡有越界盗贼逃犯,彼此不得停匿;两朝沿边城池,一切如常,不得创筑城隍。
(3)宋每年向辽提供"助军旅之费"银10万两,绢20万匹,至雄州交割。
(4)双方于边境设置榷场,开展互市贸易。

宋朝的汉族百姓骂条约不平等,认为该盟约是花钱买和平,没有民族气节。而实际情况却是大宋的岁入为1亿两,打宋辽战争每年军费为5千万两。关键在于第(4)条,两国开展自由贸易。辽除了马之外没有任何产品可以输出给宋,而宋的每一种商品都是辽需要的。辽卖马给宋,宋的骑兵越来越多,军事力量不断强大。一边倒的贸易逆差不仅使辽收的岁币到年底被宋赚得干干净净,每年还倒赔。结果,100年双方无战事,辽的真金白银通过货币战争源源不断地输入宋。

宋朝的货币战争,实际上是北方民族的原材料与钱币通过自由贸易源源不断地输入南方,换回南方的商品。加之北方没有自己的产业,在经济上被掏空,导致了北方民族国家日益虚弱直至不堪一击。宋朝通过贸易获得的顺差,通过岁贡的方式流到辽金,起到了平衡货币的作用。

六、宋朝的变法

由于北宋发生过钱荒,王安石在任副宰相时期开始变法,其中涉及货币流通的是"青苗法"和"免役法"。"青苗法",亦称"常平新法",主要为改变旧有常平制度的"遇贵量减市价粜,遇贱量增市价籴"的呆板做法。"青苗法"灵活地将常平仓、广惠仓的储粮折算为本钱，以20%的利率贷给农民、城市手工业者，以缓和民间高利贷盘剥的现象，同时增加政府的财政收入，达到"民不加赋而国用足"，改善北宋"积贫"的现象。"免役法"，又称"募役法"，废除原来按户等轮流充当州县差役的办法，改由州县官府自行出钱雇人应役。雇员所需经费，由民户按户分摊。原来不用负担差役的女户、寺观，也要缴纳半数的役钱，称为"助役钱"。"青苗法"和"免役法"给宋朝政府带来了巨大的收入，并且在一定程度上有利于农民，使得农民从劳役中解脱出来，保证了劳动时间，促进了生产发展，也增加了政府财政收入。但是实行新法后要求老百姓交钱的时间比较集中，每年出贷两次。地方官员强行让百姓向官府借贷，而且随意提高利息，加上官吏为了邀功，额外还有名目繁多的勒索，百姓苦不堪言。同时民间急着用钱，钱币当然就非常紧缺，形成钱荒。司马光引用白居易"私家无钱炉，平地无铜山"来说明"青苗、免役钱之为害尤大"，主张罢免青苗、免役等法。苏辙也认为"夫钱者官之所为，米粟布帛者民之所生也……今青苗、免役皆责民出钱。是以百物皆贱，而惟钱最贵，欲民之无贫，不可得也。"张方平以河南应天府每年纳青苗息钱及役钱92000贯为例："每年两限，家至户到，科校督迫，无有已时，天下谓之钱荒。"一闹钱荒，物价下跌，农民为了交钱，需要忍痛贱卖农产品，负担更重。这就使名义上的利民政策变成了害民恶法。王安石的变法政策虽然从良好愿望出发，但理论却与实践产生了很大偏差，致使农民受害不浅，加之其他政治因素，最后导致变法失败。

课后习题

一、即测即练

自学自测　扫描此码

二、思考题

1. 请分析"王安石变法"中，关于"天下财富"的观点，并对该观点进行评论。

2. 宋朝时期铸钱繁多，各种年号钱几十种，为历朝历代铸钱最多的朝代之一，请分析其原因。

3. 北宋熙宁年间税赋总收入共7070万贯，其中农业两税2162万贯，占30%，工商税4911万贯，占70%。说明构成国家财政收入主体的已不再是农业，而是工商业。请分析宋朝工业化的背景和原因。

4. 宋朝的货币不仅逐渐从贱金属货币向贵金属货币过渡，而且还出现了纸币。请分析宋朝货币发生变化的历史背景和原因。

5. 著名历史学家陈寅恪曾这样评价宋朝："华夏民族之文化，历数千载之演进，而造极于赵宋之世。"请分析其给予宋朝高度评价的理由。

三、案例分析题

1. 庆历新政

"庆历新政"是一场由范仲淹、富弼等主导的以整顿吏治为核心，意在限制冗官，提高官员办事效率，发展农业，增加赋税，借以达到节省国家开支，缓解国家财政危机的改革行动。

庆历三年（1043年），刚刚出任参知政事不久的范仲淹，在急切想要通过改革来改变宋朝积弱现象的仁宗皇帝的催促下，曾坚定地认为"革弊于久安，非朝夕可也"的范仲淹迫不得已只能是"始退而条列时所宜先者十数事上之"，向仁宗皇帝上疏《答手诏条陈十事》，列出了此时此刻最需要得到解决的十项内容。这十项内容是：明黜陟、抑侥幸、精贡举、择官长、均公田、厚农桑、修武备、减徭役、覃恩信、重命令。

这十项内容主要是针对宋朝的吏治、经济、军事、法律等四个方面，其中明黜陟、抑侥幸、精贡举、择官长、均公田是为澄清吏治；厚农桑是为发展经济；修武备是为整治军备；覃恩信、重命令是为厉行法治。

庆历新政的主要内容是吏治改革，为了提高行政效率，还富于民，范仲淹针对吏治问题提出了一系列改革措施，其中包括革新官僚团队，剔除那些贪腐无为的各路官员，并为朝廷引进一批正直忠心的新鲜血液，以重振当时萎靡的政局。

由于新政触犯了贵族官僚的利益，因而遭到他们的阻挠。1045年年初，范仲淹、韩琦、富弼、欧阳修等人相继被排斥出朝廷，各项改革也被废止，新政彻底失败。

问题：请分析庆历新政失败的根本原因是什么？

2. 王安石变法

宋神宗希望改变积贫积弱的局面，消除弊病，克服统治危机，遂起用王安石为江宁知府，旋即诏为翰林学士兼侍讲，非常信任和器重王安石。

熙宁元年（1068年）四月，王安石再次提出全面改革的想法，指出"治国之道，首先要效法先代，革新现有法度"，并勉励神宗效法尧、舜，简明法制。

王安石认为：

北宋国家贫苦的症结，不在于开支过多，而在于生产过少；农民贫苦和不能从事生产，一方面是由于官僚富豪兼并了大量土地，另一方面是由于政府把繁重的徭役加在农民身上。因此，最好的理财富国之路，是依靠天下所有的劳动力去开发自然资源，是积极开源，而不是消极节流。

熙宁二年（1069年）二月，宋神宗任命王安石为参知政事，王安石提出当务之急在于改变风俗、确立法度，提议变法，神宗赞同。

为指导变法的实施，便设立制置三司条例司，统筹财政。

同年四月，遣人察诸路农田、水利、赋役；七月，立淮浙江湖六路均输法；九月，立青苗法；十一月，颁农田水利条约。

熙宁三年（1070年），颁布募役法、保甲法。

熙宁四年（1071年），颁布方田均税法，并改革科举制度。

熙宁五年（1072年）三月，颁行市易法。

熙宁六年（1073年）七月，颁行免行法。

变法一定程度上改变了北宋积贫积弱的局面，充实了政府财政，提高了国防力量，对封建地主阶级和大商人非法渔利也进行了打击和限制。

但是，变法在推行过程中，由于部分举措的不合时宜和实际执行中的不良运作，造成了百姓利益受到不同程度的损害，加之新法触动了大地主阶级的根本利益，遭到他们的强烈反对。

元丰八年（1085年），因宋神宗去世而告终。

问题：请分析王安石变法的背景，并对变法失败的原因进行分析。

参考文献

[1] 袁远福，缪明杨. 中国金融简史[M]. 北京：中国金融出版社，2001.

[2] 汪圣铎. 两宋货币史[M]. 北京：社会科学文献出版社，2003.

[3] 姚遂. 中国金融史[M]. 北京：高等教育出版社，2007.

[4] 彭信威. 中国货币史[M]. 北京：中国人民大学出版社，2020.

[5] 郑世刚. 宋朝海外贸易政策初探[J]. 上海师范大学学报（哲学社会科学版），1980（1）：116-119.

[6] 姚文宇. 两宋时期货币制度与货币思想研究[D]. 太原：山西财经大学硕士学位论文，2014.

[7] 黄纯艳. 略论宋朝铜钱在海外诸国的行用[J]. 中州学刊，1997（6）：141-145.

[8] 刘森. 宋朝会子的起源及其演变为纸币的过程[J]. 中州学刊，1993（3）：122-124.

附录

北宋货币时间线

时间	皇帝	货币类型		
		铜、铁钱	纸币	金银
建隆元年（960年）	赵匡胤	宋元通宝		
开宝四年（971年）				制定《伪黄金律》，是两汉以来政府第一次视黄金为法定货币
太平兴国元年（976年）	赵炅	太平通宝		
太平兴国五年（980年）				转运使张谔建议准许人民暂时用银绢代替铜钱纳税
淳化五年（994年）	赵炅	淳化元宝	交子自由发行时期，大概是代替铁钱流通	
至道元年（995年）	赵炅	至道元宝		
咸平元年（998年）	赵恒	咸平元宝		
景德元年（1004年）	赵恒	景德元宝		

续表

时间	皇帝	货币类型		
		铜、铁钱	纸币	金银
大中祥符年间（1008—1016年）	赵恒	祥符元宝、祥符通宝	交子由十六家富商来主持发行	
天禧元年（1017年）	赵恒	天禧通宝		
天圣元年（1023年）	赵祯	天圣元宝	政府设置益州交子务，交子发行改由官办	
明道元年（1032年）	赵祯	明道元宝		
景祐元年（1034年）	赵祯	景祐元宝		
宝元二年（1039年）	赵祯	皇宋通宝		
康定元年（1040年）	赵祯	康定元宝		
庆历元年（1041年）	赵祯	庆历重宝		
皇祐元年（1049年）	赵祯	皇祐元宝		
至和元年（1054年）	赵祯	至和元宝、至和重宝		
嘉祐元年（1056年）	赵祯	嘉祐元宝、嘉祐通宝		
治平元年（1064年）	赵曙	治平元宝、治平通宝		
熙宁元年（1068年）	赵顼	熙宁元宝		
熙宁四年（1071年）	赵顼	熙宁重宝		
元丰年间（1078—1085年）	赵顼	元丰通宝（宋朝铸钱最多时）		
元祐元年（1086年）	赵煦	元祐通宝		
绍圣元年（1094年）	赵煦	绍圣元宝、绍圣通宝、绍圣重宝		
元符元年（1098年）	赵煦	元符元宝		
建中靖国元年（1101年）	赵佶	圣宋元宝		
崇宁元年（1102年）	赵佶	崇宁通宝、崇宁重宝	币制改革，把交子改为钱引	
大观元年（1107年）	赵佶	大观通宝		
政和元年（1111年）	赵佶	政和通宝、政和重宝		
重合元年（1118年）	赵佶	重合通宝		
宣和元年（1119年）	赵佶	宣和元宝、宣和通宝		
靖康元年（1126年）	赵桓	靖康元宝、靖康通宝		

南宋货币时间线

时间	皇帝	货币类型		
		铜、铁钱	纸币	金银
建炎元年（1127年）	赵构	建炎元宝、建炎通宝、建炎重宝		
绍兴元年（1131年）	赵构	绍兴元宝	商人在婺州换领关子，再向政府的榷货务领钱	
绍兴七年（1137年）	赵构		吴玠在河池发行银会子	

第七章 宋朝货币金融简史

续表

时　间	皇帝	货 币 类 型		
		铜、铁钱	纸　币	金　银
绍兴三十年（1160年）	赵构		会子由户部接办收为官营	
隆兴元年（1163年）	赵昚	隆兴元宝		
乾道元年（1165年）	赵昚	乾道元宝		
淳熙元年（1174年）	赵昚	淳熙元宝、淳熙通宝		
绍熙元年（1190年）	赵惇	绍熙元宝、绍熙通宝		
庆元元年（1195年）	赵扩	庆元元宝、庆元通宝		
嘉泰元年（1201年）	赵扩	嘉泰通宝		
开禧元年（1205年）	赵扩	开禧通宝		
嘉定元年（1208年）	赵扩	嘉定元宝、嘉定通宝（嘉定铁钱是中国钱币史上最复杂的一种）		
宝庆元年（1225年）	赵昀	大宋元宝		
绍定元年（1228年）	赵昀	绍定元宝、绍定通宝		
端平元年（1234年）	赵昀	端平元宝、端平通宝、端平重宝		
嘉熙元年（1237年）	赵昀	嘉熙通宝、嘉熙重宝		
淳祐元年（1241年）	赵昀	淳祐元宝、淳祐通宝		
宝祐元年（1253年）	赵昀	皇宋元宝		
开庆元年（1259年）	赵昀	开庆通宝		
景定元年（1260年）	赵昀	景定元宝		
咸淳元年（1265年）	赵禥	咸淳元宝		
德祐元年（1275年）	赵显	德祐元宝		

第八章 元朝货币金融简史

韩左军马图卷

（元）唐珙

将军西征过昆仑，战马渴死心如焚。策勋脱鞍泻汗血，一饮瑶池三尺雪。
身如飞龙首渴乌，白光照夜瞳流月。长河冻合霜草干，骏骨削立天风寒。
木牛沉绝粮道阻，中军饿守函谷关。太平此马惜遗弃，往往鸶驼归天闲。
区区刍粟岂足养，忠节所尽人尤难。摩挲图画不忍看，万古志士空长叹。

第一节 元朝的社会概况

元朝（1271—1368 年），从蒙古族元世祖忽必烈建立元朝开始，到洪武元年（1368 年）秋，明太祖朱元璋北伐攻陷大都为止，元朝的统治仅有 98 年。元朝前身是成吉思汗所建立的大蒙古国，正式国号叫大元，取自于《易经·乾篇》的"大哉乾元，万物资始"，其中大元中的"大"字并非类似"大汉""大唐"那样的尊称。至正二十八年（1368 年），元朝廷退居漠北，所以称呼元朝廷的残余势力又叫北元或残元。

一、元朝的社会发展

元朝的大部分领土承袭大蒙古国，且不断扩张。在元武宗时期达到最大，西到吐鲁番，西南包括西藏、云南及缅甸北部，北至都播南部与北海、鄂毕河东部，东到日本海。《元史·地理志》称"北逾阴山，西及流沙，东尽辽左，南越海表，汉唐极盛之际不及焉"，这充分体现了元朝疆土广阔的特点，已经全面超越了唐朝的全盛时期。

元朝对中国传统文化的影响超过对社会经济的影响。不同于其他朝代为了提升本身文化而积极吸收中华文化，元朝提倡蒙古至上主义，同时采用西亚文化与中华文化。元朝极力推崇藏传佛教，儒家地位下降，且元朝前期长时间没有举办科举考试，意味着宋朝的传统社会秩序已经崩溃，中下层的庶民文化迅速抬头；在艺术与文学方面，则是发展以庶民为对象的戏剧与艺能，其中以元曲最为兴盛。

二、元朝的经济

元朝一直是一个饱受非议的王朝,因其由草原游牧民族建立,后人对它的印象基本停留在"人分四等""主荒臣专"的程度。事实上,这种说法多出于明朝,真实的元朝是一个被人们忽略的朝代。元朝经济十分繁荣,可以称之为"商人的天堂"。

经济方面,元朝以农业为主,农业税是国家重要的经济来源。然而,由于蒙古统治者的残暴与治理问题,元朝整体生产力比宋朝低,但生产技术、垦田面积、粮食产量、水利兴修以及棉花广泛种植等方面都取得了较大发展。蒙古人是游牧民族,以畜牧业为主,经济形势单一,无土地观念。元世祖即位后,实行鼓励生产、安抚流亡的措施。元朝时,由于经济作物棉花不断推广种植,棉纺织品在江南一带发展较好。但农业税并不是最主要的经济来源。《北游路·纪文·上大司农陈素庵》:"当元之初,闽广稍警,旋即安枕,吴浙晏然。以苦宋公田之累,以释重负;有祝而无诅,则轻徭薄赋,实有以招徕而深结矣。"可见,元朝的农业政策是十分宽松的,这种宽松政策的形成最主要的原因便是科举不兴,导致国家对地方把控能力下降。

元朝的商业政策十分宽松。"其往来互市,各从所欲",而"征商之税,有住税而无过税",即货物只有交易成功以后才收取税费,在往来运输的过程中不需要纳税,这种政策促进了商业的发展。另一个促进元朝商业发展的因素便是其广大的疆域。元朝中央政府控制的地区加上四大汗国,其疆域基本上覆盖了亚洲的大部分地区。因此,从欧洲出发经"丝绸之路"到达元大都,需要 270 天左右,且一路上平安无事,这带来了极大的便利,刺激了元朝贸易的发展。

总体来看,元朝是一个不同于历史上其他时期的特殊时代,这是由于其统治阶级为游牧民族,且朝代建立在落后民族击败先进民族的胜利之上。占据中原的蒙古人由于其自身的局限性,不能完全照搬汉族的制度,因此其政策"蒙汉杂糅"且"朝令夕改",难以得到长久发展。元朝疆域广大,民族众多,统治者一直试图调节各个民族之间的矛盾,始终没能成功,这也有着时代的局限性。元朝的许多政策难以真正贯彻实施,使得中央政府的管控能力大打折扣,为社会创造了一个相对宽松的发展时期。元朝的商人正是抓住这一时机,建造起空前繁荣的商业帝国。

三、元朝的外交

元朝与各国外交往来频繁,各地派遣的使节、传教士、商旅等络绎不绝,其中威尼斯商人尼可罗兄弟及其子马可·波罗得到元朝皇帝宠信,成为在元朝担任外交专使的外国人。元政府曾要求周边一些国家或地区(包括日本、安南、占城、缅甸、爪哇)臣服,接受与元朝的朝贡关系,但遭到拒绝,故派遣军队攻打这些国家或地区,其中以元日战争最为著名,也最惨烈。

马可·波罗是忽必烈时期中西方交流中最有名的人物之一(图 8-1)。17 岁时,马可·波罗跟随父亲和叔叔,沿陆上丝绸之路来到东方,他在中国游历了 17 年,并曾担任元朝官员,访问当时的许多地方，到过云南和东南沿海地区。回意大利后，马可·波罗在一次海战中被俘，后由其狱友鲁斯蒂谦写下著名的《马可·波罗游记》。书中记述了他在元朝的见闻，对以后新航路的开辟产生了巨大的影响，也是研究我国元朝历史和地理的重要史籍。

图 8-1　马可·波罗像
（图片来自扬州马可·波罗纪念馆）

在世界范围内，元朝与高丽、日本联系密切。元朝曾在高丽王京派驻达鲁花赤，但不直接干预政务，只负监视之责。至元中还在高丽设置征东行省，但不派行省官，以高丽王为行省丞相，原有机构不变。因此，元朝时期，高丽基本上保持了独立地位。此外，元朝与高丽之间的经济、文化交流有了进一步发展，其中图书贸易尤为明显。高丽博士柳衍从江南购得经籍10800卷回国。两国商人、僧侣将本国的大批书籍运入对方境内，元仁宗赠给高丽宋秘阁旧藏善本4300多册。元朝初年，程朱理学传入高丽。高丽人在大都获得《朱子全书》新版，带回国去，在太学讲授。高丽语言传入元朝，元朝宫廷中许多人都会讲高丽语，连守卫宫门的卫士也学得高丽语。

元朝时期，日本商船来华很多。自大德九年（1305年）到至正十年（1350年）的45年间，其中33年有日本商船来元朝（木官泰彦《日中文化交流史》，胡锡年译本）。元朝和日本两国僧人互相访问极为频繁，据日本史学家木宫泰彦统计，来华日僧仅知名者即达220余人。泰定三年（1326年），元朝一次就遣日本僧瑞兴等40人还国（《元史·泰定帝纪》）。元朝许多高僧的墨迹传到日本，对日本的书法影响较大，元朝文人的诗画得到当时日本文人的赞赏（欧阳玄《赵文敏公神道碑》，《圭斋集》卷九）。日本的一些书法家的作品，也深受元朝文人的重视。妙慈弘济大师把程朱理学传到日本，他培养的弟子虎关师炼是日本理学先驱。程朱理学和禅宗学说融为一体，长期成为日本统治阶层的思想武器。

此外，元朝与东南亚和南亚诸国联系密切，虽然元朝曾向这些地区进兵侵略，但彼此之间的移民与商贩仍往来不息。元朝也与东非的曼麦流克王朝、四大汗国、欧洲有着友好的交流与日常的货物往来，极大地促进了元朝的经济发展，建立了亚、非、欧三大陆的相互联系。

第二节　元朝的货币

自元朝起，币值发生了基本变革，采用白银为价值尺度。我国古代的货币在各个朝代有不同的划分标准：唐朝前，使用铢两货币，唐朝以后则使用铜钱；而宋朝则标志着金属货币到纸币的演变；自元朝起，改用白银为价值尺度，并且逐渐发展到用白银为流通手段。这与蒙古人的价值观念与货币使用习惯有关。蒙古族常年以游牧为生，受到临近民族的影响，发展了货币经济。在铁木真时期，还残留着物物交换的方法，这促进了他们对白银的使用。蒙古族在统治中原以前,以及统治中原初期,贸易、借贷和物价都离不开银。在取得对中原的统治权以后,虽然开始使用纸币,并几次禁止了金银的流通和买卖,但这些禁令都是短期的,且执行效果不佳。总体来说,元朝的货币主要为纸币,并辅以白银、铜钱、黄金等其他货币。

一、元朝的纸币

元朝推行了以纸币为唯一法币的货币制度,在元朝前期促进了社会、经济的恢复,但在中后期造成了严重的通货膨胀。由于频繁的战争与匮乏的财政,元朝建立起来的货币政策体制破产。元朝的纸币经历了五个阶段:交钞、中统钞、至元钞、至大银钞与至正钞。

(一)交钞

蒙古人在铁木真时期末年,因受到金和宋的影响,有发行纸币的行为,但并未形成完整的货币体系。1227年,实行丝本位制,并于博州印制会子;1236年,交钞首次得以发行,但这一货币的使用范围极为有限,体现出不通用、本地流通、不得处境、三年换发一次、没有金属保证等特点,导致了商旅的不便捷;1251年,史楫提议立银钞相权法,以维持交钞的稳定;1253年,忽必烈发行交钞。这一时期纸币的记载较少,根据法国人卢布鲁基的记载,交钞是用棉纸做的,大小如手掌,上面的印文如蒙哥的国玺。

(二)中统钞

在世祖忽必烈即位后,于中统元年(1260年)实行了币制改革,统一了货币制度。七月,诏令印造"中统元宝交钞"(图8-2),以丝为本位,以两为单位,交钞二两,值银一两。同年十月,又令印造"中统元宝钞",有时叫元宝,有时叫元宝钞,有时叫宝钞,以银为本位,以钱若干文为单位,面值分为十等,即十文、二十文、三十文、五十文、一百文、二百文、三百文、五百文、一贯、二贯。这两种货币具有一定的区别,但同时存在于流通领域中,交钞是银的价值符号,宝钞是钱文的价值符号,宝钞一贯等于交钞一两,二贯等于白银一两,十五贯等于黄金一两。然而,在实际流通过程中,因交钞发行时间短、发行数量少,很可能逐渐退出流通领域。随后,又发行中统银货,分为五等,即一两、二两、三两、五两、十两。银货一两等于现银一两。根据史书记载,银货是唯一没有流通的中统钞,而交钞和元宝钞则被不同史料认定为一种或两种钞票。

图 8-2 中统元宝交钞
(图片来自中国钱币博物馆)

中统钞发行后,元政府下令停用了原流通领域中的旧钞,并开放了旧钞兑换新钞的政策。在兑换时,规定使用交钞兑换银钞、宝钞兑换银钞,加速了中统钞在流通领域中的循环,方便了商旅货运交易。元朝旅华客商初见中统钞时，无不感叹这种"纸片"可以充当金银币进行流通，《马可·波罗行纪》也使用了专门的篇章对元朝通行的纸钞进行介绍。元人李存诗赞曰："国朝钞法古所无，绝胜钱贯如青蚨。试令童子置怀袖，千里万里忘羁孤。"中统钞的广泛流通和物价的平稳，既方便了民间贸易及百姓生活，又改善了国家的财政收支。

中统钞的价值在经历了一段时间的稳定后，逐渐贬值。在发行初期，元政府严格控制发行量，在中统元年（1260年）到至元十二年（1275年）的16年里，元政府共发行中统钞1697273锭，促进了币值稳定，流通状况良好，民间出现"视钞重于金银"的现象；从至元十三年（1276年）开始，中统钞的发行额大增，年均发行量约为之前的10倍，这是由于元政府急于填补战事亏损导致了严重的通货膨胀，中统钞大幅贬值，诸臣纷纷请求改制，整顿钞法势在必行。

（三）至元钞

在中统钞出现了严重的通货膨胀现象后，其无法继续作为货币活跃在流通领域中，也难以支撑财政需求。至元二十四年（1287年），元朝下诏颁行尚书左丞叶李所拟定的《至元宝钞通行条画》，印制至元年间的货币"至元宝钞"（见图8-3），这是一个比较全面的币制条例。至元宝钞与中统宝钞具有稳定的换算比例，一贯钞相对于中统宝钞五贯，二贯当白银一两，二十贯当黄金一两；其本身面值分为十一等，分别为五文、十文、二十文、三十文、五十文、一百文、二百文、三百文、一贯、二贯。元朝为稳定至元钞的购买能力，对伪造行为进行严格的限制，施以处死的惩罚。发行至元钞的时候，当局想把中统钞收回，但由于当时的岁赐、饷军等活动都以中统钞为标准，物价通过中统钞表现，收回这一行动在当时难以实施，这为中统钞与至元钞的并行使用提供了条件。

至元钞的尺寸随着票面金额大小而不同，金额大的尺寸也随之变大。以二贯钞为例，除边缘的空白外，长约29厘米、宽约19.5厘米，顶部自右至左横写"至元通行宝钞"六字（至元通行宝钞），下面环以花栏，栏中分上下两部。上部中央横列"贰贯"两字，两字下面各有一串钱的图案；两边各有一行蒙文（八思巴文），译成汉文为"诸路通行，至元宝钞"；蒙文下面，右边是"字料"，左边是"字号"，字料、字号之上的千字文每张均不相同，如"暑""荏""舟""那"等。正面盖有两个八思文朱印，上印8.4厘米×8.4厘米的印文："提举诸路通行宝钞印"。

图8-3 至元通行宝钞
（图片来自中国钱币博物馆）

至元钞发行后，元政府的财政状况并未好转，相反更加拮据。因此，元政府继续发行大量的钞币，在至元二十四年（1287年）到至大二年（1309年）的23年里，元政府共发钞币合中统钞89716515锭，均为至元钞，是前27年所发中统钞总额的6倍。这进一步加剧了通货膨胀，物价持续上涨。如何解决通货膨胀问题成为元政府的头等大事。

（四）至大钞

武宗至大二年（1309年）九月，元朝实行了一次大型的币制改革，发行"至大银钞"，自一厘到二两，分为十三等。银钞每两合至元钞五贯，或白银一两，或黄金一钱。与此同时，限期100天内将中统钞收回，并停止印造至元钞，恢复历代古钱的流通，铸造两种铜钱，即至大通宝和大元通宝。至大通宝用汉文，一文当银钞一厘，大元通宝用蒙文，每枚当至大通宝10枚。

这一改革使元朝的币制更接近银本位制，并尝试进行通货贬值。至大银钞被采用后，其与白银真正起到兑换作用，白银成为真正的价值尺度。然而，这种货币只是昙花一现，由于其大量发行，货币体系崩溃。由于物价上涨，人民的生活水平持续降低，甚至连官员的俸禄也远低于前朝。在四年正月武宗死后，仁宗就将至大钞废除，恢复了中统钞和至元钞，并恢复印造，使其重新投入流通领域中。

（五）至正钞

由于连年的货币更迭，元朝的货币体系一直未统一，且物价处于长期的大涨大跌中。元顺帝即位后，钞法问题已非常严峻。大臣黄晋、吴师道在江西乡试中提议变通钞法，元政府未予以理会。至正十年（1350年），左司都事武祺等先后提议改革钞法，元政府决心进行改革。十一月，元顺帝正式颁发币改诏令，发行"至正交钞"，与至元钞一并通行，至正钞一贯准至元钞两贯。至正钞实际上是采用中统交钞的旧钞版，重新印造，背面加盖"至元印造元宝交钞"的印记，另行作价流通。至正通宝见图8-4。

图8-4 至正通宝
（图片来自中国钱币博物馆）

至元交钞发行不久，农民高举起义旗帜，元朝政府的军费开支随之大增，政府为救急，大量印发纸币，这又一次导致了通货膨胀，物价大幅上涨。至正六年，米价大约每升30～40文，到了至正十五年，米价每升涨至25000文，10年左右上升了数百倍；马的价格从每匹50～90贯涨至每匹5000贯，以致元钞为核心构建的货币体系再一次瓦解。

总的来说，元朝的纸币经历了中统交钞、中统宝钞、至元钞、至大钞、至正钞的演变过程。在这些纸币的更迭过程中，通货膨胀是一个绕不开的问题，这也造成了纸币的多次演变。值得一提的是，元朝的纸币准备金是银，这与金代的铜、北宋的铁钱有所不同。其综合了宋、辽、金的白银货币制度，并考虑了自身的特点，形成了具有特色的钞法。虽然元朝的纸钞存在各种各样的问题，但从货币发展的角度来看，元朝纸币不仅是中国古代纸币史发展的顶峰，也对世界各国的货币具有深远的影响。

二、元朝的金银

在元朝，银本位制得到进一步强化。作为纸钞的准备金，白银在元朝的货币发展中起到了重要作用，银锭"元宝"开始出现。元朝疆域辽阔，与周围各国展开了巨量的贸易活动。伊利汗国地域达到地中海附近，在东西航线上，每年络绎不绝的商船来往于霍尔木兹海峡和福建泉州港。阿拉伯商人为元朝带来了大量的白银，很多西方商人定居于泉州。

然而，元朝的科技尚不发达，商品多产自于手工业，无法形成固定的产业链，只能由人力提供原始动力，产品无法批量生产。这导致了贸易的风险高、不稳定性强等特点，社会的衰落在所难免。总的来说，虽然白银在元朝的使用较为广泛，但由于元朝的海外贸易繁荣，这反而加剧了元朝的经济衰弱。

在元朝的货币史中，黄金仍然有其效用，不但用于各种赐予场合，而且可以充当转移价值的工具，如云南的税赋可以使用黄金来计算。至元十年（1273年），朝廷曾派人带黄金10万两到狮子国去买药。由此可见，黄金在元朝的多种货币中仍占据一定地位。

元朝的金银比价长期保持稳定，从中统元年到至元十九年（1282年），保持在1∶7.5的稳定兑换比例。然而，在至元二十四年（1287年）的《至元宝钞通行条画》中，比例上升为1∶10。这种比例的上升有多种解释，可能是蒙古统治者有意降低白银的比价，搜括白银后运到中亚细亚，用于流通与贸易，这在与银价较高的中亚细亚的贸易过程中可以取得更高的收益。也有一种解释为，黄金比白银更适合用于宝藏手段，因此金价偏高。

三、元朝的铜钱

关于元朝的铜钱是否存在，史书上记载不一。有人说，元世祖忽必烈曾问过刘秉忠关于币制的问题，刘秉忠则建议忽必烈不要用钱，专门用钞。他认为这样做，政权就可以长久维持。事实上，元朝不但铸过钱，且种类繁多，但大多都是较小的民间铜钱，在数量上比其他朝代少得多。这源于金人在恶性通货膨胀时期不用现钱。

在元朝成立之前，蒙古人铸造的货币为中原式钱币，名为"大朝通宝"，为蒙古建立国号以前所铸，制作较为粗糙，文字有时仿大观或大定；另铸造"大朝元宝"，制作较为精致，但数量较少。中统年间，铸有"中统元宝"，制作精整，为官炉所铸，但所留存的数量太少，可能是试铸性质。至元二十二年（1285年），卢世荣当政时期，曾建议铸至元钱，包括两种至元通宝，一种是汉文小平钱，另一种是蒙文，可能在宫廷中使用或在蒙古贵族之间流通。此外，元贞、大德年间均有铸钱。元贞年间，汉文钱铸有"元贞通宝"和"元贞元宝"，通宝是小平钱，元宝像折二；蒙文钱是元贞通宝，在折二和折五之间。大德年间的铜钱也有汉文和蒙文两种，都是大德通宝，汉文钱分别像小平和折二，蒙文钱只有大样且流传较少，文字不清晰。

至大年间，曾铸造过两种钱。一种是汉文至大通宝小平钱，另一种是蒙文大元通宝当十钱。另有两种汉文大元通宝，一种是小平钱，另一种是大钱，但都数量较少。至大以后的年号中，也多有铸钱。皇庆年间铸有皇庆通宝和皇庆元宝，延祐年间也铸有通宝和元宝。此外，至治、泰定、致和、至顺年间都铸有铜钱，通常为通宝和小平钱两类。这些铜钱很多为民间铸造，但由于其很容易混在普通钱中进行流通，所以在经济意义上，元朝的私钱和官炉钱的差别较小，可以同等看待。

至正年间曾铸造过多种至正通宝，可分为三类。第一类是地支纪年钱五种三等，共15

品。"五种"指的是钱背的蒙文有五种，每一种都有小钱、折二钱和折三钱三种，为至正十年到至正十四年所铸，年内又停止铸造铜钱，这一类制造规整，做工精细。第二类是纪值钱，其图案极其复杂，背面为蒙汉两种文字或只有蒙文，前者有折二钱和折三钱，后者有当五钱和当十钱。第三类为权钞钱，都是大钱，有五分、一钱、一钱五分、二钱五分、五钱等五种，五钱最大，直径8厘米，重120克左右，在直径上是中国历史上最大的钱币。这类铜钱在性质上有所不同，一般用纸币来代表金属货币，而权钞钱是用本身有价值的金属货币来代表，且其为大额货币，支付力似乎是没有限制的，与后来的辅币不同。这种钱的遗留数量较少，可能与纸币的快速贬值有关，使得权钞钱的币材价值超过其面值，因此逐渐消退。

总之，元朝的铜钱数量较少，只有至元、至大等年代的铜钱较为规整，其他多不规矩。虽然元朝对铜钱的流通采取了禁止措施，但民间仍有大量铜钱流通，一直没有真正停止过。至正十年对币制进行改革后，正通宝钱和历代铜钱可以并用，铜钱重新取得了合法地位。

第三节　元朝货币的功能

一、货币的职能

元朝由于其本身的领土面积极大，且与各国的贸易往来频繁，因此使用纸币来执行流通手段。这种现象在马可·波罗写的书中可以看到："在元朝，纸币可以在每一个地方使用，并且没有人敢不收取纸币；用这些纸币可以买到集市上卖的任何东西，并且可以用纸币来换取金子"。马可·波罗非常惊讶地说："我完全可以相信，元朝的皇帝在对财富的支配方面，绝对比其他国家的任何一个君主都来得容易和广泛。"可以看出当时元朝在纸币这方面的发展程度是空前的。

在历史上，唯有元朝采用纯纸钞流通体制。元世祖忽必烈建都上都城后，听从开国军师刘秉忠的建议发行纸币。元朝为了维护纸币的法定地位，采取了多项措施，其中包括禁止流通金、银、铜等重金属；停止使用蒙古旧钞；可用中统纸钞兑换南宋纸币，并规定所有的税赋都使用纸币支付。元朝废除了历代以铜币为主的价值尺度，改用纯纸钞流通体制，将纸钞作为法定货币，建立了"银本位制"，为后世开创了以银为后备金的纸钞发行制，这对世界上其他的国家的货币体制产生了深远影响。总的看来，元朝将银作为钞票的价值尺度，这一决定是具有广泛意义的。

元朝统治者在货币制度的运行维护方面分外小心，吸取了金人对货币制度考虑不周的教训，通过严格控制货币发行数量与金银等数量的关系，打击伪币，有力地保证了纸币币值。元朝在初期经历了一段纸币制度下的币值稳定期，这段时间纸币发挥着流通手段等功能，并可以与外国的白银等进行交换。此外，朝廷的赏赐、工匠的工资支付等，均使用纸币。在商品领域中，商人们乐于接受纸钞：一方面是政府政策行为，另一方面和纸钞的币值稳定、携带便捷有关。然而，在忽必烈统治后期，对外战争基本停止后，忽必烈和他的后人们发现已有的纸钞难以满足军费、赏赐等行为。蒙古人对这两方面的开支十分阔绰，这是在成吉思汗时期就留下来的传统，与成吉思汗的伟大成绩和其本人赏罚分明的性格息息相关。在对外战争尚未结束时，赏赐可以直接从收缴中支出，行军的费用也可以在此类收缴中得到补偿，然而在战争停止后，这部分开支只能由政府支付，但政府并没有足够的资金，因而形成了财政赤字。在这种压力下，政府只能对纸钞进行加印，全然不顾之前的保守与限制，造成了严重的通货膨胀。

从本质上看，通货膨胀在宋朝灭亡之前就一定程度上存在，由于频繁的对外战争，财富会通过此种途径不断提升，社会矛盾抵消。南宋地区丰富的金银矿产和民间大量的金银贮藏，都使得通货膨胀现象没有凸显出来。但随着宋朝的灭亡，通货膨胀的问题日渐突出，随着元朝征战的失败，政府的财政压力空前沉重，货币超发导致了持续的通货膨胀，人民的生活水平也每况愈下。这引起了各地区人民起义，政府为平息祸乱而进行持续的战争，加剧了纸钞的通货膨胀。元朝虽经历了多次的货币变革，但都没有解决根本问题。在元朝后期，纸币也逐渐失去了其本身的货币职能，民间常使用代币和银、铜等金属货币进行支付，元朝政府多次下令对其进行禁止，但并没有达到较好的效果。总的来看，元朝虽然在纸币制度的制定上达到了较高的水平，但对货币的价值管控经验不足，最后导致了货币体系的崩溃，也招致了朝代的灭亡。

二、货币的购买力

（一）元朝前的通货膨胀

元朝前期的通货膨胀，是由战争导致的。靖康年间，金人攻入汴京时，搜刮了大量的金银财物，金人的货币经济体系由于战争而进行一定的变更，战争的损耗均由宋人负担，这加剧了金人的财富积累，导致了第一次通货膨胀。随后，从贞元二年（1154年）发行交钞时开始，到泰和六年（1206年）蒙古人建国称元、金人停止用钱为止，这53年间，金人自己发行纸币并铸造铜钱和银锭。由于其发行量和物价的关系尚未形成体系，所以形成了一定的通货膨胀趋势。在起初的一二十年间，交钞发行数量有限，市场中流通的货币以钱币为主。然而，在金人的区域中，铜的产量较小，因此几乎产生了钱荒。政府一方面禁止民间销铜为器；另一方面抛出官钱，并多方访察铜矿，以资广铸。

元章宗即位（1189年）后，便出现了通货膨胀。首先增加了百官俸禄，然后废止交钞七年厘革的限制，使其永久通用，并且停止铸钱。起初交钞的信用较好，因为流通的交钞数量与现钱的数量相差不多。明昌四年（1193年）后，发行数目增加，官兵俸禄有时全部使用交钞进行支付，以交钞为流通货币的制度实行起来较为困难。承安元年（1196年），因金人与契丹发起了战争，支出大幅增加，次年一贯以上的大额交钞不宜流通，乃发行银锭。银锭与铜钱的换算比例为每两二贯钱，比南宋稍低，但这已经是通货膨胀中的价格，且该价格为官价，市价每两只要1600文。由此可见，承安宝货的作价并不低。后来民间盗铸的数量较大，商人罢市。承安五年（1200年）对承安宝货进行废止，并认定原因为铜钱不够，但实际上这是通货膨胀的必然结果。泰和四年（1204年），由于泰和通宝需要十文钱才能铸一枚，因此铸造折二钱和折三钱，特别是泰和重宝当十钱。此时，白银已经开始流通，在民间使用，如米价每斗卖到十几两。

由于金人在与赵宋的战争中占据主导地位，赵宋主动求和，并增加岁币。大安二年（1210年），"溃河之役，至以八十四车为军赏"。自此，金人步步紧逼，通货膨胀进一步加剧。贞祐二年（1214年）二月，金人发行二十贯到百贯的大钞，此时已经膨胀了十倍。随后，又发行了二百贯到千贯的大钞，膨胀倍数已达到100倍。虽然此时税收增加了几倍，但由于币值的大幅度下跌，每贯交钞甚至不值一钱，民间交易多使用现钱。贞祐三年七月，金人把交钞改名为贞祐宝券，但仍未能维持币值。金人实行议价的方法，使得商货不敢到京师来，商人关门不做买卖，对当局的强行限价进行抗议。本来宝券在河北、陕西发行最多，但商人将其带来汴京购买金银，使汴京物价大涨。一年后，宝券一贯又只值得几钱。但以白银计算的物价较为稳定，兴定二年（1218年）间，一匹马只要白银五两。

蒙古人当时正长时期攻占宋人的城池，还因宋人岁币不至，遣将南侵，金人未发觉自己的币值已接近崩溃。发行通宝的时候，规定四贯值白银一两，折合为宝券后，一两白银值得四千贯，宝券的价值跌成两千分之一。但兴定五年（1222年）底，一两白银可以买到通宝八百多贯，也就是说，通宝的价值又跌成了二百分之一以下，而白银对交钞或宝券，则涨了四十几万倍，白银的价值急剧上升，而宝钞的价值崩盘。元光元年（1222年），改发"兴定宝券"，每贯当通宝四百贯，两贯值白银一两，但第二年，又跌得无法正常使用。此时，折合成最初的宝券或交钞来看，银价已经涨了6000万倍。元光二年（1223年）开始发行珍货，将旧钞废除，此时币制较为混乱，民间交易完全用银，或银绢兼用。

从元光二年（1223年到蒙古人占领汴京这十年间，金国濒临崩溃，纸币完全无法流通，此时通货膨胀空前迅猛。金人的纸币种类繁多，且一直处于变更的状态，很难被后人记忆。金国的通货膨胀，是中国历史上一个很好的教训。从军事上看，金人的实力很强且获胜率很高，具有较强的自信，对南宋始终持傲慢的态度。然而军费开支太大，加上恶性的通货膨胀，金国的人民生活水平极低，难以自力更生，作战丧失斗志，导致了最后的灭亡。

（二）元朝初期的通货膨胀

在元世祖即位后，币制急需进行统一。当时300多年来，中国的币制一直处于更迭的状态，且极为混乱。蒙古人入侵中原后，大刀阔斧地进行币制改革，并以统一为要务。对于被征服民族的币制进行废除，特别是金人通货膨胀极其严重的货币。蒙古人在北方各地发行杂钞，于元宪宗元年（1251年）曾采用银钞相权法，用白银来维持购买力，后使用中统钞平价收回。

蒙古人占领江南后，对南宋的货币具有两派的意见。一派主张使用中统钞对之前的货币进行回收，另一派不主张收换，最终采用了前者的方法。以中统钞一贯合会子五十贯，将会子作价变得很低。因此，很多人不肯上交关子、会子，导致了40年间这两种货币一直流通于民间。蒙古人对纸币的推行政策，略好于宋朝，并远胜金人，但仍然没有维持币值的稳定，出现过通货膨胀的现象。蒙古人吸取了金人币制的教训，耶律楚材曾在金人的朝廷做过官，了解通货膨胀的经过。他主张交钞的印造，要以万锭的数量为限制，且发行的交钞要有十足的现银作价，没有现金银就不能发行新钞，这促进了初期币值的稳定。

在至元初期的一二十年间，物价较低，币值稳定，但随着战争的到来，渐渐产生了新的通货膨胀，在发行交钞的数字中可以看出这一特点。至元十年（1273年）的发行额只有11万锭，而至元十一年（1274年）就增加到24万锭，至元十二年（1275年）增加到近40万锭，至元十三年（1276年）因征服南宋，发行额增为140多万锭。此时，因为担心纸币价值下跌，采取禁用铜钱的策略。这再次导致了通货膨胀，且程度进一步恶化。到了至元十七年（1280年）时，一贯钞的购买力只及往日的100文。伴随着官吏对破烂交钞倒换新钞时的勒索，人们对交钞的信任降低，增加了对金银的需求。按照规定，人民可以用交钞向钞库兑换金银，但钞库官吏常常不按照官价进行买卖，甚至捏造买金银者的姓名，将收兑进来的金银照官价买下，然后高价卖出，从供给端遏制了金银的流通，造成了金银的黑市，使金银的价格上涨飞快。至元十九年（1282年）十月，中书省颁布了《整治钞法通行条画》，对金银的私相买卖进行了禁止，但未有好的效果。

至元二十一年（1284年），物价高涨，人民生活困难，中书省整治钞法，僧格推荐了卢世荣。卢世荣提出了整治的整套方法，可以归纳为五点：一是恢复百姓买卖金银的自由；二是发行绫券和铸造至元钱；三是增加国库收入以收缩通货；四是广事畜牧业；以增加生产；五是设立平准周急库，充实常平仓，以积极稳定钞值，平抑物价。他还主张选用商人来主持这件事，这些办法使他招致了许多仇人。总的来看，卢世荣是一个杰出的经济学家，对货币制度的制定有较清醒的认识。他整治钞法的失败有多方面的原因；由于权势的阻挠，使得各种制度无法正常执行；时间有限，从他提出方案到入狱，只经历了四个月，但他的货币理论是很健全的。卢世荣死后，钞法再次回到了之前的水平，物价仍然在持续上涨，通货膨胀更加严重，伴随着元朝的开支增加，货币发行额继续增加。当至元宝钞发行时，一贯至元宝钞相当于中统钞五贯，也就是说，元朝当局承认了通货膨胀的水平至少为五倍，虽然至元钞的发行是以回收中统钞为条件的，但由于中统钞贬值过快，导致了两种钞票并行的结果，物价始终未稳定。

（三）元朝中期的通货膨胀

货币持续通货膨胀形成"内耗"，外患始终存在，并在元朝中期爆发。国内出现了对元朝统治者的反抗，西南各民族高举义旗，如云南的金齿、八百媳妇、猫姥等。由于其数量多且实力较强，统治者难以对其进行镇压，导致了大量的军费支出，元朝政府的威信逐渐降低，统治阶级的政权出现了动摇。

在至元钞发行后，原有的通货膨胀仍然未得到改善，反而进一步恶化。如果元朝放弃用兵交战，货币价值逐渐稳定是可以达到的。然而元朝仍大举进攻别地，西南人民不得安宁。在至元钞发行后，原有的中统钞未得到有效回收，新的货币又投入了流通领域，这导致了物价的上涨，纸钞对金银的兑换比例大幅下降。以黄金为例，以前每两黄金当中统钞15贯，现在却可以作至元钞20贯，结合两种纸钞的换算比例，黄金的价值上涨了六七倍之多，这不仅使通货膨胀现象日趋严重，且对货币的流通造成了阻碍。此外，由于纸钞的质量不佳，极易破损和字迹模糊，需要去钞库进行新钞的置换，但官吏们对商民常进行刁难，这促使民间常以物易物，使用茶帖、面帖等代币来充当流通手段，官币的应用场景进一步缩减。

元武宗即位后进行了钞法变更，发行大银钞，并恢复铜钱使用，铸大元通宝和至大通宝，回收中统钞，各种支付使用大银钞为标准计算。此时，盐价每引增为大银钞4两，合中统钞100贯，比至元二十六年（1289年）僧格所定的数目增加了一倍。但这一次改变并未持续很长时间，几个月后，元武宗去世，元仁宗即位，他推翻了元武宗的办法，废止至大钱，收回至大银钞，理由是至大钞倍数太多会刺激物价，铜钱没有充分的供给。然而，在持续的变革中，纸币的购买力始终没有稳定下来，并出现了严重的财政赤字，只能继续通过发钞进行解决。元朝中期以后，发行并不统一，除政府发行外，还有赏赐钞印的方法。例如张瑄和朱清两人，因为创办海运有功，于至元二十三年（1286年）底受赐印钞，发行持续了17年之久。此外，伪造钞票的问题非常严重。由于纸币的印造成本低，伪钞在所难免，中统初年就有伪钞的印造。至元七年（1270年）曾规定：伪钞造得好，能够流通的，处死刑；若造得不像，不能流通的，则受流放远地的处分。随着伪钞的问题日趋严重，无论造得像不像，均处以死刑，但这仍未对民间的伪钞印造形成有效打击。大德七年（1303年）十二月，在杭州等路的犯罪案件中，印造伪钞有88起，涉及274人，元朝政府饱受伪钞的折磨。

元朝中叶的物价上涨是多方面的，但上涨程度不尽相同。饮食方面，至元二十四年高于至元十三年（1276年）几十倍，但造船的物料只涨了不到10倍，田亩价格在大德元年比至元二十年高涨三四倍。此外，金银价的上涨速度较快，至正五年（1345年）黄金每两已涨成中统钞250贯以上，至元六年（1269年），足色金每两涨成中统钞300贯，九成金270贯，花银每两30贯，九成银27贯，等于中统钞初年的15倍。米价在至元十三年（1276年）前后，中统钞1贯买一石，至元末年大概已涨到十几贯。元贞元年的大米已达到六贯半到15贯一石，大德年间米价至少10贯一石。大德十年，浙江饥荒，每石大米甚至需要30贯以上，平均20贯一石，至大元年（1308年）上涨为25贯换一石。泰定二年（1325年）减为20贯一石，致和元年（1328年）减为15贯一石，这可能是由于大量南方大米北运所致。至正六年（1346年）又达到40贯每石，等于平定江南时的40倍。

物价上涨可以从盐的价格上看出来。蒙古人在入主中原前，因地处北漠，盐价极高。太宗执政的第二年（1230年），一引盐需要十两白银，中统二年减为七两。至元十三年取得产盐的江南，每引改为中统钞九贯，即白银四两五钱。二十六年，由于受到通货膨胀的影响，每引盐涨到50贯中统钞，十三年间上涨了5倍以上。元贞二年（1296年）涨为65贯，延祐二年（1315年）时，已涨到每引150贯。两浙的盐价则在至元五年时涨到三锭，比最初的中统钞五贯多了30倍。盐是生活必需品，而盐利是很大的收入项目，占全国钞币收入的82%，蒙古统治者通过盐价对人民实行剥削，其价格的变化很好地反映了通货膨胀的情况。至元朝末年，现象变得更加严重。元三十一年（1294年），朝廷曾下令禁止，但没有很好的效果，反而变本加厉。

泰定以后，国内治安出现了严重的问题。各地人民奋起反抗，这增加了元朝的开支，进一步加剧了通货膨胀。至正初年，中统钞的对外比价也反映了货币的贬值程度。至正五年，来到中国的非洲人伊本·白图泰说，中国的钞票一锭约等于本国的一个第纳尔。那时的第纳尔金币每枚重合得白银一两二钱许,照官价只能兑到至元钞两贯五百文。如果市价可以兑到五十贯,那么以至元钞计算的金价已涨20倍。但如果这是指的是中统钞,那就只涨了4倍。至元九年(1272年),著《岛夷志略》的汪大渊说:"乌爹银币重两钱八分,值中统钞十两。"又说:"交趾的铜钱六十七枚折中统钞一两,"可见,以中统钞计算的银价已涨成18倍,这很好地反映了通货膨胀的水平。

这种高通货膨胀使人民的生活质量下降。物价的急速上升使得元朝人民手中的货币贬值迅速,甚至连官俸都低于前代,这是反社会规律的。中国古代官吏的收入自汉朝以来,不断增加,到北宋达到了顶点。但到了南宋,就开始走下坡路了,元朝则进一步下降。至元制下,一品官的收入只能买到100公石的大米。此外,元朝政府对工匠的待遇更是苛刻。至元二十五年(1288年)三月,当局规定各机关工匠的工粮,分为货币和实物两种支付办法。领实物的每人每月米三斗、盐半斤,另加家属津贴。家属分为三等:家属大口每月支米二斗五升,家属小口和驱大口(成年奴仆)每月支米一斗五升,驱小口每月支米七升五合,但每户不能超过四口。此办法制定时,米价每石约为中统钞10贯,盐价每引50贯,即125文一斤。由此,单身工匠的收入每月只有两公斗九升,若家中还有妻一人、儿女一人、驱大口一人,每月也只能拿到八公斗一升二。停工的日子里,工粮需要被扣除,几乎难以正常生活。

河工则待遇稍好些,在14世纪的前二三十年间,每人每天钞一两,另加糙米一升、三升到五升不等。当时米价每石为二十两到三十两,所以一天的总收入合得六升米,一个月约合得一公石七斗。这种工作是临时性质,不是经常性收入。但这些河工都是农民,他们除河工的收入外,还有经常性的农业收入,只是在农闲的时候才去做河工,所以该部分收入为额外收入。换言之,他们的总收入大于工匠的收入。

(四)元朝末期的通货膨胀

在元朝末期,由于前期高度的通货膨胀水平未得到解决,加上内政失修等一系列问题,起初使用粮食来赈济,后来使用发行纸币来解决。然而这陷入了一个恶性循环,发行的纸币越多,越不值钱,导致了饥民们的起义,至正元年(1341年),山东燕南的起义者纵横至300多处,当局没有足够的能力进行平定。物价水平越来越高,有人作诗讽刺时事:"丞相造假钞,舍人做强盗,贾鲁要开河,搅得天下闹。"至正十年(1350年),江南米价每石值中统钞67贯,是中统初的67倍。这年,元朝又开始发行新钞,这正是贾鲁的主意。

新钞的发行还没有构成大规模的通货膨胀,此时新钞对至元钞的作价只是1:2,比起至大钞的膨胀水平还不算高,更赶不上物价上涨的倍数。其发行目的大概在于缩减物价数字,因为物价是用中统钞计算的,现在改用新钞计算,等于物价跌成1/10,然而这并没有缓解国内的紧张局势。发行新钞的时间是至正十年十月,次年五月,韩山童、刘福通和徐寿辉等人几乎同时起义,元朝政府再一次通过发行新钞来满足军队开支。十二年正月发出新钞190万锭和至元钞10万锭,共折合中统钞为2400万锭,这是除了至大三年的发行外,元朝最大的一次发行。蒙古人对于这些起义,对抗的能力有限,徐寿辉等人的军队节节胜利,物价随着新钞的发行又一次上涨,不久就上涨10倍以上。有些地方一贯只能买到14铢盐,即一斤盐27贯,折合中统钞是270贯,等于蒙古人征服江南时的一两千倍。次年正月，元朝又发行了同数目的纸币，而军事上的表现不尽如人意。一时间，元军人心涣散，纷纷投奔红巾军。

在战争期间，马价大幅上升。北宋时期，马价平均为 2 万钱一匹，元朝至元年间的马价大概是中统钞五十几贯一匹，合白银 10 两多，良马每匹 90 贯，合白银 80 两，这已经是上涨了的价格。至正十四年，征购军马，每匹马价格为钞 10 锭，合中统钞 5000 贯，市价自然更高，同北宋时期的价格进行比较，约上涨了 250 倍，与之后的明洪武元年相比，上涨了 500 倍。作为蒙古人统治的朝代，马价理应便宜，但由于战时对马的需求量大，加上大幅度的通货膨胀，马的价格自然不言而喻。

至正十六年以后，军事局势更加紧张，蒙古人的地盘越来越小，而每日印造的犒赏不可计数。至元十七年，京师曾设立便民六库，让人民用烂钞换领新钞。至元十八年，因陕西军事繁剧，离京师太远而不便供应，就在当地设局印造宝钞。按照平均物价来看，元末的十八年间，纸币对白银的购买力跌到八十分之一。元朝的一百年间，物价上涨近千倍，元朝政府与人民都饱受通货膨胀带来的折磨，但在这一百年间，该问题始终未得到有效解决。

三、金融机构

元朝成立前，欧洲的封建制度逐渐崩溃，在信用方面大幅度发展，产生了兑换店、放款团和典质等方式。12 世纪末，意大利也开始使用汇票，而中国的汇兑反而由于纸币的使用而衰落。

中国的信用事业，在此期间没有得到较好地发展，在金人的统治下，信用上的置换仍然依赖于私人的放债。虽然政府当局规定利率不得超过按月三分，但实际上有时不到一个月便收息三倍，这远高于不超过一倍的规定，但金人未对这种行为进行约束。在金人和元朝这 100 多年来，只有较少的信用机构，这是由纸币的广泛使用导致的。

（一）质典库

在金人统治期间仍存在抵押信用的机关，依靠典当进行运营，叫作质典库或解库，这是民间经营的一种金融机构。此外存在一种公典，名为流泉，是中国信用史上一件重要的事情。大定十三年（1173 年），金世宗因为民间质典利息过高，有时按复利计算，因此下令在汴京等处设置质典库，称为流泉，派专人管理。并规定典质的时候由使福亲评价值，押款数目照估价的七成，月息一分；不到一个月的，按天数计算；如果满两年再过一个月仍未赎取，就下架出卖。当票叫作帖子，写明质物人姓名，物品名称和品质，或金银的等级和分两以及质典的年月日和金额等，如果质物被遗失，照新物赔偿。

至元十六年（1279 年），元政府再次颁令鼓励各路居民开设解典库，禁止典当业的官司滋事，典当业再次得到发展。与金人开设的机构相同，元朝的解典库也分为官营和民营。官营由政府设立，如至元二十二年正月，卢世荣奏准在各路设立"平准周急库"，轻其月息，以贷贫民，认为可以做到"贷者众，而本且不失"。利率大抵自月息三厘到三厘六七，即每贯每月收三十文到三十六七文。然而，此时民间的普通放债似乎只要二厘五，因为官营的解典库具有更多的可信度，且保管质物的成本较高；与此同时，典当认物不认人，当物者走出当铺之后，当铺无法控制他，不能强迫他来赎当，而当物者却有赎当的权利，这种权利与义务的不统一造成了典当的放款利息较高，并具有更高的赖账可能性。

开设典当者，除了官商以外，还有寺庙和道观。这种寺观的产业是多方面的，除了解典库以外，还有园林、店舍、浴堂等，这些产业都得到皇帝的保护，根据遗留下来的圣旨碑，我们可以知道，河南、河北、山东、陕西、山西、江西、湖北、云南等省份都有这种情形。

（二）银铺

相比于前朝，元朝的存款业务发展极为有限。柜坊衰落，店铺的寄托保管业务也不知是否要继续做。元朝经营兑换业务主要是银铺和银匠铺。银铺来源于唐宋时期的金银铺，原因是金元的白银比黄金用途多得多，超过黄金，成为流通领域中重要的通货。且白银作为纸钞的准备金，在元朝进行了较好的发展，以银为基础的兑换业务发展较好。

由于元政府主推纸钞，对于金银的流通具有较强的管束和限制，银铺的业务较为局限，集中于打造金银器皿方面，解禁后才逐步向金银买卖和兑换方面拓展。在元朝的金银与纸币、铜钱的兑换中，比价始终在改变。整体来看，金价对中统钞是每两兑15贯，对至元钞是每两兑20贯，对至大钞是每两值钞10两，对铜钱约每两万文；银价每两合至元钞2贯，至大钞一两或至正铜钱1000文。元朝金、银比价由1∶7.5逐渐变为1∶10，黄金价格有上涨趋势。然而，在元朝的中后期，通货膨胀程度较高，因此比价始终处于波动状态，且幅度较大。

第四节 元朝的金融政策

一、元朝的信贷政策

信贷在元朝以前的各个朝代都有发展，且有一定建树。虽然在金人时期信贷在一定程度上放缓，但在元朝取得了进步，这源于元朝时期统治者对商品经济的重视以及对财富的渴望。

（一）信用机构

蒙古国时期信贷日益发达，产生了专门为王公贵族放贷的代理——斡脱，他们以很高的利率放贷，致使借贷人难以偿还。因此，王公贵族纷纷上书要求政府控制放贷利率，以稳定社会秩序。

蒙古族在建立元朝之前，一直过着游牧生活，随着商人入居贸易，贵族看到了资金繁殖的方式，但其本身缺乏经商观点。为追求财富，纷纷将闲置资金交由这些有经商理念的人代为管理，斡脱在某种程度上迎合了统治阶层的需求，日益壮大起来。统治阶层的金银支持促进了信贷行业的繁荣，但这种繁荣背后存在着大量的问题，其中最显著的就是利率过高。贵族将金银交由斡脱管理，是为了获得更多的财富，但斡脱也从贷出金银获得的利息中获得分成。由于彼此对财富的渴望以及分配问题，放贷利率必然较高，且计息方式完全由债权人的角度出发，导致了借贷人的偿还问题。彭大雅《黑鞑事略》记载："其贾贩则自鞑主以至伪太子伪公主等，皆付回回以银，或贷之民而行其息。一锭之本，展转十年后，其息一千二十四锭。"由此可见，当时货币利率的计算方式为复利，利滚利，一锭银子之债，十年之后，所贷金额则成为一千二十四锭。这种计息方式显然远远超出了债务人的偿还能力，以人抵债的现象，尤为普遍，其害甚甚。刘秉忠也曾为这种"羊羔息"上书，一些忠言之士斥责这种变相剥削的行为，认为信贷最高应为一本一息，在这种情况下，债权人、债务人的利益都能得到均衡，极大地促进了地方的安宁。政府采用了该种方法，促进了信贷业的规范。

随后，元朝开设了多个信用机构，包括质典库、银铺等。总体上看，元朝的信用机构数量虽然较少，但仍然是在前朝的基础上进行了一定发展，且可以满足人们的信贷需求。

（二）利率规定

利率长期以来都是国家货币政策的重点关注问题。利率的制定与许多因素相关，制定时通常要涉及诸多复杂的因素。一般而言，官府经营的信贷利率要低于民间，因为这种信贷的出发点含有稳定社会秩序的政治因素。与民间信贷的市场利率相比，它就更接近于法定利率。然而，民间信贷的出发点有所不同，更多是以经济利益最大化为最终目标。因此，在债权关系形成之后，在文契的切实履行中，使用不正当手段谋取更多利息的事件频繁发生，政府也进行了一定管控。

政府为了有效地控制民间利率，除公开允许各部门经营信贷以平衡利率市场外，还做出了明确规定，并多次颁布法律条文进行强调。例如在中统二年（1261年），下文对"止还一本一利"进行约束，防止复利导致利息过高，债权人无法偿还的现象出现。至元年间，根据《元朝法律资料辑存·至元杂令》记录："诸以财务典质者，并给帖子，每月取利不得过三分，经三周年不赎，要出卖……。"这对典当的利息进行了约束。总的来看，政府对信贷的利率始终规定为"月利三分"，并坚持"一本一息"的原则，强调如不按此规定执行，政府将追回多取之息以还原主，并对其进行惩罚。如确实存在难以偿还的情况，政府也规定不得私下拖拽人口，对借贷的行为进行了一定的约束。

（三）政府代征

虽然政府对利率有足够的重视，对其设立了明确的规定，但在实际执行过程中，仍然存在较大的阻力。债权人为了收回本息而违例进行索要的事件不断出现。债务人如不能按规定及时偿还债务，这些有权势的人便对其人身进行损害，或将其家人掳为奴婢抵债，债务人因此而逃亡的不在少数。政府为了安定社会秩序，且保证放贷人的利益，不得不介入债负的偿还程序。

斡脱在征收欠款的过程中存在着种种问题，已经严重影响到社会的安定。由于斡脱所经营的放贷本钱为诸王、驸马、妃子等贵族所有，因此仰仗资金所有人的权势，斡脱横行索要。政府为了稳定社会秩序，既要保证这些达官显贵的债权人的利益，又要保护债务人的权益，于是本着公正的原则，参与到斡脱的追征行列。在这个过程中，政府成为债权人和债务人的中介机构，调和双方的矛盾，不仅保护了欠款人的人身安全，以及享受低息借贷的权利，避免了在信贷过程中因复利导致的难以偿还的问题，也协助斡脱找回了本息，形成了"官民两便"的局势，这对于元朝信贷关系的稳定起到了极其重要的作用。

二、元朝的货币制度

元朝的货币经历了长期的通货膨胀，其价值水平始终不稳定，这导致了货币体系的最终崩溃。但其本身为了维持以纸钞为通货地位的货币体系，付出了很多努力。

（一）维护纸币的法定通货地位

在元朝之前，纸币的重要性未被进一步发掘。由于其本身不具有收藏价值，且不是由具有价值属性的金属制造而成，人们普遍不愿接受。元朝对纸币的贡献可以说是空前的，在整个元朝的历史过程中，始终以纸币为法定货币，为了保持其地位，元朝政府采取了一系列措施。

首先，停止使用蒙古旧钞、南宋交会，以旧换新。元朝建立后，在刘肃、刘秉忠等大臣的建议下，忽必烈对旧钞进行处理，以旧换新。在攻取江南后，为了保证纸币能在全国范围内通行，元政府下令停用流通于各地的南宋交会，准许以交会兑换中统钞，兑换比价为"宋会五十贯，准中统钞一贯"。其次，禁止铜钱流通。在元朝的整个朝代中，只有几次短暂的铸钱举措，大部分时间都奉行单一的纸币流通制度。尽管在民间始终存在用铜钱进行交易或支付的事情，但总的来说，铜钱地位很低，长时间被禁止使用，这对纸币的法定地位形成了保护。最后，元朝规定纸币作为唯一的支付手段。一切赋税、经费收支、公私交易收付，均使用纸币进行支付，这不仅增加了纸币的权威性，也使得纸币为法定货币的观念深入人心。这一政策在全国范围内进行推广，为纸币的流通和回笼开通了渠道。此外，官吏、军人的俸禄与军饷、宗王的赏赐、驿站的经费等，均以纸币为准。

（二）制定纸币发行制度

元朝政府对于纸币的发行尤其谨慎，主要是吸取了金人的教训。在金人短暂而不成熟的货币体系中，纸币的通货膨胀给元朝留下了深刻的印象。元初，政府制定纸币发行准备金制度，以保证纸币发行有足够的"钞本"，不至于滥发。为了保证有足够的金银储备，元政府规定金银集中于政府，多次下令严禁私人交易金银和金银流通海外。

元朝初期，政府基本上能贯彻这一制度，做到"子母相权"，发行纸币的数量取决于金银储备。因此，当时纸币的发行量极其有限，很有节制。但较为遗憾的是，元朝战争频发，由于需要给军官进行赏赐，并出资弥补军事费用，这一制度在后来因为元朝的过度印造纸钞而瓦解；此外，存贮于各地的金银逐渐被移作他用，这两种做法都导致了元朝货币的通货膨胀。从此之后，该"子母相权"的制度难以维持，造成了元朝持续的通货膨胀。

（三）制定纸钞防伪措施

在元朝，纸钞的伪造现象层出不穷。虽然纸钞的伪造大多伴随着纸钞的发行，但在元朝显得尤为严重，这与货币的持续通货膨胀有关，人民的生活水平下降，给伪钞的制造人提供了可乘之机。

制造伪钞与元政府的"利权皆归于上"的原则相违背,且对纸币的信誉造成了损害,扰乱了社会经济秩序,元政府颁布造伪禁令。一是严禁伪造,对伪造之人处以死刑。中统二年(1261年),元政府颁行《元宝交钞体例》规定"伪造交钞者斩"。随后,颁行《至元宝钞通行条画》对这一惩罚进行了强调。此外,为了加强防伪力度,还颁布了伪钞举报奖励措施,规定"若获印造伪钞者,赏银五锭,仍给犯人家产,应捕人减半,告捕挑剜补凑者,赏中统银十锭。"二是严禁挖补纸钞,以真作伪。以真作伪,也就是对真钞进行"挑剜补凑",随意增大面值。元政府对其多次明令禁止,但惩罚措施相对于伪造之人较轻。起初,对改补纸钞之主犯杖七十七下,为从者杖五十七下,后逐渐加重惩罚。皇庆元年(1312年)规定:"挑剜补凑宝钞,以真作伪者,不分首从,杖断一百七下,徒一年,再犯流远(《元典章》)。"三是制定伪造坐罪例,要求管钞官员共同防范印制伪钞者,否则一体治罪。这从内部激发了官员对伪造纸钞的防范心理,降低了官员与伪造者勾结的可能性。然而,民间对纸钞的伪造行为仍屡禁不止,纸钞的公信力由于伪钞监管不力而持续下降。

(四)制定管钞官员管理制度

管理钞票的官员是否奉公守法,是纸钞能否正常发行、流通的重要环节,因此元朝制定了一套约束、惩治管钞官员的措施。

一是对管理钞库的官员进行定期检查。至元十九年规定,各路"管民长官"每月要对钞库官吏的管钞情况进行一次检查;至元二十四年,又将频率提高至一月两次,如果发现平准钞库官存在违规情况,一经检查属实,则"申部呈省定罪",这种检查受到各道宣慰司、提刑按察司的监督,具有较强的执行力。二是实行地方官员监管制。元政府规定,各级地方官要对纸币的行用情况进行监管,各行省宣慰司、各路府州司县等管民长官,要用心执行关于纸钞的各项"禁约",若监管存在纰漏,则对其进行治罪。三是制定惩治钞库官员徇私舞弊的办法。如果在倒换"昏钞"时不守法度,则"笞三十七,记过"。在百姓以纸钞调换金银时,库官若不按规定办理,"决杖五十七,罢职"。

三、元朝的经济政策

元朝的蒙古贵族政治观念根深蒂固,简单而粗陋,对经济的长久发展缺少相应的举措。然而,元朝统治者与历史上其他王朝有一个重要的不同点,就是他们从不贱视商业,相反,特别优待商人,让其为他们大量敛财与服务。如贵族会把大量的金银借给商人,由商人去发放高利贷,然后向政府纳息,这体现出了蒙古人的重商倾向。在元朝的历史中,也存在几次重要的经济事件,对元朝的经济发展有着积极的刺激作用。

(一)京杭大运河

元朝推翻南宋以后,仍利用隋唐运河旧道转运漕粮,其路线大致为:由长江辗转入淮,逆黄河上达中滦旱站(今河南封丘西南),陆运180里至淇门(今河南浚县西南),再入御河(今卫河),水运至大都。因运河河道多有壅塞,水陆转运颇多不便,而海上运路往往风信失时，又多倾覆。于是，元朝政府着手组织对大运河进行了大规模的治理与修凿。

至元十三年（1276年）开始修凿济州河，至元十七年疏通了通州运河。至元十八年至二十年，由奥鲁赤主持引汶水、泗水，从济州（今山东济宁）西北到须城安山（今山东东平西南）长150多里的济州河开通。漕路由淮河入泗水（今中运河），经过济州河北抵安山，出大清河（今黄河下游），经东阿、利津入海，然后由海运入直沽（今天津大沽口）转到大都。后因海口淤沙壅阻，运道不畅，改由东阿陆运至临清（今山东临清南）入御河，水运至大都。元朝南北航运除东阿、临清之间一二百里陆路外，已大致沟通。至元二十六年（1289年），元朝政府采纳寿张县尹韩仲晖等人的建议，开会通河以疏运道。会通河自须城安山西南起，分梁山泊水源北流，经寿张（今山东梁山西北）西北和东昌（今聊城），至临清入御河，全长250余里。此工程历时6个月，中途建水闸30处，可随时调整流量。至此，南北航运全线沟通。

至元二十八年，元朝政府按照郭守敬设计的方案开凿了通惠河。通惠河导昌平县白浮村神山泉，通双塔榆河，引一亩、玉泉诸水入城，汇于积水潭，又东折而南，出文明门（今崇文门）至通州高丽庄入白河。后长164里，中设水闸21处，大体每十里置一片闸。工程历时1年。河成之后，漕船可以一直驶入大都城，从此减免了都民陆路辗转之劳，公私便之，同时也有利于大都的园林建设。

由通州南下至白河北运河北段，上接通惠河，下通大沽河，是南北通航要道，但由于所依赖的潞河（白水、榆水、浑水合流）水源不足，河道浅涩，通行不便。至元朝三十年，元世祖忽必烈采纳漕运使司建议，又引小渠水入榆水，以增加流量，便利行舟。至元朝末年，元政府还曾对相当于旧邗沟的扬州运河进行了疏通。扬州运河在灭宋之后逐渐壅塞，虽连年疏通，但收效不够明显。至延四年（1317年）方疏浚畅通。至治年间，又对属江南运河的镇江支流进行疏凿。疏凿河段自镇江至常州武进县吕城坝（今江苏丹阳东南），长131里，疏凿后河面加阔至5丈（约17米）、底阔3丈（近10米）、深6尺（2米有余）。同时，还开浚了镇江运河的重要水源——练湖（今江苏丹阳北）。

元朝政府陆续修凿完成的京杭大运河全长3000余里，北起大都，南达杭州，沟通了海河、黄河、淮河、长江和钱塘江五大流域。元朝大运河除对当时的统治集团提供便利外，更重要的是，促进了南北经济文化的交流，也为明清运河的畅通以至现代大运河的水运条件奠定了基础，为北京大都城地位的逐步确立增加重要筹码。

（二）农业保护政策

元朝从蒙古人的游牧到农业的重大转变，是忽必烈完成的。在他尚未即汗位的时候，就研究各种政策。《元史》中有记载："岁甲辰（1244年，二十九岁），帝（忽必烈）在潜邸，思大有为于天下，延藩府旧臣及四方文学之士，问以治道。"1251年，蒙哥即汗位后，马上派忽必烈去治理漠南地区，忽必烈听取了汉族知识分子的意见，开始重视农业发展。

忽必烈登汗位后，《元史》中有所记载："首诏天下，国以民为本，民以衣食为本，衣食以农桑为本"，即位诏书中还特别宣告：要"务于实德，不尚虚文，虽承平未易遽臻而饥渴所当先务。"忽必烈还认识到百姓的重要性，至元十二年五月，他在给参知政事高达的诏谕中明确提出:"夫争国家者,取其土地人民而已,谁得其地而无民,其与谁居?今欲保守新附城壁,使百姓安业力农,蒙古人未之知也。尔熟知其事,宜加勉旃。"

忽必烈对农业实行了大量保护政策。起初,蒙古军队南下,经常践踏农田,或把耕地作为牧场,特别是长年战争,使北方的农业遭到很大破坏。忽必烈对农业采取了严加保护的政策,早在中统三年(1263年)三月辛未申令:"禁诸道戍兵及世家纵畜牧犯桑枣禾稼者";同年四月,又命不许破坏庄稼,据《元史》记载,有"诏安辑徐、邳民,禁征戍军及势官,毋纵畜牧伤其禾稼桑枣";至元十三年二月,再次"申严牧损坏禾稼桑果之禁",以及"禁僧徒冒据民田";至元十五年八月"诏军前及行省以下官吏,抚治百姓,务农乐业,军民倌毋得占据民户,抑良为奴"。直到忽必烈晚年,他还在申明这一政策,可见其对农业保护之心的强烈。经过这种长期的宣示,保护农业的政策已逐渐被官民所了解,遇有不利于农业生产的情况,人们敢于进行联合抵制,对元朝的农业保护起到了重要作用。

(三)手工业的发展

当提到元朝的手工业时,就不得不提其标志性人物——黄道婆。元朝是中国历史上一个比较独特的朝代,是首个由少数民族建立在马背上的国家。在蒙古统治者的统治下,元朝初期的社会经济在农业、手工业、商业和对外贸易等方面发展较好,其中最繁荣的手工业是纺织业。尤其是在黄道婆的推动下,纺织业发展更为迅速,从而对社会经济发展起到了尤为重要的作用。

首先,元朝具有发展棉纺织业的基本物质条件。随着我国南方地区棉花种植的日益普及,纺织工业的发展受到了极大的刺激,达到了相当先进的水平,这为其繁荣奠定了基础。其次,元朝的手工业得益于奇女子黄道婆,她心灵手巧,棉纺织技术在她的研究下得到极大改进。元朝纺织业的发展还得益于京杭大运河为从南部地区到大都的食品运输提供了很多便利。最后,大量流通的纸币进一步繁荣了国内的商业事务。同时,元朝统治者采取了开放的政策来发展经济。一方面,沿海地区开放了更多的港口进行货物运输;另一方面,也欢迎外国货物进入国内市场,这对进出口贸易有积极的促进作用。

由于棉纺织业的发展,元朝与外国的交往更加频繁,具有重要的影响。由于蒙古国早期的外部扩张,许多来自欧洲大陆、亚洲和非洲的国家,开始把目光投向这片东方大陆。西方世界通过中外使节、商人和游客的来来往往,对灿烂的中华文明有了更深刻的认识。从自然科学和对外交流的角度来讲,也为棉纺织业的扩大发展奠定了基础。既然是技术的更新换代,并且具有一定的优越性,那么外界就没有不接受的道理,而棉纺织被接受后,也带动了元朝社会经济的发展。元朝为棉纺织业发展提供多项优惠条件,而棉纺织业也展现出了自身独特的优势,不仅有技术上的改进,还有在对外交流和商业中所占的地位,都不容忽视。

棉纺织业发展与社会经济发展是相辅相成的,因为当时元朝较为多元化的经济结构在社会经济中不只局限于农业,为棉纺织业发展提供了生存的条件。之后,棉纺织业迅速壮大,成为社会经济发展的有机组成部分,它不再是边缘产业,而是元朝发展过程中的核心产业,同时也促进了其余产业的发展,规避了部分社会问题。

四、元朝的进出口政策

元朝是中国历史上通过海路对外贸易最繁荣的朝代之一，它上承唐、宋，下接明、清，在我国古代海外贸易史上占有十分重要的位置。元初，统治者采取了某些鼓励农业、手工业和商业发展的积极措施，带动了社会经济的恢复和发展。元朝社会经济的恢复和发展，以及海外交通的发达，为海外贸易的扩大提供了有利条件。由于元朝疆域跨欧亚，对外交通空前发达，海外交通也发展到了一个更新的阶段。无论是航海技术、航行规模、所到达的地域范围等各个方面，都大大地超过了唐宋时期。东南沿海的对外交通贸易港口比前代更加繁忙。

（一）元朝积极开放的方针

随着元朝地域的扩大，元朝统治者采取了对外开放、积极交往的政治、经济方针。在对外交往中，忽必烈提出了"四海为家""通问结好"等积极主动的外交方针。他除了对邻近的日本、高丽、安南、缅甸等国家派遣使节外，还主动向遥远的欧洲罗马教廷派出使臣，由马可·波罗之父等人随同，与教皇互通信件，建立了联系。忽必烈这种不分国家远近大小，外交平等的原则，保证了元朝与欧、亚、非诸国的交往和通商。

元朝对海外贸易是非常重视的，为有效控制海外贸易，增加财政收入，元政府颁布了一系列有关管理制度，包括市舶制度、朝贡制度等，以及官方参与海外贸易的官本船制度。市舶制度包括以下三个方面的内容：一是抽分（税）的规则；二是经营许可证——公验、公凭的申报、审批及管理手续章程；三是对违禁出口物品的查堵和奖罚规定。此外，还包括一些诸如保护中外商人的合法权益、转运发卖舶货、优恤舶商等方面规定，以及为加强管理颁布的一些关于接待贡使、转运贡品等各个环节相关的朝贡贸易制度。官本船贸易制度是元朝官方控制和垄断海外贸易的手段，也是元朝海外贸易制度的最大特色。

（二）以武力为后盾扩大贸易

对外用兵是蒙古贵族的传统思想。成吉思汗及其子孙通过持续的扩张战争，建立地跨欧亚的帝国。元朝入主中原，秉承其先辈意志，在对外贸易中继续奉行强权政策，方式包括遣使招降和发兵征讨两种。

至元三年（1266年），忽必烈在结束统一江南的战争后，诏示军队将领："以江南既定，将有事于海外，"意在将扩张战争从陆地转向海洋。随后，展开了对外战争。至元十九年，杨廷璧在三次远渡重洋，出使俱蓝后，其国主"迎拜国书"，派遣使臣纳贡，同时，那旺、苏木都刺、苏木达等三国的国主也派使者随同杨廷璧到大都朝贡。元朝还多次出兵海外，如至元十一年和至元十八年，因日本拒绝与元朝建立附属关系，元朝两次出兵东征日本，但均以失败告终。元朝以十几万大军渡海作战，其航海能力是中国历史上前无古人的。除东征日本以外，元朝海军还曾远征占城、安南、爪哇。

（三）海禁

元朝的海禁时兴时废，从元世祖末年起，到英宗至治二年（1322年）为止，期间共出现四次海禁。

第一次海禁起于至元二十九年（1292年）八月，期间元世祖对爪哇征讨，并暂禁两浙、广东、福建商贾航海者，至元三十一年结束。第二次海禁于大德七年（1303年）开始，"禁商下海"，并取消市舶机构，到武宗至大元年（1308年）结束，重新整治市舶机构。市舶机构自唐中叶以来，一直是管理海外贸易的主要机构，其兴废与海禁密切相关，重新整治标志海禁结束。第三次是从武宗至大四年取消市舶提举司开始，仁宗延祐元年（1314年）七月，对其进行复立。最后一次是从延祐七年（1320年）四月"禁贾人下番"开始，至治二年（1322年）三月，"复置市舶提举司于泉州、庆元、广东三路"结束。

海禁并不是元朝的既定国策，而是元朝对海外贸易的强化控制和管理。实行四次海禁，有如下原因：一是对权豪进行约束，维护本朝的"官本船"制度。元朝"官本船"制度是元朝海外贸易的一个重要特点，是中国古代官方控制和经营海外贸易的一个典型。早期由政府贷款给海商进行海外贸易，后由政府直接经营。由于元朝海外贸易获利甚丰，元朝政府不时颁布禁令，禁止私商出海，妄图垄断海外贸易的高额利润。于是，政府对官商勾结进行的禁止，便发展为海禁，这导致了元朝的四次海禁。二是对违禁品外流的约束。《元史》中有多处多次声明严禁违禁品，如至元二十九年正月"禁商贾私以金银航海"。此外，金银被元朝贵族视为珍品，且开采量小，弥加珍贵，往往作为赏赐等。铜钱的大量外流也造成了元朝纸币的贬值，因此，元朝对这些违禁品的管理较为严格，当这些违禁品外流严重不可控时，便通过禁海的手段进行阻止。

第五节　金融人物与案例

元朝虽只有100年左右的历史，但各方面均得到了较好的发展，尤其是金融方面，给后人留下了宝贵的经验，这与若干个金融人物的努力是息息相关的。

一、忽必烈

元世祖孛儿只斤·忽必烈（1215—1294），蒙古族，政治家、军事家。监国托雷第四子，元宪宗蒙哥之弟（图 8-5）。大蒙古国第五任可汗，也是元朝的开国皇帝。蒙古尊号"薛禅汗"。

提到忽必烈，就不得不提到其对于元朝纸币制度的贡献。根据刘肃等大臣的建议，忽必烈发行了"钞"即纸币。他把钞票引入流通领域，并使之成为财政的基础。至元元年（公元1264年），忽必烈颁布了一条法令，公布了用纸币来计算主要商品的价值。在纸币发行的初期，元朝一直采用稳健的发行速度，充分吸取了金人的失败教训，用金银的数量作为发行纸钞的上限。但随着战争的加剧，随后继任的几位大臣开始轻率行事，实行无限制的通货膨胀政策，使钞票贬值。阿合马和桑哥在聚敛钱财时，采取多次兑换钱币的方式和建立重利专卖的办法。阿合马于1282年被暗杀，他死后受到忽必烈的贬责，桑哥则

图 8-5　开国皇帝忽必烈
（图片来自台北故宫博物院）

因贪污被处死。这也许是忽必烈最初使用"钞"时始料未及的事情。

此外,为了备荒,在丰年国家收购余粮,储藏于国仓。当荒年谷价上涨的时候,开仓免费分发谷物。忽必烈还组织了公众救济,将稻米和玉米定期分发给急需的家庭,并且要求地方长官对老学者、孤儿、病弱者提供救济。

总体来看,忽必烈对元朝的货币制度起到了开创性作用,后来的君主均采用他的方法进行货币制度改革,这也为世界其他国家的货币制度形成与确立提供了参考价值。

二、卢世荣

卢世荣(？—1285),原名懋,大名人,元朝经济学家,元世祖忽必烈时期的著名理财宰相。卢世荣最初任江西榷茶运使,后因桑哥推荐,于至元二十一年(1284年)十一月任中书右丞,秉政理财。到至元二十二年三月遭监察御史陈天祥弹劾,免职下狱,任期仅四个多月。卢世荣实施的许多经济政策值得称道。他针对中统宝钞贬值,主张钱钞并行,即增加金属货币流通量以代替纸币发行,在我国经济史上首次提出垄断海外贸易。在理财过程中,因触犯一批蒙古贵族和汉人官僚地主的利益而身亡。

卢世荣生活在元世祖忽必烈时代,临危受命,对当时已经发生通货膨胀的货币制度进行了改革。卢世荣执掌财政,奉旨整治钞法,提出并实施理财措施。整理钞法是卢世荣经国治世的经济政策的主要内容之一。桑哥在举荐他时就说,"能救钞法,增保额,上可裕国,下不损民。"

卢世荣主张钱、钞并行,反对专以纸币为流通工具的制度。他建议"依汉唐故事,括铜铸至元钱。及制绫券与钞参行",改变当时专靠宝钞作为流通工具的办法。废除人民不得私自买卖金银的禁令,允许金银自由买卖,扩大金属货币在流通中的作用。要控制纸币中统钞发行流通的数量,允许金银自由买卖,并发行铜币,减少社会对纸币需求的压力,从货币制度本身去满足市场对货币的需要,削弱通货膨胀的趋势。此外,卢世荣努力采取各种财政措施,多方面地扩大财政收入,这也是应对通货膨胀的重要对策。他还主张发挥平准库和常平仓制度的作用以稳定物价,这对减少通货膨胀的压力也是有帮助的。卢世荣能提出一套货币、财政和物价相互配合的政策来抑制通货膨胀,在当时中国封建社会的历史条件下是难能可贵的。卢世荣主张各路设平准周急库。平准库的作用原为通过现金和钞币的兑换以稳定宝钞的购买力。将平准库扩大为平准周急库,使库存的金银除作为稳定宝钞购买力之用外,还可作为向贫民提供低利息放贷的资本。他认为"以往虽立平准库,然无晓规运者,以至钞法虚弊、诸物踊贵"。

然而,卢世荣的改革由于触碰到当权者的根本利益,只持续了很短的时间,他便被弹劾罢职。他敢于尝试,虽然没有取得最后的成功,但他的改革事迹被人铭记。

三、叶子奇

叶子奇(约1327—1390),元末明初大学者。字世杰,一名琦,号静斋。浙江龙泉人,尝师王毅,明"理一分殊"之论旨,悟圣贤之学以静为主,故号"静斋"。自幼专业于学,凡天文、历史、博物、哲学、医学、音律,无不涉猎,且多有造诣。其哲学观主张唯物,所著《草木子》有"北人不梦象，南人不梦驼"之说，阐明精神与物质的关系。

叶子奇是元朝末期的一名学者，其改革未有实际成果。他主张用兑现纸币的办法来调节物价："引至钱出，引出钱入，以钱为母，以引为子，子母相权以制天下百货。出之于货轻之时，收之于货重之日，权衡轻重，与时宜之，未有不可行之理也。"即物价低时要投放纸币，物价高时要回笼纸币，以此使物价保持稳定。这里，叶子奇尚未认识到当纸币和钱币同为流通币时，通过兑现纸币来调节物价的办法是无效的。因为"引至钱出，引出钱入"的结果只能是纸币和钱币在购买力上趋于一致，而不可能调节物价。不过，叶子奇对纸币流通做了一个较为生动的比喻："譬之池水，所入之沟与所出之沟相等，则一池之水动荡流通而血脉常活也。借使所入之沟虽通，所出之沟既塞，则水死而不动，惟有涨满浸淫而有滥触之患矣。此其理也。"可见，叶子奇认为纸币流通应有自身的客观规律，国家只能认识和利用这个规律，而不可使用政权的强制力量来改变这一规律。据此他认为，元朝纸币流通之所以失败，是因为"后世变通不得其术"。

四、元朝的货币混乱：国家破亡的教训

元朝的灭亡与之前的几个朝代相比，是极其迅速的。一般认为元朝是由于民族分化等级森严而导致灭亡的，但是灭亡的真正原因却是由于在货币战争中的失败。在元朝的一百年历史里，战争不断，虽实行以纸币为法定货币的货币体系，但由于未能较好地控制其通货膨胀，且持续印发大量纸币来弥补战争的损耗，招致了最后的灭亡。

世界上最早的纸币是宋朝的交子，产生于北宋末年的四川，最初是可兑换的私人信用凭证。南宋时期，政府把货币发行权收归国有，发行交钞。南宋时，经济重心南移，江南经济高度繁荣，商业兴盛，商业税收超过整个国家税收的大半，所以有人认为宋朝经济开放自由，发生了可喜的商业革命。但到元朝时，元政府显然未学习到宋朝时交钞运行的精髓，对货币的发放没有科学的管控，且不遵循市场规律。由于缺乏科学的财政金融理念，元朝以为自己发行交钞可以无限制地滋生财富解决财政困难，结果严重的通货膨胀使得人民怨声载道，政府的交钞也退出市场。内蒙古乌兰察布市集宁区的古城遗址发现的大量的私铸货币和私铸作坊，证实了元朝财政货币制度的混乱。

元朝的货币问题，不但是钞票发得滥，而且伪币也很流行，甚至有人说"今民间之钞，十分中九皆伪钞"。伪钞一多，交钞就更加不值钱。除了伪造钞票以外，还有涂改真币把小面额改写成大面额。货币成废纸之日，就是一个王朝失尽人心、走向衰亡之时。

 课后习题

一、即测即练

自学自测 扫描此码

二、思考题

1. 请分析元朝中统钞发行的背景，并说明中统钞崩坏的原因。
2. 元朝在很短的时间内征服了亚洲、欧洲等大陆的众多国家，疆域辽阔，但是很快灭亡，请分析其中货币金融政策的作用。
3. 元朝文学家张养浩著名作品中提到："峰峦如聚，波涛如怒，山河表里潼关路。望西都，意踟蹰。伤心秦汉经行处，宫阙万间都做了土。兴，百姓苦；亡，百姓苦。"他为什么对元朝社会有这样的感慨？

三、案例分析题

案例一：元朝灭亡的原因

元朝只经历了九十八年的历史就灭亡了，元朝迅速灭亡的原因是什么呢？

（一）内部争斗不休，皇帝更换频繁

坚固的壁垒往往是从内部攻破的，随后才被外部力量控制。元朝屡屡祸起萧墙，都与成吉思汗所奉行的制度有关。

成吉思汗一路征战，蒙古军队掠夺来的土地分割给他的后代，使得他的后代个个都是一方诸侯。成吉思汗采取的分封制度，最大的弊端就是受封之人，各行其是，容易助长分封地主人的野心，从而上演相互征伐吞并的悲剧。

最先是忽必烈与他的弟弟们争夺汗位，导致蒙古分为两大阵营，随即分成四个汗国，四个汗国之间因为疆域问题相互攻伐，全部精力都用在了内耗之中。

忽必烈驾崩之后的元朝中期，皇室政局动荡，1295—1368年短短的七十余年间，元朝就更换了10个皇帝，如此频繁的帝王更迭，对一个大国来说是一种灾难。

（二）统治者穷兵黩武，征战不休

入主中原的元朝加上其他四个汗国，总面积2500多万平方公里，仅忽必烈直接统治的元朝就有1500多万平方公里，如此大的地盘，需要人守护，需要养军队。

百姓去当兵了，谁来耕地种田呢？庞大的军费从哪里出呢？只能加重百姓的赋税。

纵观整个元朝，只有22年没有战争记录。仅1280年统一中原之后，元朝有记录的战争就已达近200多场。

（三）民族歧视导致民族矛盾

对于民间治理，元朝虽有法典《元典章》流传于世，但该法典只要求汉人遵守，蒙古人、色目人遵从本身风俗即可。到了元朝末年，甚至禁止汉人、南人、高丽人持有军器，省院高官只任用蒙古人和色目人。

《元通鉴》中记载了这么一则案例：元武宗至大元年，有一番僧强买汉人商贩的柴禾，商贩上告官府，当时的留守李壁询问案情时，番僧率众冲入公堂，将李壁打得头破血流，结果番僧全被元武宗赦免。

从元朝建立开始，长江、黄河流域的广大老百姓就面临着蒙古族的阶级压迫，这就是越来越严峻的经济形势的根源所在——国家机器使富人更富、穷人更穷。

元末农民大起义，与其说是农民暴动，不如说是国民经济的彻底崩溃。1351年，红巾

军大起义,起义导火索是治理黄河的河工们遭到工钱盘剥,群体性的怒火被迅速点燃。国家赈灾的钱捉襟见肘,更拿不出保命、劳动的粮食,统治者给河工发的工钱只能用不值钱的纸币来充数,河工们被彻底激怒。元朝军队与农民起义军进行了长期战争,元朝廷需要军储供给、赏赐犒劳,只能大量印制交钞,结果出现了更严重的通货膨胀。最终,致使民间无法使用纸币,商品交换便转向以物易物,元朝财政陷入无能为力的困境。

(四)货币发行混乱

元朝的纸币,是对整个人类经济发展的一个贡献。早期的元代纸币,承袭宋朝的交子,体系相当完善。元朝吸取宋朝经验教训,纸币的发行严格按照规章制度进行,纸币与金属币保持一定比例,严格执行储备金制度。

30年后,元朝皇帝使用发行纸币掠夺财富这一简单方法,挪用各地储备金银。不设储备金,国家大量发行纸币,不回购纸币,百姓手中不敢留纸币,只存储金银和货物。这加剧了纸币的贬值,致使物价飞涨,到元末时,米价比元初上涨7万倍之多。

忽必烈建元,虽采取了开明的发展生产的措施,鼓励农桑,不再随意把农田变成牧场。但是为了提高财政收入,执行严苛的高赋税政策,而税收主要来自耕农和工商业者。蒙古王公及汉族功臣享有免税政策,他们摊派给各族普通百姓的税收越来越多。

随着元朝财政危机的加剧,朝廷几乎把纸币当作唯一的法宝。每次财政紧张时就大量发行纸币,结果通货膨胀问题到了难于解决的地步,最后纸币已经形同虚设。

1287年,元朝纸币比1260年发行时贬值4/5;1287年的纸币是1309年纸币的五倍。1299年,中书省曾奏报说,国家计划内的财政收入和实际收到的差了一倍,不够的那一部分只能年年靠增加印制纸币来填补。1355年,钞票泛滥,出现了大量假钞。

元武宗时,统治者想出中统宝钞和至元宝钞兼行的办法,通货膨胀愈发严重。为了保证宝钞与白银的可兑换性,至大二年(1309年),元武宗发行至大银钞。元武宗规定,至大银钞一两兑换白银一两,兑换至元宝钞五贯,兑换中统宝钞二十五贯。忽必烈最初发行中统宝钞,规定中统宝钞两贯兑换白银一两,至此,中统宝钞对白银法定贬值了12.5倍。

元朝末年,丞相脱脱帖木儿实行了钱钞兼行制度,反而引发更严重的通货膨胀。

问题:

(1)元朝灭亡的原因是什么?

(2)元朝经济和货币崩溃带给我们的教训是什么?

案例二:元朝的钞法

至正十年,右丞相脱脱欲更钞法,乃会中书省、枢密院、御史台及集贤、翰林两院官共议之。

先是左司都事武祺尝建言云:"钞法自世祖时已行之后,除拨支料本、倒易昏钞以布天下外,有合支名目,于宝钞总库料钞转拨,所以钞法疏通,民受其利。比年以来,失祖宗元行钞法本意。不与转拨,故民间流转者少,致伪钞滋多。"遂准其所言,凡合支名目,已于总库转支。

至是,吏部尚书偰哲笃及武祺,俱欲迎合丞相之意。偰哲笃言更钞法,以楮币一贯文省权铜钱一千文为母，而钱为子。

众人皆唯唯，不敢出一语，惟集贤大学士兼国子祭酒吕思诚独奋然曰："中统、至元自有母子，上料为母，下料为子。比之达达人乞养汉人为子，是终为汉人之子而已，岂有故纸为父，而以铜为过房儿子者乎！"一坐皆笑。思诚又曰："钱钞用法，以虚换实，其致一也。今历代钱及至正钱，中统钞及至元钞、交钞，分为五项，若下民知之，藏其实而弃其虚，恐非国之利也。"

偰哲笃、武祺又曰："至元钞多伪，故更之尔。"

思诚曰："至元钞非伪，人为伪尔，交钞若出，亦有伪者矣。且至元钞犹故戚也，家之童稚皆识之矣。交钞犹新戚也，虽不敢不亲，人未识也，其伪反滋多尔。况祖宗成宪，岂可轻改。"

偰哲笃曰："祖宗法弊，亦可改矣。"

思诚曰："汝辈更法，又欲上诬世皇，是汝又欲与世皇争高下也。且自世皇以来，诸帝皆谥曰孝，改其成宪，可谓孝乎？"

武祺又欲钱钞兼行，思诚曰："钱钞兼行，轻重不伦，何者为母，何者为子？汝不通古今，道听途说，何足以行，徒以口舌取媚大臣，可乎？"

偰哲笃曰："我等策既不可行，公有何策？"思诚曰："我有三字策，曰行不得，行不得。"又曰："丞相勿听此言。如向日开金口河，成则归功汝等，不成则归罪丞相矣。"

脱脱见其言直，犹豫未决。御史大夫也先帖木儿言曰："吕祭酒言有是者，有非者，但不当坐庙堂高声厉色。若从其言，此事终不行耶！"

明日，讽御史劾之，思诚归卧不出，遂定更钞之议而奏之。

下诏云："朕闻帝王之治，因时制宜，损益之方，在乎通变。惟我世祖皇帝，建元之初，颁行中统交钞，以钱为文，虽鼓铸之规未遑，而钱币兼行之意已具。厥后印造至元宝钞，以一当五，名曰子母相权，而钱实未用。历岁滋久，钞法偏虚，物价腾踊，奸伪日萌，民用匮乏。爰询廷臣，博采舆论，佥谓拯弊必合更张。其以中统交钞壹贯文省权铜钱一千文，准至元宝钞二贯，仍铸至正通宝钱与历代铜钱并用，以实钞法。至元宝钞，通行如故。子母相权，新旧相济，上副世祖立法之初意。"

十一年，置宝泉提举司，掌鼓铸至正通宝钱、印造交钞，令民间通用。行之未久，物价腾踊，价逾十倍。又值海内大乱，军储供给，赏赐犒劳，每日印造，不可数计。舟车装运，轴轳相接，交料之散满人间者，无处无之。昏软者不复行用。京师料钞十锭，易斗粟不可得。既而所在郡县，皆以物货相贸易，公私所积之钞，遂俱不行，人视之若弊楮，而国用由是遂乏矣。

问题：请根据上面的讨论，分析元朝钞法失败的原因。

参考文献

[1] 蔡美彪. 元朝白话碑集录[M]. 北京：科学出版社, 1955.

[2] 何盛明. 财经大辞典[M]. 北京：中国财政经济出版社, 1990.

[3] 赵婧. 中国经济管理思想史教程[M]. 北京：北京大学出版社, 1993.

[4] 马可·波罗. 马可·波罗行纪[M]. 冯承钧, 译. 上海: 上海书店出版社, 2004.
[5] 谢天宇. 中国钱币收藏与鉴赏全书·下卷[M]. 天津: 天津古籍出版社, 2005.
[6] 姚遂. 中国金融史[M]. 北京: 高等教育出版社, 2007.
[7] 彭信威. 中国货币史[M]. 北京: 中国人民大学出版社, 2020.
[8] 俞晖. 论元朝的通货膨胀[J]. 江西社会科学, 1991(5): 116-120.
[9] 刘秋根. 论元朝私营高利贷资本[J]. 河北学刊, 1993(3): 75-82.
[10] 沈自强. 浅析元朝海外贸易政策[J]. 辽宁教育行政学院学报, 2007(11): 31-32.
[11] 马朵朵. 元朝信贷问题研究[D]. 河北师范大学硕士学位论文, 2010.

附录

货币时间线

时间	皇帝	货币类型			
		铜钱	纸币	白银	黄金
中统元年（1260年）	忽必烈	中统元宝铜钱，但不许流通	中统元宝交钞	维持纸钞购买力，不许流通	维持纸钞购买力，不许流通
至元二十二年（1285年）	忽必烈	两种至元通宝（前）			
至元二十四年（1287年）	忽必烈	不许流通	至元宝钞+中统钞并行	不许流通	不许流通
武宗至大二年（1309年）	海山	至大通宝、大元通宝	大银钞	不许流通	不许流通
皇庆（1312—1313年）	爱育黎拔力八达	皇庆通宝、皇庆元宝			
延祐（1314—1320年）	爱育黎拔力八达	延祐通宝、延祐元宝			
泰定（1324—1327年）	也孙铁木儿	泰定通宝			
致和（1324—1327年）	也孙铁木儿	致和元宝			
至顺元年（1330年）	图帖睦尔	至顺通宝、至顺元宝			
元统（1332—1335年）	妥欢帖睦尔	元统通宝			
至元（1335—1340年）	妥欢帖睦尔	至元通宝（后）			
顺帝至正十年（1350年）	妥欢帖睦尔	至正通宝	至正钞	不许流通	不许流通

第九章 明朝货币金融简史

尊 经 阁 记
（明）王守仁

经，常道也。其在于天，谓之命；其赋于人，谓之性。其主于身，谓之心。心也，性也，命也，一也。通人物，达四海，塞天地，亘古今，无有乎弗具，无有乎弗同，无有乎或变者也，是常道也。其应乎感也，则为恻隐，为羞恶，为辞让，为是非；其见于事也，则为父子之亲，为君臣之义，为夫妇之别，为长幼之序，为朋友之信。是恻隐也，羞恶也，辞让也，是非也；是亲也，义也，序也，别也，信也，一也。皆所谓心也，性也，命也。通人物，达四海，塞天地，亘古今，无有乎弗具，无有乎弗同，无有乎或变者也，是常道也……

呜呼！六经之学，其不明于世，非一朝一夕之故矣。尚功利，崇邪说，是谓乱经；习训诂，传记诵，没溺于浅闻小见，以涂天下之耳目，是谓侮经；侈淫辞，竞诡辩，饰奸心盗行，逐世垄断，而犹自以为通经，是谓贼经。若是者，是并其所谓记籍者，而割裂弃毁之矣，宁复之所以为尊经也乎？……

第一节 明朝的社会概况

在中国历史上，明朝是元朝以后又一个"大一统"的朝代。洪武元年（1368年）明太祖朱元璋在南京应天府称帝，国号大明。永乐十九年（1421年）二月二日，明朝迁都北京，并改北京为京师。崇祯十七年（1644年），李自成攻入北京，明思宗朱由检自缢，明朝灭亡，历经十六位皇帝、十七朝，国祚二百七十六年。明朝是中国继周朝、汉朝和唐朝之后的又一盛世，史称"治隆唐宋""远迈汉唐"。

明朝前期国力强盛，开创了"洪武之治""永乐盛世"和"仁宣之治"等盛世，国力达到全盛，疆域辽阔，经济得到空前的发展。以江南地区为代表的手工业高度发展，促进了市场经济化和城市化。明朝中期，国家政治清明、经济繁荣、百姓富裕，在制瓷、矿冶、纺织等手工业中，私营超过官营，占据主导地位。同时，文化和科技领域空前繁荣，优秀文学作品和杰出人物大量涌现。明朝中后期，手工业和商品经济的发达，使得大量商业资本转化为产业资本，出现商业集镇和资本主义萌芽，封建自给自足经济和资本主义萌芽并存，但封建自给自足经济仍占主体。

一、明朝的经济

由于手工业和商品经济发达、经济繁荣，明朝中后期出现商业集镇和资本主义萌芽：大规模手工作坊或工厂日益增多，出现了"机户出资、机工出力、计工受值"式的雇佣关系；景德镇、佛山镇、汉口镇和朱仙镇四大商业市镇兴起；货币经济占主要地位，广泛使用白银；破产农民自由出卖劳动力，劳动力成为商品；形成了区域性商人群体——商帮。无论是生产力水平，还是商品化程度，抑或是以雇佣劳动为特征的手工作坊规模，明朝资本主义萌芽的成熟度都比欧洲国家更为成熟。但是腐朽的封建制度严重阻碍科技发明和应用，自给自足的自然经济占主导地位，农民贫困、购买力低下、重农抑商、"海禁"等政策，严重阻碍了资本主义萌芽的发展，所以明朝始终没能确立起资本主义制度，未能进入资本主义时代。

二、明朝的外交

明朝派遣使者出使撒马尔罕、吐鲁番、火州等西域国家，并著述《西域番国志》《西域行程记》等，加强了明朝同世界各国的经济、政治上的往来。

明朝海禁政策的颁布限制了海外贸易。明朝初期，日本的武士、商人和海盗经常骚扰中国沿海地区，被称为倭寇。为防倭寇，朱元璋颁布了海禁政策。明朝中期，朝廷误以为"倭患起于市舶，遂罢之"，于是合法的私人海外贸易受到限制。倭寇平息后，鉴于对外贸易对沿海居民的重要性，朝廷逐步解除海禁，使民间走私贸易逐步正当化，使中国进入了逐渐成形的世界贸易体系之中。

三、明朝的综合实力

明朝是当时世界上的超级强权，在许多方面位居世界第一。万历年间，明朝的耕地总面积700多万顷，明末时达到780多万顷，耕地面积居世界第一。明朝冶金工业极其发达，据《天工开物》记载，万历年间的铁产量达9000吨，矿产量居世界第一。白银占有量也是世界第一，美国弗兰克《白银资本》一书写到，16世纪和17世纪时，世界上1/3的白银通过贸易流向了中国。人口方面，《明实录》所载明朝人口有7000余万人。葛剑雄在《中国人口史》（复旦大学出版社）中指出，明末人口接近2亿，而当时全世界人口不超过4亿，所以明朝应是当时的世界人口第一大国。另外，据史料记载，明朝的军队数量、军工产值、船只总吨位与第三产业均为世界第一。

第二节　明朝的货币

明朝的货币主要经历了三个阶段。先是沿袭元朝的习惯，使用铜钱与白银进行日常的商品交易，政府也未对铜钱等的使用进行积极干预。洪武八年（1375年）禁用铜钱，使用"大明宝钞"进行交易。随着纸钞的贬值，铜钱与白银依然流通，此时纸钞、白银、铜钱三者同时充当货币。最后，由于白银本身属性的优越性与人们在交易过程中对白银的需求，铜钱逐渐淡出，明朝货币开始以银两制为主体。

"明初诗文三大家"之一的刘基在《感时述事（十首）》中写道："八政首食货，钱币通有无。国朝币用楮，流行比金珠。至今垂百年，转布弥寰区。此物岂足贵，实由威令敷。"深刻揭示了当时货币流通的状况，阐述了钱币为政府八政之首，钱币价值的贵贱全靠政府确定的思想。

一、大明宝钞

大明宝钞是明朝官方发行的唯一纸币，该纸币贯行于明朝270多年。元明之际，由于元朝纸币制度的崩溃，各地均恢复了铜钱流通，而朱元璋早在建立明朝以前就开始铸行铜币大中通宝。洪武建元后，又颁行洪武通宝钱制，计划恢复铜钱在全国统一的流通。但由于明初铜源紧张，且铜钱运转不变，很快便发生铜钱供应困难，"有司责民出铜，民毁器皿输官，颇以为苦"。政府于民间搜刮铜器，仍不敷需求，商贾们又习用旧钞，认为铜钱有诸多不便，于是洪武七年（1374年）朱元璋设立宝钞提举司，这是明朝发行纸币的专门机构，下设提举、副提举、吏目各一人。次年三月，令中书省印造大明宝钞。洪武十三年，废中书，升六部，造钞属户部，所以钞上的中书省改为户部。宝钞提举司下设钞纸局、印钞局，局置大使、副使、典史各一人。又设宝钞库、行用库，库设大使、副使各二人，典史一人。

大明通行宝钞，基本袭元朝钞制，但版面设计更加简洁，且布局较元钞匀称，文字精练，刻工也比元钞细腻，从而形成了自己的独特风格。《明会典》中记载大明宝钞钞体为竖式长方形，长约30厘米，宽约20厘米，是中国票幅最大的纸币。票面上端为"大明通行宝钞"六个汉字；中部顶端为"壹贯"钞额，其下为五组十串铜钱图案，每组二串，按上二、中四、下四排列；两侧分别为篆书"大明宝钞""天下通行"字样；下端文字楷书，计42字，自右而左："户部奏准印造大明宝钞，与铜钱通行使用，伪造者斩，告捕者赏银贰佰伍拾两，仍给犯人财产。洪武　年　月　日"；四周饰以龙纹及海水图案（见图9-1）。

大明宝钞的印钞材料为桑皮纸，又称汉皮纸，是以桑树皮为原料制成的一种纸，质地极其敦厚，有韧性，易保存，常作典籍书册书页之用。大明宝钞逢百设定面额，形制丰富，共有六种面值，从小到大依次为：一百文、二百文、三百文、四百文、五百文、壹贯。壹贯为最大面值，发行之初等于铜钱1000文或白银1两。大明宝钞后来严重贬值，到崇祯帝时，壹贯仅仅等于0.1文铜钱。这些面额巨大的纸币使用时间久了很容易破损，为此，明朝政府颁布了"倒钞法"，规定消费者可以拿着破损的纸币到政府设

图9-1　大明宝钞图（图片来自中国钱币博物馆）

置的相关部门去兑换新纸币,只需缴纳一定的工本费。

大明宝钞自身特点如下:首先,大明宝钞的印制和发行始终集中于朝廷,这种统一性前代不曾有。它没有沿袭金、元两代以银、丝为本,由各地方分散发行纸币的方式,而是完全依靠国家政权,强迫民间使用。这种强制性在大明宝钞铭文中极其明显,严明钞法,严惩伪造纸钞者,规定"禁民间不得以金银货物交易,违者罪之"。明朝政府规定,上到税收,下到基层贸易,大额货币交易必须使用纸钞结算,铜钱只允许在民间琐碎交易时使用,而金银完全禁止流通,违者甚至获罪。宝钞刚开始发行时,统治者就指定无论是官员俸禄还是军事开支都须用其结算,大明宝钞不可取代的主流货币地位就此奠定。到了后期,10文到50文的小钞也开始发行,为民间日常小额交易提供了支持,铜钱的辅助作用渐渐被弱化。其次,纵观我国纸币的演变,从北宋的交子,南宋的会子,到金代的交钞,都明显带有地域性的特点,而纸币经过元朝,到明朝发展到了新的阶段,成为全国通行的纸币。此外,大明宝钞不兑现,明朝官府规定宝钞的金额和兑换比例,但百姓无法拿着宝钞去官府兑换铜钱或者白银。明朝宝钞发行,推行的是只出不进的政策,即可以印钞支付俸禄和军饷、购买民间货物,但在向民间收税时却只收铜钱或白银。

二、铜钱

明朝币制以纸币为主,但也铸造了不少铜钱,且种类繁杂。明朝钱币,一反往朝,均为通宝,而无元宝,主要避朱元璋之"元"字讳。明朝每一位皇帝只有一个年号,除了大中通宝以外,每个皇帝最多只铸一种年号钱。明朝早期钱币狭轮,字迹细秀,后期钱币宽轮,笔画变粗成仿宋体。明朝后期钱币开始用黄铜铸造,黄铜币有光泽而少锈,这些特点,基本上为清朝所继承。

宝源局、宝泉局是明朝铸造铜钱"通宝"的机构。至正二十一年(1361年),吴王朱元璋在应天府设立宝源局铸造铜钱。三年以后,朱元璋政权于江西行省设货泉局,不久,各行省相继设立,改名为宝泉局。洪武元年(1368年),命户部设立宝源局,各省设置宝泉局,鼓铸"洪武通宝"(见图9-2)。洪武八年,因推行大明宝钞而罢宝源局铸钱,次年又罢各行省宝泉局。洪武十年,下令各行省设宝泉局铸小钱,与钞兼行。洪武十三年,铸钱之事改属工部。天启二年(1622年),户部铸厂改组为宝泉局,以右侍郎领之,为钱法堂,此后,铸钱中心转到户部,工部宝源局铸钱随之减少。

洪武《铸钱则例》规定,铸钱应用生铜。但当时铜材稀缺,所以就普遍用废钱和旧铜铸造,因铜质复杂、纯度不一,造成洪武通宝成色不一的情况。洪武通宝钱文楷书直读,有小平、折二、折三、折五、当十五等。背文记值、记重、记地等多种形式。

洪武通宝特点主要有二,一是过去的钱或记重或称宝,再冠以年号,洪武钱既称宝又记重;二是洪武钱作为国朝钱即制钱,有一定大小层次及形状、文字标准,不偷工减料。

自洪武之后又铸了永乐、宣德、弘治、嘉靖、隆庆、万历、泰昌、天启、崇祯等货币。永乐年间朱棣铸造永乐通宝(见图9-3)。永乐钱只有小平钱,没有折二以上的大钱,制作精良,边廓规整,笔画秀丽,而且不论是京师还是各省所铸,都是光背。因为国力强盛,远洋交流频繁，所以引得邻国铸永乐钱，尤以日本居多。

宣德年间也只铸小钱，数量和版别都比较多，但精整不如永乐钱。宣德通宝的版别不多，主要分"通"字草点、不草点，"德"字"心"上少一横或多一横等。

图 9-2　洪武通宝图
（图片来自中国钱币博物馆）

宣德以后，由于民间广泛使用白银流通，官钱反而流通不畅，所以正统、景泰、天顺、成化四朝都没有铸钱。弘治年间才恢复铸币，铸造弘治通宝，版式为小平钱，存世均为光背，制作大多不精，云南大理土司铸造的更是笔画粘连，大小不一，根据"治"字的三点水旁不同写法，可分为"连水治"和"分水治"两种版别。嘉靖年间，铸嘉靖通宝，钱文楷书直读，此钱制作混杂，笔画多变，大小不一，背文记重或无文。隆庆年间，铸隆庆通宝，钱文真书直读，文字端正，铸工精美，光背无文。万

图 9-3　永乐通宝图（图片来自上海博物馆）

历通宝仿造嘉靖钱制，光背者较多见，少数背文有"工""户""公""厘""正"等字或星、月纹（见图 9-4）。天启年间，铸天启通宝，背文记值、记局、记地、记事由，或有星、月纹，大小各异，品种较多。

图 9-4　万历通宝图（图片来自上海博物馆）

崇祯通宝钱文楷书直读，有小平、折二、折五、折十四等，大小不一，文字多变，精粗互见，背文有星、月圈、圈内星、奔马等纹或记地、记值、记事由等数项。

三、白银

白银作为一种常见的货币流通工具，在宋朝就已具备货币的各项职能。然而，在明朝，白银经历了一段流通、禁用、再流通的历史。建元之初，白银在民间开始形成货币化，但随着"洪武宝钞"的发行，其长期处于禁用状态，失去了本身的货币属性。随着正统元年（1436 年）银禁解除，白银的流通逐渐公开化。与此同时，由于白银在进出口中占据了较高的地位，逐渐成为流通手段中占据主导地位的货币，在对外经济交往中尤为重要。

在宝钞出现严重贬值的情况下，官员的俸饷与赋税货币化问题日趋严重。景泰三年（1452 年）七月，户部因铸钞数量有限，需要用白银支付，这使得白银自明初被禁用以来，能再次作为法定货币流通。

明朝白银的铸币形式多以锭为主，一改之前的银条、砝码与银饼，铸造形态类似于"元

图9-5　洪武十六年花银一十两
（图片来自银锭博物馆）

宝"，便于携带。其面大于底，两端翘起，最大者重达500两，为当时的主要形制。元宝银锭以银两为单位称重使用，按照形制大小，分为大锭、中锭、小锭和碎银。其中大锭重约50两，主要用于纳赋与大宗交易，刻有铸造地、重量和银匠姓名；中锭、小锭和碎银形制不一，多用于找零和小额支付（见图9-5、图9-6、图9-7）。

除了元宝外，明朝还将金银铸成各种形状，便于不同场合使用。一是明朝政府设置的"银作局"铸造的金银钱和金银豆叶，具有支付手段的职能，多用于赏赐；二是万历铸造的矿银钱，正面为"万历矿银"四个字，背面有"二钱""四钱""五钱"等，主要用于供奉朝廷；三是用于喜庆庆礼和丧葬的喜庆钱与冥钱，没有统一的制造方。总的来说，白银作为明朝中后期的常用流通货币，种类繁多，来源广泛，这为海上贸易与国外白银流入打下了基础。

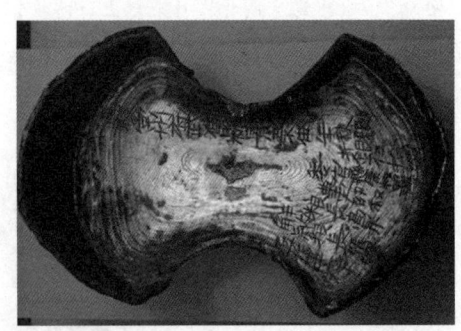

图9-6　秋粮折银五十两银锭（图片来自银锭博物馆）

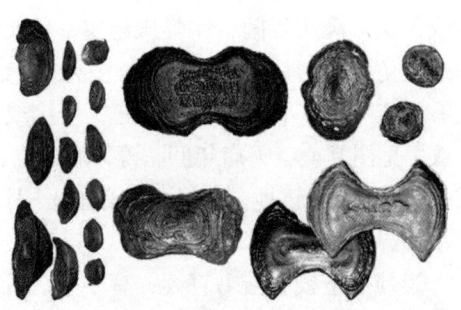

图9-7　明朝银锭一组（图片来自银锭博物馆）

景泰三年（1452年），文武群臣的年度折俸钞都用白银支付。嘉靖四十四年（1565年），俸禄全部使用白银支付。此外，万历九年（1581年）推行了一条鞭法，各种租税悉数使用白银折纳，白银逐渐从民间使用转为官民通用。隆庆元年（1567年），明廷颁令：凡买卖货物，值银一钱以上者，银钱兼使；一钱以下只许用钱。首次确认白银为合法货币。自此，白银重新成为货币体系的主要货币，并作为本位货币固定下来。

白银的广泛使用是一种必然结果。即使明朝极力推行大明宝钞，但却没有抑制白银的使用，这主要是由于纸币的贬值与铜钱的流失，人们需要一种稳定可交易的货币用于日常生活。白银货币化是明朝的无奈之举，也反映出很多现实问题。一方面，国家财政长期入不敷出；另一方面，从皇族到平民对白银都有较高的需求，这造成了白银货币化的局面。与此同时，白银不仅在国内发展迅速，在与海外的交易中也处于主币的地位，这使中国白银市场得到极大发展，真正走向世界。

明朝白银的主要来源为万历矿银，然而在白银需求逐渐增大的明朝中后期，单一的矿产资源不足以支撑国内的货币流通，海外输入便成了白银的一个重要来源。明朝中后叶，约有 2 亿～3 亿两海外白银流入，加快了明朝白银货币化的进程，也为明朝的进出口做出了贡献，化解了商品经济发展与货币不足的矛盾。海外输入白银的主要源头为日本与美洲。

首先，日本是明朝外来白银最早的来源地。早在 16 世纪中叶以前，日本就有向外出口的记载，在与明朝的贸易中，主要输出的货物为刀剑、扇子、屏风、硫黄等，并非以银为主（《礼部·朝贡》）。这种情况从 16 世纪 40 年代开始转变，明朝商船不断航行到日本九州，主要目的不再是以往贸易中的以物易物，而是以物易银。根据《朝鲜李朝实录》记载，嘉靖二十三年（1544 年）有中国船只在海上遭遇风暴，漂流到朝鲜忠清道黄竹岛，朝鲜方面问及因何事到来，答曰："以贸银事往日本，为风所漂而至此。"根据估算，1540—1644 年的 100 多年间，从日本流入中国的白银高达 7500 吨左右。此外，葡萄牙、荷兰商人也来日以货易银，再使用银购买中国的丝绸、茶叶等商品，这促进了国际间的商品交换。

此外，美洲是明朝白银的重要来源地。虽然西方探寻新航路的重要原因是对黄金的需求，但在 16 世纪 40 年代，西属美洲殖民地的白银被大量开采，间接或直接地沿线路流向亚洲，其中大部分最终流向了明朝政府。根据特帕斯克的论述，线路主要包括以下三种：自西班牙—英国、法国、荷兰—波罗的海、摩尔曼斯克—斯堪的纳维亚、俄国—波斯—亚洲；自西班牙经过陆路或海路—黎凡特—亚洲；自葡萄牙、荷兰、英国—好望角航线—亚洲。沿着这三条途径，美洲约有 1/3～1/2 的白银最终流入明朝政府。

第三节　明朝货币的功能

一、货币的职能

在发达的商品经济条件下，货币具有价值尺度、流通手段、储藏手段、支付手段和世界货币五大职能。货币的五大职能是随着商品经济的发展而逐渐形成的。其中，价值尺度和流通手段是货币最基本的职能。货币首先作为价值尺度，衡量商品有没有价值、有多少价值，然后作为流通手段实现商品的价值。

明朝的纸币，于太祖洪武八年（1375 年）发行。金银只能用来领用钞票，即只能卖给政府。洪武十年规定，一百文以下的数目用铜钱支付，大额支付用宝钞；商税的输纳，七成用钞，三成用钱。洪武十三年重定内外文武官岁给禄米、俸钞之制，从九品至一品，给俸钞 20～300 贯不等。洪武十五年规定在外卫所军士，月盐皆给钞。永乐年间，下令在粮多之地，士兵的月粮八分支米，二分支钞。正统以后，宝钞已不通行，只有官俸还是用钞折付。宝钞用于俸禄与兵饷的支发，是其支付手段的实现。到了明末还以钞字来代表货币，或称钱钞，或称钞银，而实际上支付的却是银或钱。

铜钱在明朝经历了从法币到禁用再到与钞、银并行流通的演变过程。朱元璋在至正二十一年（1361 年）开始铸行"大中通宝"钱。洪武元年（1368 年）颁行"洪武通宝"钱作为国家法币。此时，通宝钱积极扮演着货币的角色。洪武二十七年（1394 年），因"重钱轻钞"，下令禁用铜钱。永乐六年（1408 年），命铸永乐通宝，只铸小平钱，无折二以上的大钱，计铸 15 年，年铸造额 10 万贯。当时仍禁铸铜钱，明政府铸造主要用于对外支付。永乐年间，郑和下西洋携带了大量金银宝货、丝绸和青花瓷器。金银宝货以铜钱为大宗，因当时西洋、南洋许多国家流通使用永乐通宝，《瀛涯胜览》："爪哇国通用中国历代铜钱，旧港国亦使用中国铜钱，锡兰国尤喜中国铜钱，每将珠宝换易。"有些国家，如邻国日本还专门大量输入永乐通宝，这时通宝则表现出其世界货币的功用。天顺年间开放钱禁，原则上银、钱、钞都是国家准行的货币，用于日常交易及政府开支。随着白银的货币化，铜钱成为辅助货币，充当数额较小的贸易币种，简单地行使着流通手段的职能，而民间私自铸造铜钱不断地扰乱国家货币金融体系的运行，这样一来，铜币作为辅助货币的功能不断降低。

白银的使用是由于纸币的贬值和铜钱的减少，纸币贬值使百姓需要一种稳定的货币。在正常状态下，百姓就会使用铜钱来维持生活，但明初的铸钱很少，洪武、永乐、宣德年间虽曾铸钱，但铸得不多，当局为了推行纸币，把这些钱贮存于国库，不发行出来，或只颁赐给外国的使节。宣德以后，五十年间完全没有铸钱，民间的铜钱不足，所以白银的通行，原是为了补充货币数量的不足。后来虽恢复铜钱鼓铸，但私铸猖獗，钱分等级，不是适当的价值尺度，反而促进了白银的使用。

白银的形式以锭为主，银锭具备了明朝的银币、铸币的各种标志。明朝银锭主要采用元宝的形式，便于用布包裹后缠在腰间。白银在宋朝已具有货币的各项职能，明中叶以前没有大规模地通行，至少政府没有正式用银锭作为普遍的支付手段，有时用作普通支付，只需注明重量和银匠的姓名。明朝中叶以后，随着商品经济的发展，白银的流通更加广泛，逐渐成为主要的支付手段。除元宝以外，金银还被铸成各种形状。明朝政府设有银作局，铸造金银钱和金银豆叶等，作为赏赐之用，这也是货币的一种职能，即支付手段。

明初虽然不想再用金银作为支付手段，但大明宝钞仍然有对金银的比价，而且随着宝钞的跌价，白银的使用不可避免。自洪武二十七年（1394年）禁用铜钱以后，许多地方专用白银交易。洪武三十年（1397年）三月，当局明令禁用金银，但产生的效果却有限。洪熙元年（1425年）又禁金银布帛交易，似乎也没产生什么效果。到了洪熙、宣德时期，不仅民间交易照旧用银，巨商富民权贵"凡有交易，俱要用银"。宣德元年（1426年）七月，户部说民间只用金银，政府揭榜加严禁约，可是三年十一月江西又有人主张禁银，可见民间还在使用白银，而且商税、鱼课正式征银。正统元年（1436年），令南方的浙江、江西、湖广、广东、广西各布政司范围内不通舟楫地方的米麦用白银折纳，同时对民间也放松了用银的禁令，公私都能使用白银。解除银禁，实为在法律上准许用银，白银的流通便公开化、普遍化，朝野上下都使用白银。于是白银具备了价值尺度、流通手段等职能，成为正式通货。景泰三年（1452年）七月，曾令京官俸准价折银，景泰七年（1456年）二月，户部因内帑铸钞不多，对北京文武群臣上年度的折俸钞，用白银支付。这些虽是暂时的，但把白银的使用向前推进了一步。正德以后，官吏的俸给，十分之九用白银，十分之一用铜钱。嘉靖年间，政府规定了白银同钱的比价，还规定大数用银、小数用钱，白银遂取得法定通货的地位。万历九年（1581年）推行一条鞭法，各种租税都用白银折纳，使得白银的使用继续向前推进。

明朝后期，白银逐渐取得本位货币的地位，不仅用于赋税、贮藏、国际贸易，还用于货物甚至劳动力的计价和日常支付。至此，明朝白银货币化的进程基本完成，白银成为唯一有充分货币职能的货币。

二、货币购买力

（一）大明宝钞的购买力

大明宝钞无本，是一种无发行准备、不兑现的纸币，且其发行并无限额，印制基本由明政府根据财政需要和民间金银数量决定。同时宝钞不能兑换金银的特征与严格的倒钞法，也意味着宝钞很难以旧易新。宝钞经由明政府各项财政支出流向民间，然而回收渠道并不通畅。当时政府最重要的财政收入是夏税、秋粮，通常征收实物，偶尔有折收金银钱钞的情况，总量也并不高。因此，大量的宝钞滞留民间，无法回笼。但由于财政需要，明政府仍在无休止地滥发宝钞，宝钞依旧源源不断地发向民间。于是，宝钞的贬值实属难免。

明朝官俸用米计算，而用宝钞折支。洪武年间刚发行宝钞时，1贯钞抵1石米；到永乐元年（1403年）改为10贯钞抵1石米；洪熙元年（1425年）改为25贯钞抵1石米，50年间，米价上涨了25倍。在收进宝钞的时候，估价更低了。例如各种税粮的折纳，在洪武九年（1376年）也是1贯抵1石米；但永乐五年（1407年）就改成30贯抵1石了，32年间米价涨了30倍，这个倍数大概更接近市价。永乐五年，各种可以代输税粮的日用品的折算率也都增加了，小麦和大豆是30倍，大苎布和小绵布是40倍。

面对宝钞严重贬值，明政府曾采取遏制措施。永乐二年（1404年），推行"户口食盐法"，也就是增加盐税，规定成年人每月要向政府购盐1斤，纳钞1贯，未成年人购盐半斤，纳钞500文。永乐二十二年（1424年），实行"开盐法"，令有钞者用钞来买盐，以回笼宝钞。宣德元年（1426年）规定各地官吏贪赃罚款时都折收宝钞，不分新旧。宣德三年（1428年）停造新钞，已造的收库，不许发放，旧钞选择好的以供赏赐，不能用的烧毁，从而达到减少宝钞数量的目的。宣德四年（1429年）在33个府、州、县将市镇店摊的税增加了五倍，如菜地每亩每月缴纳旧钞300贯，果树每棵一年交100贯，旅馆客店每间房每月纳钞500贯，驴骡货车每辆每次纳钞200贯。明政府希望用这种办法来回笼纸币，收缩通货，稳定币值。

经过如此整顿，大明宝钞的贬值速度有所减缓，但好景不长，从正统到景泰年间，宝钞之值每况愈下。正统九年（1444年），米价每石折钞100贯，比宣德四年涨1倍，比洪武初涨100倍；宣德四年（1429年），官价宝钞每贯当钱10文，当银0.01两；景泰三年（1452年），每贯只能当钱2文，当银0.002两。照此而计，当时宝钞对白银的比价由洪武初的1:1跌至1:500，几同废纸。尽管其间明政府曾采取诸如禁止使用铜钱、停止印钞、增加收钞项目等措施，但宝钞之流通范围与日俱减，景泰、成化年间，基本被排斥出市场流通领域。成化二年（1466年），史称"钞法久不行……甚至积之市肆，过者不顾"。

（二）铜钱的购买力

万历以前，通宝的铸造量很少，流通量不大，购买力一直比较强。就粮价而言，明朝前期大米常价为每石250～400文，明中期米价有所增长，但每石不超过500文。铜钱价值长期保持比较稳定的状态。实际上与白银相比，铜钱有上涨趋势。洪武初白银1两合铜钱

1000文，成化年间减为800文，弘治初年减为700文，正德年间也相同，嘉靖时官价没有更动，但市价1两只能买到好钱300文。隆庆初年，白银更加通行，钱价下跌，1两折金背钱800文、火漆钱和镟边钱1000文。万历四年（1576年）也相同，后来金背涨价，5文就可抵银1分，若是嘉靖金背，只要4文。万历十三年（1585年）依户部建言，万历金背改以8文准银1分。万历十五年（1587年），户部说：嘉靖金背每5文折银1分，万历金背每8文折银1分，遵行已久。

钱价上涨，首先是因为铜价上涨，按照洪武元年（1368年）的《计赃时估》来推算，当时一百斤铜值银5两，万历二十五年（1597年）以后，每百斤铜值10两5钱，以白银计算的铜价比明初已上涨一倍以上。其次是因为制钱分量一再增加。洪武钱每文重1钱，弘治钱重1钱2分，嘉靖钱重1钱3分。这使通宝本身的价值增加了。最后是由于当局推行宝钞的关系，铸钱数量不多。在这种情形下，通宝的兑价自然上升。而从万历到崇祯年间，通宝的铸造日增、流通日广，钱值严重下跌。万历三十二年（1604年），京仓平粜米价为每石6钱5分；天启四年（1624年），官府平粜米价为每石9钱。洪武中期猪肉每斤10余文，崇祯前期每斤15文至20文，崇祯末则暴涨至每斤1000文。洪武时食盐每斤3文左右，嘉靖后期每斤4文余，万历中期每斤6文，崇祯十六年（1643年）每斤高达54文。洪武时茶叶价每斤12文左右，崇祯末，茶价每斤银1两，合钱2000文。

对外战争对明朝政权的财政基础产生重创。万历二十年（1592年）以前，铸钱还只有60炉。由于糜费的对外战争，铸炉不断增加，起初添置40炉、50炉，万历二十九年（1601年）加置100炉。万历三十年（1602年），户部府军仓附铸，加250炉，应天府又置100炉。这些钱当时只在北京流通，因此购买力下跌，各军役匠作都反对工资的三成用通宝支付。同时，由于钱价下跌，物价上涨，铜商也抬高铜价，使得有些铸炉不得不停工，并遣散铸匠，于是私铸又猖獗起来。以前铸匠是一种世业，熟习的人少，自增加鼓铸后，许多人学会这种技术，他们被遣散之后，无以谋生，多从事私铸，而且铸出的钱和官铸差不多，私铸开销少，所以能以低价卖给私贩者，于是私钱就充溢市面了。壬辰战争前，金背钱只要四五十文便可折银一钱，战后官价虽然不改，但市价则银一钱可易钱60文。

（三）白银的购买力

总体来说，明朝白银的购买力处于比较高的水平，从明初到明末，白银购买力的基本走势是平稳中略有波动，呈轻微下跌趋势。就米价而言，明朝大米的平均价格是每公石值白银18.9分，其中永乐到正统年间价格最低，每公石值白银10.84分；万历后期至崇祯时期价格最高，每公石值白银32.19分；而洪武至弘治时期，大米价格每公石在10~17分之间。无论哪种价格，与前代相比均不为高，意味着明朝白银的购买力高于前代。明朝白银的购买力相对来说比较平稳，洪武到成化时期，每公石大米的价格基本在白银9~15分之间波动；弘治到崇祯时期，多数年份每公石大米的价格在白银18~25分之间波动。但从长期看，明朝白银的购买力水平仍呈下跌趋势。以弘治末期为界，此前大米价格在每公石约值白银10~16分，而此后涨为20~32分；以洪武至弘治时期为界，此前绢价在每匹银0.4~0.5两，此后则涨为0.7两。

明朝白银能够保持比较高的购买力，原因不在于生产力水平，而在于当时社会对白银的需求超过商品流通对货币的正常需要。如前所述，中国是贫银国，明朝不仅贫银，且长期贫钱。明初至万历初 200 年间，铸钱数量只有 1000 万贯，而北宋除开国初期每年铸钱少于 100 万贯以外，百余年间每年铸钱都在 100 万贯以上，熙宁六年（1073 年）后每年铸钱竟达 600 万贯。在此情形下，白银自然能保持较高的购买力。但从整个明朝来看，白银的购买力仍有轻微下跌的原因有二：第一是铜钱的涨价。物价，尤其是零售价格，往往以铜钱为标准，米的银价有时是由钱价折算出来的，所以钱价上涨，会压低银的购买力。第二是白银产量增加。洪武年间曾禁开银矿，洪武二十四年（1391 年）只产银 24740 两。永乐宣德间开陕州福建等地银坑，所以宣德五年（1430 年）产银增加到 320297 两。其间虽然禁止几次，但为时很短。到天顺成化年间又大肆开采，单是云南每年就产银十万两。明朝同南洋各地交易频繁，也有白银的输入。

三、金融机构

明中叶以后，随着农业、手工业恢复发展，工商业也逐渐发展起来，社会中显露出资本主义萌芽，此时一些新兴的金融机构开始出现。这些新型金融机构的产生有利于货币的流通和货币制度的发展，促进了明朝经济的发展。

明朝社会经济发展中，商人扮演着重要角色，他们操纵商业资本，丰富社会资金的运用渠道，促进社会经济的发展。其中粮商和盐商在当时最有实力和竞争力，有一些商帮按地域划分，比如当时的徽商与晋商资本最为雄厚。这些积累的大商业资本，或重新投入市场从而扩大商业经营，或以借贷形式贷给中小商人进行增值，其中后一种形式的载体是典当等金融机构。商业资本的积累对金融创新起着推动作用。明朝兴起的钱铺、继续发展的典当以及曾一度消失于南宋的汇兑伴随着商品经济的繁荣逐渐兴盛起来，这些创新型金融机构基本上都是商人资本、民间经营，这些金融机构的发展为贸易发展注入了巨大的活力。

（一）钱铺

明朝产生了新金融机构"钱铺"，又称"钱店"或"钱肆"，是钱庄的前身，是一种经营货币兑换业务的金融机构。钱铺之产生，主要基于当时货币兑换的需求。明朝中后期，随着银禁的解除和银、钱流通，大数用银、小数用钱成为习惯，银、钱兑换频繁，银、钱兑换之需与日俱增。在此情况下，不少人开设店铺，从事银、钱兑换业务，从中谋利，这样就产生了"钱铺"。明朝的货币兑换，自从纸币废止后，基本上是种三角兑换关系，即银钱兑换、金钱兑换和金银兑换，主要还是银和钱的兑换。钱庄以后，钱铺仍然流行，这时的钱铺则成为包括钱庄在内的经营货币业务的店铺的统称，不仅从事货币兑换，还办理放款、存款和汇兑以及发行兑换券等业务，成为晚明主要的信用机关。

明末虽然产生钱铺、钱庄这样的新型金融机构，但与欧洲中世纪的银行相比，无论是发展规模，还是营业范围，均比较弱小。存款业务在明朝仍然没有进展，放款只是在个人间的小范围、小规模内通融，数目不大，多供消费。

（二）银铺

除了钱铺，银铺也从事货币兑换业务。明朝的"银铺"又称"银匠铺""倾银铺"，也有称"金银铺"。随着白银成为主要货币，银铺也有新的发展，主要经营以下几方面业务：倾熔白银、货币兑换、抵押放款、以及打造、买卖金银器饰。明朝银铺是以白银成为主币而推动的，银铺从事金银买卖，具有货币兑换的性质，跟钱铺一样，银铺的存在也满足了当时社会的需求，促进了货币流通和白银货币化完成。

（三）当铺

当铺是明朝新产生的名称，也就是"质库""解库""典库""质铺""典当库""解当铺"，是一种高利贷资本，经营以物品抵押的个人放款。明朝的当铺都是私营，迄今尚未发现明朝存在官营典当的文献资料。明朝的当铺已经很普遍，其资本额从白银千两到万两不等。天启元年至天启七年间（1621—1627年），明政府向当铺征税，照本钱数纳税 1/10，征银 20 万两，可见当时典当资本之大，当铺数量不少。论资本规模，有"巨典"和"短押"之分，巨典资本大、当期比较长、基本不做零星小宗交易；而短押则资本小、当期较短、受当以零星小物为主。论业务范围，当铺以接当为主，也经营普通放款、军粮买卖、货币兑换等业务。当铺吸收存款且支付利息，只是利率比一般放款低。

明朝典当行业具有以下特征：一是出现了地域性行帮。形成了以安徽、江西、福建、洞庭、广东、陕西、山西等地典商为代表的地域性典当行业帮，其中尤以安徽典帮影响最大，经营活动分布面最广。二是出现了"当票"这一名称。中国典当从最初的寺库质贷起，即有了使用质契的制度，以后经历各朝，名称不断变化，但作为质贷收赎契据的"当票"名称则是在明朝才出现的。三是典当业与工商业经营相结合。一部分是商业大贾积累起一定资金后抽出一部分投向典当业，另一部分是以治当起家，财富积累之后将部分资金转向工商业活动。四是典当业主——地主、官僚、高利贷者三位一体。

当铺是明朝最主要的金融机构，虽然典当高利贷像其他高利贷一样具有两重性，给并不富裕的百姓带来了更多的生活压力，但是当铺在明朝经济发展中的活跃程度说明了它的出现符合经济发展的需要，只不过政府应该加强对它的管理。关于这一点，明朝政府曾以法令的形式对典商利率及计利方法作出规定，在征收典税方面，提出了"分征"政策。这些均为后世政府对典当业的管理提供了具有实际意义的借鉴，同时也从另一角度反映了明朝典当业的兴旺景象。

（四）商号汇兑

中国的汇兑产生于唐朝，隐没于南宋，由于南宋以后纸币流通扩大，所以汇兑逐渐消失，明朝后期，银钱并用，汇兑又重新出现。明朝将汇兑的凭证称为"会票"，人们可凭借会票进行异地汇兑。会票使用在晚明已很频繁，崇祯十六年（1643年），朝廷曾令户部对汇兑予以鼓励。明朝中后期，随着商品经济的发展，对货币流通的数量和速度都提出了更高要求。但当时作为主币的白银，颇不便于转运，特别是在大额交易中，深以转运为苦。一些商人就利用在各地设有分支机构的商号办理汇兑，而会票的出现就以票据清算代替了现金清算，为长途大宗贸易提供了便利与安全。会票制度上承唐宋"飞钱"和"交子"的汇兑形式，注入了明朝商品经济的内涵，下创中国汇兑专营机构——山西票号的先河。

第四节 明朝的金融政策

一、明朝的信贷政策

明朝时期，信用以抵押借贷和信用借贷为主要形式，借贷标的物是货币与实物财产。

抵押借贷分为由当铺经营的比较专门化的抵押放贷和由商铺与私人兼营的一般抵押放贷。二者相同之处是，在放贷时均要求借方抵押物品；不同的是，前者存在回赎所质物品，后者则不存在。由商铺、私人兼营的一般抵押放贷没有专门开设的放贷机构，其借贷方式与当铺类似，抵押物有动产，如衣物、首饰、谷物等；也有不动产，如房屋、土地等，甚至有以人身抵押的。

明朝的信用借贷包括债务人个人信用借贷和中人信用借贷（第三方信用担保借贷）。个人信用借贷以放贷者对债务人是否信赖为放贷依凭，甚至不立契约。如万历年间，御史柳彦晖"入京无资，贷富翁陆坦金五十缗，不立券，家无知者"。中人信用借贷是由"保人"作保而进行的借贷，如果债务人负约，保人要代赔，因此保人常常要向债务人提取"中人钱"。如《金瓶梅词话》第三十一回：应伯爵替吴典恩作中借西门庆银一百两，应得银十两为"保头钱"。

无论是典当还是信用借贷，借贷之物不外二类，即货币和实物（主要是谷物）。据有关研究，借贷利率依借贷种类、地区及时间的不同而有所差异。就当铺进行的银钱放贷而言，既有四分以上的重利，也有一分到一分五厘左右的低利，整体上以二三分最为常见。就当铺以外的由地主、商人等进行的银钱放贷而言，南北利率似有不同，总体水平大约为北高南低。北方各省的利率，高者年利达100%或100%以上，如河南邓州有客商放债，"其为利也，不啻倍徙"；低者月利在1%～3%乃至10%。例如：天启年间，有人在定兴商人处借银，"月索利二金者也"，即月利为2%；在山东，有人放贷，"什一取赢"，即年利10%。南方各省虽也有年利"倍称"甚至"倍称"以上的高利率，但取息一分至五分左右的记载常见，如弘治年间，吴江县银钱借贷利率为五分，嘉靖年间则是二分至五分。就地主、商人、商铺等进行的实物放贷而言，其借贷利率虽不乏三分乃至二分左右的较低利率，但整体来说以年息"倍称"或五分以上最为常见。嘉靖年间，陕西三原"里俗出粟类与母垺"，商人胡汝宽放贷"减息之半"，可见既有年利100%者，也有50%者。在河南，佃户缺食向主家借贷，利率轻则加三，重则加五、加倍。南方各省情况与此类似。

从整体利率的结构看，明朝抵押借贷利率比信用借贷利率低，货币借贷利率比谷物借贷利率低。从演变趋势看，明朝前期到中后期，高利贷利率呈下降趋势。明末，不少地区的当铺取息已降为二分。时人艾英南说："当铺事例，自南北两直隶至十三省，凡开当铺，例从抚按告给牒文，自认周年取息二分。"明末小说中也大体说明了当时许多当铺是二分起息，如《初刻拍案惊奇》卷十三：赵六老还褚员外的债息，以物作抵，"约勾了二分起息"。

高利贷具有重利盘剥平民生计的一面，也具有调剂平民缓急的一面。明朝顾起元《客座赘言》认为：如果取缔"质铺"，小民且陷于穷整之境，将无以为助，因此"质铺者，穷民之管库也，可无议逐也"。

现代经济理论认为，货币借贷促进信用的发展，信用也促进了货币的形式和流通，信用的出现扩展了货币的支付职能，二者是相互促进的。以这样的视角来观察明朝的信用，可以发现，在明朝复杂的货币关系下，信用主要作为一种货币补充，在大额货币不方便运输的历史条件下，间接地补充了区域间的货币流动，保证了货币的交易，从而就促进了贸易的发展。但是，信用的发展加大了中央政府对市场实际流通货币判断的难度，在一定程度上造成了朝廷对货币需求的误判，进而产生货币超发等一系列连锁反应。明朝信用业发展良好，且基本由商人把持，大富商屯银和会票交易使得明朝后期政府产生了货币不足的误判，从而大量铸币，最终导致了明末的通货膨胀。

二、明朝的货币制度

（一）纸币本位制度

明朝开国之初，在刚经历过战乱之后，洪武皇帝的治国方针以"休养生息"为主，货币作为国家运行的重要组成部分，发行货币当然是要考虑的重要事情之一，但元朝政府在败退漠北之前，将值钱的东西几乎全部卷走了，导致明朝初年非常缺乏用来铸造铜钱的原材料，各种金银也少之又少。不仅如此，当时人们对中国矿资源勘测的了解与手段有限，误以为中国是一个铜矿资源比较匮乏的国家。故政府认为，随着经济发展和进步，国内有限的铜资源很难满足货币流通的需要，在这种情况下，洪武皇帝决定开始铸造纸币，就是后来发行的大明宝钞。由此，发行"大明通行宝钞"（票面最大的纸币，属于不兑现纸币），建立纸币本位制度，形成了钱钞、金银并行，以宝钞为主币的货币制度。

明洪武七年（1374年）颁布"钞法"，开始发行大明宝钞，次年始造。大明宝钞由户部印制，地方不得印制，并于第二年以中书省南京名义发行。发行宝钞的初衷是好的，这些宝钞开始是以发放官员俸禄、发放军饷、赈济灾民等方式流通到社会中的。为了促进民间使用宝钞，洪武皇帝还下令在民间禁止用金银交易，并且对伪造宝钞者处以死刑。这样，大明宝钞迅速推广至全国，元末的货币乱象得到了整顿。

明朝的纸币制度具有两个显著特点：第一，明朝在200多年的统治时间里，只发行过一种钞票，即大明宝钞，币面只印洪武年号，最大面额为1贯，即使后来发生通货膨胀，也没有发行过大钞。第二，大明宝钞不设发行准备，也不分界发行，而是长期流通。于是，大明宝钞行用不久，就开始膨胀贬值。

明朝初年，政府每年的税收较少，但一年内却发行了上千万贯的宝钞，导致发行的第一年就开始全国性的通货膨胀。原来1贯铜钱能买1石米，而使用宝钞作为法定货币后，就需要将铜钱换成宝钞，但换完之后，两贯宝钞的钱才能换1石米，这种通货膨胀带来了金融危机，以至于宝钞发行数十年后，就如同废纸一般无人使用。民间私下还是多以铜钱或金银为交易货币，即便政府如何严令禁止，也很难控制住。就纸币本身而言，由于当时纸质较差，大明宝钞难以耐久，又易于仿制，且明朝纸币只发不收，既不分界，也不回收旧钞，致使市场上流通的纸币越来越多，宝钞泛滥成灾，发行当年就通货膨胀，贬值极快，人民纷纷弃之，终以失败告终。到正德年间，宝钞被彻底废除，不再发行使用。

纸币发行的失败进一步抑制了商业的发展，金银等贵金属货币在携带、安全性上大打折扣。与此同时，国家因为害怕贵金属流失海外而动摇国本，进而限制商贸活动，商业的发展受阻。实际上，这种做法既阻碍了东西方商贸交流，也延缓了通过商贸往来进行的文化交流。于是，东西方交流从此戛然而止，中国失去了互相学习、融入世界的大好机遇。

（二）银铜钱双本位制

尽管明朝货币政策在关键问题上已经失败了，但明朝初期政府仍然继续发行大量的纸币，把其中一些作为礼物赐给皇亲和贵族，或作为赏赐和俸禄发给政府官员，或作为礼品赠予外国使团和贸易使节。但是由于纸币在明朝早期一直在贬值，致使纸币在中国以外的任何地方都毫无货币价值，所以人们都想尽快把手中的纸币用掉，又导致了纸币进一步贬值。明朝初期政府尽力阻止纸币贬值，如：周期性地禁止在商业交换中使用铜币、贵金属，却未获成功。因此，虽然在明朝的多数时间中，政府发行的纸币在有限范围内仍继续流通，但在大多数国人的经济生活中纸币并未占重要地位。至15世纪早期，明朝进入了新的货币时代，交易时进行称量的散银与合法的或非法的铜币成为货币流通的主导形式。

洪武皇帝发现了大明宝钞问题的严重性，意识到用金属铸币的重要性，但官方并没有充足的现金收入，只能极少量地铸造铜钱。由于铸币技术的不完善，导致铸造出来的铜钱形状既不美观，也不统一，并且发行量少，给民间私自铸币提供了机会。但民间的铸币质量更差、纯度不够，铜钱中甚至还添加了各种杂质。市面上铜币的质量参差不齐，很多老百姓都拒绝使用质量差的铜钱，这时候，无须铸造、质量可靠的碎银就成了民间交易的最优选择。宣德十年（公元1435年）后，明朝形成了银钱并行的币制。白银与铜钱同时成为法定货币，银钱按照法定的比价同时流通，形成了法定的银铜（钱）双本位制。

白银并非官方统一发行的货币，政府无法进行货币政策的调节。宝钞贬值、铜钱质量差，更加凸显金银的价值，很多富裕家庭经常会将自家的金银埋藏于地下，或者铸成金银首饰、器皿等，需要用到金银时，即可随时将其复原为货币。市面上的金银流通量本身就很少，再加上有钱人家将金银藏于家中不轻易使用，导致了通货紧缩。

由此，银价急剧上升，不仅限于它与金的比价上。例如，全汉昇的研究指出：把明初与宋、元两朝的大部分时期相比，一个单位的白银可购买的大米几乎是原来的两倍，可换到的丝绸为原来的三倍。在这种情况下，人们料想明太祖会立即鼓励开采金银矿，特别是银矿，以支撑其新政府的经济地位。但是，太祖却决定推行自己的纸币制度，显然是顾虑到他曾亲眼看到大规模开采中工人受剥削，在其统治的30年间，他只允许官方有限制地采矿。14世纪晚期，明朝每年银产量可能从未超过10万两（约合3750公斤）。其中一些年份，银产量也许远低于此数。由于早期明朝政府劝说人们使用纸币的努力没有效果，因此限制采矿政策严重遏制了货币的增长，并使明朝白银的价格远高于世界水平。

在铜币方面，明朝初期也未取得显著成效。虽然在明太祖登基以前就曾经铸造过铜币，但由于生铜的短缺以及皇帝渴望看到自己的新纸币被接受，未能在严格的政府监督下，生产一种可靠的、低价值的货币。早期明朝政府担心官方铸币会与政府发行的纸币竞争,以至于他们完全停止了铸币的生产,甚至如前所述,颁布临时禁令以停止在商业交换中使用铸币。虽然这些政策都未获得成功,但它们对流通中的铜币数量与质量产生了巨大的影响。例如,在14世纪后期的各年中,明朝政府发行铜币最多时也只是刚超过2.2亿枚。明政府的失策从未被明太祖的继任者所改正,造成明朝很多地方优质铜币的供给短缺,进而导致了前朝的铜币继续流通及民间铸造假币的局面。同时,在国内和国际市场的大规模商业贸易中,对高价值通货的需要,提高了对作为交换媒介的白银的依赖。

明成祖在建文四年(1402年)篡夺皇位后,极大地推动了银作为交换媒介的进程。他积极鼓励政府控制之下的对外贸易,从而增加从欧亚大陆其他国家进口的白银,并且废除了明太祖对开采金银矿的限制政策,在许多地方开矿和恢复采矿。这种新政策取得了一个虽然短暂但却十分显著的效果,每年中央政府以"采矿税"名义征收白银的数量明显上升。

三、明朝的经济政策

(一)鱼鳞图册

明朝建立之初,经济凋敝,社会动荡。朱元璋深知,在这种形势下只有采取宽猛结合、恩威兼济的统治策略,才能巩固统治。遵照这个原则,他对税赋制度进行改革,实行轻徭薄赋、均平负担的政策。

洪武初年的田赋较轻,规定"凡官田亩税五升三合五勺,民田减二升,重租八升五合五勺,没官田一斗二升"。田赋仍然沿用唐朝以来的两税法,分为"夏税"和"秋粮","夏税无过八月,秋粮无过明年二月",缴纳物品"大略以米麦为主,而丝绢与钞次之"。用米麦缴纳者称为"本色",以丝绢和以钞折纳者称为"折色"。朱元璋命令编撰以户为单位,每户详列乡贯、姓名、年龄、丁口、田宅、资产等,逐一登记在册的"赋役黄册",因封面用黄纸,故称"黄册"。洪武二十年,在丈量土地的基础上编制《鱼鳞图册》(图9-8),分鱼鳞分图及鱼鳞总图。户部在黄册与鱼鳞册的基础上管理全国土地征收田赋。

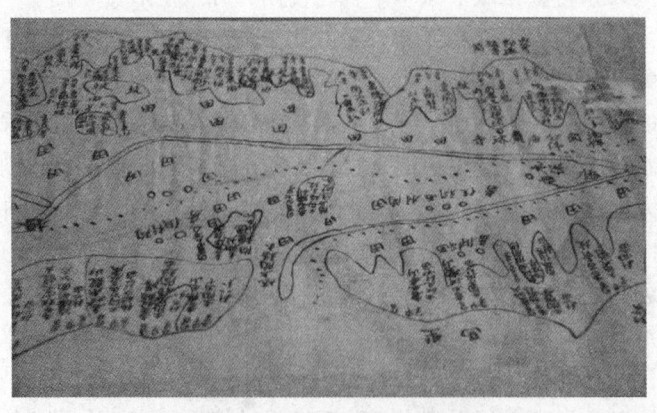

图9-8 鱼鳞图册(图片来自金华市档案馆)

朱元璋对商税更为重视。明朝建立前，各地已普遍设立税收机构，在应天称为宣课司，在府州县称为通课司，在水域关津去处还设立竹木抽分场。明朝建立后，京师的税收机构仍称宣课司，在府者改称税课司，在州县者改称税课局，并在一些市镇设立分司、分局。商人必须按照规定的税率纳税，否则要遭到惩罚，"凡客商匿税及卖酒醋之家不纳课程者，笞五十，物货、酒醋一半入官"。朱元璋认为：商贾可"以通有无"，对他们不能过分苛取。洪武年间的商税仍维持建国前"三十税一"的税率。

明朝洪武时期，为防卫瓦剌和鞑靼对中原的袭扰，设立九边进行防御。由于九边距离"大明帝国"的统治中心遥远，后勤补给困难，洪武三年（1370年）实行开中法，以盐、茶为中介，招募商人输纳军粮、马匹等物资。洪武四年制定中盐则例，计道路远近、运粮多寡，考虑中纳商人能否获利等因素，以确定粮引兑换额。此后，政府根据需要陆续实行纳钞中盐法、纳马中盐法、纳铁中盐法及纳米中茶法、中茶易马法等。

总的来说，洪武年间，百姓所受的奴役均有所减轻，劳动的兴趣提高，农民的负担较元末大为减轻。后来又编定黄册和鱼鳞册作为征派赋役的依据，进一步解决了赋役不均的混乱状况；对商税也进行整顿，实行开中法进行国家垄断经营盐业。这一系列措施的实行，使社会经济从衰败不堪的状态中逐步复苏和繁荣起来。在此基础上，社会生产在此后的永、熙、宣三朝一直继续向前发展，从而为明中叶的资本主义萌芽准备了物质条件。

（二）开中制

明朝初年，朱元璋采取了一系列有利于经济发展的策略，使国民经济得以恢复，国内日益安定。然而，明朝洪武时期为防卫瓦剌和鞑靼对中原的袭扰，设立九边进行防御，迫使明朝将大量军力囤驻于北部边境。同时，受限于南北经济及物产的不平衡，九边距离"帝国"的统治中心遥远，边镇军需的需求量巨大，后勤补给困难重重，供给严重不足。

为解决这一问题，明朝创立了开粮纳中的制度，即由户部利用食盐的专卖权，根据边境战备粮储物资的盈缺情况，对商人进行招标，往边镇输送军需物资，然后按实际输送情况支付同等价值数量的官盐盐引，使商人获得官盐并合法销售，这就是明朝初年稳定边疆建设的"开中法"。洪武三年（1370年），皇帝与山西商人达成了一个协议，山西商人向大同、居庸关等几大边关要塞输送粮食，获得了合法贩卖"官盐"的资格。山西商人获得河东盐池的盐引后，迅速地垄断了两淮的盐引，所以开中制助长了著名的商帮——晋商的崛起。

通过"开中制"，明朝有效地保证了边境地区戍守军队的军需供应，同时也降低了国家的财政支出，并以此带动了原有的官方垄断食盐销售的模式转变为官商并用的模式，有效地提升了食盐交易市场的活性。明朝虽然节约了每年边关的后勤供给，但却损失了大规模的盐税，在更大程度上减少了国家财政收入。

（三）一条鞭法

对于明世宗朱厚熜，后人多认为其在位前期，铲除奸佞，整顿朝纲，任用贤臣，宽以治世。朱厚熜初登皇位，为了减轻民众负担，革除正德年间的弊政，他下诏书宣布正德十五年（1520年）十二月以前各处实征税粮等项，凡未征者一律蠲免，已征在官者照旧起解，准作本户以后年份该纳之数。免除嘉靖元年漕粮中除四百万石粮外其余的存留，即起运额的二分之一。各地失业流民准许还籍，免赋役一年等。

同时，为了整顿因流民等问题导致的田赋无法正确收缴的情况，朱厚熜下诏进行田赋改革，逐渐不再实行自唐朝以来的"两税法"，即分夏、秋两季征收以原有的地税和户税为主的赋税，开始推广实行大学士桂萼提出的"一条鞭法"。嘉靖九年（1530年）十月，桂萼提出，"将十甲丁粮总于一里，各里丁粮总于一州一县，各州县丁粮总于一府，各府丁粮总于一布政司。布政司通将；省丁粮，均派一省徭役。内量除优免之数；每粮二石，编银若干；每丁审银若干。斟酌繁简，通融科派。制定册籍行令各府州县，永为遵守。"即把各州县的田赋、徭役以及其他杂征总为一条，合并征收银两，按亩折算缴纳，简化税制，使得明朝政府易于征集赋税。

此外，为了应对赋税不公的问题，嘉靖十六年（1537年），右副都御史欧阳铎实行"征一法"赋税改革，"征一者，总征银米之凡，而计亩均输之。其科则最重与最轻者，稍以耗损益推移。重者不能尽损，惟递减耗米，派轻赍折除之，阴予以轻。轻者不能加益，为征本色，递增耗米加乘之，阴予以重。推收之法，以田为母，户为子。"欧阳铎的"征一法"主要是通过加减耗米和折征货币或实物等办法，来限制或减轻官田和民田赋税负担中的畸轻畸重现象，并争取简化税制，但此法由于损害了大地主阶级和部分贵族阶级的利益，只能在应天等少部分地区实行。

嘉靖后期，明世宗朱厚熜任用奸佞，迷信僧道，荒淫无度，社会矛盾愈演愈烈。为了缓和社会矛盾，赋税改革在更多地方进行。朱厚熜主要精力在崇信道教、乞求长生之上，不求进取，没有在全国范围内推行改革的雄心和魄力。作为贵族大地主的代表，明世宗不愿意触动和损伤本阶级的利益，无法真正推行"一条鞭法"。这就是赋税改革在嘉靖后期始终在局部地区进行，并且时开时停的原因所在。

隆庆年间，明政府继续推行嘉靖年间的"一条鞭法"。隆庆二年，江西巡抚刘光霁奏行"一条鞭法"；隆庆三年，应天巡抚海瑞将均徭均费等银，不分银力二差，俱一条鞭征银，在官听候支解，使苏、松等地早已实施的"一条鞭法"更趋完备。其他各地试行者亦有多处。"一条鞭法"除繁就简，将诸多名目的各种差徭、土贡等合并起来，取消力役，一律征银，并由官府统一雇人服役，所有役银则在田亩中摊派。它简化了赋役的项目和征收手续，出现了摊丁入亩和赋役货币化的趋向，体现了当时经济发展的要求。

明神宗朱翊钧，是一位重振明朝荣光、"万历中兴"的皇帝，但也是一位引导明朝走向灭亡的皇帝。万历年间，内阁首辅张居正将"一条鞭法"推广至全国，苛捐杂税的问题得到了很好的解决。但在张居正死后，朱翊钧却逐渐贪图享乐，穷奢极欲，为满足一己私欲，设立矿监税使，任用宦官担任矿监税使到各地搜刮民脂民膏。明中期后，矿冶采炼业需求增多，获利甚丰。万历年间，全国的矿场几乎都由宦官控制。宦官们及其随从出任矿使后，往往与地方地痞无赖相勾结，在当地欺压官民、掠夺富户、为非作歹，并把掠夺的巨额税额私自截留，中饱私囊。有人统计，万历二十年到三十三年（1592—1605年），矿使向国库上缴银两三百万两，而私自截留所得八九倍于上缴之数。

四、明朝的进出口政策

(一)朝贡贸易

明初,政府一方面极力发展与周边诸国的睦邻友好关系,促进官方往来;另一方面却对民间交往严加禁止,实行严厉的海禁政策,严禁民间私人交易。

在明朝开国后很长一段时间,与外国的贸易往来都基本被限制在"朝贡贸易"的范围内,这是一种由政府管制的对外商业交往形式,即政府特许来明朝进贡通好的外国"贡舶"附带一定数量的商货,在政府指定的地点(京师的会同馆、沿海的市舶司)做买卖。早期其政治、外交色彩要远重于经济色彩,这是因为正值明朝初建,北驱蒙元,一统全国,国势蒸蒸日上,政府愿意招徕海外各国遣使通好,以壮大国声威。为了吸引外国遣贡使来华,明初实行厚待贡舶的"优值"及"免税"政策,对贡使团附带来华贸易的商货,虽例有抽分,但往往特旨免税,并由政府出高价收买大部分。如洪武二年(1369年)规定"朝贡附至番货欲与中国贸易者,官抽六分,给价偿之,仍免其税",而对于外国贡使献给皇帝的贡品,中国奉行"厚往薄来"的原则,赏赐之物比所贡纳的要多出许多,往往回赠价值更高的中华礼品,如锦缎、纱罗、金银、铜币等。所以早期基本都是些得不偿失的赔本买卖,对经济发展并无好处,但由于周边各国受惠很大,各国来"贡"十分踊跃,洪武时期就有十几个东洋、南洋的国家和地区来华进贡通好。永乐以后,随着郑和的多次下西洋活动,中国海上贸易的范围扩大到西亚及非洲东海岸,前来进贡通好的国家和地区增加到数十个,"朝贡贸易"达到了空前的规模。

在这种早期重外交、政治,轻经济的模式下,明朝与外国的贸易往来在仅获得有限经济好处的同时却带来不小的财政负担。外国公使来华进贡通好时,不仅口岸及进京沿途的地方官府需要负责接待、护送,进京后的接待及赏赐也花销巨大。尤其在永乐年间郑和下西洋以后,随着各国贡船及附舶商队人数大量增加,每年接待外国使者的花销也在不断增大,明朝不胜其浩繁。其实早在洪武十六年(1383年),为了防止海商借朝贡牟利,明朝就开始实行勘合制度,即发给允许来华朝贡的国家或地区特许凭证,没有该凭证的外国船只不得入内,对各国来贡也有着严格的时间限制。永乐年间则鼓励来贡,取消这种来贡时间的限制,只要来贡一律欢迎。但为减轻财政负担,自洪熙年后,明朝重新要求各国严格按照规定的贡期来贡,洪武时制定的勘合制度这时又被严格执行起来,如果勘合不合,或贡期有违,皆拒绝来贡。

"朝贡贸易"导致部分明钱流向国外,比如向日本输入了许多明钱,洪武钱和永乐钱最多,宣德钱次之。当时日本各地的封建地主派遣商人来华,以进本地特产为名,换取中国的铜钱,明朝政府认为这是日本的"进贡",按照惯例给钱,作价非常高。在宣德以前,政府推行宝钞,铜钱一般不太流通,因此大量积存在官库中,常用来作对外支付,日本借此换取了不少铜钱。但宣德十年(1435年)十二月,梧州知府李本奏准兼行钱钞,铜钱也流通起来。之后,政府大多不肯给铜钱,且当时严禁民间私人交易,更是严禁输出铜钱,日本商人从私人贸易上来取得铜钱比较困难。除此之外也有政府主动购买外国商品导致的明钱流出，如永乐年间政府就每年遣内官到外国和西北买马收货，每次带出铜钱几千万。

（二）土木之变

正统年间发生的"土木之变"是明朝由盛转衰的分水岭，同时，明朝与外国的贸易往来也趋向于保守，"朝贡贸易"日趋衰落，有关海禁的诏令一再被重颁。

明朝对外国来华进贡通好的热情从洪熙年间就有所冷却，到明中期，对外国来华进贡通好的贡期、贡船数目、随船人数、进境路线及停泊口岸等都做出了限制性规定，如"日本定例10年一贡，入港，人毋过300，舟毋过3艘；琉球入港，2年一贡，毋过100人；占城、真腊、暹罗及西洋诸国入港，3年一贡"等。除此之外，明中期还减少了对外国贡使的赏赐，降低了招待的规格，对贡使附带物品的给价从明初的高出实际价值数倍减少到按时值给价，景泰以后，贡使离京也不再派官员陪送。

在官方往来热情消退，"朝贡贸易"趋于萎缩的同时，明中期私人海外贸易的控制也愈加收紧。宣德八年（1433年）七月，在郑和第七次下西洋的官军刚回到京师时，宣宗即下令申严海禁，之后继位的明英宗、明朝宗、明孝宗也都颁发过加强海禁的诏令。

明中期日益严重的东南沿海倭患则促使明朝与外国的贸易往来进一步向着保守的方向发展，最终导致了嘉靖年间的全面海禁。15世纪后期，日本进入战国时代，大小封建诸侯争着来中国通商，同时还有许多失意浪人集中在海上，这些人多私带武器，在做贸易的同时也做烧杀劫掠的海盗，沿海的倭患从此严重起来。嘉靖二年（1523年）发生了两拨日本贡使互争勘合表文的"争贡"事件，这引发了一场关于是否撤废市舶司并禁止海外通商的争论，最后明世宗采纳了夏言一派官员"倭患起于市舶"的意见，停罢市舶司并实行全面海禁，关闭了海外贸易的大门。

然而，嘉靖时期的全面海禁并未能有效防止倭患，反而让正常的海外贸易受阻。东南沿海的富商乘机大搞走私，甚至勾结日本浪人、海盗劫掠沿海地区，而明朝只禁海却不整治军备，导致对倭寇的劫掠袭扰毫无办法。嘉靖二十九年（1550年），主张打击倭寇的朱纨被诬陷自杀后，东南沿海一带更是真假倭寇横行，沿海工商业饱受其害。嘉靖时期的海禁不但给东南沿海地区带来了严重的经济及社会问题，也使政府的财政受到巨大的负面影响，因此关于重开市舶的呼声一直不断。

隆庆元年，随着嘉靖末年沿海倭患的基本肃清，政府部分开放了海禁，允许本国商船去日本以外的东西洋国家售卖商品，也允许日本以外的国家随时进入国内的口岸开展贸易活动。之后，随着私人海外贸易的蓬勃发展，白银大量流入。流入的白银主要来自葡萄牙和西班牙两国，因为葡、西两国都急于得到中国的丝绸、瓷器等物品，但他们除了少量的毛织品、玻璃、枪炮以外，并没有多少物品可以与中国交换，所以只好用白银来买。白银的另一个重要来源是日本，因为日本对中国商品的依赖性很大，几乎所有日本需要的商品都产自中国。当时日本的石见、秋田、佐渡等矿山都盛产白银，所以在葡萄牙人和荷兰人做中介的状况下，日本的白银在这一时期大量流入了中国。

（三）重开海禁

自隆庆元年部分开放海禁到明朝灭亡，前后近80年的时间里，海禁政策时松时紧、时开时闭。如果海外形势发生大的变化,则换个比较保守的官员来掌管,海禁的开放就会受到一定影响。如万历二十年(1592年),日本的丰臣秀吉发兵侵略朝鲜,因而明政府于次年再度推行海禁,严禁私人出海。然而,这次海禁属临时插曲,5年后,因日本从朝鲜退兵,开海政策回归旧貌,再次允许私人出海,并允许在外海商回国,一直实行至万历末年。

重开海禁使得私人海外贸易有了合法开展的空间,一时间蓬勃发展起来,成为当时对外贸易往来中十分突出的景观。这种私人海上贸易即使在明初被严令禁止的情况下也始终存在。到了明中期以后,随着东南沿海地区工商业的发展,开拓海外市场已经逐渐成为不可遏制的客观经济需求,而受限于海禁政策,这种客观需求不能以合法正当的形式得到满足,因此演化为大规模的走私活动,最终导致政府部分开放海禁。

由于民间私人海外贸易在开放海禁后如开闸之水般不可遏止,为了对日益扩大的民间私人海外贸易活动进行管理,政府在开海后以月港为治所设立海澄县,建督饷馆以专门管理海商并收取税饷。出海者都需要向政府领取船引,即海商合法出海的凭证,并缴纳引税。商船出海后,船主必须严格按照船引上列的贸易目的地前往,所载货物不得违禁或超过规定的数量,且要在规定的日期返回,返回后凭船引进港,违者法办。而在引税之外,政府还征水饷、陆饷和加增饷,其中水饷向进口商船按船只大小征收,陆饷是货物的进口税,按量或价征收,加增饷专向从吕宋国回来的商船征收。

第五节 金融人物与案例

一、刘定之

刘定之(1409—1469),字主静,号保斋、呆斋,江西永新人(图9-9)。明英宗正统进士,官至礼部左侍郎兼翰林院学士。在其所著《十科策略》中,卷六《户科》的《历朝钱法楮法得失》和卷十《工科》的《钱钞法制异同》与货币理论问题有关。

刘定之对钱币与纸币同样予以肯定,认为"珠玉金宝""谷粟布帛"乃至"方寸之楮"都是"寒可以衣、饥可以食"的,并赞成纸币可以代替钱币流通。他认为,要使纸币能够正常流通,既要注重发行,也要注重回笼。回笼方法为随时以新钞兑换昏钞和设法收回流通中的钞票。回收途径有四:一是"取之商贾",采取厚本抑末的政策,通过税收途径收回钞币;二是"取之徒役",采取纳钞免役政策,收回钞币;三是用国库金银收买纸钞;四是"出公钱以收之"。

图9-9 刘定之半身像

刘定之所开列的整治纸币流通的措施虽无太多新意,但在当时很有针对性。对如何保持货币流通的稳定,分别就钱币、纸币提出不同办法:对钱币仅从分量轻重考虑而不顾及数量,认为"钱轻则物必重,而有壅遏不行之患;钱重则物必轻,而有盗铸不已之忧",用以说明铸造适当重量钱币的必要性。对纸币则主张控制流通数量:"夫少造之则钞贵,而过少则不足于用；多造之则钞贱，而过多则不可以行。"只有适当的发行数量，才能使纸币币值保持稳定。两种保持币值稳定的办法，指出了两者不同的流通规律。

二、丘濬

丘濬（1420—1495），字仲深，号深庵，琼山人（图9-10）。官至礼部尚书、文渊阁大学士。著《大学衍义补》，内容涉及政治、经济、文化、教育、司法、军事等方面，其中有《铜楮之币》两卷，专门论述货币问题。

丘濬很注意货币流通与贮藏的关系，反对以法律形式禁止蓄钱，赞同马端临"蓄钱志在流通"的观点。他认为"钱常不多余，谷常不至于不给"就可使"其价常平"，意识到流通中的货币数量须能适应商品的流通量，才能维持价格的稳定。他要求货币价值与商品价值均等，指出："必物与币两相当值，而无轻重悬绝之偏，然后可以久行而无弊"。

图 9-10　丘濬铜像（图片来自海南省博物馆）

丘濬反对"弛钱禁"，主张货币铸造权统归于中央。在他看来，统一铸币权有三大益处：一是可以防范社会动乱。只有当铸币权统归于中央，"下无由得之"，才能根除肇乱之源。二是可以通过垄断铸币权取利以减轻人民负担。他说："利权常在上，得其赢余，以减田租，省力役；又由是以赈贫穷，惠鳏寡，使天下之人养生丧死皆无憾。是则人君操利之权，资以行义，使天下之人，不罹其害而获其利也。"三是有利于国家调节市场物价。丘濬借鉴历史上的子母相权和轻重理论，认识到中央政府垄断货币铸造发行权，可根据市场供求变化，随时调整货币供给总量及其结构，控制市场价格的走势。

丘濬从当时已是白银、铜钱和宝钞三者并行流通的客观事实出发，建议实行以银为主，钱钞并行的货币制度，他是中国历史上第一个主张建立以银为主币的人。这种货币制度，银是基本的货币，宝钞与铜钱都是"权之以银"，银、钱、钞三者之间的比价是："每银一分易数十文；新制之钞，每贯易钱十文。"白银的使用只能限于10两以上的大额交易，上下通行的货币实际是铜钱与纸币，尤其是铜钱。他主张铸行一种钱面镌有"皇明"字样的合乎标准的足值新铜钱，予以推广。他所建议实行的货币制度中，银与铜钱并不是严格意义的主辅币关系，实际形成了银、铜复本位关系。

三、张居正

张居正（1525—1582），字叔大，号太岳，幼名张白圭，湖广荆州卫（今湖北省荆州市）军籍。生于江陵县（今湖北省荆州市），故称之"张江陵"。明朝政治家、改革家、内阁首辅，辅佐明万历皇帝朱翊钧进行"万历新政"，史称"张居正改革"。

万历九年（1581年），张居正下令，在全国范围内实行"一条鞭法"。新法规定：把各州县的田赋、徭役以及其他杂征总为一条，合并征收银两，按亩折算缴纳。"一条鞭法"是中国田赋制度史上继唐朝"两税法"之后的又一次重大改革，它简化了赋役的项目和征收手续，使赋役合一，并出现了"摊丁入亩"的趋势。清朝的地丁合一制度就是"一条鞭法"的运用和发展。

一条鞭法最早于嘉靖十年（1531年）二月，由南赣都御史陶谐在江西实行，取得了一定的成绩。当时御史姚仁中曾上疏说："顷行一条鞭法。通将一省丁粮，均派一省徭役。则徭役公平，而无不均之叹矣"。此后，姚宗沐在江西，潘季驯在广东，庞尚鹏在浙江，海瑞在应天，王圻在山东曹县，都实行过"一条鞭法"。海瑞在应天府的江宁、上元两县"行一条鞭法，从此役无偏累，人始知有种田之利，而城中富室始肯买田，乡间贫民始不肯轻弃其田矣"，做到了"田不荒芜，人不逃窜，钱粮不拖欠"。

"一条鞭法"的施行，改变了当时极端混乱、严重不均的赋役制度，减轻了农民的不合理赋役负担，限制了胥吏的舞弊，特别是取消了苛重的力差，使农民有较多时间从事农业生产。但是"一条鞭法"所实行的赋役没有征收总额的规定，给胥吏横征暴敛留下了可乘之机。

张居正的理财政策除了为朝廷公室谋利以外，还十分重视百姓的实际生活。他通过多种渠道设法减轻百姓的赋役负担，甚至直接提出减免百姓的税负。

万历十年（1582年），随着"清丈田亩"工作的完成和"一条鞭法"的推行，明朝的财政状况有了进一步的好转。这时，太仆寺存银多达四百万两，加上太仓存银，总数约达七八百万两，太仓的存粮也可支十年之用。二月，张居正上疏请求免除自隆庆元年（1567年）至万历七年（1579年）间各省积欠钱粮。另外，张居正还反对传统的"重农轻商"观念，认为应该农商并重，并提出"省征发，以厚农而资商；轻关市，以厚商而利农"的主张。因此，他反对随意增加商税，反对侵犯商人利益。这些做法顺应了历史的发展潮流，在一定程度上减轻了百姓的负担，缓和了一触即发的阶级矛盾，对历史的发展起了积极的推动作用。

四、仁宣之治

永乐年间，由于战乱导致大量流民出现，引起了劳动生产力与土地分配不均的社会问题。为此，朱棣开始在全国范围内实施移民屯垦的政策。永乐九年（1411年），山东抚按给事中王铎称，青州、登州、莱州三府，地临山海，土瘠民贫。遇水旱灾害，衣食不给，民人多逃移于东昌、兖州等府受雇苟活。如今东昌等府多闲田，新开河两岸亦有空地，若籍青州等三府逃民，官给牛具种子，命就彼耕种，俟三年后科征税粮，不仅田无荒芜，而且民得安业，一举两得。朱棣得到奏报，即刻恩准实施。次年初，再下诏令说："山东兖州、东昌等府，定陶等县，地旷人稀，青、登、莱诸郡，民多无田，宜择丁多者分居就耕，蠲免其役三年。"永乐十四年（1416年），朱棣还迁徙山东、山西、湖广流民于保安州，蠲免赋税三年。在各地的方志中有记载，朱棣徙民垦荒的规模很大，成效显著。

永乐年间，朱棣迁都北京，修筑运河，兴修大典，命郑和七下西洋，征蒙古五出塞北，建大报恩寺寻佛神寄托，造武当宫观求玄武保佑，种种国事耗资巨大。在位期间，朱棣对内兴修十大工程，对外广开国门恩威并施，皆是劳民伤财之举，给国家和百姓造成了极为严重的财政负担。仅以兴修武当道宫为例，"当文皇造五宫时，用南五省之赋作之，十四年而成，此殆不可以万万计者"。如此下来，明朝的财力已近乎衰竭，到了永乐末年，已经是物价腾踊，钱钞大坏，物价上涨了几十倍。

面对朱棣留下的烂摊子，新即位的明仁宗朱高炽，开始赈灾蠲税，省工罢役，恢复明朝经济。

永乐二十八年（1430年），朱高炽在即位诏书中列举了近十条有关赈灾蠲税的举措。规定"凡被水旱灾伤缺食贫民，有司即为取勘赈济"，又有"自永乐二十二年八月十五日以前，各处递年拖欠农桑诸色课程、仓粮盐课等项，并倒死及亏欠马驼驴骡牛羊等畜，及拖欠芦柴纳欠铜铁颜料席麻竹木等物追陪珍珠等项，并未纳各项赃罚陪追未完段匹等件，尽行蠲免"。面对自然灾害，仁宗将赈灾蠲税落在实处，当苏、松、嘉、湖、杭、常江南六府发生水涝时，仁宗做出批示，考虑到大明宝钞的贬值，原来每户要缴纳一石税粮，如今可以上缴棉布一匹或宝钞六锭，既减轻了灾民负担，也促进了大明宝钞的重新流通。

明仁宗即位后，立刻叫停所有大工大役，即位诏书中便有："各处修造下番海船，悉皆停止。其采办铁梨树，只依洪武中例，余悉停罢。各处买办诸色纹丝、纱罗、缎匹、宝石等项及一应物料、颜料等并苏杭等处续造缎疋，各处抄造纸札、瓷器，采办黎木板诸品、海味、果子等项，悉皆停罢。其差去官员人等即起程回京，不许指此为由，科敛害民。"下西洋、朝贡贸易、征战蒙古、建造大报恩寺等诸多消耗民力的工程，在仁宗的主导下，逐渐被叫停，明朝的经济得到了一定的恢复。

宣德时期继续延续洪熙时期的举措。明宣宗朱瞻基即位后，仍然停止建设耗资巨大的工程，继续实行轻徭赋薄的政策以休养生息，如多次免除徭役，免除开荒田赋税，大量放免工匠，保护手工业匠的利益，全力保护农业的发展等。据不完全统计，宣德期间，米麦的数量增长不多，但宣德时期减免田赋税粮的数额相当大。宣德十年间进行16次大数额的减免活动，宣德五年减免米麦4万余石，宣德七年减免米麦79万余石，减免额度超过150余万石。"国初夏秋二税，麦四百七十万石"，减负的税粮几乎相当于此数的1/3。因此，虽然国库的税粮增加不多，但百姓却得到很大的恩惠。仁宣时期是明朝第二次社会经济的恢复时期，史称"仁宣之治"，既缓解了永乐时期的困境，又为明朝中期的社会发展奠定了基础。

五、明末货币战争：金贵银贱

明中叶，欧罗巴诸国扬帆东来，带来白银，那时刚好开始了白银货币化进程。葡萄牙人先来，落脚在中国澳门，往来于明朝和日本，向明朝输入日本白银；西班牙人后来，抢占吕宋，从美洲运来白银。世界两大白银产地，都开足马力生产。

明朝以银为本，改革财政，用"一条鞭法"收税，将实物折成银两。因白银虽为主币，但还处于称量阶段，没以标准的铸币形式按枚流通，使用时要称量，以两为单位，所以是"银两制"而非"银本位制"。尽管银两制已落伍，但毕竟以贵金属做货币，货币才有独立价值，以往所谓"钱法、钞法"，都是权力支配货币，货币所显示的是国家权力而非本身价值，银币就不同了，以本身价值流通，信用依靠国际支付能力。银两制，使白银成为国家财政的命门，一旦白银流失，国家的财政收入就难以完成。白银国际化，中央集权也好，君主专制也罢，岂能保证白银供应？掌握白银流动，要靠国际市场那只手。晚明时，白银骤减，明朝惊呼流失，动摇了银两制，"一条鞭法"难以实施。白银短缺引起国际金融危机，导致了晚明财政危机，接着又引发了经济危机和社会危机。

  白银何以短缺？曰"供给不足"。何以供给不足？曰"金贵银贱"！欧人金本位，用贬值的白银买走产品，以金银比价差异套取明朝黄金。那时，明朝被金融袭击，尚蒙于鼓里，至清末，始知有"镑亏"。"镑"是指英镑，按惯例，国际支付以英镑汇价为准，因金贵银贱使英镑汇价上涨，以银两或银元支付所造成的亏损就是"镑亏"。

  重商主义的西班牙限制了资本形式的金银输出，而它的实体经济又难以提供与其金银财富相匹配的实物，使得物价上涨。为平抑物价，西班牙限制产品出口，并从国外主要是从"明朝帝国"购买商品来满足其国内消费需求。巨大财富没有成为生产力，却成了购买力，未将立国之本放在产业基础上，却放在了商业利润的泡沫上。徐继畬说西班牙"有金银气"，他发现"金银气"十足的西班牙没有货物出口，仅大米一项，产地还在吕宋。徐继畬还说西班牙立国有三：航海、经商、铸币三合一，所以有"金银气"。但"近年衰弱已甚"，因其"富而无政"。可"富而无政"的，不光是哈布斯堡王朝，还有大明王朝，两个王朝都因为战争而衰落了。先是西班牙同英国战，接着明朝与丰臣秀吉一战，这两场战争，断了明朝的白银来路。西班牙一败，从此抽紧银根，抽断了明朝一条银路，而日本一败，就此闭关，关闭了明朝另一条银路。这两条银路，是明朝的命根，却被西班牙和日本从两头掐断。

六、一次被遗忘的"金融危机"

  嘉靖年间，富庶的江南地区店铺林立，商品交易频繁。在当时的苏州府，万福记的酥饼是远近闻名的风味小吃，每天门口排队的顾客络绎不绝，还经常有官府和大户插班下大订单，足够万福记忙上几天的，门面生意自然难以照顾。为了不让散客再空跑一趟，掌柜沈鸿昌情急之下，在收取定金之后打下了白条，允诺在指定的日子一定交货。

  原本这只是应付散客的权宜之计，尽管万福记并没有这个生产能力，但为了本店的招牌和口碑，沈鸿昌只好硬着头皮上了。战战兢兢过了一个月后，沈鸿昌惊讶地发现，情况并没有自己想象得那么糟糕，每天拿着白条来提酥饼的散客寥寥可数，门面卖出去的酥饼也不比以前多出多少，但每天回笼的铜钱却多出来不少。细心的沈鸿昌多方打听，才知道有相当多的顾客购买酥饼，并不是留作自己食用，而是作为礼品馈赠亲友，而收礼的人也不见得会自己吃，往往过段日子找个机会转送出去。但是酥饼存放时间长了就会发霉变质，没法再送人了。再者，拎着偌大的饼盒到别人家里，既不方便又惹眼。于是，好多人买了这种白条放家里,什么时候想吃了就自己跑到万福记兑换现成的,若是想送人还可以继续留存着。

沈鸿昌暗自琢磨起来,酥饼还没有出炉,就可以提前收账,不用再像以前为讨要赊账而苦恼了。卖饼券的铜钱可以用来做其他买卖,而且还不用付利钱。顾客手中的饼券总会有部分遗失或毁损,这些没法兑换的酥饼就白赚了。苏州城内的布庄、肉铺、米店掌柜看着都眼红了,一窝蜂地跟着模仿,卖起了布券、肉券、米券……饼券上面没有标明面值,购买时按照当时的价格付钱,提货时不用退补差价。一些精明的百姓将饼券攒在家里,等酥饼涨价时再卖给人家,性子急的人不屑于这种守株待兔的做法,他们通过赌来年的收成,做起了买空卖空的生意。不仅是饼券,市面上其他的券也被人做起投机交易。

当铺和票号见有利可图,不仅仗着自己本钱雄厚来分一杯羹,轻而易举地操纵价格,而且还接受百姓各类券的抵押,放起利子钱。如果继续发展下去,或许将会形成一定规模的证券市场和期货市场。可是,嘉靖年间是倭寇危害江浙甚重的时代。嘉靖三十三年、三十四年,倭寇接连三次奔袭苏州府。一时间,苏州城内物价飞涨,人心惶惶,商家趁机囤积居奇,市面上的券被百姓疯狂抢购,没等倭寇攻城,自己就先乱了。苏州知府任环痛下决心铁腕治市,强制平抑物价和开仓放粮。

市场供应逐渐平稳下来,券的价格却一落千丈。券不值钱了,债户纷纷赖账。当铺和票号不敢再留这个烫手的山芋,赶紧找发行券的店家,要他们按照原价赎回。掌柜们当然不答应,于是当铺和票号狠下心以贱价卖给百姓。百姓害怕物价再次上涨,涌进店里要求兑换。债台高筑的掌柜赶紧关门谢客,愤怒的百姓砸了店,苏州城内倒闭的商铺有十之五六。任环从没见过这种场面,唯有使出强硬手段:责令各商铺限期回收券,倒闭的商铺收归官府,斩杀几个挑头闹事的暴民……

明朝是一个重农抑商的朝代,自视清高的士大夫瞧不起做生意的,加之这次"金融危机"规模和影响不大,正史将这段历史省略。

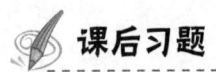

课后习题

一、即测即练

自学自测 扫描此码

二、思考题

1. 大明宝钞在明朝流通了100余年,最终退出流通领域,请分析大明宝钞在明朝货币流通体系的作用,以及其退出货币流通的原因。
2. 明朝中后期实行银铜钱双本位制度,请分析其历史背景。

3. 明朝抵押借贷利率比信用借贷利率低，货币借贷利率比谷物借贷利率低。从演变趋势看，明朝前期到中后期，高利贷利率呈下降趋势。请分析其原因。

4. 明朝通过"朝贡贸易"来进行对外交流和国际贸易，请分析"朝贡贸易"对明朝货币流动的影响。

三、案例分析题

案例一：大明宝钞的发行

明太祖洪武七年，皇帝便设置宝钞提举司。第二年令中书省造大明宝钞，命令民间通行。

宝钞用桑树茎穰作原料，其形制，高一尺，宽六寸，质地青色，外面是龙纹花栏。横着题印钞额为"大明通行宝钞"。内面上面两旁，又为篆文八个字，叫作"大明宝钞，天下通行"。中间图画钱贯，十串为一贯。钞的下面印道："中书省奏准印造大明宝钞，与铜钱通行使用，伪造者斩，告捕者赏银二十五两，并给犯人财产。"如果是五百文便画钱文为五串，其余如同那样的形制而依次减少。

宝钞等次共六等：为一贯，五百文、四百文、三百文、二百文、一百文。每钞一贯，等同钱一千文，银一两；四贯等同黄金一两。

禁止民间用金银货物进行交易，违犯的处以罪罚；用金银交换钞的听便。

兼收钱钞，钱三分钞七分。

洪武十三年，因钞使用长久模糊破烂，便设立倒钞法，命令所在各地设置行用库，允许军民商人以模糊破烂的钞纳入库交换新钞，酌量收取工墨钱。适逢中书省废除，便把造钞的事归属卢部，铸钱归属工部，而改动宝钞上的文字"中书省"为"户部"，与旧钞一并流通。

在外地卫所的军士，按月拨盐都给予钞，各盐场给予工本钞。天下主管官吏的俸禄米都给予钞，二贯五百文等同米一石。

洪武二十四年，训谕征税官吏，凡是钞有字贯可以分辨的，不管破烂缺损，便收受解送到京城，压制和伪造冒充的处以罪罚。二十五年，在东市设立宝钞行用库，一共三库，各自提供钞三万锭作为钞本，倒收旧钞送入内府。命令大明宝钞与历代钱一并流通，钞一贯等同钱一千文，提举司在三个月内印造，十个月内停止，所造之钞送交内府充作赏赐。

当时，两浙、江西、福建、广东人民重视钱轻视钞，有以钱一百六十文折合钞一贯的，因此物价上涨，而钞法更败坏不流通。三十年，便重申交易用金银的禁令。

问题：请分析明朝与大明宝钞发行有关的货币制度。

案例二：明朝的开中制

煮海制盐的财利，历代都是官府掌管。

明太祖开初起兵，便设立盐法，置局设官，命令商人贩卖，取利二十分之一，以资助军队粮饷。随后加倍征收，采用胡深的意见，恢复开初的制度。

明代的盐法，没有什么比盐商输米运盐专卖的开中制度更好的。

洪武三年，山西行省建议："大同的粮食储备，从陵县运到太和横，道路远、费用多。请求让商人向大同仓交纳米一石，太原仓交纳米一石三斗，给予淮盐一小引。商人卖完，便以原来给予的货单到所在的政府主管部门缴纳。如此转运费便节省下来而边防储备充足。"皇帝听从其议，招来商人输入粮食而给予盐，造就叫作开中。

自从弘治时期用余盐补偿正式赋税，初期用来偿还拖欠的赋税，后来命令商人交纳盐价输送户部救济边防。

到嘉靖时期，延绥发生战争，辽左缺乏军饷，全部调发两淮余盐七万九千多引到二处边防输纳粮食换盐贩卖。从此余盐流行。

开始的时候余盐还没有固定数额，不久，两淮增加盐引一百四十多万，每引增加余盐二百六十五斤。盐引的价格为：淮南交纳银一两九钱，淮北交纳银一两五钱。又设置处置、科罚的名目，用来残酷搜刮商人的钱财。

于是正式征收的盐还没有换出，而先买余盐，商人和百姓都很困顿。奸猾狡黠的人借口官府买余盐，夹带贩卖，私自熬盐。法律禁令无处可施，盐法大败坏。

嘉靖十三年，给事中管怀理说："盐法的败坏，它的弊端有六点：
（1）输纳粮食换盐贩卖没有固定的时间，米价猛涨时，招来榷米困难。
（2）权势豪强大家族，专门占有利益权力，粮盐报中困难。
（3）官吏科征处罚，小吏侵吞勒索，输送交纳粗食困难。
（4）下场挨时拖延，动不动达数年，守候支取困难。
（5）定价太昂贵，利息不能偿还本金，取得赢利困难。
（6）私盐贩卖遍地都是，官盐不能流通，市场交易困难。
有这六种困难，正式的赋税就被阻碍了，于是有人便设计余盐来佐助。"

余盐利润丰厚，商人本来乐于从业，然而不是用来输送边防而是解送户部，虽然每年累万，却无益于军队所需。

明太祖时期，商人输送粮食换盐交纳盐价很低，而灶户熬盐的工本费很贵；现在盐价比以前高出十倍，而熬盐的工本费不到原来的 1/10，用什么办法来禁止私盐呢？想要疏通盐法，必须首先处理余盐，想要处理余盐，必须大量降低正盐的价格。

大致说来，正盐价格低，那么私自贩盐自然止息。

现在应该确定盐价，每引正盐银五钱，余盐二钱五分，不必解送到太仓，都命令输纳粮食便领取盐引，余盐以尽收为尺度。

正盐价低，既有利于商人；余盐收尽，又有利于熬盐的灶丁。

如果商人和灶丁都获利，则国家的赋税就会充足。

嘉靖二十年，皇帝认为变乱盐法是由余盐引起，下敕命罢除。

问题：请分析明朝开中制（盐引制度）的利弊。

参考文献

[1] 林延清. 嘉靖皇帝大传[M]. 沈阳：辽宁教育出版社，1993.

[2] 曹国庆. 万历皇帝大传[M]. 沈阳：辽宁教育出版社，1994.

[3] 黄仁宇. 十六世纪明朝中国之财政与税收[M]. 北京：生活·读书·新知三联书店，2001.

[4] 袁远福，缪明杨. 中国金融简史[M]. 北京：中国金融出版社，2001.

[5] 姚遂. 中国金融史[M]. 北京：高等教育出版社，2007.

[6] 吕景琳. 洪武皇帝大传[M]. 北京：中国社会出版社，2008.

[7] 郭厚安. 弘治皇帝大传[M]. 北京：中国社会出版社，2008.

[8] 韦庆远. 隆庆皇帝大传[M]. 北京：中国社会出版社，2008.

[9] 彭信威. 中国货币史[M]. 北京：中国人民大学出版社，2020.

[10] 万明. 明朝白银货币化的初步考察[J]. 中国经济史研究，2003（2）：39-51.

[11] 陈昆. 宝钞崩坏、白银需求与海外白银流入——对明朝白银货币化的考察[J]. 南京审计学院学报，2011.

[12] 郑轶. 明朝"一条鞭法"税赋制度改革探微[J]. 兰台世界，2014，（9）：60-61.

附录

货币时间线

时间	皇帝	货币类型		
		铜钱	纸币	白银
洪武元年（1368年）	朱元璋	洪武通宝		民间有白银自发的交易
洪武七年（1374年）	朱元璋	至此铜钱为法币		
洪武八年（1375年）	朱元璋	禁止使用铜钱	印造大明宝钞，宝钞为唯一法定货币	
洪武二十七年（1394年）	朱元璋	禁止使用铜钱		
洪武三十年（1397年）	朱元璋			重申银禁令
建文年间（1399—1402年）	朱允炆	没有铸造钱币	大明宝钞	
永乐元年（1403年）	朱棣			重申银禁令
永乐六年（1408年）	朱棣	永乐通宝（禁用铜钱，主要用于对外支付）		
永乐八或九年（1411年）	朱棣	地方开始铸造		重申银禁令
永乐十七年（1419年）	朱棣			重申银禁令
洪熙元年（1425年）	朱高炽	似乎没有铸造钱币		重申银禁令
宣德元年（1426年）	朱瞻基			重申银禁令
宣德八年（1433年）	朱瞻基	宣德通宝		
宣德十年（1435年）	朱瞻基			
正统元年（1436年）	朱祁镇			白银地位上升
天顺四年（1460年）	朱祁镇	准许铜钱流动		
正统十三年（1449年）	朱祁镇	禁止使用铜钱		
弘治十六年（1503年）	朱祐樘	弘治通宝	大明宝钞没有废除，但民间已逐渐退出流通	
嘉靖六年（1527年）	朱厚熜	嘉靖通宝		

续表

时　　间	皇帝	货币类型		
		铜　钱	纸　币	白　银
隆庆元年（1567年）	朱载垕			官府以法权形式首次肯定白银为合法货币
隆庆四年（1570年）	朱载垕	隆庆通宝		
万历四年（1576年）	朱翊钧	万历通宝		
天启元年（1605年）	朱由校	天启通宝	天启七年，完全退出市场	
崇祯元年（1628年）	朱由检	崇祯通宝		
崇祯十七年（1644年）	李自成（西安）	永昌通宝		
	张献忠（成都）	大顺通宝		
弘光元年（1645年）	福王朱由崧	弘光通宝		
	鲁王朱以海（绍兴）	大明通宝		
	唐王朱聿键	隆武通宝		
永历元年（1647年）	桂王朱由榔	永历通宝		

第十章

清朝货币金融简史

高阳台·和嶰筠前辈韵

(清) 林则徐

玉粟收余,金丝种后,蕃航别有蛮烟。双管横陈,何人对拥无眠。不知呼吸成滋味,爱挑灯、夜永如年。最堪怜,是一泥丸,捐万缗钱。

春雷㷸破零丁穴,笑蜃楼气尽,无复灰然。沙角台高,乱帆收向天边。浮槎漫许陪霓节,看澄波、似镜长圆。更应传,绝岛重洋,取次回舷。

第一节 清朝的社会概况

清朝(1616—1912年),又称大清帝国,是中国历史上最后一个君主制王朝。1593年,25岁的努尔哈赤以他祖父和父亲留下的13副铠甲,武装了30人,走上了创建清朝之路。1616年,建州女真部首领努尔哈赤建立后金。1636年,皇太极改国号为清。

1644年,明朝覆亡,清军趁势入关,逐步占领了中国。历经康、雍、乾三朝,清朝经济得到了一定的恢复,基本上奠定了中国版图,同时,君主专制也发展到了顶峰。但是由于清朝大搞文化阉割,轻视科技,闭关锁国,国家逐步落后于欧美。1840年,中英鸦片战争爆发,中国遭到列强入侵,主权严重丧失。1911年,辛亥革命爆发,清朝统治瓦解。1912年,清帝被迫退位,中国两千多年的封建帝制宣告结束。

一、清朝的经济

清朝的封建统治得到巩固后,政府立即采取了措施,以恢复社会生产,发展社会经济。首先,奖励垦荒,发展农业生产。对有主荒地,由原主开垦,政府给优惠,三年不收税;对流民,不论原籍本籍,编入保甲,开垦荒地,发给印信执照,永准为农,从而促进了全国农业生产的恢复与发展。清圣祖康熙元年(1662年)统计,全国有耕地549.3万顷,到清圣祖康熙二十三年(1684年),全国耕地增长到607.9万顷,直隶京畿、太湖、长江三角洲、鄱阳湖地区,都已成为主要产粮区。其次,兴修水利,同时治理黄河。清康熙元年到康熙十四年(1662—1676年)的十多年间,黄河决口多达60余次,经过多年治理,到了康熙四十二年(1703年),黄河两岸被淹农田日渐恢复耕作,黄河下游水患大体摸清。

后又修治了淮河和永定河。再次,开发矿业,发展生产。清朝对采矿业实行了奖励政策,广东罗定、海阳和阳山的铁、铅矿,广西南丹、贺县的锡矿,四川邛州、蒲江的铁矿,湖南衡州、永州两府的铜、铁、锡、铅以及贵州的水银铅矿,山东莱阳与陕西临潼的银矿,河南涉县的铜矿等,都陆续得到了开采。最后,鼓励发展手工业。清朝对手工业实行了"物畅其流,民便为要"的宽松支持政策,从而促进了手工业的恢复与发展。铁器铸造业方面,汉口有铁行13家,芜湖有钢场数十家,山西陵川有铁铺12家;棉布染织业方面,在江苏常熟、苏州、广东佛山等地的染坊、织布作坊都有可观的数目;粮食加工业方面,在各个产米区都有较多的碾米作坊;制茶业方面,在各产茶区都有加工制茶的作坊;其余像制糖业、制瓷业、造纸业、木材加工业,各地都有很大的发展。

清朝商业繁荣,在东北地区主要发展土特产人参交易,在吉林、黑龙江新建城市8座,辽沈地区新建城市15座;在长江以南,扬州、苏州、南京、杭州、广州、汉口等城市的工商业最为发达,除此之外,浙江的乌青镇、濮院镇、枫泾镇,江苏的平望镇、震泽镇、南翔镇,江西的景德镇,广东的番禺、东莞,四川的成都、重庆等大小城镇,工商业都已相当兴盛。

旧城市的发展和新城市的兴起,是清朝城市发展的两大特点。当时,天津已拥有70万人口,广州城内居民有90万人,珠江上的帆船经常有5000多艘。从商品销售来看,茶叶销量,在1685—1725年间,由15.8万引增加到49.6万引,40年间增长了2倍;食盐销量,在1653—1733年间,由376.2万引增加到523.4万引,80年间增长了近40%;丝出口,在1741—1831年间,由278担增加到8560担,增加了近30倍。在发展对外贸易方面,清朝规定沿海广东、福建、江南、浙江、山东与直隶省船只可以自由贸易,并在江南、福建、浙江、广东四省设立了海关,用来管理来往船只、征收税银,同时在直隶、山东、江南、浙江、广东各省取消了一切海禁,清朝的海外贸易发展非常迅速。

二、清朝的外交

清朝是中国历史上最后一个封建王朝,在二百多年的历史中,它的实力经历了盛极而衰的过程。从世界的角度看,与之相平行的是西方世界的兴起。随着西方世界的兴起以及西方世界向外部的拓展,中西交往不可避免地变得日益频繁。在这个历史过程中,一方面是中西实力对比发生了重大变化,另一方面是清朝的外交制度逐渐发生了变化,原有的朝贡体制逐渐松散并最终瓦解。随着19世纪60年代总理各国事务衙门的建立以及70年代清朝第一个常驻使节的派出,清政府逐渐接受了西方近代外交制度。

鸦片战争前,清朝设置了粤海关和十三行办理与非朝贡国家相关的外交事务。清政府统一台湾后,康熙帝逐渐放弃了海禁政策,开始在广州一口与西方各国通商,并设立海关,对过往商品征收关税,这就使粤海关成为清朝与西方各国交涉的最重要的机构,这种状况一直延续至鸦片战争结束。十三行(其实并无定数)是与粤海关配合管理对外贸易的机构,其职能包括:征收进出口货物税款、经营对外贸易。这样,十三行就具备了三重身份,即被特许经营外贸的商人、征收关税的官员和以外贸为主要内容的对外交涉承担者。粤海关的设立和十三行的出现，使作为对外贸易管理机关的海关和办理对外贸易机构的洋行完全分离，标志着清朝传统的朝贡贸易制度向商业行馆贸易形式转变。

在鸦片战争以前的很长一段时期内，清朝的对外关系主要由两部分组成：一是传统朝贡体制下清政府与各藩属国、朝贡之间的宗属关系；二是在广东贸易制度下清政府与外国在长期贸易活动中形成的商务上的关系。一般来说，当时各国之间的联系并不密切，往来也不频繁，因此外交也时断时续，不具有日常性，在政府中没有必要设立专门的外交机构。由于当时外交通常都是作为临时性的事务来处理，因而表现出临时性的特点。清政府在办理外交事务时主要依靠三种方式，其一，当遇到重大中外交涉时，清政府一般是临时派遣钦差大臣代表中央政府前去地方办理中外交涉事务；其二，清朝与各藩属国的关系是清朝中外关系的主要内容；其三，对于发生在广东的中外商务交涉，清政府则会委托特权商人——行商负责办理。

鸦片战争后，越来越多的国家与清朝签订了不平等条约，尤其是第二次鸦片战争后，通商口岸遍及全国沿海及沿长江两岸，中外交往日益密切，且中西交涉的内容涉及政治、经济甚至文化生活的各个方面。19世纪60年代以来，列强更加关注清朝的朝贡国，所以与属国相关的中西交涉也越来越多。于是，朝贡贸易体制与通商体制出现了归一的趋势。

第二次鸦片战争期间，清朝政府在外交上坚持既要免开边衅又要维护国体的指导思想。所要维护的"国体"，实际上是清朝传统的对外体制，也就是与闭关自守政策相联系的惯例和体现所谓"天朝上国"之尊的程序与礼仪形式。因此，清政府完全把握不了西方国家要通过对华战争和外交进一步打开门户，变"大清帝国"为其商品销售市场、原料产地和半殖民地这一问题的实质。他们要维护的"国体"，与当时中华民族的根本利益没有什么共同之处，反而使其注意力不可能集中于列强提出的那些真正危害国家主权的条款上，甚至以接受这些条款作代价来维护他们心目中的"国体"。因此，清政府的外交对于维护国家主权起不到任何作用，反而造成国家权益的损失。第二次鸦片战争后，列强通过《天津条约》取得了公使进驻北京的特权，而此前形成了两江总督作为钦差大臣负责与列强交涉并"办理各国事务"的惯例。在实践中，驻在北京的各国公使与设在地方的两江总督进行交涉很不方便。到19世纪60年代，一系列不平等条约使清朝沿海、沿江的重要城市都向列强开放。同时，清政府的闭塞无知也在中外交涉中造成了许多损失，这就要求由谙熟国际法知识和国际惯例的专门人才来执行涉外事务，以减少不必要的损失。同时，随着华俄交往日益频繁，俄国政府也要求赴京的本国外交使臣直接与军机处这一重要机构交涉。而在清朝的政治体制中，军机处体制崇高、地位独特，由军机处直接与列强交涉，对于注重体制的清政府来说是很难接受的。

清朝的对外观念、外交指导思想完全不能适应近代中国与外部世界打交道的需要，如果以这种想法与能力继续对外交往，只会进一步招致误国、卖国的后果。事实是最好的老师，在经历了两次鸦片战争外交的失败以后，清政府不得不捐弃先有的成见，而采取某些适应性的变化。主管外交等事务的总理衙门的成立、国际法的引进和运用、允许西方使节以西礼觐见皇帝以及向外国派遣使节等是清朝变化的表征，这些变化确实具有一些积极因素在内。不过，从其基本趋向来说，清朝的外交是在朝着半殖民地外交演变，而不是走向独立自主的外交。

1861年,清政府设立了总理各国事务衙门。这样,以总理衙门为中枢,以南北洋大臣、地方督抚、将军为两翼的新外交体制逐渐形成。总理衙门的设立是清朝外交史上的重要转折。它是清朝第一个正式的外交常设机构,结束了长期以来由地方督抚兼办外交的历史,逐渐开始由专门的中央机构办理中外交往事宜,开启了清朝外交近代化的历程。19世纪末,清政府依据近代主权国家平等交往的原则和国际惯例,向各主要国家和地区派驻了公使,清朝外交终于冲破了故步自封、狭隘自大观念的束缚,清朝政府开始与国际社会进行广泛的接触,加强了与世界各国的联系,增进了对外部世界的了解和认识,一定程度上有利于清政府利用国际规则捍卫国家主权和利益。

1900年,为镇压义和团运动,八国联军侵华并攻占了北京,1901年,清政府被迫签署了《辛丑条约》。根据该条约相关规定,1901年7月,清政府谕令改总理各国事务衙门为外务部,班列六部之前,外务部的设立,对清朝外交产生了深远影响。首先,外务部的成立逐渐削弱了南北洋大臣的外交作用,把对外交涉置于了自己的职掌之下,这有助于外交权力向中央集中。其次,外务部的成立改革了地方外交机构,进一步完善了外交体制。总之,外务部上承总理衙门,下启中华民国的外交部,它的设立及随后进行的改革,是清朝外交制度发展进程中的重要步骤。

三、闭关锁国政策

近代中国的闭关锁国政策始于明朝中后期,起初是为了防止倭寇进犯我国东南沿海地区,维护沿海地区的安定。但到了清朝,闭关锁国政策被极端化了,全国仅开放了广州一处作为通商口岸对外通商。

出现这一现象的原因是多方面的。首先,出于和明朝相同的目的——打击猖獗的海盗,维护沿海地区人民生活的安定。在某种意义上,闭关锁国政策确实在这方面起到了一定的作用,有利于生产的发展和人民生活的安定。其次,中国封建王朝一直存在"天朝上国"的思想。清朝始终以"天朝"自居,视四方为"四夷",统治者认为中国幅员辽阔,物产丰富,并且国内市场空间广阔,不认为有开拓海外国际市场的需要(亚当·斯密曾在《国富论》中说过:中国人不重视对外贸易)。强烈的自我优越感,使其夜郎自大,自欺欺人。殊不知当我们认为自己处于康乾盛世时,西方已经进入了资本主义社会,工业革命也在如火如荼地进行中,资本主义经济发展迅速,而清朝则走向了落日余晖。再次,中国几千年来自给自足、男耕女织的小农经济是闭关锁国政策深厚的经济基础。重农轻商,致力于发展农业而轻视工商业,致使中国的商品经济发展了数千年仍无法取代自然经济。在明朝中后期,好不容易出现的资本主义萌芽也被扼杀在了摇篮里。最后,中国有着高度僵化的政治结构。自秦始皇起,封建统治者就一直实行专制主义中央集权政治,这种政治体制一定程度上有利于政权的稳定,有利于国家统一和社会安定,对社会经济的发展也有过积极的作用。但是,这种超稳定的政治结构又会限制和扼杀新的生产关系的形成和发展。另外,清朝是满人专政的。满族统治者一直防备汉人的反清势力,他们害怕反清势力会借助于外国势力对清朝统治构成威胁,因此要通过闭关锁国切断他们的联系。而当时明后期将领郑成功拒不降清,一直据守中国台湾与清政府对抗,为了防止郑成功与东南沿海的反清势力相结合,闭关锁国政策就顺势形成了。综合以上原因,闭关锁国政策在近代中国存在了几百年,一直持续到西方的坚船利炮打开国门才宣告结束。

在明清之前的数千年间,中国一直保持着对外自由贸易,从汉朝的"丝绸之路",唐朝的"贞观之治"和"开元盛世"便可以看出当时贸易往来的繁荣。反观闭关锁国时期,西方国家各方面都在迅速发展,中国古代科学技术却由领先世界到远远落后于西方国家,经济水平也始终停留在自给自足上。故步自封、停滞不前,清政府始终缺乏一种学习的心态和进取的精神。落后注定挨打,当鸦片战争打开国门时,清政府毫无抵抗之力,只能一味妥协,在帝国主义国家一次又一次的侵略下,签订了《南京条约》《北京条约》《马关条约》《天津条约》《瑷珲条约》《辛丑条约》等一系列不平等条约。一个世界人口最多的国家,只能任人宰割,毫无反抗之力,是多么可悲。

第二节 清朝的货币

"人生薪水寻常事,动辄烦君我亦愁。解用何尝非俊物,不谈未必定清流。"人生在世,柴米油盐。清代诗人袁枚的一首《咏钱》道尽了前人对待钱币的态度,与钱打交道令人烦恼却不可避免,常需使用却在用时不够。

清朝前期承袭了明朝中后期形成的银钱并行的货币制度。清朝后期币制有了新的变化,1900年用铜元取代了铜钱,仍是银铜并行的币制,1910年才确立了"元两并行"的银本位制。

满清入关后,基本上沿用了明朝的货币制度,即银铜复本位,或称银铜平行本位。大额交易用银,小额交易用铜。然而复本位有着本质的缺陷,便是银铜比价波动不定,由此造成的私铸私销屡禁不止。非常时期也发行过纸币,但因缺乏规范的发行制度,而导致恶性通货膨胀,终告失败。再加上外国银元的流入,清末货币制度的混乱达到了前所未有的程度,市场上充斥着各式制钱、私钱、铜元、银元、民间纸币、外国纸币,大清货币主权几乎丧失殆尽。清政府意识到了货币制度混乱的严重弊端,于宣统二年(1910年)颁布了《币制则例》,规定银元为本位货币,然而因为辛亥革命的爆发而未见执行。

一、制钱

清朝的铜币制,大致可以分为两个阶段。起初的两百多年,承袭两千年来的传统,用模型铸造制钱;到了清朝末年,才从外国买机器铸造新式的铜钱和铜元。

(一)满洲制钱

后金的货币,效仿明朝,也采用了银钱复本位制。由于后金统治区满汉杂居,为适应经济贸易,统治者因此铸造了满文钱和汉文钱。

满族人长期居住在长白山地区,世代以畜牧渔猎为生,并与当地从事农耕的汉人相处融洽,这时努尔哈赤以祖上十三副铠甲起兵,通过不断的兼并争斗,势力逐渐强大,终于统一了满族各个部落,并于明朝万历四十四年(1616年)建国号金,史称后金,建元天命,称天命汗,并铸行钱币。《清史稿·食货志》记载:"太祖初铸'天命通宝'钱,别以满、汉文为二品。满文一品钱质较汉文一品为大,天聪因之"。满文钱面文译作"天命汗钱",此钱依老满文写成,读法由穿左读起,至穿右,再上下读。方孔圆钱型,仿明小平钱,铜色赤暗,铸工较劣。汉文钱"天命通宝"与"天命汗钱"同时开铸,钱文直读,钱背无文,书法较差。由于当时满人多不用钱,得到钱后,大多用作装饰品,佩戴于衣帽之上,袍襟之前,据说可避刀枪,以至后代铸钱时,分发给士兵佩带,直到顺治、康熙时仍有这种情况。

图 10-1　老满文大字天聪汉钱鎏金大钱(图片来自中国钱币博物馆)

天命六年(1621年),努尔哈赤迁都辽阳,开始大规模铸造钱币,钱币得以广泛流通。天命十一年,努尔哈赤去世,皇太极继位,翌年改天聪元年,开铸满、汉天聪钱。满文天聪汗钱是当十大钱,正面铸老满文,读法是从左至上,从下至右,直译天聪汗钱(图10-1)。背面左右各铸一老满文,穿左为"十"纪值,穿右为"一两"纪重,完全仿照明朝"天启通宝"大钱形制,是后金纪值兼纪重的满文大钱。汉文天聪通宝是小平钱,形制与天命通宝相似,也是仿明钱铸造。满文天聪汗钱当十大钱,以一当满、汗平钱十枚使用,其铸造主要是为八旗军筹备军铜,以对抗或侵略明朝,是一种战争货币。天聪钱铸于今辽阳和沈阳二地。天聪十年(1636年),皇太极在盛京称帝,改国号"大清",年号"崇德",族名改女真为"满洲"。大清建立后,仿明朝"崇祯通宝",开铸"崇德通宝"。

不难看出,满人入关前,虽已开始铸造货币,但仅仅是仿照明制,自己却没有一套完整的货币制度,这似乎同他们的政治地位和经济基础相匹配,从这个角度看来,清朝的确是继承了明朝的货币制度。然而满人不满足于做汉人的文化附属,于是他们努力地创造自己的货币制度。

(二)顺治钱

顺治元年(1644年),满清入关,迁都北京,开铸顺治通宝,并逐步建立了一套完整的钱币铸造和流通制度。清朝铸钱机构分为中央和地方,中央的铸钱机构有户部宝泉局和工部宝源局,地方的铸钱机构称为"宝□局",中间一字代表所在地。

图 10-2　顺治通宝(图片来自海安博物馆)

顺治通宝成分为红铜七成、白铅(锌)三成,一千文为一串,铸钱一期为一卯(图 10-2)。钱的重量顺治在元年规定为每文重 1 钱,顺治二年改为 1.2 钱,顺治八年改为 1.25 钱,顺治十四年改为 1.4 钱。银钱比价起初效仿明朝每 7 文准银一分,顺治四年,因制钱对银比价偏高致"小民交易不便",改为每 10 文准银一分。

顺治钱有五种形式：第一种，仿古钱。顺治元年至顺治四年（1644—1647年）铸造，仿明制，素背。第二种，汉文纪局钱。顺治二年至顺治九年（1645—1653年）铸造，钱背铸一汉文，为铸钱局名，或在穿孔之上，或在穿孔之右，有户、工、陕、临、宣、蓟、延、原、西、云、同、荆、武、河、昌、宁、江、浙、东、福、阳、襄、郧、云，共计24局。这种钱是仿唐会昌开元和明大中、洪武时期的钱制。第三种，权银钱。顺治十年铸造，在背面穿孔右边铸明局名，左边直书一厘二字。局名共有十七，即户、工、陕、临、宣、蓟、原、同、河、昌、宁、江、浙、东、福、阳、云。所谓一厘，指折银一厘，千文合银一两，是一种权银钱，俨然银的辅币，可见白银作为货币的重要地位。这种权银钱，当时的其他政权也有铸造，如南明永历通宝有二厘、五厘和一分三种，孙可望在云南铸造的兴朝通宝也有五厘和一分的，吴三桂铸造的利用通宝和昭武通宝，以及耿精忠在福建铸造的裕民通宝，都有对白银作价的。顺治一厘钱于顺治十七年停铸，次年曾核准行使两年，至康熙二年收毁。第四种，满文纪局钱。顺治十七年停铸一厘钱后铸造，背面穿左至穿右满文纪"宝泉"或"宝源"，只限于宝源和宝泉两局铸造。第五种，满汉文纪局钱。顺治十七年铸造，背面穿左一个满字，穿右一个汉字，都是纪局名，有陕、临、宣、蓟、原、同、河、昌、宁、江、浙、东12局。

顺治钱的铸造对于清朝有着特别的意义，它标志着清朝在货币制度上，实现了从模仿明朝到自身创造的转变，开创了清朝货币制度的先河，清朝从此有了真正意义上的自己的货币，这无疑对宣扬国威、稳定政局以及发展经济都有着积极的作用。顺治钱奠定了清朝钱制基础，设定了制钱的标准，从此以后，清朝历代铸造的制钱，都不超出此五种样式。

（三）康熙钱

康熙钱于康熙元年（1662年）铸造，分为中央和地方铸造。中央依旧由宝源、宝泉二局铸造，样式采用顺治钱的第四式，背面有两个满文，宝源或宝泉。地方铸造的康熙通宝，则采用顺治五式，背面同时用满汉文纪局，起初只有14局，后来加成21局，康熙六十年（1721年）规定一省一局的原则，又裁减7局。遗留下来的康熙钱，除了宝泉、宝源两种以及顺治钱第五式的12种外，还有宝福、宝苏、宝南、宝广、宝台、宝桂、宝云、宝漳、宝巩、宝西14种，共24局。

图10-3　康熙通宝
（图片来自海安博物馆）

康熙通宝最初重一钱四分，康熙二十三年（1684年），减重为一钱，成分铜六铅四（图10-3）。康熙四十一年，又恢复为一钱四分，同时铸造了一种每文重七分的小钱，称作轻钱，一钱四分的钱则称作重钱。二者同时流通，只是对银作价不同，轻钱每千作银七钱，重钱每千作银一两。据《清世祖实录》载，待大钱铸足后，渐次销毁了小制钱，但小制钱一直到乾隆时仍在使用。康熙钱比之顺治钱，形制上由五种减为两种，集中于顺治四式和五式，表现出由复杂多样到规范统一的演变趋势。如果说顺治钱制奠定了清朝钱制的基础的话，那么康熙钱制就是清朝钱制规范化和统一化的开始。

（四）雍正钱

康熙六十一年（1722年）十一月，清世宗即位，次年改元雍正，铸雍正通宝钱。雍正以后，制钱都采用顺治四式，但也有例外，如宝福局铸造的钱，也有用汉文纪局的，但不是常制。雍正通宝钱也分两种，中央钱和地方铸造（图10-4）。中央依然是宝泉、宝源二局铸。地方有十八局，其中除河、陕、昌、浙、福、云、苏、南、广、桂、巩、台十二局为康熙原有外，山西局改为宝晋，山东局改为宝济，另新设三局：湖北宝武局、四川宝川局、贵州宝黔局，另一字为满文"南"少一点，应当是"安"字，为安徽所铸。

雍正钱初始的重量，应同顺治和康熙钱，为一钱四分。雍正十一年（1733年），雍正下谕旨减重为一钱二分。雍正钱在康熙钱的基础上更加统一，它只限于顺治四式，这一习惯一直延续到清末。

图10-4　雍正通宝
（图片来自海安博物馆）

（五）乾隆钱

雍正十三年（1735年）八月，高宗纯皇帝即位，次年改元乾隆，铸乾隆通宝钱（图10-5）。乾隆制钱的铸造，除宝泉、宝源二局外，各省共有17局，其中陕、福、浙、苏、武、昌、桂、广、黔、云、南、川、晋、济、台计15局为雍正旧有，另两局直隶宝直和伊犁宝伊为新设。

乾隆钱的成色因时间、地区而异，乾隆五年（1740年）之前，应是沿用康熙和雍正时的成分比例，叫作黄钱。之后，铸钱时加锡2%，铸出的钱呈青色，故称作青钱。铸造青钱是为了防止民间私自销毁铸造器皿，因为铜加锡后失去了韧性，一击就碎，所以不能用它来重铸器皿。在当时，朝廷曾下令各省改铸青钱，并规定黄钱和青钱同时流通，但是各钱局并没有严格执行，而是大多用铜六铅四的比例。

图10-5　乾隆通宝
（图片来自海安博物馆）

（六）嘉庆钱

乾隆六十年（1795年），乾隆退做太上皇，十五子嘉亲王即位，次年，改元嘉庆。《制钱通考》记载："乾隆六十年十一月，户、工二部奏准宝泉、宝源二局，钱文于乾隆、嘉庆年号各半分铸，至各省候开铸之期，亦准此例，新疆等处照旧遵行，其卫藏钱文均照此办理。"

可知，嘉庆通宝应为乾隆六十年开铸，且初始与乾隆钱"各半分铸"（图10-6）。次年（嘉庆元年），嘉庆帝下旨"着将乾隆钱文改为二成，嘉庆钱文改为八成"。嘉庆钱有十九局，

图10-6　嘉庆通宝
（图片来自海安博物馆）

计有泉、源、直、晋、苏、昌、福、浙、武、南、陕、川、广、桂、云、黔、伊、阿克苏以及云南新设的东川府局，钱背为宝东，满文即用康熙钱的"东"字。嘉庆通宝的金属成分为铜、锌、铅，各地的成色则因时因地而异。

（七）道光钱

嘉庆二十五年（1820年）道光继位，翌年开铸道光通宝（图10-7），至道光三十年（1850年）道光皇帝病故，共铸30年。道光时期钱局与嘉庆时相同，即共计十九局。虽然铜钱的纪局数没有变化，但实际铸造地却增加了库车一地。道光六年（1826年），大和卓之孙张格尔叛乱，攻占喀什噶尔、英吉沙尔、叶尔羌、和田四城，数万清军集结阿克苏镇压叛乱，为满足军费需要，当局决定在库车添炉赶造红钱，因当时只是代阿克苏钱局铸造，所以仍纪阿克苏局，直至咸丰年间才正式设立库车局。道光八年（1828年），阿克苏钱局还铸造了当五、当十大钱，正面为"道光通宝"，背左右满、回文纪阿克苏局，上纪汉字"八年"，下纪"五"或"十"。此外，乾隆红钱中当十大钱，也应为此后铸造。

图10-7　道光通宝（图片来自中国钱币博物馆）

（八）咸丰钱

咸丰钱铸造于咸丰元年（1851年）至咸丰十一年（1861年）。咸丰时期的钱局数量比嘉道时增加了10个，分别是宝河、宝蓟、宝济、宝台、宝巩、叶尔羌、喀什噶尔、库车，以及热河的宝德局和迪化的宝迪局。

咸丰钱本有一定的称呼，或为通宝、重宝、元宝。大抵制钱称通宝，当四到当五十称重宝，当百到当千称元宝。背面上下为当几字样，左右为满文局名。但有些例外，例如福建所铸，当五以上或全称通宝（图10-8），或全称重宝（图10-9），有两套。陕西、浙江有些钱用汉文标明地名。另有些钱根本不标明地名。

图10-8　咸丰通宝（图片来自中国钱币博物馆）

图 10-9　咸丰重宝（图片来自中国钱币博物馆）

受太平天国运动的影响，咸丰时期的钱币制度比较特殊和复杂，具体表现在钱局数量大幅度增加，制钱重量、铸造工艺和材质变得复杂多样等方面，其中最重要的是大钱的广泛铸造和流通。咸丰三年（1853年），因军费不继，寿阳相国向户部奏请铸造当十大钱和铁钱，继而"旋推及当五十，当百钱"，朝廷批准后，迅速在全国推行。受战争的影响，咸丰大钱的铸造十分混乱和复杂，纪值等级、轻重大小、材质成分、字体工艺等在各局之间甚至一局之内都差异很大，居然出现当值与轻重倒置的现象。

（九）同治钱

咸丰十一年（1861年）咸丰帝病故，载淳继位，改元祺祥，开铸祺祥通宝和当十祺祥重宝。

同治元年（1862年）开铸同治通宝和同治重宝（图10-10）。同治钱的铸造受咸丰钱影响很大，咸丰后期很多钱局已停铸制钱，到同治时依旧没有恢复。因此，同治年间铸钱很少，只有宝源、宝泉二局铸造的同治重宝当十大钱较多。户工两局的当十钱在同治六年（1867年）铸的每枚重三钱二分，后来又减重。同治钱中，宝浙局、宝苏局较常见，而宝陕、济、伊、武、南、黔、广、晋、阿克苏等局仅见与部颁样钱。

图 10-10　同治重宝（图片来自中国钱币博物馆）

（十）光绪钱

光绪朝代的钱制依旧比较特别，甚至比前两朝代有过之而无不及。咸丰、同治时期的制钱制度受到破坏之后，各地的钱局有些恢复，有些则一直停铸，而恢复铸造的钱局也时停时铸。光绪皇帝对币制进行了改革和创新，这个时期出现了机器制造的制钱和铜元等新式货币。

光绪元年（1875 年），仍然铸造大钱光绪重宝，铜六铅四，当十钱多由宝泉、宝源二局铸造，当五钱则多见于宝苏局，而其他局的很少见，可能是部颁样钱。光绪九年，重量由同治年的三钱二分减为二钱六分。光绪十三年，清政府恢复了光绪通宝小平钱的铸造，光绪小平钱的铸造局数比较多，常见的有宝源、泉、云、东、昌、直、川、黔、福、苏、河、陕、南、浙、晋、武等局，另有新增的宝津、宝沽、宝吉等局。光绪通宝见图 10-11。

光绪十二年（1886 年），为了恢复制钱制度，清政府决定用机器铸造制钱。光绪十四年（1888 年），直隶总督李鸿章奉命购买机器在天津机器局铸造制钱，但在开铸时发现亏折严重，据其报告，每年铸造的制钱折银不足五万两，但工本则需要十万七千余两，需赔贴银五六万两之多，得出了"机铸制钱亏损工本无法筹补"的结论。次年，两广总督张之洞奉命采用机器铸造制钱，宝广局机铸的光绪通宝背面分为三种：满文纪宝广、满汉文纪宝广、满汉文纪宝广加纪库平一钱，成分为铜 54%，锌 46%，但其铸造结果仍是严重亏折。可见，制钱已经落后到即使采用机器铸造都无法挽回的地步了，清政府需要寻求新的货币来取代制钱。

图 10-11　光绪通宝
（图片来自海安博物馆）

二、铜元

铜元的出现是为了解决"钱荒"问题的。19 世纪末，清朝开始出现钱荒，钱价日益高昂。光绪二十三年（1897 年），监察御史陈其璋建议，应仿照外国银元的样式，铸造铜元，以缓解"钱荒"现象，他还主张铸造三种大小的铜元，相互配合使用，但是政府却没有采纳。光绪二十六年（1900年），广东由于铸钱过于亏损而停止铸造，市场通货紧缩加剧。前任总督李鸿章建议，广东地邻香港，可铸造当十铜元，内地在钱币短缺时也可行用。于是，当年广东铸造了"光绪元宝当十铜元"（图 10-12），每百枚抵大银元一元，开我国机制铜元之先河。此后，机制铜元逐渐取代制钱成为流通领域的主要货币，从而结束了流行两千年的传统铸币。铸造的结果虽不能盈余，但也不亏损，在市场上流通顺畅，商民皆称便利。除广东外，福建、江苏等地也开始设局置办机器铸造当十铜元。广东和福建铸造铜元成功，受到了朝廷的认可，朝廷下谕命令沿江、沿岸各地督抚仿照广东、福建二省置办机器铸造铜元。宣统二年（1910年），在全国有近二十个省份铸造铜元，有些甚至一省设置多厂，可见铜元受市场欢迎的程度。

图 10-12　光绪元宝当十铜元
（图片来自南京审计大学博物馆）

三、白银和银元

自白银被明朝政府定为本位货币后，到清朝，白银作为本位货币的地位得到了进一步提升。随着国内经济的发展,市场对货币的需求逐渐增加,受价值规律的作用,在银铜复本位制度中,人们愿意用价值更高的白银作为主要支付手段,市场对白银的需求量日渐增加。伴随着对外贸易的发展,大量产自美洲的白银经欧洲、印度来到中国,一方面在很大程度上缓解了清朝白银短缺的状况;另一方面,这进一步巩固了白银作为本位货币的地位。

清朝的白银制度,可以分为三个阶段:第一阶段是前一百年,国内大部分地区都用银块,虽铸有锭形,但仍以两计算;第二阶段是嘉庆以后的八九十年,这一时期外国银元逐渐流入中国,与纹银共同充当货币;第三阶段是清末的几十年,清朝也开始自铸银元,先是民间自铸,后是政府铸造,银元的法偿地位逐步确立,而从银两到银元的发展也勾勒出了白银本位化的进程。

清朝中期以前,白银仍以称重为主要形式,银的名称和种类繁多。例如,在乾隆时期,江南、浙江有元丝银,湖广、江西有盐撇银,山西有西糟水丝银,四川有土镏、柳镏和茴香银,陕甘有元遭银,广西有北流银,云南和贵州有石镏和茶花银。此外还有青丝、白经、单倾、双倾、方键、长键等银。各种名目的白银大致可分为四类:第一类是元宝(图10-13),或宝银,因为形似一只马蹄,也叫马蹄银,每个重50两。这种元宝还有其他形式,所谓长糟就是根据其长条形状而得名;第二类是中锭,重约10两,也有多种形式,多是锤形和马蹄形,叫作小元宝;第三类是小镙子,形似一个馒头,但也可随时铸成其他形状,重量为一两到五两,也称作小锭;第四类是散碎银子,有滴洙、福洙等名称,重量都在一两以下。

银两的成色自古因产地不同而不同。清初,政府虽规定以纹银为标准,但真正符合标准的纹银是不存在的,市场流通的白银则有七成、八成、九成,甚至十成,交易时折合纹银计算,可实际上纹银也不是十足的准银,而只是作为一种标准,即虚银两。

实际流通的是宝银,宝银就是指元宝。元宝银(以苏、武等地为例)从成色上分为足宝、二四宝、二五宝、二六宝、二七宝等。足宝就是所谓的标准纹银,二四宝就是五十两的宝银,在折算时要升水二两四钱,即五十两二四宝银折合纹银五十二两四钱。

所谓纹银是一种假设的全国性标准银,成色是千分之九三五点三七四,实际上并不存在,但其他银两都是根据它来折算的。例如上海商界用作核算的银两单位是规元,其成色等于纹银的百分之九十八,故称作九八规元。支付时用的元宝,要先折合成纹银,然后再折算成规元。例如一只二七宝银,等于五十二两七钱的纹银,再除以百分之九十八,所得的五三点七七五五就是合规元的数目,换言之,一个五十两重的二七宝银,等于规元五十三两七钱七分五厘五毫。

上海的记账银两单位是规元,天津的记账银两单位叫作行化,成色是千分之九九二,汉口则是洋例。这种不同银两单位的使用,原因是市面上没有一种标准的货币,多种货币单位的采用,使交易的计算很不方便,尤其是在货币流通广泛的地区,各种银两单位和计价标准混合在一起,就看不到任何标准了。

图10-13 咸丰七年江海关元宝锭
(图片来自上海博物馆)

银两制度是清朝封建社会商品经济发展的产物,具有很多缺陷，其落后性表现在：形状和重量不适用，名称和种类过于复杂，成色高低不齐，平法大小不一，铸造分散。银两成色的纷繁，流通时使人们感到不便，尤其是散碎银子，在一次交易中要分别把不同成色的银子折合成纹银，再折合当地标准，实属繁杂。银元是一种比银两更高级的货币，银元是非足额的，它的面值大于其真实含银量。虽然最开始铸造的银币是足额的，但后来人们发现降低它的含银量并没有改变它的购买力，反而使交易变得更加方便，更重要的是可以节约大量的白银。这样，一种具有革命性的货币——银元诞生了。银元不仅成色、重量统一，便于交易，而且外观精美、便于携带，人们在贸易中更倾向于接受银元。

外国银元，自明朝起已流入中国。那时明人同欧美人已有接触，一方面有葡萄牙人来到澳门、广州、泉州、宁波等地经商，同时菲律宾的华侨也往来于中国和菲律宾之间，这些都是外国银元流入我国的途径。康熙年间，流入中国的外国银元有双柱、威尼斯银元、法国银元、荷兰银元等。乾隆年间，外国银元更加流行，除了用于贸易外，还有一部分是被清朝的高利率吸引而来。乾隆初年，在清朝流通最广的外国银元有三种：马钱、花边钱和十字钱。

外国银元的流入，在中国的货币史上堪称一场革命。人类史上有两种独立的货币文化：一种是希腊的体系，另一种是中国的体系。西方货币以金银为主，没有穿孔，币面往往铸有图案；中国的货币以铜为主，有方孔，铸有年号。两种货币的文化是截然不同的。西方的货币文化，在中世纪时非常低落，自文艺复兴后又开始进步，后来完全适合资本主义经济的需要。外国银元的流入，破坏了清朝相对稳定的纹银本位制度，使清朝的货币制度变得更加混乱。可无论如何，银元是一种更先进的货币，它为清朝货币体系注入了新的活力，至少在混乱中为政府指出了新的方向。这种新的元素如果能被及时敏锐地察觉，那么带来的就是积极的促进作用。反之，被动地适应，只会使自己坠入不断追逐、模仿的深渊，最终在货币文化上，甚至整个社会经济都会受西方列强的统治和支配。

自西汉铸行白金币之后，只有金朝铸过承安宝货，正式以银为货币。金朝以后，历代也铸金银币，但多用于宫廷赏赐，算不得真正的货币。正式的银币西藏铸造得最早，早在外国银元流入前，中国也曾自铸银币，只是流通的范围和影响小得多。可以肯定的是，清朝最晚在17世纪中期就开始自铸银元，只是当时清政府没有认识到银元制度的先进性，没有将其作为国家的基本货币制度加以确立，错过了货币制度改革的最佳时期，为清朝后期白银流失和货币混乱埋下了祸根。直到光绪时期，愚昧的清政府才开始察觉铸造银元的必要性，并同意张之洞试铸银元的提议，而此时，外国银元已经更加广泛地流通于我国大江南北，对清朝的货币主权造成了严重的破坏。

乾隆五十六年（1791年）以前，西藏除了使用碎银之外，由廓尔喀人和巴勒布人铸造的银币也被运到了西藏用于贸易。西藏银币除了乾隆宝藏以外，还有嘉庆宝藏和道光宝藏。这些银币成色很好，但钱身很薄，俗称薄片。薄片的币面不但有汉文，而且中央还有一方形框纹，象征方孔，只是没有打穿。钱币上面不但有年号，而且还有年份，如最初所铸的，边缘上有"五十八年"四个汉字，分列在上下左右。后来还有五十九年、六十年两种。

道光年间（1821—1850年），各地都开始仿铸银元，名称有广板、福板、苏板、杭板、锡板、吴庄、行庄等，这些仿制的银元大多铸造粗糙，成色低下。此后，民间和官方仿制的银元种类和数量越来越多。咸丰六年（1856年），上海的几家银号联合发行银饼，但因成色低劣很快就停铸。此外，还有一些铸造年份不明的银币，正面铸"府库"二字，背面铸"军饷"二字，相传是同治元年戴万生在台湾彰化县起义时所铸，但是其周边纹饰却与同治五年香港铸的银元相同。

可以看出，外国银元流入清朝后，民间商贩、银号以及军队等都纷纷仿制，但仿制的银元在形制、成色等方面却杂乱无章。可以说，在清末之前，朝廷不仅不着手铸造并统一银元制度，甚至对充斥市场杂乱的银元采取放任的态度，直到光绪时期，朝廷对自铸银元的态度才有所改观。

光绪十三年（1887年），两广总督张之洞在考察广州的货币市场后，发现市面流通的货币基本上是外国银元，而传统纹银已不见踪迹，或是被熔铸各式银板，或是被运出海外以牟利。为抵制外国银元的流行，以收回大清的货币主权，张之洞上奏中央请求在广东设官局铸造银元，并称官造的银元可在各种税收、军饷和交易中与外国银元一同使用。他建议应先在广东试行铸造，成功后再推广至全国。光绪十六年，新任总督李瀚章正式开炉铸造，随即在市面流通。

光绪二十一年（1895年），武昌成立造币厂，次年，天津造币厂成立，安徽、湖南、黑龙江、吉林、奉天、浙江、江南、福建、四川、云南、台湾等省也相继开厂铸造银币。不过各省的银币重量规格都不统一，流通也多受地方性限制，直至光绪二十七年，中央政府规定各省银元库平重七钱二分。不难看出，虽然这时各省都已仿制新式银元，但这终究是地方政府的行为，而非由中央政府统一管理，所以这一时期的自铸银元仍算不得国家的法定货币。而中央最早铸造的银元应是光绪二十九年的一两银币，但这种银币在当时流通非常有限。到光绪三十三年，度支部就银币重量征询了各省的意见，有十一省赞同一两，八省主张七钱二分。次年九月，由会议政务处会同资政院议定大清币制，拟定每枚重一两，成色为九八银。度支部认为不妥，于宣统元年（1909年）设立了币制调查局，次年颁布了《币制则例》，规定采用银本位制，货币单位为元，库平重七钱二分，成色千分之九百，名称为大清银币。只可惜，还未等《币制则例》正式实行，便爆发了辛亥革命。

四、纸币

清朝的钞票，可以分为三个阶段：第一是顺治时期的钞贯，第二是咸丰时期的官票宝钞，第三是光绪时期的兑换券。

（一）顺治时期的纸币

顺治八年（1651年），清朝第一次发行贯钞，到顺治十八年大局稳定后便停止发行，前后只持续了十年。发行的数量也不多，十年间总共发行了1281724.7文，平均每年不到13万贯。关于这一阶段的贯钞，史料记载很少，其形制也不得而知，只是一些文献中说是仿明旧制，应与大明通行宝钞相仿。

其实，清朝政府对发行纸币是非常忌惮的，因为他们的祖先金人曾因滥发纸币而导致恶性通货膨胀，因而非到迫不得已他们是不会越雷池的。但为何清朝政府敢在刚建立政权不久，还尚未稳定就急于发行纸币呢？从政治上看，清朝初年各地反清斗争高潮迭起。一方面，自清兵入关以来，各种反清斗争此起彼伏，连年的征战也使清军伤亡惨重、疲惫不堪，而各种反清势力一日不除，都将给清政府造成威胁，所以，镇压反清斗争是这一时期的政治特征和背景；不过另一方面，经过多年的战争，到顺治八年（1651年），李自成的大顺闯军已经失败，大西农民军在领袖张献忠战死后也节节败退，南明帝福王也被擒，清军在各地的镇压活动颇有成效，大清的政权也逐步趋于稳定，这为政府发行贯钞创造了一定的条件。从财政经济上看，朝廷国库空虚、赋税不足、入不敷出。清朝初年，由于战争连年不断，自然灾害频发，各地民众脱离户籍、背井离乡。加之连年战争的巨大开支，清廷财政更是雪上加霜。根据当时学者张玉书的描述，可以推算出，顺治八年财政亏空，折合白银87万余两，到顺治十三年，亏空陡然增加，仅军饷一项就亏空400万两，而军费开支却在逐年上升，各省的军费甚至超出2400万两。财政如此之拮据，军费却有增无减，清廷不得不考虑发行纸钞。随后，纸币的发行有很浓重的财政性发行的色彩。

（二）咸丰时期的纸币

咸丰时期一共发行了两种钞票，其中一种是大清宝钞（图10-14），以制钱为单位，又叫钱票或钱钞，起初分为二百五十文、五百文、一千文、一千五百文和两千文几种。后发生通胀，又增五千文、十千文、五十千文和百千文的面额；另一种叫户部官票，以银两计单位，故也叫银票，有一两、三两、五两、十两、五十两等面额。这两种钞票的形制，也是仿照大明宝钞，但略小些，材质则用白皮纸。官票比宝钞大，但二者又各有不同大小，金额大则外形也大。官票四周印有龙纹，上端印有"户部官票"四字，左边是满文，右边为汉文，下端则印"户部奏行官票，凡愿将官票兑换银钱者与银一律，并准按部定章程搭交官项，伪造者依律治罪不贷"。而钱钞上面横题"大清宝钞"四字，左边题"天下通行"，右边题"均平出入"，下面则是"此钞即代制钱行用，并准按成纳地丁钱粮，一切税课捐项，京外各库，一概收解，每钱钞二千文抵换官票银一两"。

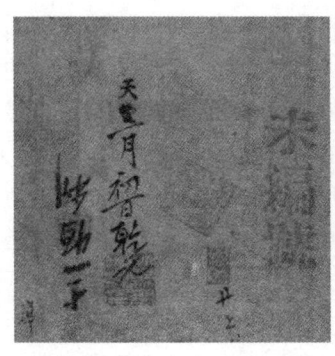

图10-14　咸丰七年大清宝钞百千文（图片来自上海博物馆）

咸丰是清朝比较特殊的一个时期，自咸丰帝登基后，清朝就受到了太平天国运动的困扰，同时对外饱受西方列强的侵略，可谓内忧与外患相互交织。纸币在这样的环境下发行，其中有着复杂的原因。

首先，白银外流，引发货币危机。西方列强通过走私鸦片，从中国赚取了大量白银。据鸿胪寺卿黄爵滋估计，道光三年（1823年）以前，广东省每年白银外流数百万两，至道光十一年，每年白银外流一千七八百万两，次年达2000余万两，以后则每年外流白银高达3000万两。白银外流导致银荒问题日益严重，清初一百年间，银钱价比一直维持在一两兑1000文以内，而由于白银的外流，到嘉庆后期比价超过了1000文，并且仍在不断提高，至鸦片战争前，达到一千六七百文。银贵钱贱的现象使百姓的赋税负担日益严重，社会经济因此更加衰落。白银的短缺给商业造成了极大不利，商品销售不畅，经济日益萧条。

其次，朝廷财政收支恶化，引发财政危机。乾隆年间，朝廷对外用兵频繁，军政费用巨大，财政支出剧增。而财政收入却因连年灾荒，税收逐年递减，国库亏空，入不敷出。事实上，自乾隆后期财政出现困难后，朝廷就一蹶不振。鸦片战争失败后，巨额的军费开支和战争赔款，使得财政危机雪上加霜。从道光二十二年（1842年）至道光三十年（1850年），仅仅八年间，国库存银从1200万两急剧减少至800万两。太平天国运动爆发后，财政支出继续增加，至咸丰三年（1853年），朝廷用于镇压太平天国的军饷接近3000万两白银。六月中旬，国库可供支取的现银甚至只有22万余两，还不足清军一个月的军饷。朝廷为解决军费开支问题，穷尽各种手段搜刮百姓，不仅增加了各种名目的捐税，甚至还采取了预征钱粮的办法。总之，朝廷用尽了各种手段仍不能解决财政问题，这时，不得不再次发行纸币。

最后，太平军势如破竹，引发政权危机。咸丰元年（1851年），洪秀全领导的拜上帝教在广西金田爆发了起义，建国号"太平天国"。太平军起义后，一路北上，势不可挡，于咸丰三年（1853年）攻下南京，改为天京，建都于此，和清廷呈对峙之势。太平军并不满足于此，而是继续北伐和西征，北伐一路曾一度逼近天津。值得注意的是，"太平天国"运动的爆发，将积累已久的社会矛盾全面引发，全国许多地区爆发了农民起义和民族分裂运动。太平军占据了长江中下游的大片富庶地区，南方的税银和云南的铜料无法北上，使清政府陷入了严重的财政危机，严重威胁到了朝廷政权的稳定。

咸丰纸币虽然发行时间短暂，但造成了严重的后果。第一，滥发纸币引发了恶性通货膨胀，造成了市场混乱，引发了经济萧条。纸币发行后，政府没有充足的准备金以供百姓兑换，但是发行的数量却有增无减。如此一来，钞价贬值，物价飞涨，最终酿成恶性通货膨胀，以致出现人们手中持钞却无法购买物品的现象。而且纸币发行引起了货币市场动荡，大批银钱商铺关闭，进一步引发了全面的经济萧条。第二，经济的萧条使得财政危机更加恶化，如此便形成了恶性循环。发行纸币的初衷是弥补财政赤字，也就是在社会总财富不变的情况下，向市场投放过量纸币，但是社会经济的规模远未达到这些纸币原本应代表的价值，因此多余的纸币不代表任何价值，而政府用这些纸币换取百姓手中的真金白银，就是无偿掠夺他们的财富。财税本取之于民，而国家的政策造成百姓流离失所，十室九空，商贩歇业，百业萧条。可想而知，财政收入也将无从谈起。第三，货币购买力的下降，使人民生活水平急剧下降。对于固定薪酬的人，货币贬值后工薪却未变，他们的生活变得愈发拮据。人民饱受摧残后，变得人情汹汹，社会不宁。加之太平天国的影响，多地百姓也趁势揭竿而起，阶级矛盾进一步升级。

（三）光绪时期的纸币

清末光绪年间，政府第三次发行纸币。与前两次发行不同，这次发行的是新式纸币，即银行兑换券。这次发行大致可分为两个阶段，一是光绪三十年（1904年）之前，中国通商银行发行的银行兑换券；二是之后由大清户部银行发行的银行兑换券。

光绪二十三年（1897年），清廷接受太常寺少卿盛宣怀的建议，成立了中国通商银行，这是中国的第一家现代银行。中国通商银行成立后，被清政府授予了发行纸币的特权，发行了银元券和银两券两种纸币，这是中国最早的新式银票。通商银行共发行了银元票235万元，银两票50万两，之后逐年上升，到光绪二十八年（1902年）突破100万，到光绪三十三年末共发行231万两，约占总资本额92%。如果说第一阶段只是政府开始参与新式纸币的发行，那么第二阶段则是完全的政府发行。光绪三十年后，户部开始筹建政府的银行，发行纸币。光绪三十一年（1905年），彭述建议发行之初要有十足的现金准备，建立信用地位后，再增发至现金准备的一倍到两倍。对于私票则用印花税的办法加以限制。户部银行成立后，先后在北京、天津、汉口、济南、奉天等处分行发行了钞票。发行的钞票有两种：一是银两票，有一两、五两、十两、五十两、一百两五种；二是银元票，有一元、五元、十元、五十元、一百元五种。新式钞票发行以后，各省官银钱号的旧式钞票还有流通，只是货币单位由制钱变为铜元。这种官银钱局发行的银钱票，票面通常都印有流通范围和用途等内容。

光绪三十四年（1908年），户部银行改为大清银行，废止了前订试用章程，另行颁布了《大清银行则例》24条，赋予了大清银行代替国家发行纸币之权。大清银行发行的纸币，与之前户部银行发行的基本相同。只是由于当时各地银两成色和银元种类各不相同，因而大清银行所发行的各种银元票和银两票都注明了流通区域范围。对于纸币的兑换，一般也限制在本地的分行兑换，否则需按当时银价折算升贴水，并收取汇水。大清银行自光绪三十一年开始发行纸币后，以后发行的数量逐年上升，至宣统三年（1911年），总共发行银两票540余万两，银元票1200余万元，而且基本满足要求，流通形势也较好。

清末为何要发行纸币呢？首先，近代中国社会制度的变革是清末发行纸币的根本原因。鸦片战争后，中国开始沦为了半殖民地半封建社会；《辛丑条约》的签订，使中国彻底沦为半殖民地半封建社会。原来以封建农业经济为背景的货币制度，开始制约经济的发展，货币制度亟须一场变革。其次，清末的货币短缺问题是迫使政

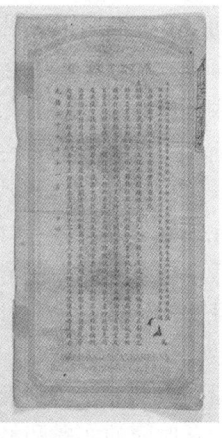

图10-15　湖北官钱局（壹大元）
（图片来自中国钱币博物馆）

府发行纸币的直接原因。最后，民间纸币和外国银行券的广泛流通，是促使清政府发行纸币的又一重要因素。民间纸币是指由票号、钱庄、银号和当铺等民间金融机构签发的金融票据。甲午战争以后，西方帝国主义国家的银行纷纷在华发行纸币。各种纸币杂乱无章的流通，使清朝的货币制度发生紊乱，清朝经济已经在崩溃的边缘。

第三节　清朝货币的功能

一、货币的职能

明朝中期以后，白银逐渐取得了本位货币的地位，不仅用于赋税、贮藏、国际贸易，还用于货物甚至劳动力的计价和日常支付，明朝白银货币化的进程基本完成，白银成为唯一具有充分货币职能的货币。白银货币地位的确立，不是取代了铜钱在基层社会和民间交易中的使用，而是以基准货币的地位重构了复合货币结构，使明朝的货币体系从此前的以铜钱为价值尺度的多重结构，转化为以白银为基准价值尺度的多重结构（在官方规定里，即明清时代的银钱双重结构）。白银货币的确立，不仅取决于国内传统经济规模的大小，而且取决于经济社会所处的全球一体化环境。

清朝的币制显得很复杂，其币材以银、铜为主，流通中的货币有银两、铜钱和外国银元，且形制、名称各异。清后期洋务运动时曾有机制制钱，发行过铜元、银元，这些钱币直到民国时仍在使用。市场上广泛存在着银钱比价和银两的成色换算关系，也有金银的比价。银的单位主要是两，后来铸造的银元以元为主；铜钱的单位为"文、串、卯"，通常1串为1000文，1卯为12280串，各地还有些不同换算方式。实际流通中，白银和铜钱大体分别承担了主币和辅币的作用。

清朝政府的开支差不多完全用银，民间赏赐也用银，日常的零用和老百姓的交易仍是以铜钱为主，这种现象在乾隆年间便已明显。到了咸丰以后，因银少而贵，甚至纳粮也是以铜钱计算了。清朝的币制，虽然是一种银钱平行本位，但在政府看来，重点放在白银上，而且有提倡用银的明确表示。官俸也是以银计算和支付，不过官吏的收入并不全是货币，还有禄米，可见实物经济的成分仍然存在，只是比前代少了一些。清朝最初的一百年间，国内大部分地方专用银块，虽然铸成锭形，但仍以两计算。嘉庆以后的八九十年间，外国银元逐渐深入内地，变成了一种选用货币。清末的几十年间，清政府铸造了银元，并赋以法偿资格。

白银是对外贸易中常用的货币。清初时对外贸易顺差使大量白银流入中国，外国的银元被称为"洋钱"。18世纪后，英国向中国国内大量销售鸦片，致使白银大量外流，加之后期战争赔款，使清政府财力大为损耗，出现"银贵钱贱"的局面，货币制度变得更加混乱。清朝时曾发行过纸币，"顺治八年至十七年曾发行纸币钞贯"，这时纸币在国内的流通数量少且范围也小，有一些金融机构使用的会票、钱票、银票也具有纸币性质。直到清朝后期人们才认识到纸币的便利之处，但真正全面、系统地发行、使用、管理纸币，仍要经过长时间的实践和经验积累。清朝的主要货币是实物货币，使用中以货币自身价值为衡量标准，如果有制币材料，私人铸造货币完全可行，若私钱是足值货币，其功用相当于官方铸局发行的货币；若铸造的是不足值货币，私铸者可以获得暴利。清朝出现过私钱，官局也铸私钱，称为"新钱"，铅多铜少，明显是不足值货币，这直接导致银钱兑换中铜钱贬值，到鸦片战争前，银一两能换钱1600余文。

白银在清朝货币地位的最终确立，不管是经历了民间自发选择（白银货币化），还是政府财政税收政策的官方安排（货币白银化），都脱离不了13世纪以后中国和外部世界关系的根本转折。在这种新形势下，不管是元朝的主动，还是明朝的被动，终究使得便于发挥"世界货币"职能的白银在清朝确立了稳定的货币地位。但是，这种依赖于自然属性和外部供给的白银货币，在明清社会产生了两方面的后果。第一，白银因数量上的有限性，不能满足经济发展对增加货币的需求。在同时代的西方，与金银货币使用相伴的是现代信用货币纸币制度的创立，这就要求建立以法律和监管规则为中心的货币管理制度。在明清的封建专制时代，社会经济制度并没有发生根本变革以使白银发展为信用货币建立的"锚"，而是使其成为了流通货币的主体部分。因此，货币制度对经济发展的抑制就成为必然，经常表现为白银短缺造成的经济萧条。第二，白银的外部供给，使得明清政府失去了对货币供给量的控制权，从而导致中国在与西方的经济贸易关系中处于被动的不利地位。直到1935年的法币改革，国民党政府才在货币形式上摆脱了西方的控制。

白银货币在中国法定货币地位的确立，标志着中国进入从传统社会向近代社会转型的时代。但就明清时期而言，仍然是封建小农社会和专制集权国家，并未实现近代化转型，没有与西方同等地获取世界经济增长和贸易的福利。

二、货币购买力

清朝货币的购买力持续下降。300年间，白银的购买力约减少2/3，以铜钱计算的物价则涨六七倍。不过，除了咸丰年间曾发生过一次大规模的货币贬值之外，其他时期币值的变动都是渐进的。

（一）制钱的购买力

大体上来说，清初的一百多年间，钱价比较稳定。铜钱虽每年铸造，但因铜的供给有限，不能大量增加，全国每年铸钱数目赶不上人口的增加，所以铜钱多少有一点紧缩的现象。历代的用钱政策也还算稳健，雍正年间甚至实行紧缩。

所谓钱价，乃是对白银而言，不是对物价而言。清朝政府的各种计算以白银为标准，认为铜钱和商品差不多。清初的一百多年间，银价有下跌的趋势。尤其是乾隆年间，国内有战争，支出多用银。虽然收支平衡，甚至国库常有剩余，但因外国银价下跌，白银大批流入，所以用白银计算的物价上涨得过快。清朝政府的政策是极力维持银钱间的比价，而实际上在清初的一百多年间，白银一两所换得制钱的数目自七八百文到八九百文，所以用铜钱计算的物价在康熙雍正时很低，到了乾隆时，银铜比价发生变化，即铜价稍涨。不过由于铜钱的减重，以铜钱计算的物价也跟着上涨，例如面食价格，康熙年间10个钱一碗，雍正末年或乾隆初年涨成16个钱一碗，上涨的幅度比用白银计算的物价还高一些。清朝政府的开支几乎完全用银，奖励民间也用银。但是白银的购买力较大，所以对于日常零用等小型的交易，仍主要使用铜钱。这种现象在乾隆年间便已经明显。到了咸丰以后，因为白银少而贵,甚至纳粮也是用铜钱计算了。

市场比价变动无常,流通的制钱有轻有重,轻钱重钱的购买力存在差异而引起私销和私铸,即销镕重钱,铸造轻钱。毁钱的结果是制钱的数量减少,钱价上涨。到康熙二十三年(1684年),一两银只能换得八九百文。因为当时产铜有限,私铸和私销是同时进行的。自康熙年间起便依靠从日本输入铜,乾隆三年(1738年),京局改用云南铜,江浙等省仍用日本铜,数量都不是很多。至于私铸,大部分是靠销镕大制钱,甚至有因为铜器贵而销钱为器的。当时官价白银一两换钱千文,市价只换得八百多文,制钱自然隐匿。清政府想奖励用银,以减少对制钱的需求,如乾隆六年,广东粮道朱叔权曾奏请叫各地方官劝民银钱兼用,自数两以上,不要专用钱。乾隆十年,清廷曾下令申明政府以用银为主的初衷,然而民间用钱的风气有增无减。清廷终于采取了一种放任政策。

银钱的关系,嘉庆年间是一个转折点。以前是钱贵银贱,嘉庆以后,变为银贵钱贱了。钱贱的原因在于私铸小钱和外国轻钱的流入。银贵的原因在于白银的外流,这和鸦片贸易有关。铜钱减重,白银减少,结果是银价上涨。清初白银一两易制钱七八百文,嘉庆年间可以换到1000多文,道光咸丰年间,可以换到2000文。银钱比价的变动,对物价必然会发生影响,但影响如何,要看物价是根据什么计算,用什么来支付。如果用银支付,物价应当有下跌的趋向,至少不会上涨;如果用铜钱支付,则应当有上涨的趋势。有些物价以银为标准,而用铜钱支付,这种物价一定会上涨。

(二)白银的购买力

清朝白银的购买力承继明朝,虽然比铜钱的购买力要稳定一些,但仍有逐渐降低的趋势。以兵饷来说,清初每人一日银五分,太平天国运动失败以后,每人一日二钱。例如治河,清初,黄河泛滥一次约花费白银百万两;道咸年间,黄河泛滥一次,要花费白银千万两。清初物价高,到康熙初年,慢慢下跌,随后稳定了50年。自18世纪中叶物价开始上涨,直到19世纪中叶才开始回落,但19世纪末20世纪初,物价又上涨。乾隆年间,物价上涨的表面原因是开支增加,因为边疆各地有很多军事行动,单是乾隆二十二年(1757年)平定新疆叛乱就花费白银2000多万两。乾隆四十一年,大小金川战争前后用去白银7000多万两。

乾隆年间物价上涨的根本原因是美洲的低价白银流入中国。美洲白银的输入大部分本是经由英商之手,但因为鸦片贸易的关系,自18世纪末,输入白银的数目大减。19世纪初,英船开始输出白银了。嘉庆七年(1802年)东印度公司自清朝政府输出白银两百四十多万两,以后几乎年年有白银输出,少则几十万两到百多万两,多则五六百万两。

清朝最后的十年或20世纪最初的十年为什么又有大量白银流出呢?这主要是因为有大批赔款的汇出。《马关条约》对日赔款白银二亿两和"庚子赔款"四亿五千万两,都是在这一时期开始分批偿付。白银流出,国内物价为什么反而大涨呢?这是因为当时国内钞票发行数量大增,而钞票的流通速度比白银快。钞票虽然原则上是可以兑现的,但实际上有许多私票随时会停止兑现,大银行的钞票也没有十足的现金储备,而发行数量没有限额,物价自然上涨。

清朝吏治的腐败，对银价下跌有相当大的影响。清朝官吏的待遇以白银支付，他们的真实所得与明朝在大明宝钞膨胀下的官吏相比，是比较高的，但比起明初的标准来却差得远。乾隆二年（1737年）起，官俸加倍发付，但乾隆年间白银购买力下跌，官吏的真实收入减少。白银的购买力在嘉庆年间已跌为康熙年间的1/3以下，而官吏的生活却更加奢侈了。普通百姓的生活也受到了银价下跌的影响。清末官吏的工资多用银洋计算，由于白银跌价，真实收入减少。如果以铜钱为支付工资的手段，则受害更大，因为铜钱减重，购买力跌得更厉害。官吏可以通过贪污取得额外的收入，而劳动人民就无法维持自己的生活了。

（三）纸币的购买力

咸丰三年（1853年）的时候，军饷已用白银两千万两，而太平军的进攻势如破竹，赋税收入大为减少。当时鸦片贸易已合法化，白银产量不增，却不断外流，云南铜的运输线已被太平军切断。应财政开支，只能继续铸造大钱、发行纸币。

先发行银票，那是咸丰三年的事。当时发行得不多，流通不广，所以产生的影响不大。到年底（1854年年初）发行了钱票，三四个月就发行了一百几十万贯，后来发行数量不断增加。领到纸币的人，不容易兑到现钱，因为总局收钞，隔日一次，每次限收几十个号数，每号不得超过一百张。所以，持钞的人守候整日却换不到钱。私人钱庄的钱票信用比较好，人们重私票而轻官钞，这使得钞价下跌。当时，清朝政府的各种开支都用纸币，甚至只发出而不肯收进；人们拿纸币去买东西，商人或则故意加价，或则把货物藏起来；人们拿纸币向官号兑现，即使能兑到，也是大钱；加之官吏作弊，滥发纸币，其价值大跌。咸丰九年（1859年）十一月，银票每两在北京只值京钱五六百文，合制钱两三百文，而实银则每两值京钱十二千以上，这就是说，二十两官票，才抵得实银一两。

在大钱贬值和纸币膨胀的情形下，物价必然受到影响。咸丰四年（1854年），北京一带粮食丰收，乡下粮价很低，北京城里却缺粮，这是因为大钱和纸币主要是在北京城内流通，而农民不愿把粮食运进城贩卖。

三、金融机构

（一）典当业

典当业（当铺）在清初十分发达，当铺的日常业务是存款、放款、签发银铺票，其放款形式都是以物作抵押的个人放款。

当铺存款的来源，一是官款，二是私款。在官银号成立之前，地方的各项库款多存放于当铺生息，这是当铺的主要存款来源之一。绅商富户的私款，也多交存当铺生息。而大官僚则以当铺作为营运资金的场所，借给当铺取利。当铺接当时，有时不付现钱，而是开给可随时兑现的银票、钱票，信用好的当铺所发的银钱票能在市面流通，于是便成了信用货币。当铺的利率都很高，清政府规定，当铺取息每月不得超过3分。一般情况下视当物价值的大小和赎当时间的长短而定，价值越小，赎当时间越短，利率越高。同时，当铺吸纳存款的利率也很高。当物到期不能赎取，就成"死当"，由当铺自行处理。一般是按当物价值的一半以下贷款,因此当铺处理死当物品就可获得高于贷款 1 倍至 2 倍的额外收益。

到了清末,典当业逐渐衰亡,其原因有以下两点。第一,银行的兴起,钱庄、票号的发展以及官银钱号的设立,取代了当铺的业务;第二,当铺存款的主要来源——公款存放被上述金融机构取代,导致当铺的存款业务大大萎缩,失去了重要的资金来源。但当铺的本业——抵押放款却始终不衰。

(二)钱庄

鸦片战争后,随着沿海沿江城市的陆续对外开放,中外交往日渐频繁,商品经济迅速发展,钱庄发展很快,活动中心逐渐转移到上海。

钱庄的业务主要包括以下四部分。第一,传统的银钱兑换,办理存款,发放贷款,签发银钱票。放款以信用放款为主,辅以抵押放款,押品有丝茧、花钞布、有价证券、房地产等。钱庄的惯例是给工商业户的长期贷款,最长为 6 个月,到年终必须全部收回。第二,庄票发行。庄票是由钱庄签发的载有一定金额并由其负责兑现的一种票据,分即期和远期两种,即期庄票见票即付,远期庄票到期付现。庄票的信用很好,可代替现金在市面流通。第三,资金拆借。在 19 世纪 60 年代,钱庄同外国在华银行建立了资金融通关系,庄票有了新的用途,那就是钱庄以庄票作抵押,向外国在华银行拆借资金,使钱庄的信用扩大。第四,汇划制度。"汇划"就是钱庄业的票据清算。光绪十六年(1890 年),上海钱庄决议成立汇划总会,作为相互清算的机构,各钱庄收付在 100 两以上者,在汇划总会轧差,余额才收付现银。汇划总会除负责办理会员钱庄之间的收付差额外,还代理非会员钱庄和外国银行的清算业务,这是具有现代意义的票据交换制度的雏形。

(三)票号

票号的组织形式,一般是独资或合资,均负无限责任。合资的票号,合资人不一定很多。合资人以合同方式确定合资关系,成为票号的股东。此外,票号有所谓"身股",即人力股,票号的经理和表现良好的职员,以自己的劳动力折成股份。身股亦参加分红,"富有者出资,办事者出力,合作股份,利益均沾",这是票号股本构成的特点。票号出资人并不直接经营,而是聘请经理,同经理签订合同,将经营和一切事务委托给经理,就不再过问

图 10-16 平遥日升昌票号(图片来自山西博物院)

其具体事务，到年终决算期才阅检账簿，经过3年或4年算一次"大账"，决算盈亏，按股均分，对职员评定功过，经理亦可顶人力股参加分红。分号亦对总号负无限责任。

票号汇兑的方式，有票汇和信汇两种。票号的业务主要有汇兑业务、存款业务和贷款业务。汇兑是票号的主要业务，初期商业汇兑占绝大部分。票号在办理汇兑业务中，有时商号要求票号先为其垫付汇款，在设定期限内，商号交还垫款，并支付相应的利息。有时票号在收到商号交付的汇款后，设定在必要的汇兑时间之外延迟一定的日期向收款者交付汇款，票号则免收汇费或给予一定数额的补贴。前一种情况是票号的放款，后一种情况是票号的存款。

票号吸收存款以公款为主。在银行诞生以前，政府的公款，在京存国款，在省存藩库。票号结交官吏，官吏便将公款存入票号，且一般都不计息，这是票号重要的资金来源，对其资金周转有着关键性作用。票号也吸收私人存款，主要是贵族显官的私款。这类存款分定活两种，定期多为3～6个月，偶有1年以上，活期不计息，定期的利息很低，按时间长短，大致在2%～8%之间，低于钱庄的存款利息。票号贷款的对象主要是官僚、钱庄、大商人，贷款期限一般是3个月，偶有长达1年的，利息率视贷款对象和银根松紧而定，从几厘到1分多，不等，对官僚的贷款，有时仅扣息即达30%。票号贷款重信用轻抵押，甚至看借款人的势力，到了清末，大量贷款无法收回。票号为清政府借垫京协各饷，为清政府筹借、抵还外债，为清政府汇解公款，解救清政府的财政危机也是票号放款业务的重要内容。例如，办理清政府捐输的汇解，为清政府汇解京饷、协饷，汇兑洋务经费。

从19世纪60年代开始，票号进入大发展时期，到甲午战争时发展到鼎盛。官款汇兑的数量急剧上升，商业汇兑的比重下降。票号实际上成了清朝政府税款的解缴机关，同清政府建立起了一种特殊关系。票号在甲午战争后期达到极盛，经过短暂的发展，逐步走向衰亡，主要原因是中国近代银行的兴起，官银钱号的设立，同票号展开了竞争。1905年，户部银行成立，清政府规定公款的存储和汇解交由户部银行办理，各省官银号成立，当地又规定由官银号办理京饷协饷的汇兑。1907年，交通银行成立，夺走了票号的大部分商业汇兑业务，因此，票号的业务急剧萎缩，到清亡时，它的汇兑量减少了3/4。票号保守，不思变革，组织制度、用人机制和经营方式都很呆板，无法同银行竞争。清政府灭亡，票号失去靠山。

（四）官银钱号

官银钱号是清政府官方设立的金融机构，它经历了设立、裁撤、再设立的过程。鸦片战争以后，清政府因军需、赈灾、河工等费用很多，决议成立官银钱号发行钱票，支持兵丁月饷、官员公费和各项工程费用。道光二十五年（1845年），管理清室财务的内务府设立了天元、天亨、天利、天贞、西天元等五家官银号（俗称"五天官号"），发行了钱票、银票，所得收益作为内务府的进款。

太平天国革命爆发后，清政府财政拮据，遂铸造大钱，发行官票宝钞。为推行便利，于咸丰三年（1853年）设立了乾豫、乾恒、乾丰、乾益四家官银钱号（俗称"四乾官号"），发行了以户部所属宝泉、宝源两局所铸制钱为"票本"的京钱票，充发八旗兵饷之用。次年,设立了宇升、宇恒、宇谦、宇丰、宇泰五家官钱号(俗称"五宇官号"),以铁大钱为"钞本",发行了"京钱票"。

各省相继设立了地方官钱局或官银号,发行的银钱票在省内流通。地方官银钱号还办理存放款,经营省库,代垫公款,经管官款的汇兑存拨,以多种方式接济官府,成为地方政府的财政外库,致使同时存在的票号业务大受影响。辛亥革命后,这些地方官银钱号大多改为各省地方银行。

(五)银行

最早出现于中国的外国银行是英国人开设的。英国人于嘉庆年间在印度开设了银行,但在中国却比较晚。道光二十二年(1842年)或稍后,英国在香港设立了西印度银行(Bank of Western India)的分行,总行在孟买。道光二十五年改名为东方银行(Oriental Bank),总行迁至伦敦,在香港称为东藩汇理银行。广州分行大概设于道光二十五年,数年后又在上海设立了分行。英国政府授权该行在清朝发行钞票。

同治三年(1864年),中、英、美、德和波斯等国的商人合设了汇丰银行(Hongkong and Shanghai Banking Corporation),后来因为中美等国资方的退出,而成了一家纯粹的英商银行,总行设在香港,在上海设立了管辖行,另外在福州、厦门、汉口、天津、北京、重庆、广州、大连等地设立了分行。汇丰银行在清朝的银行史上占有极重要的地位。几十年间,清朝的关税收入和盐税收入都由它独家保管,对清朝的财政金融起到了一种支配作用。此外,还有俄国、法国、日本、比利时、德国、荷兰、美国等不同国家的银行。到清末,我国境内的外国银行共有20家以上。

这些外国银行,吸收存款,发行钞票,对当时的政府提供放款,并通过这些放款在华取得了许多特权,以英、美、日、法、德、俄等帝国主义国家的银行最为活跃。这些外国银行对清朝的生产事业是没有什么帮助的,对华人资本家有时反加以歧视,不相往来。国内公司的股票也不能向它们抵押。

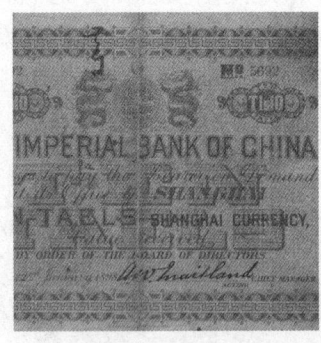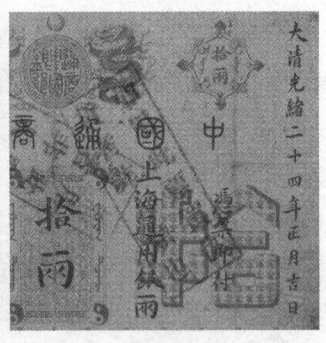

图 10-17 光绪二十四年中国通商银行十两(图片来自上海博物馆)

清朝最早主张开办银行的是太平天国的干王洪仁玕,他在咸丰九年(1859年)就主张兴办银行来发行纸币。中日甲午战争后,主张设立银行发行纸币的人更多了。清廷终于接受了盛宣怀的意见,于光绪二十三年(1897年)四月二十六日在上海设立中国通商银行,这是中国第一家新式银行。随后在天津、汉口、广州、汕头、烟台、镇江、北京等处开设了分行。中国通商银行本是由政府创设的，有政府资本，但张之洞主张商办，而由政府加以稽查，所以中国通商银行不能被看作一家纯粹的私营银行。由于中国当时没有一套成形的银行法令及规则，中国通商银行的所有管理和营业规则都参照外商银行，样样以汇丰银行为蓝本，中国通商银行的总经理由洋人担任，所推出的货币印有英文和中文。虽然这家银行带有政府银行的性质，但实际上在开办之后，各级政府的公款多存放在票庄、银号，而商民的钱仍存在外国银行。

第四节　清朝的金融相关制度和政策

一、重本轻末、觅商汇兑与封建压榨政策

清政府长期实行重本轻末政策，提倡和奖励农业劳动者，抑制和贱视工商业者，直到甲午战争后才实现向"农工商皆本"的转变。清政府采取了两大政策手段：一是下令抑制全国工商业的发展，大力发展小农经济，以确保国家基础经济模式的稳步发展；二是通过征收工商业税，以此来抑制商品经济的发展，使得工商业在一定的时间内发展缓慢。

太平天国后期，由于战争原因，清政府开始实施"觅商汇兑"政策，要求票号为各省借垫京饷、协饷，为清政府汇兑、抵还外债，代理部分省关的财政金库。清政府还长期实行封建压榨政策，动辄要票号捐输报效，不时地禁止官款汇兑，一遇倒账，首先考虑外国银行及大清银行的利益，对票号"落井下石"。

总的来讲，重本轻末政策和封建压榨政策，严重制约了钱铺、票号的健康发展。"觅商汇兑"政策，一定程度上扩大了票号的资本实力、放贷规模、经营地域及业务范围，使票号过分倚重与政府有关的金融业务、轻视商业金融业务，逐渐丧失了生存与发展的根基，在清政府倒台后很快衰败下来。

二、对外商银行的退让与依附政策

自1845年外商银行进入中国后，清政府对外商银行的入侵一直采取退让政策。19世纪70年代后，出于军事、政治以及兴办洋务的需要，清政府对外商银行转而实行退让加依附的政策，向外商银行乞求贷款。19世纪90年代到20世纪初，外商银行都把对华贷款作为抢夺势力范围的手段。

对外商银行的退让与依附政策，给清朝带来了深重灾难。首先，使外商银行轻而易举地垄断了国际汇兑业务，通过对钱庄的渗入控制了清朝金融，使国内传统金融业成为外商银行的附庸；其次，外商银行对新生的民族银行业进行抵制与打压，延缓了中国民族银行业的健康发展，通过不断制造金融恐慌，最终掌握了清朝金融的领导权；最后，外商银行通过向地方政府势力贷款，收买与扶植了军阀势力，从而使清朝社会日益动荡与混乱。

三、清末工商业改革

清末内忧外患,社会处于风雨飘摇的动荡时期,晚清统治阶级意识到了改革的必要性。改革之本首在富国,也就是增加清政府的财政收入,从而集中财力发展军事,保障社会经济的平稳运行。增加财政收入的关键在于发展工商业,于是,清末轰轰烈烈的工商业改革拉开了序幕。

在当时的条件下,发展工商业无疑是发展国家经济的一大重要手段。晚清工商业改革的三个阶段即是:洋务运动时期、戊戌变法时期和清末新政时期。在洋务运动之前,深受封建传统思想的束缚,清政府对工商业的管控极为严格,但社会经济随着生产力的进步却表现得异常活跃,于是清政府采取了两手抓的措施。一是下发禁令抑制商品经济,保护小农经济;二是通过征收工商税的形式来抑制商品交易,但是西方列强的入侵打破了清朝僵化的经济结构。

由于战败,清朝在割地赔款之余也在痛定思痛,总结经验教训。以李鸿章、张之洞为首的洋务派活跃在19世纪我国的历史舞台上,以官办、官督商办、官商合办等方式探索了新型经济规律,并成功创办了一批近代军工企业和工矿交通企业,如轮船招商局、汉阳铁厂、上海机器织布局等,踏出了走向近代化工商业的第一步。在清朝统治阶级内部,还出现了不同于洋务派的声音,那就是维新派。维新派深受西方经济文化启迪,企图以英国君主立宪制的形式来完成国家体制的历史性转换,进行资本主义经济制度在华的尝试,并得到了光绪皇帝的大力支持。戊戌变法时期,虽然帝后两党的明争暗斗达到了高潮,但是两派的出发点都紧紧围绕着振兴大清王朝这个恒定的主题,也都进行了不同程度的资本主义式的制度尝试。在工商业方面,清政府设立了农工商总局保护农工商业,提倡置办实业,设立了铁路和矿务局,改革了财政,编制了国家预算,建立了一套已具雏形的近代工商业制度。

八国联军侵华战争后,晚清统治阶级被帝国主义逼到了生死存亡的绝境,晚清政府不得不在全国范围内进行全方位的深层次改革。在工商业方面,清末新政后,晚清政府显得更为积极,为了筹取救国经费,统治阶级再次把目光瞄向了工商业。为了促进工商业发展,清政府创建了专门的官商机构,在地方也设立了商会,开办了户部银行,以便更好地为工商业提供便利,从而保证可观的政府财政需求。晚清从封闭走向开放是个循序渐进的复杂历史过程,也是时代发展的大势所趋。从第一次鸦片战争后的被迫通商,到物美价廉的洋货涌入国内市场,传统的自给自足的自然经济遭受冲击,逐渐解体,是先进生产力取代落后生产力的必然结果。清政府当年从被迫改革到主动求变,无形中助推了近代工商业升级换代的历史过程。

四、有利于民族银行业自由发展的政策

清政府对外商银行的退让与依附,使自身陷入了被外商银行压榨与要挟的困境,逐渐意识到应该创立自己的银行。1897年,清政府成立了中国首家商业银行——中国通商银行。

此后，在继续实行对外商银行的退让与依附政策的同时，晚清政府在一定程度上实行了支持民族银行业自由发展的政策。比如，在创办中国通商银行及其业务经营等问题上，给予民族商业银行一定的自由发展空间。清政府在发展商办银行的同时，很重视发展官办银行及官商合办银行，但这都主要出于财政需要的考虑，使它们变成为政府财政服务的金融工具，取得了一些成效，但也产生了巨大的危机。

从政策成效上看，支持民族银行业自由发展的政策，有力地推动了我国民族银行业的产生与发展，形成了一股同外商银行竞争的新生力量；官办银行的产生，客观上减少了清政府对外商银行的依附程度；民族银行业的兴起，直接推动了民族工业的发展，同时培养了一批懂专业、熟悉国际业务、掌握英语的银行管理人才。

第五节　金融人物与案例

一、伍秉鉴

伍秉鉴（1769—1843），又名伍敦元，祖籍福建（见图10-18）。其先祖于康熙初年定居广东，开始经商。到伍秉鉴的父亲伍国莹时，伍家开始参与对外贸易。1783年，伍国莹迈出了重要的一步，成立了怡和行，并为自己起了一个商名叫"浩官"，该商名一直为其子孙所沿用，成为19世纪前期国际商界一个响亮的名字。1801年，32岁的伍秉鉴接手了怡和行的业务，伍家的事业开始快速崛起，伍秉鉴成为广州行商的领头人——总商。伍秉鉴不仅在国内拥有大量的资产，在美国也进行了多项投资，还是英国东印度公司最大债权人。所以，伍秉鉴在海

图10-18　伍秉鉴画像

外的知名度一直都很高，是那个年代洋人眼中的世界首富，经常被一些西方学者称为"天下第一富翁"。虽然伍秉鉴家财万贯，但是晚年却十分凄惨。《广州条约》中的600万银元赔偿款，伍秉鉴拿出110万银元，再加上其他行商所出，广东十三行被迫支付了将近三分之一的赔款。随后，第一次鸦片战争中国战败，被迫签订《南京条约》，伍秉鉴又交付了100万银元赔款。据历史资料统计，从1800年到1843年，伍秉鉴家族先后捐赠了1600万两白银，几乎捐出大部分家产。

以义取利是伍秉鉴的为商之道。伍秉鉴"征服"贸易伙伴，广结善缘。伍秉鉴有着诚实、亲切、细心、慷慨的心态，良好的人格魅力。伍秉鉴工于心机，精明大度，多方资助，恩威并施，注重驾驭笼络。有一次，一位波士顿商人欠了他7.2万银元没有能力偿还，伍秉鉴当着那个波士顿人的面撕毁了借据。商誉就是市场，宁可忍一时利益之痛，也要大力树立自己的商誉，保证长期的持久利润和品牌信誉。

作为一名政商夹缝中生存，利用特权获得成功的清朝末代商人，伍秉鉴的名字在今天已经鲜为人知。后世学人多不待见伍秉鉴，其中种种评价，贬多褒少。可是回到那个时代，又有几个商人能真正走出和伍家不一样的道路。

二、乔致庸

图10-19　乔致庸画像

乔致庸（1818—1907），字仲登，山西祁县乔家第三代人（图10-19）。他出身商贾世家，自幼父母双亡，由兄长抚育。本欲走入仕途，刚考中秀才，兄长故去，只得弃文从商。他是乔家门中最长寿的人，活了89岁，一生娶有六妻，因乔门中有不许纳妾的家规，都是续弦。19世纪末，由于连年战乱，清王朝逐渐走向衰落，大量白银外流。晚年的乔致庸一改以往不治家宅的传统，于同治初年（1862年）开始在家院附近购置地皮，大兴土木，修建了规模庞大的宅院，即著名的"乔家大院"，至今保存完好，是山西民居的代表建筑，被专家学者誉为"清朝北方民居建筑的一颗明珠"。

"人弃我取，薄利广销，维护信誉，不弄虚伪"，乔致庸以儒术指导商业经营，待人随和，讲究诚信为本、"以德经商"，一生做出诸多善行。他执掌家业时，"在中堂"事业突飞猛进，家资千万，起先是"复字号"称雄包头，因此有"先有复盛公，后有包头城"之说。接着大德通、大德恒两大票号活跃全国各大商埠及水陆码头，他成为"在中堂"殷实家财真正的奠基人，财势跻身全省富户前列。

三、胡光墉

胡光墉（1823—1885），幼名顺官，字雪岩，安徽绩溪人，中国近代著名"红顶商人"，富可敌国的晚清著名徽商，政治家（图10-20）。

咸丰十一年（1861年），太平军攻杭州时，胡雪岩从上海运军火、粮米接济清军而为左宗棠赏识，后来又帮助左宗棠组织"常捷军"、创办福州船政局。左宗棠西征平叛阿古柏时，胡雪岩为他主持上海采运局局务，在上海代借外款5次，高达1195万两，采供军饷、订购军火，并做情报工作。其备受欢迎时，官居二品，赏穿黄马褂。胡雪岩凭借其卓越的商业才能，利用过手的官银在上海筹办私人钱庄，后在全国各地设立了"阜康"钱庄分号，被称为"活财神"。他在杭州创立了"胡庆余堂"中药店，制"避瘟丹""行军散""八宝丹"供军民之需，药店传承至今，赢得"江南药王"之美誉。清光绪九年（1883年），胡雪岩产业受各地官僚竞相提款、敲诈勒索而引发资金周转失灵，受外商排挤，而被迫贱卖，资产去半。最终，胡雪岩被革职查抄家产，郁郁而终。

图10-20　胡雪岩画像

四、王炽

王炽（1836—1903），字兴斋，汉族，云南弥勒县虹溪人（图10-21）。青年时斗殴杀死表兄姜庚，逃至重庆，与旅渝滇商合营"天顺祥"商号，来往川滇互贸。资本主义在西方已兴起，王炽抓住全国商品经济萌动的态势，投巨资于新兴的银行票据汇兑行业，以昆明"同庆丰"钱庄为龙头，在当时全国22个行省中的15个行省及越南、马来西亚设立分行，数年经营，成为滇中富商。王炽是清朝历史上唯一的一位"三代一品红顶商人"，这是清朝给予商人至高无上的荣誉，证明了王炽"为清朝政府"所做的种种贡献。晚清名臣李鸿章曾称其为"犹如清廷之国库也"。

图10-21 王炽画像

作为晚清有名的巨商之一，王炽的一生充满了奇迹。他以利聚财，以义用财，以儒治商，爱国忠君，以超人的经商天赋和不懈的努力，终成一代钱王。"同庆丰"在鼎盛时期曾在相当长的一段时间内左右大清朝的金融市场。尽管王炽的"忠君爱国"烙上了时代的印记，但他在中法战争中垫付的军饷，为全国各地人民所捐赠的赈灾银两，无不显露了一位儒商的胸襟和仁义。

五、鸦片战争背后白银外流

人们普遍的共识是鸦片大规模"入侵"令白银不断外流，造成"银荒"，进而令清朝经济社会秩序紊乱，所以朝廷不得不加大"禁烟"力度，直至与英国发生冲突。这一逻辑背后，一直潜伏着若干深层次的疑惑：鸦片贸易一直在进行当中，为何在1830年代其走私力度突然加大？

明朝的"一条鞭法"促进了经济的商品化和白银化，导致明朝越来越依赖海外贸易所提供的白银。清朝延续了这个传统。1657年，根据户部规定，所有省份的大部分赋税征收都使用白银。此外，各省还普遍使用外国银元。清朝对拉美白银的依赖不断加深。1810—1830年的拉美独立战争导致白银产量锐减，全球性的"银荒"令中国"失血"。一方面，中国茶叶和生丝的出口锐减；另一方面，由于外国商人，尤其是英国商人用一种新的"货币"——鸦片交换茶叶与生丝，清朝的白银呈现数十年一边倒的只出不进的趋势，直至1860年全球白银供应恢复到1810年以前的水准。而1808年至1856年间，国内市场上的白银相对于铜钱的价格约增长了2.5倍，进而引发一系列经济、社会和政治危机，商业萧条、铜钱收入者日趋贫困、土地兼并加剧、流民增加、政府税收不足、支出减少、士兵与官员收入减少、社会腐化等等。

令情势更恶化的是，用来支付赋税或完成跨省大规模交易的银锭或银元由私人供应，而清朝铸造的制钱，大部分用于地方的小额零售交易，这更加凸显了清朝的"无能"。在河务、漕务、盐务之外，"银务"的横空出世，犹如压死骆驼的最后一根稻草，几乎把缺乏货币主权意识的清朝逼到了绝境，"禁烟"更多只是一种绝望而无奈的姿态。最终与英国爆发冲突，鸦片战争爆发。

六、清末金融风潮

清朝末年，金融风潮不断，钱庄大批倒闭，市场动荡不宁，工商业深受其累。大的金融风潮有三次，光绪九年（1883年）的上海金融风潮，光绪二十三年（1897年）上海发生的贴票风潮，宣统二年（1910年）上海发生的橡皮股票风潮。

大约从光绪六年（1880年）五六月新丝上市后，有"红顶商人"之誉的胡光墉即陆续收购大量生丝。当年，浙江气候欠佳，影响养蚕业，估计生丝供应量将较往年减产，因此胡光墉坚持高价售卖。不料，这一年意大利生丝丰收，消息灵通的上海外商转向意大利贩运，以致上海生丝交易严重受阻。延至1883年1月，一些著名丝栈如金嘉记、朱永盛等商号先后因周转失灵，亏蚀折合白银达150万两以上，拖累钱庄达40家，上海金融市场出现风险征兆。又逢中法纠纷升级，进入战争状态，动荡的时局加剧了金融市场的波动。上海市场丝价频频下跌。到11月下旬，胡光墉忍痛将生丝大量出售给外商，每包卖价低，亏损极大。1883年12月1日，胡雪岩在上海开办的阜康钱庄倒闭。受其牵累，上海其他的钱庄银号形势更加危急，但是票号、外国银行为了保护自身利益，拒绝再伸出援助之手，双重打击之下，大批钱庄银号只得关闭。与此同时，胡雪岩在各地开办的钱庄银号也纷纷倒闭，致使各地的金融业同样受到了猛烈冲击。

"贴票"风潮是清光绪二十三年（1897年）上海发生的一次以高利息吸收存款而掀起的金融风潮。当时因贩运鸦片有厚利，上海市面对现款的需求追切，钱庄就以"倒贴现"的办法吸收存款贷给商人。此法由潮州帮郑姓开设的协和钱庄首创，凡以现金90余元存入者，即由钱庄开给远期庄票一张，到期凭票兑付现金100元。不少"贴票"钱庄因到期不能兑付现金，造成大量的退票、提款，同时由于经营贴票的钱庄过多，大多数钱庄因不留准备金，导致钱庄之间无法互相通融调剂，终于发生了一个月内几十家钱庄倒闭的风潮。此后陆续停业倒闭的钱庄，也不计其数。

橡皮股票风潮是清宣统二年（1910年）在上海因橡皮股票投机所导致的金融风潮。英商麦边在上海设立的空头兰格志（橡胶产地名）拓植公司，哄抬橡胶股票价格。在骗得国内商人、买办争相购买之后，旋即携银远遁外洋，使股票价格猛跌，钱业无以周转。正元、谦余、兆康几家钱庄首先倒闭。不久，在全国各地拥有分号17处的源丰润票号也宣告倒闭，亏欠公、私款项多达银2000余万两，造成市面极大恐慌，影响波及外埠别省。通过这场骗局，外国侵略者掠走资金估计达银几千万两，上海商人损失极其惨重。清末"金融自由化"，资金、资本两市场不健全及由此决定的投机性过强，是这场金融风潮的根源。

课后习题

一、即测即练

自学自测　扫描此码

二、思考题

1. 清朝从19世纪60年代开始,票号进入大发展时期,到甲午战争时发展到鼎盛。但是最终衰败,未能适应社会进步的需求,请分析其原因。
2. 请分析清朝银铜本位制度形成的历史背景和原因。
3. 清朝中期经济强盛,社会发达,为什么没有出现现代银行的萌芽?
4. 请从货币流通的角度,分析鸦片战争对清朝货币体系的冲击。
5. 清朝末年,大量的外资银行纷纷设立,对中国民族工业采取了歧视政策,对民族金融机构形成激烈的竞争,请分析外资银行在清末得到发展的主要原因。

三、案例分析题

案例分析题一：清朝禁止民间私铸铜钱

清康熙年间,户部认为新铸的钱已经满足社会需求,但是明朝的崇祯钱仍然在使用,扰乱了经济秩序,于是兑换民间前朝铜钱,禁止私铸铜钱、禁止小钱、禁止假钱,并再次重申禁止前朝铜钱的流通。限期三个月内将前朝的铜钱兑换完毕,三个月之后前朝铜钱不再允许使用,如果仍然有使用者,定罪。

由于各个省的铸造局铸造的新钱不够精致,导致民间私铸乘虚而入,官吏无法禁止。于是罢铸各个省局的铜钱,由宝泉、宝源两个铸造局专门铸造铜钱。该铜钱铸造精美,重一钱四分,背面用满文书写,使得民间私铸难以仿造。当时流行的铜钱限期三个月收回销毁。

修改关于私铸的法律,对于私铸的首犯和工匠斩立决,没收财产。对于知情不报者,地方官知情而不作为者,给予斩首或者绞刑。对于告发者赏银五十两。

南方边远地区,仍然在使用各种制钱。

康熙二十四年,大学士徐乾学上疏:"自古以来,都是兼并使用古今发行的各种铜钱,以便利民间交换为要。自汉五铢以来,没有废除古代铜钱而专门使用现今铜钱的。隋朝销毁古钱,明朝天启后搜刮所有古钱重新铸造,是钱法发生了变化。如果钱法有了弊端,就可以用古钱来缓解当前的钱币紧张的状态。所以虽然朝代发生了更替,但是古钱仍然可以准许其流通。如福建等南方边远地区，应该尊重当地居民的习惯而允许其使用古钱。"皇上听从了他的意见，放宽了废禁古代铜钱的规定。当年仅仅规定八旗在籍人员私铸私销钱币要定罪。

康熙四十一年，因为要遵循旧制而将铜钱的重量减轻，于是民间私铸又兴起了。朝廷大臣请废止小制钱，仍然铸造一钱四分的重钱，新钱旧钱同时使用。新钱一千折合白银一两，旧钱一千折合白银七钱。皇帝下诏同意了。但是，民间的铜钱私铸仍然无法禁止。

问题：请分析清朝康熙年间朝廷禁止民间私铸铜钱的背景，并说明为什么屡禁不止。

案例分析题二：清朝茶叶出口贸易

清朝时期，泰西诸国喝茶者非常多，日本、印度、意大利羡慕其利厚，虽天时地利逊于我国，但仍然精心讲求种植之法，所产逐渐增多。

道光十四年，印度开始种茶，至光绪三年乃大盛。锡兰、意大利随后兴起种茶。法国统治越南，也令种茶，有东山、建吉、富华诸园。

美国于咸丰八年购清朝国茶秧万株，发给农民，其后愈购愈多，每年发茶秧至十二万株，足供本国之用。

清朝光绪十年以前，茶叶输出之数非常多，没过多长时间逐渐被周边国家所竞争。印度茶销往英国，每年约七十三万二千石，价值折合白银约二千零四万两。清朝茶销往英国八十九万八千石，价值约一千八百六十八万两。印度茶产量少于中国，而价值反而更高。

日本之茶，多售予美国，也有运至我国的。光绪十三年，清朝茶叶销往日本有一万二千余石，而从日本进口一万六千余石。

光绪七年，清政府允许以嘉峪关为通商口岸，茶叶贸易益盛。光绪十年以后，清朝运往俄罗斯的茶叶，居对外住口茶叶总量的三之一。光绪十三年，出口茶叶九百零二万多两，而进口茶叶仅十一万八千余两。光绪十二年茶少价多，光绪十三年茶多价少，清朝的茶叶商已有受困之势，主要是俄罗斯不再专购中国茶叶，清朝茶叶的利润骤减。

同时，清朝把茶叶种植销售看作农民的副业，仅仅是在农地的间隙种植，采摘不及时，炒制方法落后，导致茶叶贸易出现窘境。

问题：请分析清朝茶叶出口由盛转衰的原因。

参考文献

[1] 袁远福，缪明杨. 中国金融简史[M]. 北京：中国金融出版社，2001.

[2] 姚遂. 中国金融史[M]. 北京：高等教育出版社，2007.

[3] 彭信威. 中国货币史[M]. 北京：中国人民大学出版社，2020.

[4] 中华书局. 清实录[M]. 北京：中华书局，1986.

[5] 齐思和，林树惠等. 中国近代史资料丛刊：第二次鸦片战争[M]. 上海：上海人民出版社，1978.

[6] 孙春跃. 清朝货币制度演变及演变中若干问题的研究[D]. 山西财经大学硕士学位论文，2014.

附录

货币时间线

时间	皇帝	货币类型			
		铜钱	铜元	银两与银元	纸币
天命年间（1616—1626年）	努尔哈赤（后金大汗）	天命汗钱		大部分地区用银块，虽铸有锭形，但仍以两计算	
天聪元年（1627年）	皇太极（后金大汗）	满、汉天聪钱			
崇德年间（1636—1643年）	皇太极	崇德通宝			
顺治元年（1644年）	爱新觉罗·福临	顺治通宝钱			
顺治八年（1651年）					第一次发行贯钞，持续十年
顺治十八年（1661年）					
康熙年间（1662—1722年）	爱新觉罗·玄烨	康熙通宝钱			
雍正年间（1723—1735年）	爱新觉罗·胤禛	雍正通宝钱			
乾隆年间（1736—1795年）	爱新觉罗·弘历	乾隆通宝钱		外国银元逐渐流入，与纹银共充当货币	
乾隆六十年（1795年）		乾隆钱与嘉庆钱各半			
嘉庆年间（1796—1820年）	爱新觉罗·颙琰	嘉庆钱八成乾隆钱二成		各地开始仿铸银元	
道光年间（1821—1850年）	爱新觉罗·旻宁	道光通宝			
咸丰年间（1851—1861年）	爱新觉罗·奕詝	咸丰通宝（重宝）			发行大清宝钞和户部官票
同治年间（1862—1874年）	爱新觉罗·载淳	同治通宝（重宝）			
光绪元年（1875年）	爱新觉罗·载湉				
光绪十六年（1890年）		光绪重宝		开炉铸造银元	
光绪二十三年（1897年）					成立中国通商银行，发行银元券与银两券

续表

时间	皇帝	货币类型			
		铜钱	铜元	银两与银元	纸币
光绪二十六年（1900年）	爱新觉罗·载湉	光绪重宝	开始铸造铜元		开始筹建政府的银行，发行纸币
光绪三十年（1904年）					
光绪三十四年（1908年）					户部银行改为大清银行，发行的纸币与之前户部银行发行的基本相同
宣统年间（1909—1911年）	爱新觉罗·溥仪			《币制则例》规定银本位制，但未执行	

第十一章 中华民国货币金融简史

少年中国说
梁启超

……呜呼！我中国其果老大矣乎？立乎今日以指畴昔，唐虞三代，若何之郅治；秦皇汉武，若何之雄杰；汉唐来之文学，若何之隆盛；康乾间之武功，若何之炟赫。历史家所铺叙，词章家所讴歌，何一非我国民少年时代良辰美景、赏心乐事之陈迹哉！而今颓然老矣！昨日割五城，明日割十城，处处雀鼠尽，夜夜鸡犬惊。十八省之土地财产，已为人怀中之肉；四百兆之父兄子弟，已为人注籍之奴，岂所谓"老大嫁作商人妇"者耶？呜呼！凭君莫话当年事，憔悴韶光不忍看！楚囚相对，岌岌顾影，人命危浅，朝不虑夕。国为待死之国，一国之民为待死之民。万事付之奈何，一切凭人作弄，亦何足怪！……

故今日之责任，不在他人，而全在我少年。少年智则国智，少年富则国富；少年强则国强，少年独立则国独立；少年自由则国自由；少年进步则国进步；少年胜于欧洲，则国胜于欧洲；少年雄于地球，则国雄于地球。红日初升，其道大光。河出伏流，一泻汪洋。潜龙腾渊，鳞爪飞扬。乳虎啸谷，百兽震惶。鹰隼试翼，风尘翕张。奇花初胎，矞矞皇皇。干将发硎，有作其芒。天戴其苍，地履其黄。纵有千古，横有八荒。前途似海，来日方长。美哉我少年中国，与天不老！壮哉我中国少年，与国无疆！

第一节 中华民国的社会概况

中华民国（1912—1949年），是从清朝灭亡至中华人民共和国建立期间中国的国家名称和年号。辛亥革命以后，孙中山先生倡导国民革命，倾覆满清，建立中华民国，具体包括以下两个时期。

北洋政府（1912—1928年），是指中华民国前期以袁世凯为首的晚清北洋派在政治格局中占主导地位的中央政府，于1912年袁世凯当选中华民国临时大总统（1913年转正）后正式形成，此后至1928年间称为"北洋时期"。北洋政府是中国历史上第一个以和平方式完整继承前朝疆域的政权，也是继清朝灭亡后第一个被国际承认的政府。

南京国民政府（1927—1949年），是中华民国的最高行政机关，由以蒋介石为首的中国国民党建立，宁汉合流后成为中国国民党政权。南京政府采取了多种措施恢复国民经济，国家、经济、军事、外交、教育、行政、司法趋向统一,达到了近代较高水平。

一、中华民国金融发展

北洋政府时期,我国银行业得到了一定的发展。一方面,中国银行与交通银行成立;另一方面,民营商业银行如著名的南三行与北四行经营比较成功。南三行包括上海商业储蓄银行(简称上海银行)、浙江兴业银行、浙江实业银行;北四行包括金城银行、大陆银行、盐业银行、中南银行四行,有四行联合营业事务所、四行准备库等较为固定的联营组织。南三行的总行均设于上海,虽然没有北四行那样较为固定的联营组织,但在经营上互相扶植、联系紧密,其中上海银行在三行中最为著名,是当时经营得非常有特色的商业银行。北四行的总行均设在北方,自建立至抗战前的二十年间北四行业务重心均在北方,其相关活动促进了天津及华北地区的经济发展。信托公司是在1921年蓬勃兴起的,信托公司的营业范围比较广泛,主要有信托、银行、储蓄、保险四项业务。投资公司一般是经营横向型综合投资的金融组织,其中以孙多森和虞洽卿于1915年创立的通惠实业公司为代表,形成了一个合金融与产业为一体的实力较为雄厚的横向企业集团。据北洋政府农商部统计,北洋政府时期的保险公司有59家,资本总额959.6万元,保险费收入共计646万元。

南京国民政府时期,建立了以"四行二局"为主体的金融机构。"四行"分别是中国银行、交通银行、中国农民银行、中央银行;"二局"分别是邮政储金汇业局和中央信托局。"四行二局"是南京国民政府时期的国家金融体系的核心,是控制和支配全国货币金融的总枢纽。该时期还建立了"四联总处",主要用于监督四行联合承做的贴现、放款等业务。

二、中华民国外交

孙中山等人在南京临时政府时期拟订了一系列"开放门户""振兴实业"的政策。袁世凯上台后,在社会潮流的推动下,也明确宣称了"民国成立,宜以实业为先务""以开放门户,利用外资,为振兴实业之方针"。1912年至1925年间,通商口岸进一步增加,新开口岸21处。这些新设立的口岸几乎全部位于内地,极大地便利了商品的倾销和从国内更广阔区域攫取原材料,由此,对外贸易随之迅速发展。

1927年4月,南京国民政府成立,朝野上下一致要求关税自主。1928年7月,南京国民政府外交部发表了《对外宣言》,宣布废除中外一切不平等条约,将与各国订立平等互尊主权之新约。随后,南京国民政府开展了一系列争取关税自主的外交活动。为争取南京国民政府的好感,获取最大利益,美国首先表示愿与南京国民政府谈判,随后南京国民政府又与英、德、法、荷、瑞典、挪威、西、意、葡、丹、比11个缔约国谈判,相继与各国签署了新的关税条约,新约承认了中国有关税自主权,南京国民政府遂于1928年12月宣布自1929年2月1日起实行国定税率。此后,南京国民政府陆续制定颁发了新的进出口税则。

"七七事变"后,日本侵占了华北、华中、华东及华南的广大地区,南京国民政府退守西南,以后对外贸易分为国统区对外贸易和沦陷区对外贸易。在国统区,1937年10月,国防最高会议制定了《总动员计划大纲》，其中明确规定对外贸易要实行国家统制，利用有限的渠道出口盟国需要的中国农矿产品等战略物资，进口中国急需的军用及民用物资；在沦陷区，日本同样采取了对外贸易控制政策。随着华北、华东、华中、华南的相继失守，越来越多的领土沦陷，日本帝国主义将其在东北的殖民统治制度移植到广大的沦陷区：疯狂掠夺中国的经济资源，试图将中国变为其原料产地，即形成所谓的"工业日本，农业中国"。

抗战期间，美国通过与南京国民政府的军事联盟及经济援助，大大提升了其在南京国民政府中的政治经济地位。为独占中国市场并确保其独占利益，美国还与南京国民政府签订了一系列新的条约。抗战结束后，中国与美国在生产力差距极端悬殊的情况下，签订了权利义务完全不对等的贸易协议，实质上构成了美国在华新的特权。南京国民政府对美国商品的贸易壁垒大幅度削减，导致民族企业、民族产品处于极端不利的竞争地位。产业的普遍落后、竞争力低下，使中国市场完全向美国商品敞开，企业完全无法抵御外国货物的冲击，以致纷纷破产，国统区正常的经济秩序被彻底打破，从而加速了国民党统治下经济的总崩溃。

三、中华民国综合实力

1927年到1937年，中华民国进入了一个快速发展的阶段，被人称为"黄金十年"。就交通进步、经济稳定、教育推广这三项事务而言，"黄金十年"名副其实。

交通方面，以公路为例：1932年修筑了"苏浙皖三省联络公路""苏浙皖赣鄂湘豫七省联络公路"；1934年修筑"川黔湘鄂陕五省联络公路"。至1937年，已成功构筑起一张贯穿大半个中国的公路交通网，有京闽桂、京黔滇、京川藏等干线21条，支线15条，总里程接近12万公里，较1927年以前的水平增长一倍有余。经济方面，北洋时期的国家财政主要靠借债度日，南京国民政府继承了北洋政府遗留的所有外债，但因成功推动收回关税主权、创设中央银行、实施币制改革等措施，到1936年年底，政府财政已实现正常运转。北洋时期的外债，七成用于支付军政费用和偿还旧债，而国民政府"黄金十年"的外债，绝大部分用于铁路、棉麦、航运、电信等建设事务。教育推广方面，据1936年的统计，10年间，小学、普通中学、师范类学校的数量大幅度增长，专科、大学在数量上增幅不大。1927年公布的《大学教员资格条例》规定，大学教授最高月薪600元，与国民政府部长基本持平。在20世纪30年代初，大中小学教师的平均月薪分别为220元、120元、30元；而同期上海一般工人的月薪约为15元。20世纪40年代的《教育宪法》规定："国家应保障教育、科学、艺术工作者之生活，并依国民经济之进展，随时提高其待遇"。

在"黄金十年"期间，民国经济有了长足的发展，尤其是轻工业和商业得到了快速发展，重工业发展则相对较慢，虽然东北地区的重工业发展很好，但是被日本所占领。地区发展极度不平衡，是当时的一个主要特点，经济发达地区主要集中在大城市，如上海、武汉、北京等。10年间经济发展速度较快，GDP增速保持在8%以上，并且当时国民政府的轻工业排名世界第六。

民国时期的土地制度由于1930年《中华民国土地法》的颁布而较清末更为成熟。但因为当时缺乏长子继承权，且战乱连绵，制度化的土地市场仍不发达，所以每户土地分割为很小的数块。民国时期，资本主义式的雇工租地、大规模商业化的农业经营并不普遍，20世纪30年代，50%的农业人口与租佃制有关，30%的佃农耕作的土地完全是租佃的，20%以上的佃农耕种自己的土地同时租佃部分耕地。整个民国时期，由于《民法》《土地法》《公司法》的通过和实行，财产权逐渐现代化，晚清政府任意侵犯财产的行为成为非法，中国传统佃农的永佃权概念及地主卖地后始终能以原价赎回土地的概念都被现代土地自由买卖概念所代替。南京政府时期的农村保持着高生育率和高死亡率，基本自给自足的农村人口占总人口的75%，农业产出占总产出的65%，而卷入较高分工水平的人口主要是大中城市人口，只占总人口的6%。

第二节　中华民国的货币

近代诗人李德才在《题袁大头银币》中写道："改朝常见换人头，坐镇钱庄大梦稠。属地苍生应戴德，奈何多作稻粮收。"这里的"袁大头"是指民国时期主要流通货币之一，是银元的一种，币面镌刻袁世凯头像，严谨点称为"袁世凯像背嘉禾银币"。

民国时期，货币除银元之外，还有铜元、纸币、金圆券。民国政府先是沿袭清朝的习惯，使用银元与铜元进行交易，后在1935年禁用银元，使用法币进行交易，1948年，金圆券取代法币。

一、银元

辛亥革命推翻了清朝统治，创立了中华民国南京临时政府。为扫除清朝残余势力，应付军政急需，临时政府发行了陆军部军事用票和南京军用钞票。之后，各省纷纷宣布独立，成立军政府，亦发行了带有辛亥革命标志的钞票。1914年推出《国币条例》，确定以银元为中华民国国币，定国币"壹圆"重七钱二分，含纯银八成九，即六钱四分八厘（23.9024808克）。银元，又名大洋，是旧时使用的银制硬币，主要包括民国开国纪念币、袁世凯像背嘉禾银币、孙中山三鸟银币等。

民国开国纪念币发行于1912年至1927年，其直径39毫米，厚2.5毫米，重26.95克，图文清晰。民国十六年北伐战争胜利，国民政府定都南京，南京造币厂先取原模，重铸孙中山开国纪念币，后又改动币背面的英文和花边，铸成新版，批量发行，俗称"孙小头"。此后四年，孙中山开国纪念币铸量不下数十亿，与"袁大头"一起成为民国时期的流通货币。"孙小头"正面刻孙中山半身像，上缘为"中华民国××年"，背面为嘉禾图围绕"壹圆"二字，有民国十五年、十六年、十八年及陵墓、地球、无年号、嘉禾等版别。

在民国铸造的近千种近代银币中，流传最广、影响较大、存世最多的银币品种要数袁世凯像背嘉禾银币，俗称"袁大头"或"大头洋"，铸造跨度从1914年至1929年，总发行量超过7.5亿枚。民国成立之初，百废待兴，市面上流通的银元仍然以宣统三年大清银币为主,还有些民国开国纪念币等。民国三年(1914年),鉴于铸币、纸币十分复杂,流通的中外货币在百种以上,规格不一、流通混乱、折算烦琐、民众积怨,同时还需要货币改制以解决军费问题,北京政府颁布了《中华民国国币条例》,规定民国三年由天津造币总厂铸造的袁世凯头像银币为国币。为了提高袁世凯的统治地位,将其头像铸于币面。随后,南京、广州、武昌等造币分厂也开始按规定的重量和成色仿铸这种新银币,实现了在全国范围内的流通。袁世凯头像银币面值分别是壹元、中元(五角)、贰角、壹角4种;直径分别为39毫米、31.5毫米、22.6毫米、18.6毫米;成色分别为90.4%、78%、70%、70%;重量分别为26.6克、13.5克、5.3克、2.7克。由这类袁世凯头像银币形式统一,成色、重量有严格规定,因此很快受到了社会的认同和接受,在国内金融市场上逐渐取代了清朝的钱币,成为流通市面的主币。

"袁大头"银币正面图案为袁世凯侧身像,民国三年版的上方为"中华民国三年";民国八、九、十年版的上方为"中华民国某年造",背面图案均是两株交叉的稻穗,中央为"壹圆""中圆"(伍角)、"贰角""壹角"字样。后三种上方分别有"每二枚当一圆""每伍枚当一圆"和"每十枚当一圆"的字样;正面镌袁世凯侧面头像及发行年号,背面铸嘉禾纹饰与币值,官版的成色为89.1%;该币的外环主要是直齿边,另外,还铸有少量工字边和花齿边。袁世凯像银币比较重要的划分依据是年份,流传较广的有三年、八年、九年、十年的一元面值银币。

袁世凯曾经于1915年12月接受帝王称号,改国号"中华帝国",改1916年为"洪宪元年",并且于1916年元旦加冕登基。民国十六年(1916年),袁世凯戎装像背洪宪纪元飞龙图案银币是为袁世凯加冕登基的纪念币(图11-1)。这枚纪念币由国外雕刻师乔治氏主持用铜板雕刻,铸造精美,打模深峻,全粉光,压力十足,丝绸状板底洁净无瑕,人像生动传神,纤毫毕现,原色五彩包浆车轮转光,光泽柔和悦目,如梦似幻。

图11-1 袁世凯戎装像背洪宪纪元飞龙图案银币(图片来自中国钱币博物馆)

民国二十一年(1932年)孙中山像三鸟壹圆银币,是民国时期铸造发行的珍稀银币之一,由上海中央造币厂于民国二十一年铸造发行(图11-2)。银币正面中央镌孙中山侧面头像,上边缘镌"中华民国二十一年"七字,背面是双帆船放洋图,两边各镌"壹元"两字,船帆上面镌三鸟高飞,帆船的右侧海面上镌海上日出和九条芒线,寓意"国运""一帆风顺""旭日东升"。但是孙中山像三鸟银币正式发行流通后,因为银币背面图案中的太阳和高飞的三鸟容易使人联想到侵略中国的日本和日本军机轰炸中国领土之意，舆论哗然；政府也意识到"天上的飞鸟是外国人的徽记，凌驾于中国帆船之上"，实属不妥，遂马上下令收回了这版银币，所以三鸟银币开始铸造不久就停铸了。孙中山像三鸟银币，俗称"三鸟币"，铸造时间短，铸额小，传世稀少。

图 11-2　民国二十一年"三鸟币"（图片来自中国钱币博物馆）

国民政府为顺应民情紧急收回三鸟币后，改板设计了新图样，去掉了旭日东升和三鸟图案，准备再次铸造发行，但新币钢模制成时已是民国二十二年初了，于是造币厂将币模正面的"二十一年"改为"二十二年"后再次发行，这就是民国二十二年帆船壹圆银币。

由于南京政府时期社会动乱，军阀割据，导致各地区军阀制造的钱币流通于市场：（1）黎元洪开国纪念银币，有黎元洪戴军帽像和黎元洪免冠版铸两种，其中戴帽版正面图案中央为黎元洪戴军帽像，珠圈外上环镌中文隶书体"中华民国"四字，下环镌中文隶书体"开国纪念币"五字，珠圈外左右两侧有梅花图案；背面图案中央是竖镌"壹圆"二字，珠圈外上环镌英文"THE REPUBLIC OF CHINA"（中华民国），下环镌英文"ONE DOLLAR"（壹元），两侧偏下有五角星。此币设计美观，铸工精良，传世稀少，殊为珍贵。（2）徐世昌纪念银币，该银币的规格和重量与普遍流通的袁世凯壹圆银币完全相同，正面为徐世昌身着西装佩戴勋章的半身像，背面中央珠圈外上面环以"中华民国十年九月"八个字，下面左右两朵花型图案之下是"纪念币"三个字。（3）段祺瑞中华民国执政银币，正面为段祺瑞西装正面像，上环书"中华民国执政纪念币"，银币背面嘉禾环绕篆书"和平"二字，外围左右各铸一"麦穗"纹饰，反映当时人民向往"和平"的心声。此币意在彰显段祺瑞执政理念是顺应民意所求"和平"。直齿边，挺直深峻，干脆利落。图像与文字清晰，须发逼真，衣袂挺直，立体感极强。（4）张作霖陆海军大元帅银币，纪念币正面铸张作霖头像，上有"海陆军大元帅纪念币"六字，背面为"嘉禾和太阳"，上有"中华民国十五年"七字，下列英文"ONE DOLLAR"对照，设计精美，具有非常鲜明的历史时代特色。

二、铜币

辛亥革命后，全国各地仍然存在滥造铜元的现象，铜元品种繁多，按照发行时间可分为民国初期铜币、民国中期铜币和民国后期铜币。

民国初期铜币是指民国元年（1912年）至民国七年（1918年）发行的铜元。这一时期，新式铜元与清末旧式铜元混合流通,铜元的混乱程度进一步加深。民国发行的铜元与清朝区别是将帝王色彩浓郁的龙纹换成由稻穗组成的嘉禾纹,最先将嘉禾纹铸于铜币的是开国纪念币,开国纪念币发行量大,是民国初期主要流通辅币之一。民国建立之初,各地均有关于民国成立的纪念币发行。开国纪念币十文铜元于1912年由天津造币厂制造,首次将旗帜图案用于钱币之上;缠枝花纹十文铜元或河南省造十文铜元发行量相对较少,缠枝花纹十文铜元可在开国纪念币中发现,制造量占总数的18%左右,而河南省十文铜元的发行量是开国纪念币的1/10左右;外圈英文十文铜元,属于开国纪念币十文铜元的币种之一,此币的发行量远远高于缠枝花纹十文铜元;当十铜元,于民国元年由湖南省造币厂制造,正面双旗中间有团花和五角星二种版制,五星的发行量少于团花,黄铜五角星更少,文字小写"十"为主体,大写"拾"为珍品。

民国中期铜币,是指民国八年(1919年)至民国二十四年(1935年)发行的铜元。这一时期,国内铜元的混乱局面达到顶点。地区性分割使铜币流通呈明显的区域性,市面上流通的不仅有清朝的各类铜元、民国各类铜元,个别地区如四川大部、湖北、河南局部地区还流通着五十文至二百文不等的大面额铜元,中国共产党领导的革命根据地也发行了自己的铜元。因此,这一时期的铜元五花八门,极为混乱。

民国后期铜币,是指民国二十五年(1936年)至民国三十八年(1949年)发行的铜元。如一分铜元,于民国二十五年由上海中央造币厂制造。该币铸造时间达四年之久,即民国二十五年至二十八年,其中民国二十七年铸数较少,二十八年最少。此外,天津造币厂和广西造币厂也有少量制造,钱币上分别加"津"字和"桂"字,属珍稀品。民国中期后几年,各地军阀逐步走向衰落,国民党政府开始了统一币制控制金融的进程。这一时期,国民党政府主要发行了纸币,铜元辅币逐渐被镍币所代替,发行的铜元主要有党徽布图分币等。解放前夕,贵州、绥远还发行了地方铜元,但只是昙花一现。至此,铜元走完了其短暂的历程,逐渐退出了流通领域。

三、法币

法币是中华民国1935年11月4日至1948年8月19日流通货币的名称。1929年,资本主义国家爆发了严重的经济危机,这次危机蔓延范围之广、破坏程度之深、拖延时间之长,在资本主义历史上是空前的。到了1931年,危机的深化,引发了世界金融大危机,老牌金融帝国英国也宣告停止金本位。以此为起点,各国展开了货币战争,国际货币体系走上了崩溃的道路。

第一次世界大战后的美国既是世界最大的债权国,也是世界存金数量最多的金元国。战后的经济复苏使一般资本家误以为世界经济将会永久繁荣,资本家们疯狂投资、扩充生产,因此金融管制放松,形成信用过度膨胀。美国政府为缓和金融恐慌和避免黄金外流,宣布了禁金出口。英日放弃金本位以后,其商品大肆侵入各国市场,美国商品受到了很大冲击,为保护国内外商品市场,美国也不得不于1933年4月放弃了金本位。美国白银政策,是1929—1933年世界经济危机以后美国在白银问题上采取的一系列政策措施的总称。例如,

1933年4月放弃金本位；同年12月12日，罗斯福总统宣布提高白银收购价格；1934年6月19日公布购银法案，即提高银价、禁止白银出口、规定银占美国金银储备中的四分之一。受到美国白银政策的支配，国际银价骤升。白银价格的上涨对中国造成了一定的困扰，中国的白银大量流失，银本位币制无法持续，同时国内的货币发行杂乱不堪，进而对中国的经济产生了很严重的威胁，国内多家银行和小钱庄倒闭，很多企业关门停工。

1935年，国民党政府实行了法币改革，规定中央银行、中国银行、交通银行（后加中国农民银行）发行的钞票为法币，逐渐收回其他银行钞票并禁止了银元的流通，将白银收为国有统一管理。自此，法币全面进入了人民的生活，而中华民国的货币则彻底与白银脱钩。然而，在抗日战争和解放战争期间，法币急剧贬值。1937年抗战前夕的法币发行总额不过14亿余元，到1945年日本投降前夕达到了5千亿元，1947年则达到了16万亿元，到1948年，法币的发行总额甚至超过了660万亿元，是抗日战争前的47万倍，物价上涨了3492万倍，法币至此彻底崩溃。

四、金圆券

抗日战争胜利后，解放战争爆发，战争使得国民党政府军费急剧增加，引起财政赤字直线上升。为了支付军费，国民党政府大量印制法币，导致物价疯狂上涨，国民党统治区社会经济面临崩溃。1948年通货膨胀恶性时期，法币急剧贬值，为挽救其财政经济危机，维持日益扩大的内战军费开支，国民党政府决定废弃法币，改发金圆券（每金圆含纯金0.22217克）。金圆券是解放战争后期国民党政府为支撑其崩溃局面而发行的一种本位货币，于1948年8月19日开始发行，至1949年7月停止流通。停止流通后，民间自动重新使用银元，国民党政府于是使用银本位币制，发行银圆券。金圆券为红色，被东南沿海（如福建）老百姓戏称为"红鸡公"；银圆券为墨绿色，被老百姓戏称为"乌鸡母"。

南京政府于1948年8月19日发布了《财政经济紧急处分令》，规定以金圆券为本位币，发行总限额为20亿元。限11月20日前以法币300万元折合金圆券一元、东北流通券30万元折合金圆券一元的比率，收兑已发行之法币及东北流通券；限期收兑民间所有黄金、白银、银币及外国币券；限期登记管理本国人民存放国外之外汇资产。按以上要旨，同时公布了《金圆券发行办法》《人民所有金银外币处理办法》《中华民国人民存放国外外汇资产登记管理办法》《整顿财政及加强管制经济办法》等条例。

发行金圆券的宗旨在于限制物价上涨，规定"全国各地各种物品及劳务价，应按照1948年8月19日该地各种物品货价依兑换率折合金圆券出售"。这一政策，使得商品流通瘫痪，一切交易转入黑市，整个社会陷入混乱。1948年10月1日，国民党政府被迫宣布放弃限价政策，准许民间持有金银外币，并提高了与金圆券的兑换率。限价政策一经取消，物价再度猛涨，金圆券急剧贬值。同年10月11日，南京政府公布了《修改金圆券发行办法》，取消了发行总额的限制。至1949年6月，金圆券发行总额竟达130余万亿元，超过原定发行总限额的65000倍，其票面额也越来越大，从初期发行的最高面额一百元，到最后竟出现五十万元、一百万元一张的巨额大票。金圆券流通不到一年，形同废纸，人民拒用金圆券，国民党政府财政金融陷于全面崩溃，大量城市中产阶级因此破产，政府大失民心，这也成为国民党内战迅速失败的原因之一。

第三节 中华民国货币的功能

一、货币的流通

货币本质的具体表现形式随商品经济的发展而逐渐完备，商品交换由物物交换逐渐转化为商品流通（以货币为媒介的商品交换），这是货币基本职能存在的前提条件。在发达的商品经济中，货币具有价值尺度、流通手段、储藏手段、支付手段和世界货币五种职能，价值尺度和流通手段是货币最基本的职能。价值尺度用来衡量和表现商品价值，是货币最基本、最重要的职能。流通手段则是指货币充当商品交换媒介的职能。在商品交换过程中，商品销售者把商品转化为货币，然后再用货币去购买商品。货币充当价值尺度的职能是它作为流通手段职能的前提，而货币的流通手段职能是价值尺度职能的进一步发展。

在国民党统治时期，银元占据了主导地位。相伴而行的还有众多其他货币，比如在东北地区由张作霖发行的"奉票"，以及来自日本的"老头票"等，这些都是对银元体系的补充，但无法取代银元成为法定货币。当时的中国社会处于兵荒马乱的战乱期，"盛世白玉，乱世黄金"讲的就是在乱世要尽可能让自己手里的财富保值增值，而银元无疑就有这样的功能。正因为如此，银元成为这一时期的主要货币，其后的币制改革中法币的发行以及金圆券的发行，都没有办法彻底取代银元的地位。民国初年，先后铸造有孙中山侧面头像和袁世凯侧面头像的银元，<u>重量均为七钱三分</u>，100个银元的重量有73两，不可能带在身上，因此市面上大宗交易时，都用钱庄的"庄票"。银元放在身上，锵锵有声，白花花的光泽更是炫眼，所以携带大量银元容易发生不测，俗语"财不露白"，"白"便是对银元而言的。1912年1月1日，中华民国成立后不久就发行了开国纪念币（银元），袁世凯窃取大总统职位后，于1914年铸造了印有袁世凯肥大侧面头像的银元；1934年，国民政府铸造了印有孙中山侧面头像的银元。

实际上，民国时期直到废两改元实施以前，仍然是银两与银元并用，即民国的币值并没有因清朝的覆没而发生改善。同时，由于全国不同地方的银两与银元在质量、重量、成色等方面存在一定差异，导致混乱加剧，银元流通不畅、使用不便，当持有一种货币单位的人想要得到其他货币单位时，就必须到市场上按逐日变化的汇兑行情去兑换。面对这种情况，一些国内银行采用了银两与银元并用的对策，此法深得人心，并带来了种种好处，既便于市场交易，又能部分改善币制混乱所引发的弊端，为我国币制的统一做了一定准备。但在实际生活中，银元、银两比价的波动性，一方面使人们在各种交易中增加了众多不必要的开支，加大了成本，直接影响了其生产、生活；另一方面导致某些金融机构，如钱庄和部分银行以此为契机从事兑换投机，牟取暴利。同时，银两与银元的并行也受到银价波动的影响。因为中国不是一个主要产银国，也不是白银的主要消费国，所以白银的价格和流向非中国本身所能左右，国际银价稍有波动就必然波及国内的货币市场，影响到银元、银两比价,从而直接影响到中国社会经济。由此,要求废除银两银元并行制的呼声不断高涨,但此举损害了钱庄、外资银行的利益,所以遭到了它们的强烈反对,同时由于缺乏强有力的政府干预,银两、银元并用的制度一直维持了下来,直到1933年废两改元实施为止。

民国初期以铜元代清末铜钱为辅币流通,各省及地方军阀普遍铸铜元,以双旗图案"中华民国"铜币为多,另有"开国纪念币""共和纪念币"等。辛亥革命以后,全国各地滥铸铜元的现象并未改善,铜元品种繁多,面值有一文至五百文等多种,但市场流通以十文、二十文较为普遍。四川省在辛亥革命前夕就发行了大量的铜元,导致铜元迅速贬值,而四川政局动荡,军阀连年战争,财政收入进一步恶化,导致钱币滥铸。四川钱币滥铸的行为,不但影响到自身经济的发展和通货的正常流通,而且还波及周边的省份。铸造铜元能获厚利,其他各省也大量铸造,而各省造币厂"大都由军阀把持,此辈视币厂为利薮,但图多获盈利,供其作战之需,此所以各种辅币之重量成色及市价绝无准绳。更有进者,各省铸币情形,本混乱已极,而奸商复纷起私铸,伪品充斥市场,币值遂愈不可收拾"。这种大量铸造,造成了铜元的迅速贬值,并且受到各地局势的影响,铜元价值的变化各地不一,各地币值差距很大,波动剧烈。同时,各地方势力出于为自身利益考虑,省自为政,禁止外地铜元输入,却鼓励本地铜元的输出,以便从中牟利。如此做法,不但加剧了币值的混乱,而且严重影响了经济的发展。因各地铸钱标准混乱,质量每况愈下,到20世纪30年代末,市面小额交换多改用角分纸币和镍辅币,铜元逐渐退出了流通领域。

1935年,在英国、美国的支持下,国民政府开始新一轮的货币制度改革。11月,财政部发布公告,宣布在全国范围内开始推行法币制度。公告指出,法币的发行机关是中央银行、中国银行、交通银行,其他银行的钞票逐渐收回,且由国家统一管理白银,个人的白银全部兑换成法币,而其他公司、商业往来必须使用法币。自此,法币全面进入人们的生活,作为唯一货币强制流通。然而在抗战后期,尤其是战后国民党政权发动内战,滥发纸币,法币走上了恶性通货膨胀的不归路,至1948年法币崩溃前夕,五千、一万大钞已面世。由于抗战后期特别是第三次国内革命战争时期,通货膨胀、法币严重贬值,1948年8月,国民政府发行了"金圆券"。但"金圆券"没有任何支撑,其在发行后很快暴跌,一捆"金圆券"换不回相同重量的大米,上海等地不少商家干脆拒收这种没有任何信用的纸币,国统区内经济秩序一片混乱。

二、货币的购买力

(一)银元的购买力

20世纪初,一个银元可换128~140枚铜元;一个银元可买150个鸡蛋或150根油条。1911—1919年,米价恒定为每旧石(178斤)6银元,也就是每斤米3.4分元,1银圆可以买30斤上等大米;每斤猪肉平均1角2分~1角3分钱,1银元可以买8斤猪肉;棉布每市尺1角钱,1银元可以买10尺棉布;白糖每斤6分钱;植物油每斤7~9分钱;食盐每斤1~2分钱。

1935年前,中国的货币制度采取银本位,白银包括银两和银元。1933年4月,国民党政府"废两改元"后一律使用银元。而帝国主义国家由于实行金本位,所以白银属一般商品。1933 年上半年，世界银价一度从每盎司 16.5 便士上涨至 20.5 便士，此时，中国一次性便出口白银 3400 万两。而那些帝国主义国家把中国的白银运到伦敦高价出售，每装运 1000 万银元，即可获暴利 400 万银元。在 1934 年一年中，仅上海流出的白银至少有 2 亿多银元。

（二）铜元的购买力

辛亥革命前期，四川发行了大量的铜元，导致铜元迅速贬值，最初银元 1 元可兑换铜元 1000 文，后于 1914 年跌至银元 1 元可兑换铜元 2000 文。之后，随着大面值铜元的出现，铜元钱价呈直线下跌，价值一度跌至 1 银元可兑换铜元 4000～5000 文，不久，跌落到 1 银元可兑铜元 8000～9000 文。

（三）法币的购买力

法币刚开始发行的时候，币制有较大保证，购买力也相对平稳。但随后因抗日战争爆发，国民政府开始加大货币发行量以筹集军费，采取了通货膨胀的政策，法币急剧贬值。

从 1937 年抗战前夕的法币发行总额不过 14 亿余元，到 1945 年日本投降前夕的 5 千亿元，再到 1947 年的 16 万亿元，最后在 1948 年，法币的发行总额竟然达到了 660 万亿元以上，等于抗日战争前的 47 万倍。随着发行总额的上涨，物价也急剧上涨，竟然达到了抗日战争前的 3492 万倍。在影视剧里面，常常看到购买者携带用麻袋装裹的货币去购买一盒火柴，这不是艺术夸张，而是当时真实的情况。抗日战争结束以后，法币急剧贬值，在当时除了上厕所用的草纸可以用货币来代替以外，购买其他任何东西都需要用堆积如山的货币来换取。由于恶性通货膨胀，当时有的造纸厂以低面额的法币作为造纸的原料，从中获利。国民经济陷入了彻底崩溃的状态。

（四）金圆券的购买力

1948 年 8 月 18 日，国民党政府下令实行币制改革，以金圆券取代法币，强制将私人手中的黄金、白银和外币兑换为金圆券。从 1948 年开始，国民党政府规定金圆券为本位币，一元钱金圆券可以兑换旧式法币 300 万元，东北流通券 30 万元折合金圆券一元，社会总体发行额度为 20 亿元。

从当时来看，在原有货币体系难以维持的情况下，发行新的货币来抑制通货膨胀是值得的，但是政府发行金圆券的主要目的却并不是为了有效抑制当时的通货膨胀，而是为了筹集军费。为了使得金圆券可以顺利发行，法令规定，金圆券每元法定含金 0.22217 厘，将全国物价冻结在 1948 年 8 月 19 日的水平，同时派出经济督导员到各大城市监督金圆券的发行。其中，上海作为全国金融中心，由蒋经国为副督导，着手整顿上海经济。金圆券发行初期，在"没收法令"的威胁下，大部分城市小资产阶级不得不服从政令，将积蓄的金银外币兑换成金圆券。与此同时，国民党政府试图冻结物价，以法令强迫商人以 8 月 19 日以前的物价供应货物，禁止抬价或囤积。资本家虽然不愿意，但在政府的压力下，被迫将部分资产兑成了金圆券。在上海，蒋经国将部分不从政令的资本家收押入狱甚至枪毙，以儆效尤。

但是，金圆券的发行依然面临着巨大的阻力，让这次币值改革陷入了困境。其后，金圆券的发行限额并没有像政府承诺的那样得到严守。国民党政府在 1948 年战时的赤字，每月达数亿元至数十亿元，主要以发行钞票填补。金圆券购买力开始一泻千里，至 1948 年 12 月底，金圆券发行量增至 81 亿元，1949 年 4 月时增至 5 万亿元，6 月份增至 130 万亿元；其面额也越来越大，从初期发行的最高面额一百元，到最后竟出现五十万元、一百万元一张的巨额大票。金圆券流通不到一年，再次步入法币后尘，形同废纸。1949 年 5 月，一石大米的价格要 4 亿多金圆券，各种买卖经常要以大捆钞票进行。由于贬值太快，早上的物价到了晚上就已大幅改变，市民及商人为避免损失都不想持有金圆券，交易后或发薪后所取得的金圆券，皆尽快将其换成外币或实物，或干脆拒收。本来用于挽救通货膨胀的金圆券却引发了更大的通货膨胀，导致国民党政府的财政信用彻底崩塌。

三、金融机构

（一）"四行二局"

明朝末年，中国出现了类似于银行的钱庄和票号。鸦片战争后，一些外商银行纷纷进入中国开展金融业务，并凭借其特权攫取了巨额的利润。中国境内第一家银行是 1845 年英国人设立的丽如银行；1897 年，中国通商银行作为中国人自办的第一家银行开始营业。20 世纪 30 年代，统治旧中国的国民党政权建立了以中央银行、中国银行、交通银行、中国农民银行、中央信托局、邮政储金汇业局（简称"四行二局"）为主体，包括省、市、县银行及官商合办银行在内的金融体系。此外，还有一批民族资本家兴办的私营银行及钱庄，其中约 1/3 集中在上海，但多半规模不大且投机性强，在经济运行中的作用十分有限。

1. 中央银行

1924 年，孙中山先生为了实践广东革命政府的金融政策，拨交宋子文国币 3000 万元，筹设中央银行。8 月 15 日，中央银行正式成立，资本 1000 万元。1926 年 10 月，北伐军攻克武汉，收复湘鄂，广东国民政府亦迁都武汉。同年 12 月，在汉口成立中央银行，开办之初，发行兑换券，信用尚好，后因战事频繁、政变数起，遂亦自行停顿。

南京政府成立以后，立即着手筹建中央银行。1927 年 10 月 25 日制定《中央银行条例》19 条，规定"中央银行为特许国家银行，在国内为最高之金融机关，由国家集资经营之"，设筹备处于上海。1928 年 10 月 5 日，《中央银行条例》经国民政府修订为 20 条，并由国民政府拨给资本 2000 万元，于 11 月 1 日成立，总行设于上海。该行享有发行钞票、代理国库、募集或经理国内外公债的特权。总行设九人理事会司立法之责，设七人监事会司监察之责，行政权则由总裁、副总裁执行，使立法、监察、行政三权分立。总裁之下设发行、业务二局，发行对于业务完全独立，若无法定的准备金，不得滥发一纸。第一任总裁由财政部长宋子文兼任，其就任时曾指出，以统一币制、统一金库、调剂金融为业务方针。1935 年 4 月，资本总额增为 1 亿元，并决定将总行迁到首都南京，在全国各地设立分行、处等机构，使之能够有效地担当起调剂全国金融的职责。

中央银行享有发行钞票、代理国库、募集或管理国内外公债等多项特权，享有公款解拨存储汇兑的优先权，同时经营一般商业银行业务。在宋子文担任财政部长和中央银行总裁时，国民政府发行的公债很多，到1933年已达14亿元以上。

2. 中国银行

中国银行前身是清政府的户部银行，成立于1904年，1908年7月改称为大清银行。辛亥革命后，大清银行由国民政府接管，改组为中国银行。1913年8月，中国银行北京总行开始营业，各省在原大清银行基础上陆续成立了分行。1927年以前，该行主要是商股，实权掌握在江浙资本家集团手中，总经理为冯耿光。

因有代理国库发行钞票的特权，中国银行的业务发展很快。1916年袁世凯称帝，"二次革命"期间，北洋政府颁布了中国银行停兑令。唯有上海分行在张嘉璈主持下，坚不奉令，另组股东联合会与上海绅商各界合作，继续兑现，中国银行上海分行的信用更为民间所崇信。1917年，该银行修改条例，除官股外，又招足商股1000万元。此后，官股渐改商股，而维持市场金融秩序的责任并未因此而松懈。到1928年，该行的资本已达1900余万元，该行虽无中央银行之名，但在发行纸币、代理国库、调剂市面、安定金融等方面起到了中央银行的作用。

南京政府成立以后，将中国银行总管理处迁到了上海，并加入官股500万元，使商、官合股共2500万元，官股占1/5。南京政府将其改为特许的国际汇兑银行，其业务是：（1）经理政府发行海外公债及还本付息事宜；（2）经理政府存在国外之各项公款及收付事宜；（3）发展及扶植海外贸易事宜；（4）代理一部分国库事宜，并仍有发行兑换券之特权。此外，中国银行总管理处还经营管理国内外汇兑及货物押汇、商业期票及汇票的贴现。由临时股东会选张嘉璈为总经理，由国民政府任命李铭为董事长。1935年，国府财政部修订了条例，以金融公债加入新官股1500万元，资本总额变为4000万元，官商各半，并调任张嘉璈为中央银行副总裁，由常务董事长宋汉章兼任总经理，并派宋子文担任该行董事长。这样，中国银行完全由国民党政府控制。

3. 交通银行

交通银行于1907年由清政府的邮传部奏准设立，是清政府的国家银行。1914年，交通银行改订章程，股本总额增为1000万元，并可代理国库、经付公债本息、代收税款、办理国内外汇兑等业务，成为北洋政府的国家银行。在1927年之前，其资本主要是商股，而国民政府成立后，加入官股200万元，并将总行迁到了上海，使之成为"政府特许发展全国实业之银行"。其业务是：（1）代理公共实业机关发行债票及经理还本付息事宜；（2）代理交通事业之公款收入事项；（3）办理其他奖励及发展实业计划；（4）代理一部分国库事宜，并得发行兑换券。1935年，财政部颁布了新条例，拨发金融公债1000万元，增加官股至1200万元，使官股占55%，并派蒋介石的亲信胡笔江担任董事长，由唐寿民任总经理。这样，国民党政府又控制了交通银行。

4. 农民银行

中国农民银行原为豫、鄂、皖、赣四省农民银行，总行设在武汉，分别在四省境内设立了分支机构。其资本总额为 1000 万元,由财政部认股 250 万元,以融通农业资金、复兴农业经济为目的,于 1935 年 4 月 1 日正式改组为中国农民银行。其业务包括:(1)收受存款;(2)办理汇兑;(3)买卖生金银及有价证券;(4)动产不动产之抵押放款及保证信用放款;(5)经营农业仓库及放款于农产农具之改良事宜与农民合作社;(6)发放农业债券及农业流通券;(7)农业票据贴现。董事长为孔祥熙,总经理为叶琢堂。

1935 年夏天,国民政府不仅有了自己的中央银行,而且完全将中国银行和交通银行控制在手,同时将四省农行改组为中国农民银行,农民银行成为国家特许的专门农行。这就是国民政府的四大国家银行,它们既是国民政府国家资本的核心,又是国民政府用来扩大国家资本最重要、最有效的工具。

5. 中央信托局

1934 年 8 月,为了应对抗日战争紧急需要,国民政府训令中央银行(央行)设立"中央信托局筹备处",负责筹备创立中央信托局,同时命令央行全部拨充中央信托局成立所需资本总额国币一千万元。1935 年 7 月 29 日,央行理事会第 88 次会议通过《中央信托局章程》,并呈奉国民政府令准备案。同年 10 月 1 日,中央信托局正式成立,定位为中央银行之附设机构,总局设于上海;当时的中央信托局与央行关系密切,被合称为"行局一家"。1942 年 6 月,《中央信托局章程》修正,第一条明确规定:"中央银行遵照国民政府训令,特设中央信托局经营信托业务。"1947 年 5 月 7 日,国民政府公布了《中央信托局条例》,全文 24 条。第一条规定:"国民政府为执行国策,办理特种信托保险储蓄业务,设中央信托局,受财政部之监督,依本条例规定办理之。"1949 年,国民党政府迁往台湾,中央信托局总局随行。

6. 邮政储金汇业局

中国邮政局最早在 1898 年开办汇兑业务,于 1908 年开办了储蓄业务。到 1929 年,通汇的邮局及代办所有 374 处,办理储蓄业务的邮局有 206 处。1930 年,南京政府通过法令,将全国的邮政局改为邮政储金汇业局,并规定,凡中央、中国、交通三行未设分支机构的地方,国民政府的一切款项均由邮政储金汇业局转饬当地邮局代办。

中国邮政局储金与汇兑主要业务有二。一是邮政储金。储金种类有存簿储金、定期储金、支票储金、存本付息储金、零存整付储金等,其中以存簿储金最为发达。抗日战争以前,全国办理邮政储金的局所已达 680 余处,储金总额 6000 万元;抗战胜利后,办理储金业务的局所已扩展到 2000 余处。据 1948 年上半年的统计,储金总额为 2110 余亿元,储户 270 余万户。二是邮政汇兑。初创时汇兑业务仅限于商业繁盛区域及通商大埠间进行,其后随着社会经济的发展逐步扩大,推广到一般城乡,并致力于代办所汇票的推行,以期沟通内地金融,截至 1937 年年底,全国办理此项小额汇兑的代办所达 9800 余处。

(二)四联总处

四联总处全称为中央银行、中国银行、交通银行、中国农民银行联合总办事处,是南京国民政府控制全国金融的机构,是战时最高的财政金融机构。1937 年七七事变发生后,为了使全国金融、经济在战争的突然打击下不至于瘫痪,作为临时性的紧急措施,南京国民政府于 1937 年 7 月 27 日授权中、中、交和农在上海合组联合贴放委员会，联合办理战时贴现和放贷事宜，以"活泼金融，安定市面"。上海"八一三"事变后，为加强国家行局的联系和协调，集聚金融力量应付危局，财政部令上述四行在上海成立四行联合办事处，简称四联总处。

1938 年初联合贴放委员会，由汉口迁至重庆。在重庆期间，四联总处先后进行了三次改组。1939 年 9 月，重庆国民党政府颁布《战时健全中央金融机构办法纲要》，要求中央银行、中国银行、交通银行、中国农民银行四行合组联合办事总处，负责办理政府战时与金融、经济政策有关的各项特种业务。10 月 1 日，四联总处正式成立。蒋介石担任理事会主席，总揽一切事务；孔祥熙、宋子文、钱永铭三人任常务理事。理事会的组成包括军事委员会委员长、行政院长、财政部长、经济部长和四行领导人。四联总处成为战时的中枢决策机构，凌驾于四行之上，可以任意指挥和操纵四家银行。四联总处的成立，对外加强了金融经济垄断，对内加强了中央银行的地位。通过对四联总处的扶植，央行实力迅速增长。1942 年，"二局"中央信托局、邮政储金汇业局也开始受该处监管。

1942 年 3 月，国民党政府从美国借到 5 亿美元，充实了外汇基金，蒋介石决定实行中央银行对货币的统一发行，调整四行分工。1942 年 5 月 28 日，四联总处临时理事会通过了《中、中、交、农四行业务划分及考核办法》。其中规定央行的主要业务是：集中钞券发行，统筹外汇收付，代理国库，汇解军政款项，调剂金融市场。同年 9 月，四联总处按照国防最高委员会第 85 次会议通过的修正案，实行了第二次改组。在机构设置上，原战时金融委员会和战时经济委员会合并为战时金融经济委员会；原两委员会下设各处一律撤销，在战时金融经济委员会下设储蓄、放款、农贷、汇兑和特种五个小组委员会，分别审查各项有关业务。1943 年 9 月添设会计处，下设统计科。在工作任务和职能范围上，修正后的章程不再提负责政府战时金融政策有关的各特种业务，其具体任务由以前的 13 项减为 10 项，主要是监督指导国家行局的业务。至于其他金融事宜，系协助财政部管理。第二次改组后，四联总处的工作主要限制在金融领域，其在督导国家行局、管理商业行庄和金融市场方面，发挥了重要作用。

四联总处于 1945 年 8 月在上海设分处。同年 12 月 1 日，四联总处第三次改组。改组后的总处机构大为紧缩：原战时金融经济委员会改称金融经济委员会，原下设各小组委员会除保留"特种""放款"两小组委员会外，储蓄、农贷、土地金融、放款考核四小组委员会合并改组为普通业务小组委员会；秘书处原下设之发行、储蓄、农贷等七科合并改组为总务、业务两科；撤销会计处，会计处原下设之统计科改隶秘书处。四联总处在改组后不久就迁往南京，1948 年成为负责设计、联系、考核、审核合乎国家贷款的机构，至同年 11 月撤销。

（三）传统钱庄

虽然传统钱庄在这段时期内经历了几次金融风波的冲击，发展受到了一定影响，机构数量在某些年份出现了收缩，但局势的变换很快就使其恢复并获得了更大发展。

经过风潮的冲击而仍然生存和新设立的钱庄，逐渐认识到依赖国外金融机构的拆款无益于自身的稳定发展，而自身资本的增加和同业的团结才是发展的基础。1920年前后，它们实现了拆款由国外在华金融机构占主导向国内金融机构占主导的转变。这一时期，钱庄不但保留传统做法，而且还吸纳银行等新式金融机构的做法，获得发展。同时，其与社会组织的关系也呈现出了融洽与矛盾并存的局面。银行虽在这一阶段有了长足进展，但钱庄在我国社会经济中的地位仍没有发生根本性变化。"以为我们银行界对于经济社会的贡献，实在是远不如钱庄！钱庄倘使全体停了业，的确可能使上海的商业完全停顿，而银行全体停了业，恐怕倒没有多大影响"，章乃器在1932年5月24日的《银行周报》中如是写道。钱庄在我国社会具有重要的作用：一是为进出口商品流通提供了特别重要的融资服务；二是钱庄与工业的融投资关系逐渐密切。钱庄与银行等新式金融机构"友好"与"冲突"并存，而"友好"中隐含排挤的成分。

这一时期，国内外局势都很不稳定，战争、动乱不断，严重影响了钱庄的正常营业活动。钱庄在经营上吸取了前期风潮的教训，相对审慎冷静，较好地处置了各种麻烦和突发事件，避免了以前大范围的破产风波，比如1921年发生的"信交风潮"。1918年北京证券交易所、1920年上海证券物品交易所和1921年上海华商证券交易所等先后开业，获利颇丰，据说前者开业半年即盈利50余万元。受此影响，群起效仿，兴起了一股兴办交易所的热潮。然而过度的投机，最终导致社会无法承受，到年底便引发了大量信托公司、交易所的倒闭。在此过程中，虽然也有很多钱庄从业人员的参与，但钱业公会和银行公会等力量始终给予坚决的抵制，并采取了有效的预防措施，最终才使钱庄业没有被卷入到风潮的旋涡之中。

第四节 中华民国金融政策

一、南京政府的金融垄断政策

南京国民政府早在1928年就研究部署要逐步建立国家控制下的中央银行管理体制，并于当年11月成立了中央银行，迈开了建立金融垄断体系的第一步。在20世纪30年代，国家内忧外患，金融形势日益严峻，政府虽然意识到要加快金融垄断的步伐，但是力不从心。国民政府认识到，要实现金融垄断就必须完全控制中国银行和交通银行，特别是中国银行，于是政府开始密谋策划夺取中行实权。蒋介石、孔祥熙、宋子文密谋商定，发行了一亿元公债，增加了中、中、交三行资本。"四行二局"是国民政府国家资本金融体系的核心，是控制和支配全国货币金融的总枢纽。通过1928年和1935年先后两次改组中国银行和交通银行，中国银行资本总额中，官股比例由20%上升到50%，交通银行的官股比例上升到60%。国民政府建立和掌握了"四行二局"以后，对商办银行采取压制政策，把许多全国性及地区性商办银行、地方性官办银行逐步演变为南京政府控制下的金融机构。

1935年4月16日，经最后修订的中国银行条例与1928年10月26日公布的条例相比，出现了以下几个方面的变化：一是扩大了官股的投票权。官股的资本虽未能按政府原意扩大到60%，但是官商股各半，就已经表明官股的资力不再弱于商股，加上对中行条例第二十条的修改，就有了绝对的发言权和投票权。二是大大削弱了商股董事的作用。经过斗争，董事会中，商股董事人数虽然保持12人不变，但在董事总人数中的比例却由80%降为57%。三是总经理的产生由互选改为聘任。原条例中规定"总经理由常务董事中互选之"，修改后的条例则规定"总经理由董事长商同常务董事，于董事中选定，提经董事会同意聘任"。这就意味着总经理须由董事长选定。四是将总经理负责制改为董事长负责制。条例经过修改后，董事长变成统管全行事务的主宰，总经理由直接执行董事会决议事项，变成承董事长命令办事。经过此次改组，中行的股本结构和人事安排都发生了很大变化，南京国民政府攫取了中国银行的实质领导权，开始利用中行财力任意弥补政府的财政赤字，初步实现了金融垄断。

二、中央革命根据地的金融发展政策

革命战争时期，各革命根据地政府严格执行独立自主的金融发展政策，制止和打击高利贷行为，鼓励节约，发展生产与社会经济。实行审慎的货币发行政策，主要通过发展经济来解决财政困难，合理确定货币发行量。革命根据地的货币信用体系的建立早在第二次国内革命战争时期就已开始。随着人民革命武装斗争的开展，农会和根据地相继建立起来。革命根据地相互独立，也就设立各自独立的银行。

在第一次国内革命战争期间，农民运动蓬勃兴起。为解决农民生产资金困难的问题，1927年1月，湖南浏阳设立了浏东平民银行。接着，受南昌武装起义的影响，冬季闽西蛟洋区农会建立了农民银行。1929年8月，由红军二、四团捐助基金4000元，设立了东固平民银行。银行发行铜元票，票面分1元、5角、200文、100文四种。11月27日，江西省苏维埃政府发出通令，决定以100万元现金创办江西工农银行，并发行纸币100万元。1930年6月，在福建长汀南阳举行的红四军前委、闽西特委的联席会议上，作出了成立闽西工农银行、发行纸币的决定。9月，闽西苏维埃政府发布第七号布告，成立筹备处，招募股份，银行资本20万元，分20万股，用集股方式当月筹足。从1930—1932年的三年内，各革命根据地相继设立的银行还有：赣东北贫民银行、闽浙赣苏维埃银行、湘西农民银行、湘鄂西农民银行、鄂皖特区苏维埃银行、鄂豫皖省苏维埃银行、湘鄂赣省工农银行、湘赣省工农银行，以及川陕省工农银行和陕甘晋苏维埃银行。随着根据地的扩大，特别是成立了中华苏维埃共和国临时中央政府后，部分根据地银行曾出现过短暂的统一，这就是1932年2月1日成立的中华苏维埃共和国国家银行。同年4月成立了福建省分行，次年成立了江西省分行。其他如湘鄂西、湘鄂赣、川陕等也相继改为国家银行的省分行，开始走向统一。根据地银行的主要业务有发行货币、收存放贷、实行低利借贷等。"苏区中借贷的利率，高者短期每月不得超过一分二厘，长期周年不得超过一分。短期利率于期终付给，长期利率每周年付给一次或分季付给，一切利息都不能利上加利"。根据地银行的贷款也按此规定执行。

革命根据地十分重视信用合作社的发展。在苏区的信用合作社逐步成为银行的得力助手，一是将部分资金缴到银行入股，充实银行的股金；二是为银行代理私人借款，对农民发放低息生产贷款;三是代理银行兑现兑换券、发行公债和还本付息等,弥补国家银行设点不足的缺陷。1932年4月12日,中华苏维埃临时中央政府作出了《关于合作社暂行组织条例的决议》,规定合作社种类限于消费合作社、生产合作社和信用合作社三种。为了广泛发展信用合作社,政府准许各地群众将第二期革命战争公债票本息作为信用合作社的股金,并特许各地信用社以此债票向银行抵押借款。国家银行亦决定以大批资金投放信用社,实行低利借贷。1934年5月1日《为发展信用合作社,彻底消灭高利贷而斗争》的布告中指出:"信用合作社是便利于工农群众的借贷机关,它一方面吸收群众存款,并向国家银行取得款项帮助,另一方面借款给需要钱用的工人农民,并供给他们发展工农业生产与商业流通的资本,使工农群众不再受到无处借钱、资本缺乏及因无钱用而贱价出卖农产品的困难。这对彻底消灭高利贷,更进一步发展苏区经济,改善工农生活有着重大的意义。"

三、抗日战争时期外汇管制政策

"七七事变"后,出现了十分严重的资金外逃现象。仅在36天内,"三行"售出的外汇竟达750余万英镑。颁布《非常时期安定金融办法》后,国民党政府和外商银行订立了"君子协定",凡属投机和资金外逃的外汇买卖,各银行一律拒绝,外商银行在资金短缺时先自行设法补足,不足时再向"三行"补购,并停止吸收国人的法币存款。然而,该措施治标不治本,从1937年8月13日到1938年3月3日,"三行"出售的外汇仍有5000万美元之多。

1938年3月12日,国民党政府采取了外汇管制政策,规定自3月14日起,外汇的卖出由中央银行总行办理,各银行因正当用途需用外汇时,要填具申请书,由央行总行核定售给。4月22日,财政部颁布《商人运货出口及售结外汇办法》,规定运货出口商要向中国银行和交通银行办理手续,取得承购外汇证明书,凭此向海关查验、报关,申请登记。此办法先在汉口试行,后又推行到长沙、广州、重庆等地。3月17日,第一批申请者被核准的仅有37.59%,引起了普遍的失望和不满。未被批准的商人和投机者竞趋市场购买外汇,外商银行亦背信弃义,取消"君子协定",不再遵守官价汇率。出口商将外汇售与中行或交行,按1先令2便士半法定汇率换取法币,而"向黑市卖出,八九便士即可获取法币一元"。法币市价下跌,不仅阻碍了正当的对外贸易,也使法定汇价难以维持。

从1938年7月起,上海中行暗中提供外汇,委托上海汇丰银行出面以黑市价格出售外汇。国民党政府意图暗中维持上海黑市汇价,稳定汇价从而维持法币信用;外汇在限定范围内买卖,可以防止资金逃避,同时又可维持英、美等国在华企业的投资利益。然而,社会对外汇的需要量远远超过中、交两行的外汇供应量,暗中维持黑市价的办法难以持久。于是国民党政府要求向英国借款,采取联合行动来稳定汇率。英国为维护其在华利益,于1939年3月10日和中国订立了《中英货币平准汇兑基金合同》,以遏制中英汇价的过度波动。由于这一措施的出台,8便士的汇价得以稳定了一个时期。1939年5月至6月间,日伪方面集中1亿元以上的法币向上海外汇黑市发起冲击,外汇投机商也大肆活动,1000万英镑的平准基金很快所剩无几。6月7日,上海汇丰银行放弃了8.25便士的汇率,次日法币兑英镑的汇价降至 6.5 便士。

国民党政府对外汇实行管制政策，但在外贸上却迟迟未予政策配合，大量奢侈品或非必需品进口，"国家每月牺牲于此的外汇盈千累万"。1939 年 7 月，政府颁布了《非常时期禁止进口物品办法》《进口物品申请购买外汇规则》和《出口货物结汇领取汇价差额办法》，规定进口商进口国内所需商品可申请购买外汇，但须缴纳中、交两行挂牌价格差额的平衡费；所有出口商品都要结汇，除桐油、茶叶、猪鬃、矿产四类由政府贸易机关统筹收购运销外，其余一概依照法价售结外汇于中国或交通银行，给予商人法价和挂牌价格之间的差额。

1940 年，中英平准基金消耗殆尽。汇丰银行突然停止供应黑市外汇，上海外汇市场极度混乱，法币汇价不断下降。国民党政府于 1941 年 4 月 1 日分别签订中美、中英平准基金协定。1941 年 9 月 15 日，国民党政府成立了外汇管理委员会，具有吸收侨汇、收集金银、支配国外借款用途、出口货物结汇和处理封存资金等职责，但无权管理平准基金委员会的外汇业务。10 月 1 日，财政部宣布取消了商汇牌价，政府机关及所属企业所需外汇由外汇管理委员会审核，商业及个人请购外汇由平准基金委员会审核。这样，市场上一般无法逃资，投机现象大为减弱，上海的外汇黑市基本消灭。

第五节　中华民国金融人物与案例

一、孙中山

孙中山（1866—1925），名文，字载之，号日新，又号逸仙，又名帝象，在日本参与革命活动之时曾化名为中山樵。伟大的民族英雄、伟大的爱国主义者、中国民主革命的伟大先驱，中华民国和中国国民党的缔造者，三民主义的倡导者，创立了《五权宪法》。他首举彻底反帝反封建的旗帜，"起共和而终两千年封建帝制"。

孙中山的金融思想涉及范围较广，亦备受关注，可分成三个具有逻辑联系的部分：一是货币思想，即主张纸币制度；二是金融体系建设思想，主要是利用国家资本发展银行和建立银行体系的主张；三是金融开放思想，包括利用外国资本、保护本国金融的思想。

货币思想：孙中山明确货币思想的核心是以国家发行的纸币为法定货币，对货币的本质与作用的认识是孙中山纸币制度思想的理论基础。他认为："钱币者，百货之中准也"。而"解决财政之困难"是孙中山纸币制度思想的现实诉求。孙中山主张纸币制度的最初动机是为了缓解政府的财政危机。以纸币发行与通货膨胀为例进行分析，纸币的使用大大增加了日后出现赤字财政的可能性，因此，纸币发行需要一整套的制度约束。而孙中山的办法是用政府的赋税来作抵押。孙中山对发行纸币持非常谨慎的态度，对通货膨胀也有所警惕。

金融体系建设思想：孙中山在阐述纸币制度思想的同时，提议建立金融机构体系，以适应工业、商业以及整体经济的发展。孙中山银行体系建设思想强调的是银行专业化分工以及银行对产业发展的促进作用。他主张，由中央政府募集资本，在城市设立兴农银行，再酌量提拨地方公款，在各地设农业银行；同时创设殖边银行，以安置边疆各地流民。简言之，孙中山的银行建设思想，反映出在近代较为落后的经济状况下，产业活动不发达以及资本分散、短缺条件下,国人对选择银行作为资本积累主体及方式的具体思想。在此思想指导下,民国初年基本形成了以中国银行、交通银行等国家银行为主,以劝业银行、中国农工银行、新华储蓄银行、中国实业银行等专业银行为辅的银行体系。

金融开放思想:开放性是近代中国经济发展的重要特征,孙中山始终在开放经济框架下思考近代中国的金融发展与金融保护问题,主张对外开放,充分利用外国资本。孙中山认为,建立中国自己的银行,目的是为了摆脱外国的牵制。因此,在主张金融开放的同时,他始终要求维护本国利益,保护本国金融的发展。一方面,孙中山主张建立合资银行,提出创办中西合股银行的主张,并指出该行专为引进外资而在欧美发行中国债券。在他的努力之下,巴黎联合银行两名全权代表于当年12月到上海,议订合资银行章程。另一方面,孙中山考虑到中外金融力量制衡的问题。他认为中国经济受制于外国的原因之一是中国"无极大银行担任借款之能力",中国银行业不够集中,无法对全国经济产生影响。因此,他曾设想,把数十间银行"联合而成一巨大之银行,发行债票",允许引入外资,从而可以控制全国金融枢纽,为政府借款担保,不使权利再落入"外人之手"。此外,孙中山还极力向海外拓展金融业,设立海外商业银行。

二、陈光甫

陈光甫(1881—1976),原名辉祖,后易名辉德,字光甫,江苏镇江人。中国近代银行家、中国近代旅游业的创始人(见图11-3)。

陈光甫读私塾数年后,去一家报关行当学徒,刻苦学习英文,后考入汉口邮政局。22岁时随中国代表团参加美国国际博览会,会后留学美国,进入美国宾夕法尼亚大学商学院,1909年毕业回国。陈光甫担任过官办江苏银行总经理,虽然他曾大力改革江苏银行业务,但无论晚清的巡抚还是民国的江苏都督,都不支持他的改革主张。因此,他二次辞职并决定创办一家属于自己的私营银行。1915年他在上海创办了"上海商业储蓄银行",总行设在上海宁波路,其门面在当时是很小的。其资本名义上是十万银元,实际上仅凑集了七万银元,员工仅七人,规模很小。陈光甫任总经理,兼营业、拉

图11-3 陈光甫雕像

存款、跑工厂、搞放款的业务,晚上回银行还亲自为青年行员开班教书。特别是他提出了一元即可开户的宣传,这在当时金融界是绝无仅有的。曾经有人嘲笑这个小银行的这种做法,拿了500元要求开500个存折,银行并不以此为耻,而是热情接待,此事一经传出,极大地扩大了对储蓄银行的宣传,使其声名鹊起。陈光甫确定了以"服务社会,顾客至上"为根本目标,方法是"人争近利,我图远功;人嫌细微,我宁繁琐",提出金融的全部奥秘在于信用,服务是银行的生命线,创新是银行的命脉。要求银行"服务至上",并率先开展

了货物抵押贷款、开办外汇业务……100年前就提出这样的口号并且付诸实施,说明陈光甫的确拥有超前的经营理念。陈光甫曾经说过,"银行是一针见血的组织",就是说,银行仅凭信用,就可以聚积不少社会资金。到1937年抗战爆发前,上海商业储蓄银行分支机构已经遍布全国,成为了中国第一大私人商业银行。

同时,陈光甫还创立了第一家具有全国分社网络的中国旅行社。20世纪20年代初期,中国的旅游业还处于空白,此时旅游业务皆由外国在中国的金融机构包揽,如英国人经营的"通济隆公司"、美国的"通运银行"等皆设有旅行部,这些银行在上海、中国香港等各地的分行,也设有旅行部,包办中外旅客一切旅行业务。这些旅行部还发行旅行支票,时人称为"通天单"(在当时军阀割据地币制不统一情况下,可通行使用)。当时政府对旅游业很不重视,更无人想到旅游能够获得巨大的利益。1923年夏,陈光甫首先在银行系统内部专门成立旅行部,创办中国人的旅行社。1927年,陈光甫决定将旅行部从银行中分出来,成立中国旅行社,各分行的旅行部为下属分社。至此,中国开始正式出现大型旅游事业。

三、廖仲恺

廖仲恺(1877—1925),男,汉族,原名恩煦,又名夷白,字仲恺。广东省归善县陈江镇窑前村人,祖籍广东梅县程江镇。

1919年,廖仲恺首先提出货物本位论,是中国近代的一种纸币流通理论。在货币的职能、性质、作用等方面,廖仲恺的观点与孙中山的观点大致相同,只是立论上有所差异。他提出"以金银暨其他社会最所需要之货物为本位,而以纸为之代表"(《钱币革命与建设》)。他对货币的价值做了详细的分析,指出货币本身并无价值,货币的价值体现在货币购买力上。金银作为货币的价值,跟金银的使用价值本身无关,而是表现在对商品的购买力上,由此他确信金银货币无法保持物价的平衡,金银本位也无法达到理想的目的。同时,他把货币购买力的根源总结为一个国家钱法的规定或公众的确定,而不是货币、商品相互交换中的产物,但也没有否定货币购买力是历史的产物。

政府掌握多少这类货物,就发行多少购买力与之相当的纸币。廖仲恺认为金银充作货币存在许多不足,力求建立一种以多种货物作为钱币本位,用纸币作为代表流通的货物本位钱币制。充当本位的货币不限于贵金属,为此他专门假定以金、银、铜、铁、煤、米、麦、豆、糖、盐、丝、棉等12种货物作为"钱币之本位"(《再论钱币革命》),而事实上"不用为交易媒介,只用为准备,而以同价额的钱币流通于市场"。通过这种做法,"钱币本位既以上举12种货物组织而成。市面交易只以钱币而不以货物,则钱币与货物各因其材而致其用,无相妨之害,而有相成之功。流通之钱币与准备之货物同额,应乎需要而为发行,则钱币无驾空之弊,无过量之虑"。发行钱币要与市场相适应,这点是可取的,但由于当时国内外环境的约束,其理论无法实施。

四、"废两改元"

"废两改元",是南京政府对整理币制和垄断货币发行权进行前期准备的开端。1928年,美国专家甘末尔曾建议在中国实施金本位制,但未能成功实施。同年3月,浙江省政府委员马寅初将《统一国币应先实行废两用元案》呈送至南京政府。6月,财政部在上海召开全国经济会议,通过了《国币条例草案》《取缔纸币条例草案》《造币厂条例草案》《废两用元案》等草案。

《废两用元案》指出:"若以整理币制,须待金融机关完全准备,银币流通足敷应用,然后实行。"南京政府将筹备期定为一年,以1929年7月1日为"实施'废两改元'日",并要求上海造币厂于最短时间内成立,半年内必须开工鼓铸新银元并定为国币。但一年以后造币厂未建成,"废两改元"也未如期实现。1928年8月,全国财政经济会议提出废除银两专用银元问题,认为亟应速为设计,以期早日实现。不久,金贵银贱,分歧的主张两元并用和主张"废两改元"的两派意见仍然存在,当局的犹豫不决迟滞了"废两改元"的进程。1932年上半年,内地银元大批涌进上海。银元被大量熔毁,工商界呼吁"废两改元"刻不容缓。7月7日,宋子文在上海召集银钱业领袖谈话,达成三点共识:废除银两,完全采用银元,以统一币制;旧银元照旧使用;每元法定重量决定后,即开始铸造新币。22日,宋子文主持讨论和布置废两改元工作,决定罗致上海中外金融界重要人员,成立研究委员会,对"废两改元"进行具体研究,拿出切实可行的办法,计划在三个月内完成。

1932年7月,为拖延时间,上海钱业公会对"废两改元"表示了原则上赞同但尚需假以时日的态度;接到《废两改元令》后,从1933年3月10日起废除了自1865年以来被钱庄垄断的九八规银记账单位,取消了"洋厘"行市,并改"银拆"为拆息。然而公私交易虽用银元计算,却并不一定用银元收付。由于银两为少数洋行、钱庄所居奇,暗地里和客户私相授受,部分金融业不免持观望的态度,争相以银元兑换银两。截至4月5日,兑换委员会净兑入银元6140元,"废两改元成废洋改两之局",若任其发展,定然导致"废两改元"失败。

于是,南京政府财政部发布《废两改元布告》,明确从1933年4月6日起全国实行"废两改元",此后以银两交易为非法。为贯彻上述部署,中央银行通知中外银行和钱业,将4月6日前所存银两数上报,并按法定兑换率兑换新银币,撤销银炉房和公估局,限制白银外流,对出口白银征收2.25%的出中税。中央造币厂除加紧铸造新银币外,还另铸厂条,以应市面巨额项款收付之需要。10月21日,行政院修正了《银本位币铸造条例》,厂条改为甲、乙两种。到年底,"废两改元"基本取得成功,银两在全国范围内终被废除,从此,经历了千余年的银两制度退出货币行列。

课后习题

一、即测即练

二、思考题

1. 中华民国时期进行了法币改革，期初的效果较好，后期发生了崩溃，请分析其原因。
2. 中华民国后期进行了金圆券改革，很快失败，请分析其原因。
3. 请分析中华民国政府成立四联总处的原因是什么。

三、案例分析题

中华民国橡胶股票泡沫

1900 年后，美国汽车产量大增，由此带动了橡胶市场的迅猛发展，而国际资本投资的东南亚橡胶公司，大约有 1/3 在上海发行股票。仅 1910 年 6 月一个月间就有 30 家橡胶公司在上海挂牌募资，募集的资金量更是高达 1350 万两白银。上海俨然成为全球橡胶资本市场的中心。

据测算，当时每磅橡胶的开采成本为 1.6 先令，市场价却在 12 先令，利润高得惊人。但值得注意的是，在各路资本蜂拥而入的同时，其背后也难免泥沙俱下，一些在东南亚圈地的橡胶公司甚至连树苗都还没种下去，股票价格已经一涨再涨，风险也就不断累积。

有个名叫麦边的英国人开设了一家名为兰格志的橡胶公司，在各大报纸上大登广告，一时成为资本市场的宠儿。兰格志公司，股票面值从最初的 100 两涨至 1000 两，随后又突破 1300 两，最高时甚至冲到 1675 两。在兰格志的带动下，其他橡胶公司的股价也纷纷飙升，上海很多钱庄、票号也在无比诱人的财富效应下相继卷入这场疯狂的炒作。

橡胶最大消费国的美国在 1910 年 6 月突然宣布紧缩政策。消息传出后，国际橡胶价格随之大幅跳水，伦敦股市上原本最热门的橡胶股一泻千里，其中兰格志公司股价在一个月内由最高点 1675 两跌至 105 两。

伦敦股市崩盘后，橡胶股票的重仓户，那些高位接盘的中国商家无疑成了最大的输家。上海很多钱庄因为介入太深而被深度套牢，根本无法脱身。当年 7 月，上海"八大钱庄"中的正元、谦余、兆康三家先后倒闭，另五家（森元、元丰、会大、协丰、晋大）也被拖下水。风潮闹到最后，号称"钱庄的钱庄"的源丰润、义善源两大票号崩盘，上海资本市场哀鸿遍野，一片狼藉。

问题：请分析中华民国时期发生橡胶股票泡沫的原因。

参考文献

[1] 洪葭管，张继凤. 近代上海金融市场[M]. 上海：上海人民出版社，1989.
[2] 马寅初. 中国之新金融政策[M]. 上海：商务印书馆，1937.
[3] 赵增延，赵刚. 中国革命根据地经济大事记 1927—1937 年[M]. 北京：中国社会科学出版社，1988.
[4] 张公权. 中国通货膨胀史（1937—1949 年）[M]. 北京：文史资料出版社，1986.
[5] 童蒙正. 中国战时外汇管理[J]. 财政评论，1944.
[6] 张锡昌. 战时的中国经济[M]. 桂林：科学书店，1943.
[7] 崔国华. 抗日战争时期国民政府财政金融政策[M]. 成都：西南财经大学出版社，1995.

[8] 杨培新. 旧中国的通货膨胀[M]. 北京：生活·读书·新知三联书店，1963.
[9] 吴冈. 旧中国通货膨胀史料[M]. 上海：上海人民出版社，1958.
[10] 戴相龙，黄达. 中华金融辞库[M]. 北京：中国金融出版社，1998.
[11] 陆仰渊，方庆秋. 民国社会经济史[M]. 北京：中国经济出版社，1991.
[12] 金满楼. 民国史[J]. 同舟共进，2015.

附录

货币时间线

时间	货币类型		
	银元、铜币	法币	金圆券
民国元年（1912 年）	中华民国开国纪念币		
民国三年（1914 年）	袁世凯像共和纪念币		
民国五年（1916 年）	中华帝国洪宪纪元飞龙银币、黎元洪戴军帽开国纪念币、无帽开国纪念币		
民国七年（1918 年）	冯国璋像双旗纪念币		
民国十年（1921 年）	徐世昌像仁寿同登纪念币		
民国十二年（1923 年）	曹锟像宪法成立纪念银币、民国十二年龙凤大字壹圆样币		
民国十三年（1924 年）	段祺瑞像中华民国执政银币		
民国十五年（1926 年）	张作霖像陆海军大元帅银币		
民国十六年（1927 年）	张作霖龙凤纪念币、褚玉璞双旗纪念币、孙中山陵园纪念银币		
民国十七年（1928 年）	张作霖像大元帅纪念币		
民国十八年（1929 年）	孙中山地球银币、孙中山正面像帆船壹元		
民国二十一年（1932 年）	孙中山像三鸟壹圆银币		
民国二十二年（1933 年）	孙中山像帆船壹圆银币		
民国二十四年（公元 1935 年）		国民政府实行法币改革，规定中央银行、中国银行、交通银行所发行的钞票为法币，并禁止银元的流通，将白银收为国有	
民国三十七年（公元 1948 年）			规定金元为本位，开始发行金圆券

第十二章 新中国货币金融简史

沁园春·雪

毛泽东

北国风光,千里冰封,万里雪飘。

望长城内外,惟余莽莽;大河上下,顿失滔滔。

山舞银蛇,原驰蜡象,欲与天公试比高。

须晴日,看红装素裹,分外妖娆。

江山如此多娇,引无数英雄竞折腰。

惜秦皇汉武,略输文采;唐宗宋祖,稍逊风骚。

一代天骄,成吉思汗,只识弯弓射大雕。

俱往矣,数风流人物,还看今朝。

第一节 新中国的社会概况

1949年10月1日,中华人民共和国成立,中国人民迎来了建设社会主义的新时代。新中国的诞生为实现由新民主主义向社会主义的过渡创造了前提条件,从根本上改变了中国社会的发展方向,为实现国家的富强与民族的复兴展示了美好前景和现实道路,中国历史从此开辟了一个新纪元。新中国的诞生也从根本上结束了帝国主义、封建主义、官僚资本主义统治的历史,劳动人民第一次成为国家的主人,中华民族一洗百年屈辱,以崭新的姿态立于世界民族之林。新中国的诞生同样改变了世界格局,大大加强了世界和平民主和社会主义阵营的力量,对世界历史产生了广泛而深远的影响。

一、新中国的经济

新中国经济发展时期可以大致分为国民经济恢复时期(1949—1952年)、第一个五年计划时期(1953—1957年)、全面建设社会主义时期(1956—1966年)、"文化大革命"时期(1966—1976年)、两年徘徊时期(1976—1978年)、改革开放建设时期(1978—2012年)、新时代中国特色社会主义时期(2012年至今)。

在长期遭受外强侵略和内战破坏的历史条件下，新中国首先进入了国民经济恢复时期（1949—1952年），这是中华人民共和国建立后恢复被战争破坏的国民经济的时期。围绕着巩固新生的人民政权、迅速恢复国民经济的中心任务，国家没收了占整个资本主义经济80%资本额的全部官僚资本主义企业，将其改造为社会主义国营企业，从而掌握了国民经济的命脉；实现了财政经济工作的统一，平衡了财政收支，稳定了物价；调整了工商业，进一步确立了国营经济的领导地位；完成了对新解放区的土地改革，开展了互助合作运动；肃清了国民党反动派在大陆的残余力量和土匪，和平解放了西藏，在抗美援朝战争中大获全胜；发展了社会主义国营经济，系统地恢复了工农业、交通运输业和商业贸易。在中国共产党和中央人民政府的正确领导与全国各族人民的共同努力下，仅仅花费了三年时间，新中国就圆满完成了恢复国民经济的艰巨任务，实现了国家财政经济局面的根本好转。1952年，工农业总产值超过了国民党统治时期最高水平20%，同1949年相比，职工工资水平平均提高了70%，农民收入增长率超出30%。

历经国民经济恢复时期，新中国的国家财政经济状况已经得到了全面恢复与初步发展，政治趋于稳定，社会秩序也较为安定，因此加快经济发展就成为了人民的一致要求，这为中国大规模开展经济建设提供了难能可贵的历史机遇。在党中央领导下，周恩来、陈云同志主持制定了中国从1953—1957年发展国民经济的计划，简称"一五"计划，由此新中国进入了第一个五年计划时期（1953—1957年）。根据党在过渡时期的总路线的要求，第一个五年计划的主要任务分为两个方面：一是集中力量进行工业化建设，二是加快推进整个经济领域的社会主义改造。1957年，中国国内生产总值从1952年的679亿元跃升至1068亿元，财政收入从1952年的183.7亿元跃升至310.2亿元，各项社会事业得到迅速发展，人民生活水平显著提高，基本实现了对农业、手工业和资本主义工商业的社会主义改造，建立了以生产资料公有制为基础的社会主义制度。

新中国成功经历了过渡阶段，进入了全面建设社会主义时期（1956—1966年）。在1957年超额完成了第一个五年计划，贯彻执行了八大路线，为全面建设社会主义打下了良好开端后，全国开展了"大跃进"运动。"大跃进"运动忽略了经济规律，急于求成，对社会主义建设的长期性与复杂性严重估计不足，严重打乱了新中国的国民经济秩序，浪费了大量人力物力财力，造成国民经济比例严重失调，中国经济在"大跃进"的1958—1960年发生严重困难。1961年，中共中央开始对前期失误进行调整，"大跃进"运动也被停止，经过了五年的调整，国民经济调整任务基本完成，市场供应显著改善，物价稳定，人民生活水平提高，经济重新走上了正轨。

正当新中国基本完成了国民经济调整任务，开始执行发展国民经济的第三个五年计划时，"文化大革命"发生了，中国进入了"文化大革命"时期（1966—1976年）。在长时期的动乱期中，国民经济发展缓慢，主要比例关系长期失调，经济管理体制僵化，人民生活水平基本没有提高，同时中国也错失了缓和的国际局势带来的经济发展机遇，与发达国家的差距进一步拉大。

1976年"文化大革命"结束后,中国进入了两年徘徊时期(1976—1978年),步履艰难地迈向"文化大革命"阴影外的生命空间。

1978年十一届三中全会是新中国建立以来党和国家的一次伟大的转折,会议做出了把全党工作的重点转移到社会主义现代化建设上,并实行改革开放的战略决策,中国进入了社会主义建设新时期。在思想上确立了以经济建设为中心的正确路线后,伴随着改革开放的浪潮,中国的国民经济快速发展,人民生活水平迅速提高。到2000年,中国成功实现了由计划经济体制向社会主义市场经济体制的转变,国内生产总值达到了89404亿元,人均国民生产总值比1980年翻了两番,人民的生活总体上实现了由温饱到小康的历史性跨越。改革开放三十多年,中国的经济综合实力已跃居世界前列,人民生活水平发生了巨大的变化。中国的综合国力大幅提升,2011年国内生产总值达到47.3万亿元。财政收入大幅增加。农业综合生产能力提高,粮食连年增产。产业结构调整取得新进展,基础设施全面加强。城镇化水平明显提高,城乡区域发展协调性增强。创新型国家建设成效显著,载人航天、探月工程、载人深潜、超级计算机、高速铁路等实现重大突破。生态文明建设扎实展开,资源节约和环境保护全面推进。

2012年党的十八大以来,以习近平同志为核心的党中央团结带领全党全国各族人民开创了中国特色社会主义新时代,推动中华民族伟大复兴进入了不可逆转的历史进程。中国的经济实力、科技实力、综合国力跃上新的大台阶,经济运行总体平稳,经济结构持续优化,2020年国内生产总值突破100万亿元;脱贫攻坚成果举世瞩目,5575万农村贫困人口实现脱贫;粮食年产量连续五年稳定在13000亿斤以上;污染防治力度加大,生态环境明显改善;对外开放持续扩大,共建"一带一路"成果丰硕;人民生活水平显著提高,高等教育进入普及化阶段,城镇新增就业超过6000万人,建成世界上规模最大的社会保障体系,基本医疗保险覆盖超过13亿人,基本养老保险覆盖近10亿人,新冠疫情防控取得重大战略成果;文化事业和文化产业繁荣发展;国防和军队建设水平大幅提升,军队组织形态实现重大变革;国家安全全面加强,社会保持和谐稳定。"十三五"规划目标任务顺利完成,全面建成小康社会取得胜利,中华民族伟大复兴向前迈出了新的一大步,社会主义中国以更加雄伟的身姿屹立于世界东方。2021年,习近平总书记在庆祝中国共产党成立100周年大会上发出了庄严宣告:"我们实现了第一个百年奋斗目标,在中华大地上全面建成了小康社会,历史性地解决了绝对贫困问题,正在意气风发地向着全面建成社会主义现代化强国的第二个百年奋斗目标迈进。"

二、新中国的外交

随着新中国的诞生,中华民族结束了长期受侵略、被压迫的历史,一洗百年屈辱,以崭新的姿态立于世界民族之林,中国历史进入了新纪元,中国外交也揭开了新的篇章。

新中国成立初期,毛泽东主席形象地提出了"另起炉灶""打扫干净屋子再请客""一边倒"的外交政策方针。其中"另起炉灶"是指不承认国民党政府同各国建立的旧的外交关系,要在新的基础上同世界各国建立新的外交关系。"打扫干净屋子再请客"是指要先把帝国主义在我国的残余势力清除干净，再考虑建交问题。"一边倒"是指明确站在社会主义和世界和平民主阵营一边。在这三个外交政策方针的指导下，新中国成立第一年就先后与苏联、保加利亚、罗马尼亚、匈牙利、朝鲜等10个国家建立了外交关系，迈出了新中国外交的第一步；1953年，周恩来总理在接见印度代表团时首次提出了互相尊重领土主权、互不侵犯、互不干涉内政、平等互惠、和平共处的五项原则，作为处理两国关系的原则；1954年，新中国第一次以五大国之一的身份参加了日内瓦会议，大大提升了中国的国际地位；1955年，周恩来总理在参加万隆会议时提出了"求同存异"的外交方针。

1971年，美国总统尼克松的国家安全事务助理基辛格秘密访华，与周恩来总理进行了会谈；1972年，美国总统尼克松访华，中美双方在上海签署了《中美联合公报》；1979年，中美正式建立了外交关系；1971年，联合国大会通过了提案，恢复中华人民共和国在联合国的合法权利与中国安理会常任理事国的席位，这进一步提高了中国的国际地位；1972年，日本首相田中角荣访华，中日也正式建立了外交关系。在此期间，中国还与许多国家建立了外交关系，国际上出现与中国建交的热潮。

改革开放后，中国、俄罗斯、哈萨克斯坦、吉尔吉斯斯坦、塔吉克斯坦、乌兹别克斯坦六国元首在上海签署了《"上海合作组织"成立宣言》；中国成功加入了世界贸易组织（WTO），成为了世界最重要的国际性贸易组织的成员；中国与亚洲、大洋洲、拉美、欧洲等地区的一些国家先后建立了自贸区；中国提出了建设"新丝绸之路经济带"和"21世纪海上丝绸之路"（简称"一带一路"）的重大倡议，与多国签署了"一带一路"合作文件；中国倡议构建人类命运共同体，积极参与以 WTO 改革为代表的国际经贸规则制定；中国推动成立了亚洲基础设施投资银行、丝路基金、金砖国家新开发银行，以开放的姿态欢迎了各国搭乘中国发展的"顺风车"；中国做出了力争 2030 年前二氧化碳排放达到峰值，2060年前实现碳中和的承诺，表现了在环境保护和应对气候变化问题上负责任大国的作用和担当……此外，面对 2018 年美国单方面执意挑起的中美经贸摩擦，中国采取了有力的反制措施，开展了有理有利有节的斗争，坚持通过对话协商解决争议，捍卫了国家的正当利益，捍卫了自由贸易和多边体制，也捍卫了各国人民的共同利益；面对 2020 年暴发的新冠肺炎疫情，中国踊跃支持了全球抗疫，用实际行动推动构建了人类卫生健康共同体，使国际社会进一步深化了人类是一个休戚与共的命运共同体的认识。可以看出，中国在国际事务中发挥的作用变得越来越重要。

总体来说，在外交上，新中国从中国人民和世界人民的根本利益出发，坚持独立自主和爱国主义与国际主义相结合的原则，坚决反对帝国主义、殖民主义、霸权主义和强权政治，维护世界和平，在和平共处五项原则的基础上，同世界各国开展友好合作，谋求共同发展和共同繁荣。基于以上基本原则，新中国经受住了风云多变的国际形势的考验，在外交上取得了巨大成就，中国同广大发展中国家的合作在不断巩固和加强，同各发达国家的关系也在逐步改善和发展，中国的国际地位在不断提高，这些因素都为中国的社会主义现代化建设创造了越来越有利的国际环境。

三、新中国的综合实力

1949年新中国成立之初，中国所有物质产品都严重落后于西方发达国家，如钢的产量只有美国的0.17%，同时中国的工业产值占总产值的比例不足10%，劳动人口中工人占不到6%，总生产力水平远远落后于发达国家。从工业化进程上看，1949年第二产业产值占国民生产总值的比重不足10%，新中国工业化程度也很低。但中国的自然资源与劳动力得天独厚，生物资源、矿产资源、土地资源丰富且品种繁多。生物资源占世界的10%，位居世界第三；矿产资源总量占世界的12%，同样位居世界第三；水能蕴藏量和可开发量则位居世界第一。中国的人口和劳动力也是世界上最多的，自然资源与劳动力均十分丰富。

新中国成立以来，尤其是十一届三中全会之后，我国的综合实力显著增强。1978年，中国的国内生产总值增加到3679亿元，占世界经济的1.8%，位居世界第十一；2000年突破10万亿元，超过意大利成为世界第六大经济体；2010年超过日本并连年稳居世界第二；2016—2018年连续突破70万亿元、80万亿元、90万亿元大关；2020年更是跨越了100万亿元大关，占到了世界经济的约17%，中国的经济总量连上新台阶，稳居世界第二大经济体。中国的工业生产能力也日渐增强，逐渐向中高端迈进，制造业增加值自2010年起就稳居世界第一，2018年中国成为拥有联合国产业分类中全部工业门类的国家，200多种工业品产量位居世界第一，钢材产量11.1亿吨，比1949年新中国成立之初增长了8503倍。中国农业的机械化程度同样在持续提高。党的十八大以来，中国主要农产品产量稳定增加，谷物、肉类、花生、茶叶、水果等产量均持续位居世界第一。2016年，国际货币基金组织将人民币纳入"特别提款权货币篮子"，人民币成为5种主要国际货币之一。如今，作为世界第二大经济体、第一大工业国、第一大货物贸易国、第一大外汇储备国，中国连续多年对世界经济增长贡献率超过30%。

第二节　新中国的货币

"此币含金量不轻，人民二字冠其名。流通见证沧桑变，增长伴随时代行。致富储存勤与智，图强引导善和清。金融接轨全球化，跨海过洋求共赢。"《七律·人民币题咏》中的人民币就是新中国的法定货币。人民币是中国唯一独立合法的货币，单位为元，辅币单位为角、分，1元等于10角，1角等于10分，人民币的符号为元的拼音首字母大写"Y"加上两横，即"¥"。

新中国成立以来，已发行五套人民币，形成了纸币与金属币、普通纪念币与贵金属纪念币等多品种、多系列的货币体系。除1分、2分、5分三种硬币外，第一套、第二套和第三套人民币已经退出了流通，第四套人民币也于2018年5月1日起停止了流通（1角纸币、5角纸币、5角硬币和1元硬币除外），至今仍流通的人民币主要是1999年、2005年、2015年、2019年、2020年发行的第五套人民币。

一、第一套人民币

1948年12月1日，中国人民银行成立并开始发行第一套人民币。第一批发行的第一套人民币有50元券、10元券、20元券，其中50元券颜色为棕色，图案为水车，10元券颜色为绿色，图案为浇田，20元券颜色为棕色，图案为运肥。第二批发行的第一套人民币则有100元券、5元券、1元券。随着解放战争的节节胜利，人民币的流通地区越来越广，人民币的票种也越来越多，从第一套人民币发行到1953年12月，已有12种面额，62个版别，其中1元券2种、5元券4种、10元券4种、20元券7种、50元券7种、100元券10种、200元券5种、500元券6种、1000元券6种、5000元券5种、10000元券4种、50000元券2种。由于当时正值解放战争前夕，通货膨胀严重，物价飞涨，第一套人民币没有发行辅币和硬币，仅以纸币形式存在。

第一套人民币具有四大特点。

第一，面额大，版别种类繁多。由于当时正值解放战争前夕，通货膨胀严重，人民币的币值变化较大，随着人民币币值的变化，政府需要不断增发大面额钞票，这使得第一套人民币的面额最终增加到12种，票券的版别达到62种之多，票券的最大面额甚至达到50000元，创造了人民币面值之最。

第二，受到当时国内环境和初期条件限制，其设计思想并不统一，图案内容较为分散。既有反映工农业生产的劳动场面，也有反映交通运输的情景，还有反映北京等地的名胜古迹的图案，券面内容繁杂，主题思想不突出、不明确。此外，第一套人民币62种票券除1000元耕地狭版券外，其他的全部票券均由晋察冀边区印刷局设计，券面上的"中国人民银行"字样由董必武先生书写。

第三，多为无水印钞纸印制，暗记和底纹是主要的防伪手段。第一套人民币暗记设计的形式多种多样，有汉字、数字、英文字母，也有几何图形和网纹等，现发现其中55种票券上设计有暗记，而其底纹丰富多彩，有行名底纹、线纹底纹、图形底纹、面值底纹等，还有的票券底纹并用，并且第一套人民币所有票券的底纹均在边框或花框内，框外为白边无底纹。此外，由于第一套人民币诞生于新中国成立前期，因此其没有设计国徽图案，这是发行的五套人民币中唯一一套没有放置国徽的纸币，并且其中早期制版发行的版别仍用"中华民国××年"纪年，而后期的版本则均只采用公元纪年。

第四，第一套人民币的印刷质量较为粗糙，印刷技术、工艺不统一。由于当时正处于战争时期，解放军推进很快，解放区迅速扩展，需要大量的人民币，为适应形势的需要，印刷人民币新厂老厂一齐上，新旧工艺一齐用，原材料就地取材，全国共有大大小小21家新老厂家参与了第一套人民币的印制工作，各厂石印、胶印、凸印、凹印、凸凹合印、凸胶合印、胶凹套印等多种技术有什么用什么，纸张、油墨就地取材也极不统一，这些使得第一套人民币的印刷质量较为粗糙，各种版别之间的质量相差很大。

1955年5月10日，第一套人民币停止在市场上流通。

二、第二套人民币

为解决第一套人民币面额过大等问题,提高印制质量,进一步健全中国货币制度,1955年3月1日,第二套人民币开始发行,同时收回第一套人民币。第二套人民币与第一套人民币折合比率为1:10000。第二套人民币共有1分、2分、5分、1角、2角、5角、1元、2元、3元、5元、10元 11个面额,其中1元券有2种,5元券有2种,1分、2分和5分券别有纸币、硬币2种。为便于流通,自1957年12月1日起,发行1分、2分、5分三种硬币,与纸分币等值流通。1961年3月25日和1962年4月20日分别发行了黑色1元券和棕色5元券,分别对票面图案、花纹进行了调整和更换。由于大面额钞票技术要求很高,在当时情况下,3元、5元和10元的人民币由苏联代印。

第二套人民币有五大特点。

第一,第一套人民币为大面额,第二套人民币的面额较小。其最小面额仅为1分,最大面额仅为10元,第二套人民币与第一套人民币的折合比率为第二套人民币的1元等于第一套人民币10000元。

第二,第一套人民币的主题思想不明确、不突出不同,第二套人民币的设计主题思想明确,民族风格突出。第二套人民币的主景图案集中体现了新中国社会主义建设的风貌,表现了中国共产党革命的战斗历程和各族人民大团结的主题思想。人民币设计按券别分为三个层次:一是6种辅币采用现代的交通运输、机械、发电等画面来表现,反映了社会主义建设的成效;二是1元、2元、3元券分别采用北京天安门、延安宝塔山、井冈山龙源口等为主题来表现,反映了中国革命的三个里程碑;三是5元、10元券以中国社会主义政治体制为题材来表现,反映了各民族大团结和工农联盟的主题,体现了新中国的大国之本。此外,钞票式样打破了原有的固定的四边框形式,采用了左右花纹对称的新规格,整个图案、花边和花纹,线条鲜明、精密、美观、活泼,具有民族风格。

第三,第一套人民币无水印钞纸印制、防伪手段落后、印刷质量粗糙和不统一,第二套人民币的纸张选用精湛,印制工艺技术先进。除了分币券采用了芬兰道林纸和旧存美钞纸以外,第二套人民币的其他票券均采用了由苏联供应的专用钞纸与中国新研制的钞纸,钞纸纸质精良、挺括、耐磨,并且票券均有满版水印或固定水印,其中1角、2角、5角和1元票券为空心五角星满版水印纸,2元、3元、5元票券为实心五角星花纹混合满版水印纸,10元票券为中国国徽图案固定水印纸,这在极大程度上提高了人民币的防伪功能。在印制工艺上,除了分币以外,其他券别全部采用胶凹套印,其中角币为正面单凹印刷,1元、2元、3元和5元纸币采用正背面双凹印刷,10元纸币还采用了当时先进的接线印刷技术。第二套人民币的凹印版是以我国传统的手工雕刻方法制作的,具有独特的民族风格,且具有版纹深、墨层厚,反假防伪功能较好的优点。

第四,第二套人民币的票种间颜色区分明显,票面尺幅按面额大小分档次递增。第二套人民币的票面主色调采用了分档配色,冷暖色协调和谐,合理地使用了红、蓝、绿、墨、茶、棕、紫等七种色调,使票种间有了非常明显的区分,有利于群众识别,也方便流通使用，同时还充分考虑了油墨的耐酸、耐碱、耐晒、耐磨等物化功能。第二套人民币的主币与辅币分档印制，券别与券别递增，从而使第二套人民币的每一种票券尺寸的长短都能有比例地逐步递增，使第二套人民币更好看、更好数、更好用。

第五，第二套人民币首次在票面上采用了蒙古文、维吾尔文、藏文三种少数民族文字的"中国人民银行"字样。第二套人民币票券的背面花符中间，全部印有蒙古文、维吾尔文、藏文三种少数民族文字的"中国人民银行"行名和面值，各票券设计、印制格局完全一致，其位置均在票券背面大花符中央浅淡的底纹部位，三种少数民族文字与汉字行名、面值有机布局，上下左右错落有序，对称和谐，上为汉文，下为蒙古文，左为维吾尔文，右为藏文，具有极佳的艺术效果。

1999年1月1日，第二套人民币（纸、硬分币除外）停止在市场上流通。2007年4月1日，第二套人民币纸分币停止在市场上流通。

三、第三套人民币

1962年4月20日，第三套人民币开始发行。第三套人民币与第二套人民币比价相等，在市场上与第二套人民币混合流通，与第二套人民币相比，第三套人民币取消了3元纸币，增加了1角、2角、5角和1元4种硬币，保留了1分、2分、5分纸币。第三套人民币共有1角、2角、5角、1元、2元、5元、10元7种面额、13种版别，分币仍沿用第二套人民币，其中1角券分别有4种（包括1种硬币），2角、5角、1元有纸币、硬币2种。1966年和1967年先后两次对1角纸币进行改版，主要是增加了满版水印，调整了背面颜色。

第三套人民币有五大特点。

第一，第三套人民币设计主题鲜明，体现了中国当时的建设方针和中国特有的民族风格。第三套人民币的票面设计图案集中反映了当时中国国民经济以农业为基础，以工业为主导，农业、轻工业、重工业并举的建设方针，以民族风格的花符衬托。以元券为例，1元券正面为女拖拉机手图，象征以农业为基础，背面的羊群象征发展畜牧业；2元券正面为车床工人图，象征以工业为主导，背面的石油矿井象征发展能源工业；5元券正面为炼钢工人图，象征工业"以钢为纲"，背面的露天煤矿象征发展能源工业；10元券正面为"人民代表步出大会堂"图，象征人民参政议政，背面以红色牡丹花和彩带衬托天安门，象征伟大祖国的富强和团结。此外，两种原版的1角券正面均为"教育与生产劳动相结合"，一个侧视图和一个正视图均体现了中国的文化教育新改革；2角券正面为武汉长江大桥，体现了中国的社会主义建设新成就；5角券正面为纺织车间，体现了中国的轻工业发展；1角、2角、5角这三种面额的角钞背面分别采用菊花、牡丹花、梅花、棉花等组成的图案，则体现了中国社会主义文化、科学、艺术事业蓬勃发展欣欣向荣。

第二，第三套人民币进一步打破了边框式设计思想。之前，人民币的设计思想是封闭式的，其中第一套人民币的边框是完全封闭的，票面图案全部被围在一个矩形花框内；第二套人民币已经做了一些打破这种模式的尝试，打破了原有的固定的四边框形式，采用了左右花纹对称的新规格；第三套人民币则进一步打破了边框式的设计思想。第三套人民币的主币取消了上边框，下边框也有较大变化，变成了富有民族风格的图案；第三套人民币的辅币则除了最初设计的枣红色1角券仍保留了变形的底边框外，其余全部取消了边框，变为开放式构图，这使得辅币较小的票面也能显得画面开阔、深远。

第三，第三套人民币的印制工艺技术更加先进，印制更加精细，钞票印制实现了全部国产化。第三套人民币在印制工艺上继承和发扬了第二套人民币的技术传统、风格，并且采用了多种先进技术，如第三套人民币的画面设计就采用了手雕与机雕相结合的技术，使票面图案墨层线条凸起，花纹精细，立体感强。此外，第三套人民币还实现了从设计、制版到纸张、原材料、印制设备的全部国产化，其中印刷设备不仅全部为国产，而且研制成功的平凸版双面多色印刷设备还处于国际领先地位，并且由于第三套人民币油墨、纸张、制版、印刷等技术的提高，防伪性能进一步增强。

第四，第三套人民币的色彩丰富，票面尺幅较小。第二套人民币受到当时印刷技术的限制，基本上是单色的，这样的票面既不够美观，也不利于防伪，而第三套人民币的票面除了有一个基本色调外，还采用了多色印刷技术，使其画面色调变得更加活泼、丰富，同时也提高了其防伪性能。此外，第三套人民币印制初期，中国正连续遭受自然灾害，国家物资严重紧缺，为了最大限度地节约制币生产中原棉等纤维原料和胡麻油的消耗，该套人民币的票面尺幅相对较小。

第五，第三套人民币增设了壮文。第三套人民币在第二套人民币蒙古文、维吾尔文、藏文三种少数民族文字的基础上增设了壮文，并且重新按照蒙古文、藏文、维吾尔文、壮文顺序进行了排列，文字印制位置也根据票面图案布局进行了重新调整。

2000年7月1日，第三套人民币停止在市场上流通。

四、第四套人民币

为适应经济发展的需要，为了方便流通使用和交易核算，1987年4月27日，第四套人民币开始发行。与第三套人民币相比，第四套人民币增加了50元、100元大面额人民币，共有1角、2角、5角、1元、2元、5元、10元、50元、100元9种面额、14种版别，其中1角、5角、1元有纸币、硬币2种。第四套人民币采取了"一次公布，分次发行"的办法，1987年4月27日首先发行了1980年版的50元券和5角券，1988年5月10日发行了100元、2元、1元和2角券，1988年9月22日发行了10元、5元、1角券。1992年8月20日，为适应人民币防伪工作需要，又发行了增加了安全线的1990年版的50、100元券，1995年3月1日和1996年4月10日分别发行了1990年版的1元券和2元券。1997年4月1日发行了1996年版的1元券。1角、5角、1元硬币则于1992年发行，与之前发行的硬币同时等值流通使用。

第四套人民币有三大特点。

第一，第四套人民币的图案设计兼具政治性与艺术性，并且极富民族特色。围绕着在中国共产党的领导下，中国各族人民精神焕发，团结一致，为建设有中国特色的社会主义而努力奋斗的主题思想，第四套人民币一方面通过主景的我党老一辈革命家、工人、农民、知识分子、民族人物的大幅人物头像体现政治性，另一方面又通过主币背面的中国名山大川、名胜古迹和票面纹饰的民族图案等体现艺术性，第四套人民币的图案设计兼具政治性与艺术性，且民族特色明显。

具体来说，100元券的正面主景是四位领袖浮雕像（从前到后，从右到左分别为毛泽东、周恩来、刘少奇、朱德），这不仅是中国共产党始终坚持的马列主义、毛泽东思想的形象表现，同时也记录和歌颂了党领导中国革命的光辉历史；100元券的背面主景则是与正面主景四位领袖浮雕像相呼应的井冈山主峰。50元券的正面主景是工人、农民、知识分子头像，这体现了中国《宪法》规定的"中华人民共和国是工人阶级领导的，以工农联盟为基础的人民民主专政的社会主义国家"和"社会主义的建设事业必须依靠工人、农民和知识分子，团结一切可以团结的力量"；50元券的背面主景则是与正面主景工人、农民、知识分子头像相呼应的黄河壶口瀑布。从10元券开始到1角券的正面主景都是中国有代表性的民族人物头像，每张票面两人，这不仅反映了中国各民族的大团结，同时也反映了各族人民意气风发、斗志昂扬的主人翁精神；主币10元券开始到1元券的背面主景则分别是与正面主景中国有代表性的民族人物头像相呼应的珠穆朗玛峰、长江巫峡、南海南天一柱、长城。第四套人民币的票面纹饰全部采用了富有中国民族特色的图案，这些纹饰与正背面主景表现的主题思想融为一体，表现出鲜明而独特的民族风格。

第二，第四套人民币突出了防伪性能。主要从四个方面加强了防伪：一是在纸张上加强了防伪，除3种角币券没有水印外，第四套人民币的主币均采用水印防伪，其中1元到5元券采用方圆古钱四方连续水印钞票纸，10元到100元券采用固定人物头像水印钞票纸，固定人物头像水印不仅要表现线条，还要表现出明暗层次，在工艺技术上十分复杂，这也是中国钞票纸生产工艺的一大进步。二是在制版、印刷工艺上加强了防伪，第四套人民币在制版和印刷工艺上主要采用了手工雕刻凹版印刷、凹印接线技术、套印对印技术和平凸版接线技术等，大大提高了人民币的防伪性能，其中手工雕刻凹版印刷工艺一直是国际上通用的钞票防伪的重要手段，有着墨层厚、手感强、难以复制的特点。三是首次使用了安全线，为适应"反假人民币"工作需要，1992年8月20日，中国人民银行发行了1990年版的50元券、100元券，正式启用了防伪安全线，提高了人民币的抗伪能力。四是在油墨上加强了防伪，第四套人民币使用了多种防伪油墨，如无色荧光油墨、同色异普油墨、磁性油墨等，提高了人民币的防伪性能。此外，第四套人民币还采用了数字防伪、互补图案等手段。防伪性能的加强也反映了中国印钞技术水平的提高。

第三，第四套人民币增印了盲文符号，采用了规范化汉字。在第三套人民币蒙古文、维吾尔文、藏文、壮文四种少数民族文字的基础上，在1元以上主币上增印了盲文符号，体现了党和政府对残疾人的关心。此外，第四套人民币还吸收中国对汉字整理和简化的成果，在票面上全部采用了规范化汉字。具体来说，一是改繁体字为简体字，例如"中国人民银行"行名中的繁体字"國""銀"和六种主币面值的繁体字"圓"，分别改成了简体字"国""银""圆"；二是改异体字为正体字，例如原来流通的人民币2元券、2角券、2分券中的异体字"贰"改成了规范的正体字"贰"；三是改旧字形为新字形，例如原来流通的人民币辅币1角、2角、5角券的"角"从中间的一竖不出头的旧字形改成中间一竖出头的新字形。

2018年5月1日，第四套人民币（1角、5角纸币和5角、1元硬币除外）停止在市场上流通。

五、第五套人民币

改革开放以来，随着社会主义市场经济持续、健康、快速发展，社会对现金的需求量也在日益增大，为适应经济发展和市场货币流通的要求，1999年10月1日，在新中国成立50周年之际，第五套人民币开始发行。与第四套人民币相比，第五套人民币增加了20元纸币，取消了1角、2角、5角、2元纸币，共有1角、5角、1元、5元、10元、20元、50元、100元8种面额，有1999年版、2005年版、2015年版、2019年版、2020年版5版，其中1元有纸币、硬币两种，面额结构更加合理。第五套人民币同样采取了"一次公布，分次发行"的办法：1999年10月1日首先发行了1999年版的100元纸币，2000年10月16日发行了1999年版的20元纸币、1元和1角硬币，2001年9月1日发行了1999年版的50元、10元纸币，2002年11月18日发行了1999年版的5元纸币、5角硬币，2004年7月30日发行了1999年版的1元纸币。2005年8月，为提升防伪技术和印制质量，发行了2005年版的第五套人民币部分纸硬币，对变光数字、面额水印位置进行了调整，增加了凹印手感线、防复印标记等。2015年11月发行了2015年版的100元纸币，对部分票面图案（非主图案）、防伪特征及布局进行了调整，提高了机读性能。2019年8月30日发行了2019年版的50元、20元、10元、1元纸币和1元、5角、1角硬币。2020年11月5日则发行了2020年版的5元纸币，优化了票面结构层次与效果，提高了整体防伪性能。

第五套人民币有四大特点。

第五套人民币的图案更具有代表性，面额更突出，同样极富民族特色。第五套人民币各面额正面均采用了毛泽东主席新中国成立初期的头像，主景人物、水印、面额数字均较以前有所放大，尤其突出了阿拉伯数字表示的面额，便于群众识别；底衬分别采用了兰花、水仙、月季、荷花、菊花、梅花这六种中国著名的花卉图案，通过将这六种中国传统名花图案置于纸币中央，使本套人民币的外观更加典雅，古朴而不失时代感；背面主景图案则分别选用了人民大会堂、布达拉宫、桂林山水、长江三峡、泰山、杭州西湖，通过选用这些有代表性的寓有民族特色的图案，充分表现了我国悠久的历史和壮丽的山河，弘扬了中国伟大的民族文化。

第二，第五套人民币在防伪性能和适应货币处理现代化方面有了较大提高。一方面，第五套人民币改进了原材料工艺，提高了纸张的综合质量和防伪性。固定水印立体感强、形象逼真。磁性微文字、安全线、彩色纤维、无色荧光纤维等在纸张中有机运用，并且采用了电脑辅助设计手工雕刻、电子雕刻和晒版腐蚀相结合的综合制版技术。特别是在二线和三线防伪方面采用了国际通用的防伪措施，为专业人员和研究人员鉴别真伪，提供了条件。与第四套人民币相比，第五套人民币的防伪技能由十几种增加到二十多种。另一方面，第五套人民币还应用了多项成熟的、具有国际先进水平的防伪技术。主要包括光变油墨印刷、编码荧光油墨印刷、隐形面额数字、横竖双号码、双色横号码、阴阳互补对印图案、胶印缩微文字、红蓝彩色纤维、凹印手感线、防复印标记、白水印等多项防伪技术。与第四套人民币相比，第五套人民币在防伪技术上的一项重要突破就是增加了机读技术，便于现代化机具清分处理。

第三，第五套人民币首次实现了人民币由中国人民银行完全独立设计与印制。第五套人民币的独立设计与印制说明中国货币的设计印制体系已经成熟，完全有能力在银行系统内完成国币的设计、印制任务，并且根据专家论证可知第五套人民币的印制技术已达到了国际先进水平。

第四，第五套人民币的票幅尺寸宽度未变，长度缩小。

中国人民银行已经推出数字货币。2016年1月20日，中国人民银行举行的会议上就透露过将争取早日推出央行发行的数字货币的信息，会议认为，在中国当前经济新常态下，探索央行发行数字货币具有积极的现实意义和深远的历史意义。截至2021年，央行数字货币体系已基本完成顶层设计、标准制定、功能研发、联调测试等工作，并且央行数字货币也已经在国内多地完成了试点工作。

六、纪念币

中国人民银行还限量发行了具有特定主题的人民币，即纪念币，而纪念币则可以分为普通纪念币和贵金属纪念币。普通纪念币包括普通纪念币和纪念钞，其与市场上流通的同面额的纸币、硬币价值相等，可同时在市场上流通，任何单位和个人不得拒收；贵金属纪念币是指用金、银等贵金属或其他合金铸造的纪念币，其面额只是象征性的，不能参与实际流通。中国人民银行自1979年起开始发行贵金属纪念币，1984年起开始发行普通纪念币，纪念币的规格和材质多种多样，题材也涉及重大事件、人物、文化体育、珍稀动物、文化遗产等多方面。

第三节　新中国货币的功能

一、货币的职能

在发达的商品经济条件下，货币具有价值尺度、流通手段、贮藏手段、支付手段和世界货币五大职能。货币的五大职能是随着商品经济的发展而逐渐形成的。其中，价值尺度和流通手段是货币最基本的职能。货币首先作为价值尺度，衡量商品有没有价值、有多少价值，然后作为流通手段实现商品的价值。

《中华人民共和国人民币管理条例》规定，中华人民共和国的法定货币是人民币。1948年12月1日，中国人民银行成立时发行的第一套人民币标志着新中国货币制度的开端，但当时人民币还并没有成为全国统一的货币。新中国成立后，中国人民政府通过有力的措施和坚决的斗争，肃清了国民党政府、地方政府的货币，收回了各解放区的货币，同时禁止了金银、外币的流通与投机，用一年的时间建立起了独立、统一的货币制度——人民币制度。1950年3月，全国财经工作统一后，中国的经济形势逐渐稳定，物价日趋平稳，并且随着中国城乡交流的日益增加，人民币的流通范围也在不断扩大，战时货币丧失的价值尺度、流通手段、支付手段职能逐步恢复，人民币成为职能较为完备的名副其实的货币。

由于至今中国发行的五套人民币均以纸币为主，而纸币本身没有价值，并且人民币与外币不能进行自由兑换，因此人民币作为新中国成立后的法定货币，在中国社会主义经济生活中仅具有货币职能中的价值尺度、流通手段、支付手段职能，起初不具有世界货币职能。价值尺度是指货币表现其他一切商品是否具有价值和衡量其价值量大小的职能，人民币执行价值尺度职能是指把商品的价值表现为一定的价格，而价格是指通过一定数量的货币表现出来的商品价值，为了用人民币来衡量商品价值量的大小，人民币确定的计量单位为"元"，例如某一商品被标价为人民币5元，这就执行了人民币的价格尺度职能；流通手段是指货币在商品流通中充当交换媒介借以实现商品价值的职能，人民币执行流通手段职能是指把人民币作为在商品交易过程中的交换媒介，从而实现商品的成功交易。由于纸币本身没有价值，因此，人民币的交换价值由其代表的价值决定，而不是由其本身的价值决定；支付手段是指货币用于清偿债务、支付赋税、租金、工资等的职能，是随着赊账买卖的产生而出现，人民币执行支付手段职能是指人民币在中国可以被用来预付贷款、放款、还款、缴纳赋税、支付租金、发放工资等，进行各种钱款的支付。

二、货币的购买力

新中国成立以来，法定货币人民币的购买力主要经历了恶性通胀、计划物价、转轨型通胀、整体平稳这四个时期。

（一）恶性通胀

新中国成立前后，受到人民币超发、物资短缺、投机势力影响等原因的影响，国内的物价飞速飙涨，1949年4月到1950年3月间出现了恶性通胀。在这持续了近一年的恶性通胀期里，物价上涨了超过百倍，人民币的购买力急剧下滑。

1948年12月1日，在华北银行、北海银行和西北农民银行的基础上，合并成立了中国人民银行，开始发行第一套人民币，最初只发行了10元、20元、50元三种小面额钞票，但由于当时战争的持续进行，人民政府的支出远大于收入，入不敷出，只能加大印钞。根据相关的统计数据，1949年4月，人民币的发行总量为607亿元，7月底就达到了2800亿元，11月底迅速增加到20000亿元，1950年2月底则达到了41000亿元，到了1950年3月，人民币的发行量增加至49100亿元，在这不足一年的时间里，人民币的印钞量暴增了80倍以上。

严重的通货膨胀随之而来，国内的物价失控。由于物价的飞涨，市面上商品标价高得离谱，商品标价动辄几百元、几千元，人们继续使用小面额钞票就变得十分不方便，这就促进了第一套人民币超大面额钞票的产生。1949年，1000元、5000元、10000元面值的超大面值钞票开始发行，1950—1953年，500元以下的钞票不再发行，人民币的最大面额达到 50000 元。

1949 年 4 月到 1950 年 3 月，持续了近一年的恶性通胀最终在政府的强力干预下得到了遏制。1950 年 3 月，中央人民政府政务院（国务院的前身）通过并颁布了《关于统一国家财政经济工作的决定》，将全国行政和军事人员的编制和待遇、财政收支、国营贸易、物资管理与调配、现金管理、私营企业管理等进行了统一，并严格按照计划进行调配，形成了计划经济的最早雏形，中国的物价逐渐稳定了下来，一直到 1953 年都没有出现大的波动。

（二）计划物价

1953 年，中国转变为计划经济体制，同时也开启了社会主义改造，此后一直到 1978 年改革开放，这段时期被称为"计划经济时期"。"计划经济时期"的"计划物价"是由政府物价主管部门制定的，物价部门有专职人员负责计算各类商品的成本，依成本定价，并根据成本变化而调整定价，国营商店销售的几万种商品均由中央和各级地方政府的物价部门层层制定计划价格。

此时，虽然之前的恶性通胀已经得到了遏制，但是由于纸币印刷过多，人民币依然存在着较明显的通货膨胀，市面上商品标价依然动辄几百元、几千元，甚至几万元，这种情况一直持续到 1955 年第二套人民币开始发行。1955 年 3 月 1 日，中国人民银行开始发行第二套人民币，以第二套人民币取代第一套人民币，第二套人民币与第一套人民币折合比率为 1∶10000，并且第二套人民币还新增了"角、分"两个辅助货币单位，使得第二套人民币的 1 分等于第一套人民币的 100 元，第二套人民币的 1 角等于第一套人民币的 1000 元，新旧币兑换起来更加方便。由于第二套人民币的面额缩小了 10000 倍，物价也同步下降了 10000 倍，比如原来一斤食用油的标价为 10000 元人民币，现在的标价变为 1 元人民币，物价回归正常，同时也抹去了恶性通胀的遗留印记。

1955 年，按照第二套人民币的额度计算，中国的人民币存量合计是 182 亿元。之后随着中国经济的发展，1956 年、1957 年两年，中国的人民币存量分别增加到 191 亿元和 218 亿元，增速较为正常。然而，随着"超英赶美""跑步进入共产主义"等"大跃进"运动口号的提出，伴随着经济上的狂热，国内靠着印人民币来解决"大跃进"运动期间的财政赤字，人民币供应量开始了罕见的"大跃进"。1958 年、1959 年两年，人民币供应量分别激增到 363 亿元和 474 亿元，增长率分别达到了 66%和 30%，创下了 60 年来的最高增长率纪录。此时，虽然绝大部分商品都是由国营商店统一定价出售，但一些小型自由集贸市场仍然存在，"大跃进"使国营商店供应不足，商店不得不限量供应，人们涌向自由贸易市场，市场的需求增大，在商品短缺和货币超发的双重推力下，物价飞速增长，其中粮食价格涨 10~20 倍，物价上涨压力很快也传导至国营商店，国营商店也被迫上调"计划物价"，物价上涨，人民币购买力大幅下滑。

之后，经过一系列包括回笼现金、收缩货币供应的政策调整，国内的物价才逐渐稳定下来。为了长期稳定物价，1962 年，国务院下设了全国物价管理委员会，负责统一领导全国的物价制定工作。此后，从中央到地方的各级物价管理机构逐步建立，形成了"统一领导、分级管理"的物价管理体制。1966 年，"文化大革命"爆发，为避免市场陷入混乱，国务院宣布了"冻结物价",这次"物价冻结"持续了约10年,其间,中国的物价波动稳定在±1%以内,在这段社会形势动荡不安的时期,物价却基本保持了稳定,这是强力控制的计划经济的特点。

(三)转轨型通胀

1978年12月,十一届三中全会召开,改革开放正式实施。随着一系列改革政策的出台,社会各领域都开始发生翻天覆地的变化。1979—1998年这二十年间,中国经济体制剧烈转轨,从一元计划经济体制向二元计划与市场并存释放活力的转轨阶段。在这个经济体制转轨期,国内的物价几乎一直处于高波动状态,可概括为"转轨型通胀"——因重大经济改革的实施,而引起的物价大波动。

1980年,第一次通胀"小高峰"出现了。这次物价上涨的原因可归结为两点:一是因为国内物价管制刚刚小范围放开,这释放出了一小部分之前被压制的物价上涨压力;二是因为1979年到1980年,中国的财政赤字是靠印人民币来解决的,这导致了人民币供应量的快速增长,从而导致了国内物价的上涨。

第二次通胀高峰是从1985年到1989年,这次通胀持续时间长、波动剧烈、物价涨幅大,五年间,国内商品零售价格指数累计涨幅接近80%。这次物价飞涨的原因和国内的改革举措密切相关。一方面,1984年以市场为导向的价格体制改革方针确定了,中国放开物价管制的步伐加快,之前被压制的物价上涨压力大幅释放,尤其是1988年的"价格闯关"改革全面取消了凭票供应的物价管制和价格双轨制度,试图一下放开价格,一步调整到位,结果是瞬间刺激了物价上涨,引发了民众恐慌性抢购商品的乱象。另一方面,在央行和银行体制改革过程中出现了制度和管理漏洞,导致了银行信贷膨胀,人民币供应量盲目扩大。此外,从1984年第四季度开始到1988年,职工工资奖金大幅度提升,刺激了人们的消费需求,成为物价上涨的拉动因素。

第三次通货膨胀高峰是从1992年到1996年,这次通胀的物价涨幅依然很大,五年间商品零售价格指数累计涨幅也接近80%。这次物价飞涨和第二次通胀类似,同样也是由信贷膨胀、经济过热、人民币供应量大幅扩张导致的。

根据相关的统计数据,截至1994年年底,财政部向中国人民银行透支和借款的总额约为1687.7亿元,而1978年到1994年间政府的财政赤字累积余额约为2223.5亿元,这意味着政府76%的财政赤字是通过直接向中国人民银行透支和借款的方式来弥补的。为了真正解决这一问题,1995年3月18日,全国人民代表大会会通过的《中华人民共和国中国人民银行法》规定了人民银行不得为政府的财政赤字"买单",禁止人民银行直接提供财政借款,从法律上禁止了财政赤字货币化。货币发行一定要与经济增长保持平衡的原则自此终于在制度上落实了下来。

(四)整体平稳

1998年,中国的市场经济体制转型基本完成,"转轨型通胀"结束,国内的物价也稳定了下来。改革开放后20多年(1998年至今)和前20年(1978—1998年)相比,物价波动更为平稳，通胀率基本都能控制在3%以下（2004年、2007年、2008年、2011年除外）。改革开放前20年（1978—1998年）经常发生高通胀，人民币的购买力急剧下滑，而改革开放后20多年（1998年至今）通胀较平稳，人民币的购买力下滑较为缓慢。

三、金融机构

新中国成立后，金融机构体系的建立与发展基本可以分为初步形成金融机构体系阶段、"大一统"金融机构体系阶段、初步改革和突破"大一统"金融机构体系阶段、多样化金融机构体系阶段、建设和完善社会主义市场金融机构体系阶段这五个阶段。

1948年到1953年为初步形成金融机构体系阶段。1948年12月1日，在华北银行、北海银行和西北农民银行的基础上，合并成立了中国人民银行，中国人民银行的成立标志着新中国金融机构体系的开始。

1953年到1978年为"大一统"金融机构体系阶段。1953年，中国开始大规模、有计划地进行经济建设，在经济体制与管理方式上实行了高度集中统一的计划经济体制与计划管理方式。与此对应，我国的金融机构体系也实行了高度集中的"大一统"模式。"大一统"模式的基本特征如下：中国人民银行是全国唯一一家办理各项银行业务的金融机构，集中央银行和普通银行于一身，内部实行高度集中管理，利润分配则遵循统收统支原则。

1979年到1983年8月为初步改革和突破"大一统"金融机构体系阶段。1979年，中国银行从中国人民银行中分设出来，作为外汇专业银行，负责管理外汇资金并经营对外金融业务；同年，中国农业银行恢复成立，负责管理和经营农业资金；1980年，中国建设银行从财政部分设出来，起初专门负责管理基本建设资金，1983年开始经营一般银行业务。此阶段中国人民银行仍然集货币发行与信贷于一身。

1983年9月到1993年为多样化金融机构体系阶段。1983年9月，国务院决定中国人民银行专门行使中央银行职能；1984年1月，单独成立了中国工商银行，负责承担原来由中国人民银行办理的工商信贷和储蓄业务；1986年以后，增设了全国性综合银行，如交通银行、中信实业银行等，还设立了区域性银行，如广东发展银行、招商银行等，同时批准成立了一些非银行金融机构，如中国人民保险公司、中国国际信托投资公司、中国投资银行、光大金融公司、各类财务公司、城乡信用合作社及金融租赁公司等。此阶段形成了以中国人民银行为核心，以工、农、中、建四大专业银行为主体，其他各种金融机构并存和分工协作的金融机构体系。

1994年至今，为建设和完善社会主义市场金融机构体系阶段。1994年，国务院决定进一步改革金融体制。1994年以来，中国金融机构体系改革的主要措施如下：分离了政策性金融与商业性金融，成立了国家开发银行、中国进出口银行、中国农业发展银行三大政策性银行；进行了工、农、中、建四大专业银行向国有商业银行的转化；建立了以国有商业银行为主体的多层次商业银行体系。1995年，组建第一家民营商业银行——中国民生银行；同年，在城市信用合作社的基础上，在各大中城市开始建立城市合作银行，后更名为城市商业银行；大力发展了证券投资基金等非银行金融机构。为了加强对金融机构的监管，1992

年，成立了中国证券业监督管理委员会；1998年，成立了中国保险业监督管理委员会；2003年，成立了中国银行业监督管理委员会，形成了"分业经营、分业监管"的基本架构。此阶段形成以"一行三会"（中国人民银行、中国证券业监督管理委员会、中国保险业监督管理委员会、中国银行业监督管理委员会）为主导，大中小型商业银行为主体，多种非银行金融机构为辅翼的较为完备的金融机构体系。这一金融机构体系至今仍在完善过程中。2018年，中国保监会与银监会合并成为中国银行保险监督委员会。

（一）中国人民银行

中国人民银行的筹建始于1947年。同年9月14日，华东局工委张鼎城、邓子恢向华北财办建议立即成立联合银行或者解放区银行，10月2日，华北财办主任董必武致电中共中央，建议成立"中国人民银行"，10月8日得到中央复电，中央指出目前建立统一的银行过早，但准备工作是必要的，银行名称可以用中国人民银行。于是华北财办决定成立以南汉宸为主任的中国人民银行筹备处，开始准备工作。

1948年12月1日，中国人民银行在华北银行、北海银行、西北农民银行的基础上，在河北省石家庄市合并组成（图12-1），同时开始发行人民币，中国人民银行和人民币分别成为中华人民共和国成立后的中央银行和法定货币。1984年以前，中国人民银行身兼中央银行与商业银行的职能。1983年9月，国务院决定中国人民银行专门行使中央银行职能。1984年1月，成立中国工商银行，以办理原来商业银行的业务，中国人民银行的商业银行职能完全被剥离，但其仍然同时负责宏观经济调控与金融行业监管。1992年，中国证券业监督管理委员会成立，证券业务监管职责被分离。1998年，中国保险业监督管理委员会成立，保险业务监管职责被分离。2003年，中国银行业监督管理委员会成立，银行业务监管职责被分离，金融分业监管的体制正式形成。

图12-1 中国人民银行旧址（石家庄市）

（二）政策性银行

政策性银行是指由政府创立，以贯彻政府的经济政策为目标，在特定领域开展金融业务的不以营利为目的专业性金融机构。1994年，中国成立了国家开发银行、中国进出口银行、中国农业发展银行三大政策性银行,其中国家开发银行的主要任务是办理国家重点建设项目,包括基本建设和技术改造项目的政策性贷款贴息业务;中国进出口银行的主要业务是为大型机电成套设备进出口提供买方信贷和卖方信贷,为中国银行的成套机电产品出口信贷办理贴息及出口信用担保;中国农业发展银行则主要承担国家规定的农业政策性金融业务,为粮油收购、调销、加工和国家主要农副产品收购提供资金融通,代理财政支农资金的拨付和监督使用。2008 年 12 月 16 日,国家开发银行股份有限公司在北京挂牌成立,成为中国第一家由政策银行转型而来的商业银行,标志着中国政策性银行改革取得了重大进展。

(三)商业银行

商业银行是通过存款、贷款、汇兑、储蓄等业务,承担信用中介的金融机构,主要业务范围是吸收公众存款、发放贷款以及办理票据贴现等。与中央银行和政策性金融机构不同,商业银行以营利为目的,在经营过程中讲求营利性、安全性和流动性的原则,且不受政府行政干预。

中国的商业银行可以分为国有控股大型商业银行、股份制商业银行、城市商业银行、农村商业银行、村镇银行和外资商业银行。中国的国有控股大型商业银行包括中国工商银行、中国农业银行、中国银行、中国建设银行、中国邮政储蓄银行和交通银行,其中工、农、中、建四大银行是由原来的国家专业银行转化而来的;股份制商业银行包括招商银行、浦发银行、中信银行、中国光大银行、华夏银行、中国民生银行、广发银行、兴业银行、平安银行、恒丰银行、浙商银行和渤海银行,这些银行成立之初就采取了股份制的企业组织形式,股本金来源除了国家投资以外,还有境内外企业法人投资和社会公众投资;城市商业银行包括杭州银行、东莞银行、重庆三峡银行等上百家银行,城市商业银行的前身是 20 世纪 80 年代设立的城市信用社,而城市信用社是在城市中按一定社区范围,由城市居民和法人集资入股建立的合作金融组织;农村商业银行包括杭州农商联合银行、吉林九台农村商业银行、北京农村商业银行等上百家银行,农村商业银行是在农村信用社的基础上改制的,而农村信用社是由农民或农村的其他个人集资联合组成,以互助为主要宗旨的合作金融组织;村镇银行包括北京密云汇丰村镇银行、天津市北辰村镇银行、深州丰源村镇银行等上千家银行,村镇银行主要为农村当地的农民、农业和农村经济发展提供金融服务;外资商业银行包括花旗银行、渣打银行、东亚银行、汇丰银行等上百家银行,中国的第一家外资银行是在改革开放后于 1981 年引入的。

(四)非银行金融机构

非银行金融机构是以发行股票和债券、接受信用委托、提供保险等形式筹集资金,并将所筹资金运用于长期性投资的金融机构,主要包括保险公司、证券公司、信托投资公司、金融租赁公司、基金管理公司,金融资产管理公司等。1999 年,我国成立了中国华融资产管理公司、中国长城资产管理公司、中国东方资产管理公司和中国信达资产管理公司这四家金融资产管理公司,分别接收了从中国工商银行、中国农业银行、中国银行、中国建设银行剥离出来的不良资产。

（五）国际性银行

金砖国家新开发银行（New Development Bank，简称 NDB），又名金砖银行。金砖银行主要资助金砖国家以及其他发展中国家的基础设施建设，对金砖国家具有非常重要的战略意义。巴西、南非、俄罗斯、印度的基础设施缺口很大，在国家财政力所不逮时，需要共同的资金合作。2015 年 7 月 21 日，金砖国家新开发银行开业。巴西、俄罗斯、印度、中国和南非成为创始国。

亚洲基础设施投资银行（Asian Infrastructure Investment Bank，简称亚投行，AIIB）是一个政府间性质的亚洲区域多边开发机构，重点支持基础设施建设，成立宗旨是为了促进亚洲区域的建设互联互通化和经济一体化的进程，并且加强中国及其他亚洲国家和地区的合作，是首个由中国倡议设立的多边金融机构，总部设在中国北京，法定资本 1000 亿美元，中国是该银行的最大股东。2016 年 1 月 16 日，亚投行开业。截至 2021 年 10 月，亚投行有 104 个成员。

第四节 新中国的金融政策

一、新中国的货币制度

1947 年，人民解放战争进展顺利，各解放区相继连成了片，解放区内基本完成了土地改革，解放区的经济也在逐步恢复和发展，各个解放区间的物资交流和商民往来日益频繁。在这种形势下，各解放区在战争环境中形成的区域性的、分散的货币制度已不能再适应形势发展的需要，中国需要成立全国统一的银行，需要发行全国统一的货币。

然而，成立全国统一的银行、发行全国统一的货币并不是一件容易的事，由于当时各解放区各自为政、货币互不流通且复杂多样，要想统一货币，势必会遇到很多实际问题，对此，国家需要提前做大量的准备工作，而这些准备工作大致可分为四个阶段。

第一个阶段是各区货币相互支持，便利兑换阶段。1947 年 4 月，第一次华北财经会议指出"各区货币应互相支持，便利兑换"，决定各解放区之间的货币实行"互相支持、互不流通及按自然比价兑换的原则，以便利相互间的物资交换，改变过去互不交流的办法"。1947 年夏天，晋察冀边区银行、北海银行和冀南银行经过商定，决定了在区际接壤地带划定货币混合流通区，规定在混合流通区内各区货币可以自由兑换、自由流通、自定比价和自由携带，但到对方区就必须兑换成对方区的货币才可以使用。这一举措为各解放区间货币的进一步统一积累了宝贵的经验。

第二个阶段是成立中国人民银行筹备处阶段。1947 年 9 月 14 日，华东局工委张鼎城、邓子恢向华北财办建议立即成立联合银行或者解放区银行，当年 10 月 2 日，华北财办主任董必武致电中共中央，建议成立"中国人民银行"，10 月 8 日得到了中央复电：目前建立统一的银行还有点过早，但进行准备工作是必要的，银行名称可以用中国人民银行。于是，华北财办决定成立以南汉宸为主任的中国人民银行筹备处，开始进行准备工作。中国人民银行筹备处在南汉宸的领导下,为中国人民银行的成立和人民币的设计、印刷、发行做了大量的准备工作,同时还向各大解放区筹集了大批食盐、布匹、粮食等物资,为人民币的发行做好了物资上准备。

第三个阶段是固定比价、混合流通阶段。1948年4月,华北金融贸易会议做出了《统一新中国货币问题的决议》,提出了"由北而南,先是东北和华北,其次是西北和中原,然后华西和华南,最后以中国人民银行之本位货币之发行实现全国之大统一"的统一货币总原则。1948年4月15日,晋冀鲁豫边区政府与晋察冀边区政府宣布冀南银行发行的冀南币与晋察冀边区银行发行的边币以1:10的比价在两区互相流通,同时停止发行并逐步收回边币,使冀南币成为两区统一的货币。1948年10月5日,华北人民政府宣布华北的冀南币与山东解放区北海银行发行的北海币以1:1的比价在两区互相流通。同年10月20日,华北人民政府又宣布华北的冀南币与西北农民银行发行的西农币以1:20的比价在华北与陕甘宁、晋绥两区互相流通。同年11月,山东省政府与华中行政办事处宣布北海币与华中银行发行的华中币按1:1固定比价互相流通。至此,陕甘宁边区、晋绥边区、晋察冀边区、晋冀鲁豫边区、山东、华中六大解放区的货币成功地完成了固定比价、互相流通的任务,中国向发行全国统一的货币迈进了一大步。

第四个阶段是发行统一的货币——人民币阶段。各解放区货币在实行了固定比价、混合流通后,市场上主要流通的货币有冀南币、北海币、西农币和华中币四种,这四种货币虽然在便利民商往来与物资交流方面起了很大的作用,但仍存在着货币过于复杂与货币面额过小的问题,全国迫切需要发行统一的货币。1948年10月3日,中共中央发出《关于印制新币问题的指示》,决定由华北财经委员会指导中国人民银行筹备处负责计划,于是华北财经委员会召开了第一次会议,决定1949年1月1日成立中国人民银行,并发行人民币。1948年11月,辽沈战役胜利结束,淮海战役进展顺利,平津解放在即,如果在这种形势下各解放区仍使用名称和比价各异的货币,就可能成为政治、经济发展的严重障碍。因此,1948年12月1日,中国人民银行在华北银行、北海银行和西北农民银行的基础上提前合并成立了,同时开始发行第一套全国统一的货币——人民币。

中国人民银行成立时发行的第一套人民币标志着新中国货币制度的开端,但是第一套人民币的发行还不意味着全国货币的真正统一。新中国成立后,中国人民政府通过有力的措施和坚决的斗争,肃清了国民党政府、地方政府的货币,收回了各解放区的货币,同时禁止了金银、外币的流通与投机,用一年的时间建立起了真正独立、统一的货币制度——人民币制度。

人民币制度随着时间的推移得到了进一步健全。为解决第一套人民币面额过大等问题,提高印制质量,进一步健全中国货币制度,1955年3月1日,第二套人民币开始发行,同时收回第一套人民币,1955年5月10日,第一套人民币停止在市场上流通。1962年4月20日,第三套人民币开始发行;为适应经济发展、进一步健全中国的货币制度、方便流通使用和交易核算,1987年4月27日,第四套人民币开始发行。1999年1月1日,第二套人民币(纸、硬分币除外)停止在市场上流通。随着改革开放以来社会主义市场经济持续、健康、快速地发展,社会对现金的需求量也在日益增大,为适应经济发展和市场货币流通的要求，1999年10月1日，在新中国成立50周年之际，第五套人民币开始发行。2000年7月1日，第三套人民币停止在市场上流通。2007年4月1日，第二套人民币纸分币停止在市场上流通。2018年5月1日，第四套人民币（1角、5角纸币和5角、1元硬币除外）停止在市场上流通。目前流通的人民币主要是第五套人民币。2005年，中国人民银行公布的《电子支付指引（第一号）》提出了"电子支付"这一概念。"电子支付"是指单位、个人直接或授权他人通过电子终端发出支付指令，实现货币支付与资金转移的行为。人民币除了传统的纸币、硬币支付外，还可以通过网络进行支付。未来，中国人民银行有可能推出数字货币。2016年1月20日，中国人民银行举行的会议上就透露过将争取早日推出央行发行的数字货币的信息，会议认为，在中国当前经济新常态下，探索央行发行数字货币具有积极的现实意义和深远的历史意义。截至2021年，央行数字货币体系已基本完成顶层设计、标准制定、功能研发、联调测试等工作，央行数字货币已经在国内多地完成了试点工作。

二、新中国的信贷政策

（一）国民经济恢复时期

新中国成立后，中国人民银行为了促进国民经济的恢复与发展采取了三项措施。

一是实施有区别的信贷政策。1950年6月，开始在全国范围内进行工商业调整，中国人民银行灵活地运用了信贷杠杆，实行了有松有紧的贷款政策。对国营经济，尤其是国营商业和供销合作社提供了金额较大、利率较低、条件较宽的贷款；对已经确定要取代的私营批发商则停止了发放新贷款，收回了已发放的旧贷款；对私营工厂适度增加了贷款，从而支持其如期完成国家下达的任务；普遍开展了押汇业务，从而促进了城乡物资交流。

1950年10月，中国政府决定抗美援朝，国内市场通货膨胀的压力增大，中国人民银行迅速采取了紧缩信用的措施。物价稳定后，1951年2月，中国人民银行通过增加商业贷款、合作贷款、农业贷款等，在农村适当投放了货币，促进了农副产品的收购，促进了中国经济的回升。1952年，物价更加趋于稳定，中国人民银行的信贷政策也变得更为宽松。根据市场物价变化适时松紧信贷，恰当掌握贷款对象及期限，这是当年中国稳定货币的重要工具。

二是适时调整利率水平。1949年5月12日，中国人民银行针对当时物价继续上涨的情况，发出了《关于工商放款政策及利率调整的指示》，适当调高了存放款利率水平，根据不同生产部门划分了利率档次，按照市场物价、放款对象和资金情况灵活掌握利率，同时，强调了对三个月以上长期放款一般应以折实贷款等方式为原则。调整后的存放款利率水平均高于当时的物价涨幅，这种高利率一方面引导了社会游资流向银行，另一方面也强有力地抑制了市场投机行为。

1950年3月25日，当物价回落，银行存款逐步增加，折实存款和折实贷款均已经失去了积极作用时，中国人民银行发布了《关于物价趋势及调整并掌握四月份利率的指示》，通知各大城市随物价回落降低利率水平，以恢复工商业。6月27日又规定了统一的利率范围，以此作为各地掌握的高限。1951年2月9日，在全国实现了财政收支、现金收支、物资调拨基本平衡，物价也已经基本保持平稳的情况下，中国人民银行确定了掌握利率的四条原则：第一，国家银行对公营企业（包括合作社）利率采取"存放两低"，利差从低；第二，国家银行对私营企业利率采取"存放两高"，以接近市场利率；第三，大中城市的私营行庄利率，通过各地利率委员会，实现国家银行在利率政策上的领导作用；第四，利率既不能脱离市场，也不能追随市场利率朝令夕改。当时还规定了各地利率委员会伸缩、浮动的界限。1951年7月，为了降低工商业的成本，同时便于大量动员资金，中国人民银行确定了逐步降低利率的方针，而降低利率的步骤可以分成7月中旬与9月底两个阶段。1952年6月21日，中国人民银行全面降低了存放款利率。

在利率管理方面，为了适应经济发展状况的需要，新中国建立了多元化、多层次的利率管理体制。在对工商企业存放款的利率管理方面，"由区行及直属分行掌握"，或明确"由区行及直属分行适当规定"；在对私营银行业的利率管理方面，主要由国家银行和当地金融业组成的利率委员会议定，根据市场变化做出选择，国家银行不予任何限制和检查；在对信用合作社和对私人借贷的利率管理方面，信用社转存银行存款利率可以比照银行对私人的存款利率适当增加，增幅最多不超过10%，而信用社向银行的贷款可以比照银行对私人放款利率适当降低，降幅最多不超过10%，信用社本身的存款和放款利率则依照"存贷两利"的原则，以低于当地私人借贷与奖励生产的原则拟订，经过当地国家银行同意后，由信用社公布。1952年6月21日，中国人民银行在全面降低了存放款利率的同时，还开始统一了除东北地区以外的各区行的利率，结束了当时被称为"过渡性"的多元化、多层次、比较分散的利率管理体制。

三是统一银行信贷资金调拨结算。为了实现集中使用、灵活调拨现金，1949年11月，中国人民银行实行了全面通汇并普遍设立了发行库，中国人民银行内部上缴存款、调拨资金和汇兑汇差资金，都要通过发行库办理，并通过汇差出入库制度调拨头寸，原来联行间运送现金清算办法改为发行库统一调拨制度。发行库制度的建立，为加强全国现金管理奠定了基础，也为集中使用资金、全面畅通汇兑、灵活调拨现金，提供了制度上的保证。

（二）计划经济体制时期

1953年，我国转变为计划经济体制，同时开启了社会主义改造，此后一直到1978年改革开放，国家都在实行高度集中的计划经济体制，这种经济体制决定了计划和财政预算是国民收入分配的主要形式，银行信贷则处于从属地位。

在计划经济体制时期，国家采取了一系列管理措施。

一是实行了综合信贷计划管理。由于计划经济体制下的宏观经济管理是以实物分配与中央集权管理为主的，与此相适应，国家银行实行了高度集中的综合信贷计划管理。1952年9月，中国人民银行召开了各大区区行长会议和银行计划工作会议，会议通过了《中国人民银行综合信贷计划编制办法（草案）》，这个办法的特点可以概括为"统存统贷"。全国各级银行吸收的存款全部上缴到总行统一支配，发放的贷款也由总行统一核批指标，同时，各级银行的存款与贷款不挂钩，各项贷款指标相互不能调剂使用。具体到中国人民银行投放信贷的程序，首先，基层企业将贷款计划上报给上级主管部门，并报送其开户行；其次，企业主管部门审批基层企业的贷款计划，再上报给中央主管部门，并报送同级分行，逐级上报至总行；再次，中央主管部门审查并编制全系统的信贷计划，上报至国务院，并报送国家计委、财政部、中国人民银行等部门，由中国人民银行编入综合信贷计划；最后，国务院会同有关部门审查各中央主管部门的信贷计划，根据国民经济发展计划，确定各部门信贷总额，逐级批复下达计划指标，基层银行可以在核批的指标范围内发放贷款。中国人民银行每年都会根据国家的生产计划、商品流转计划、物资分配计划、劳动工资计划、进出口计划和国家财政预算的计划指标和经济资料，编制年度信贷计划，上报至国家计委进行综合平衡。各产业部门和中国人民银行分支机构则每年都会根据企业的原材料供应、生产、产品销售、经济定额、职工劳动工资管理、财务利润计划等编制部门或地区的信贷计划，上报到中国人民银行总行进行统一平衡。为了加强信贷计划管理工作，各地还普遍建立了信贷计划管理机构。由于当时国营企业间的商业信用占企业流动资金的 10%～20%，商业信用占比过高，既不利于资金的集中管理分配，也不利于银行对企业的监督，因此，国家逐步取消了商业信用，将信用集中于银行。自此，中国人民银行成为国民经济的信贷中心、结算中心和现金中心。综合信贷计划在国民经济中能够较好地发挥信号站、晴雨表的作用。

二是提出了银行贷款的物资保证原则。为了避免信贷的投放脱离物资运动，从而引发信用膨胀和通货膨胀，1955 年 6 月 13 日，国家颁发了《中国人民银行国营工业生产企业短期放款办法》，明确提出了银行发放贷款必须遵循的三性原则：计划性（即要按计划发放贷款）、物资保证性（有适销对路的物资作保障）、偿还性（要按期归还）。其中计划性是前提，偿还性是基础，物资保证性是关键。按这三项贷款原则发放贷款，就能够使投放出去的贷款成功带动生产，从而创造出更多的商品物资，为稳定货币提供更可靠的物质基础。贷款与物资运动相结合，在计划执行中也存在差别。1955 年 3 月，按照物资保证和物资适销程度，我国开始实行"区别对待"的贷款政策，对有物资保证的贷款实行从宽发放，对无物资保证的信用贷款实行从严发放。具体到贷款种类和对象上则是：对采购农产品的资金供应，区别主要农副产品和一般农副产品，其中对采购主要农副产品充分供应资金，对采购一般农副产品按银行批准计划掌握；对收购工业品的资金供应，区别主要商品和一般商品，其中对收购主要商品的资金需要从宽掌握，对收购一般商品的资金需要适当控制；对不同流转环节，按其担负任务的不同和经营管理要求予以区别对待；对批发企业，因其对工业品基本实行包销，而按进货计划供应资金；对零售企业，为促进勤进快销，实行"以销定进，以销定贷"。实践结果证明，贷款与物资运动相结合的双重控制，难以适应经济生活的多变性，如果放活会导致信贷失控。

三是提出了财政、信贷、物资的综合平衡。三者的综合平衡在整个计划经济时期，一直发挥着非常重要的作用。在国民经济计划综合平衡中，财政收支平衡是核心，物资产销平衡是基础，银行信贷平衡是综合反映，三者的平衡是货币稳定的重要保证。其中财政与信贷是供应资金的两条渠道，当时财政是国民收入分配的主渠道，基本建设资金、国营企业自有资金和定额流动资金的供应是由财政来承担的，而企业临时性资金或超定额流动资金、集体所有制的生产流动资金和对农民的小额生活贷款则是由银行信贷提供的，前者无偿，后者有偿。财政资金和信贷资金这两种不同性质、不同来源的资金，一直坚持实行了分别使用、分口管理、统筹安排、统一平衡的基本原则。"一五"时期能够一直保持货币币值基本稳定的一个很重要的原因，就是十分重视财政、信贷的各自平衡和综合平衡。

此外，在计划经济体制时期还出现过三次较为严重的信贷失控。第一次是1956年的信贷超计划。"一五"计划前三年完成了农业、手工业和资本主义工商业的社会主义改造，经济发展较快。1956年的经济工作中出现了急躁冒进的情绪，当年的基本建设投资同比增长62%，工资支出同比增长47.8%，农业贷款比原计划增多了80%，信贷差额扩大。这次的超计划贷款很快就得到了纠正。1957年，政府适时地调整了国民经济计划，采取了"保证重点，适当压缩"的策略，压缩了投资规模，削减了财政支出，控制了信贷规模，国民经济很快就恢复了协调发展。第二次是1958年的信贷失控。在"大跃进"过程中，中国人民银行进行了信贷管理体系改革，下放了信贷管理权限，也试行了"全额信贷"制度，国企的流动资金全部由银行信贷提供，同期，银行信贷的基本原则和有效的管理制度都被当作支持生产的"绊脚石"加以破除了，基本建设规模远远超过了国家财力物力的承受可能。基于此，1958年严重的信贷失控产生了，1960年年末的市场现金流通量比1957年增长了81.6%。对此，国家作出了一系列加强信贷调控的政策决策。1962年3月，中共中央、国务院出台了《关于加强银行工作集中统一，严格控制货币发行的决定》，即"银行工作六条"，收回了几年来银行工作下放的一切权力、严格了信贷管理、严格划清了银行信贷资金和财政资金的界限、加强了现金管理等。经过三年的努力，1964年，各项经济指标基本恢复了正常。第三次是1967年到1968年的信贷"井喷"。"文化大革命"使全国的国民经济遭到了明显破坏，信贷政策受到了强烈冲击，造成了信贷投放过多的严重后果。1967年和1968年，在工农业总产值分别下降9.6%和4.2%，国民收入分别下降7.2%和6.5%的情况下，这两年银行各项贷款却分别增长了5.4%和11.8%。对此，1972年，中国人民银行恢复并加强了被冲击的综合信贷计划管理、现金计划管理和工资基金管理监督，切实控制了现金的发放。直到1973年，基本实现了信贷收支平衡，保持了贷款总规模、货币发行总量的适度增长。

然而，1974年和1976年，"四人帮"分别开展了所谓的"批林批孔""批邓、反击右倾翻案风"，使刚刚有转机的信贷控制又陷入了困境。粉碎"四人帮"后，经过1977年与1978年两年的整顿，银行的信贷资金效益有所提高，半数以上的被挪用贷款得以清理收回。

（三）改革开放时期

1978年党的十一届三中全会是新中国建立以来党和国家的一次伟大的转折，开创了改革开放和社会主义现代化建设的新的历史时期。

在改革开放的前20年里，国家采取了一系列改革措施。

一是改革了信贷资金管理体制。改革开放之前的信贷资金管理体制基本可以概括为"统存统贷"，即全国各级银行吸收的存款全部上缴到总行统一支配，发放的贷款也由总行统一核批指标，同时，各级银行的存款与贷款不挂钩，各项贷款指标相互不能调剂使用。这种

"统存统贷"与之前高度集中的计划经济体制是相互适应的，然而，随着计划经济体制的改革，原来的"统存统贷"逐渐不能再适应改革后的经济体制，中国的信贷资金管理体制开始了不断地改革，这一时期，信贷资金管理体制进行的较大规模的改革主要有三次。

第一次改革，将"统存统贷"的信贷资金管理体制改为"差额包干"的信贷资金管理体制。1979年，中国人民银行召开了信贷计划管理体制改革座谈会，提出了"统一计划，分级管理，存贷挂钩，差额包干"的办法，核定的存差计划必须完成，借差计划不得突破，在宏观上继续由总行集中统一管理信贷资金的前提下，适当给了各省、自治区、直辖市一定的权限，使其能够较为灵活地运用资金，把微观经济搞活。这一新的信贷资金管理体制于1981年在全国统一推行。

第二次改革，将"差额包干"的信贷资金管理体制改为"实贷实存"的信贷资金管理体制。1984年，中国人民银行开始专门行使中央银行职能，中国人民银行和各专业银行之间的信贷资金关系出现了较大的变化。从1985年开始，实行了"统一计划，划分资金，实贷实存，相互融通"的新的信贷资金管理体制，改变了以往有计划就有资金的做法，专业银行实现信贷计划所需要的资金主要靠自己去组织，这有利于专业银行进行自主经营。同时，中国人民银行与各专业银行之间的资金往来变为存贷款关系，对存贷款实行了差别利率，对资金实行了先存后用，不可以透支使用。之后，1986年到1989年这四年间，"实贷实存"的信贷资金管理体制又进行了一定的改进与完善。

第三次改革，将"实贷实存"的信贷资金管理体制改为"总量控制，比例管理，分类指导，市场融通"的信贷资金管理体制。1994年3月11日，中国人民银行总行颁发了《信贷资金管理暂行办法》，确定了"总量控制、比例管理、分类指导、市场融通"的新的信贷资金管理体制。中国人民银行对信贷总量的控制，由主要依靠信贷规模管理，逐步转向运用社会信用规划、再贷款、再贴现、公开市场操作、准备金率、基准利率、比例管理、贷款限额等手段的管理，对金融机构的信贷资金实施了安全性、流动性管理，对不同的金融机构在不同的时期实行了不同的管理办法，并且金融机构可以通过市场来筹集和融通资金。这次改革成为中国金融管理体制从以计划管理为主向以发挥市场机制作用为主过渡的重大步骤。

二是完善了货币政策工具。伴随着中央银行体制的建立和信贷资金管理体制的改革，国家也在完善货币政策工具上进行了相当积极的探索。第一，建立了中央银行贷款制度，松紧中央银行贷款成为控制金融机构贷款总规模和货币供应量最有效的政策工具；第二，建立了贷款和存款准备金制度，并于1998年3月对存款准备金制度进行了重大改革，合并了法定存款准备金账户和备付金账户，实行了统一法人考核，降低了法定存款金比率（由13%降到8%），调整了法定存款准备金存款范围等；第三，灵活运用了利率政策工具，通过多次利率改革基本克服了利率体系和利率种类单一、利率调整不灵活、利率对经济的调节作用僵化的弊端，充分发挥了其调节信贷供求、优化信贷结构的作用；第四，开办了再贴现业务，中国人民银行于1994年10月开办了再贴现业务，并于1998年改革了贴现和再贴现利率生成机制，实现了再贴现利率与再贷款利率的脱钩，再贴现利率首次成为独立的基准利率种类；第五，发展了公开市场操作业务，于1996年4月开始试办国债市场操作业务,后又陆续开发了政策性金融债、中央银行融资券等多样化的操作工具,恢复了债券回购交易等。

此外,在改革开放的前20年间,国家的信贷政策还在根据中国经济运行的状况不断调整,在1979年、1985年、1988年、1993年等年份的多次通货膨胀和金融危机中都起到了非常重要的作用。

在改革开放的后20多年里(1998年至今),我国陆续采取了一系列措施,对信贷体制做了进一步的完善。例如,国家逐步推进了利率体系的改革。1996年6月以后的8年里,国家按照"先外币后本币、先贷款后存款、先长期后短期、先大额后小额"的顺序,对118项本、外币利率进行了改革。2004年以后,国家对存贷款利率的上下浮动区间进行了改革,同时积极推进了市场利率的形成。2007年1月4日,上海银行间同业拆放利率(Shibor)投入了运行。

此外,在改革开放的后10余年间,国家的信贷政策同样在根据中国经济运行的状况不断调整,在2008年金融危机等重大事件中都起到了非常重要的作用。

(四)新时代中国特色社会主义时期

党的十八大以来,以习近平同志为核心的党中央团结带领全党全国各族人民开创了中国特色社会主义新时代,推动中华民族伟大复兴进入了不可逆转的历史进程。

党中央进一步强化货币政策、宏观审慎政策和金融监管协调。建设现代中央银行制度,健全中央银行货币政策决策机制,完善基础货币投放机制,推动货币政策从数量型调控为主向价格型调控为主转型。建立现代金融监管体系,全面加强宏观审慎管理,强化综合监管,突出功能监管和行为监管,制定交叉性金融产品监管规则。加强薄弱环节金融监管制度建设,消除监管空白,守住不发生系统性金融风险底线。依法依规界定中央和地方金融监管权责分工,强化地方政府属地金融监管职责和风险处置责任。建立健全金融消费者保护基本制度。有序实现人民币资本项目可兑换,稳步推进人民币国际化。加快建立规范、透明、开放、有活力、有韧性的资本市场,加强资本市场基础制度建设,推动以信息披露为核心的股票发行注册制改革,完善强制退市和主动退市制度,提高上市公司质量,强化投资者保护。探索实行公司信用类债券发行注册管理制。构建与实体经济结构和融资需求相适应、多层次、广覆盖、有差异的银行体系。深化利率市场化改革,健全基准利率和市场化利率体系,更好地发挥国债收益率曲线定价基准作用,提升金融机构自主定价能力。完善人民币汇率市场化形成机制,增强双向浮动弹性。

在2015年推进供给侧结构性改革的过程中,实体经济对货币金融的需求从总量转向了结构性。在此背景下,中国人民银行一方面加大了公开市场操作业务的力度,推进了市场利率形成机制的转换;另一方面出台了常备借贷便利(SLF)、中期借贷便利(MLF)、信贷资产质押再贷款、抵押补充贷款(PSL)和短期流动性调节(SLO)等新型工具。2018年10月,面对民营经济资金紧张的状况,中国人民银行又实施了推进民营企业债券融资支持计划、推进民营企业股权融资支持计划和综合运用货币政策工具等计划。2019年8月20日,新的贷款市场报价利率(LPR)投入了运行,国家转向结构性精准施策。为了应对新冠疫情对我国经济社会生产生活产生的影响，防止经济活动停滞导致的实体经济流动性紧张。中国人民银行采取相应货币政策，包括总量上通过降准向实体经济注入流动性，以及价格上通过调降中期借贷便利（MLF）等政策利率引导市场利率下行。

三、新中国的税收政策

（一）税制建立和巩固时期

新中国成立之初，国家的税收总政策可以概括为《中国人民政治协商会议共同纲领》中的第四十条，即"国家的税收政策，应以保障革命战争的供给，照顾生产的恢复和发展及国家建设的需要为原则，简化税制，实行合理负担"。在这一总税收政策的指导下，根据新中国税制不统一的突出问题，国家提出了统一税政，平衡财政收支的税收政策。1950年1月，政务院发布了《关于统一全国税政的决定》的通令、《全国税政实施要则》和《中国各级税务机关暂行组织规程》等文件，明确规定了新中国的税收政策、税收制度、管理体制、组织机构等一系列重大原则，建立了新中国第一个统一税收制度，为财政经济的好转和国民经济的恢复和发展创造了良好的条件。

新中国成立初期建立起来的新税制是一种以流转税为主体税种的多种税、多次征的复合税制。"多种税"是指同一商品的流转额同时征收多种税，"多次征"是指有的税种要在商品流通过程中多次征收。这种复合税制一方面适应了当时的生产力水平，另一方面也适应了当时经济上多种经济成分和多种经营方式并存的情况。实践证明，新税制的建立对迅速抑制通货膨胀、稳定物价、医治战争创伤、实现国家财政经济状况的根本好转以及促进国民经济的恢复和发展都起到了重要作用。

1953年1月，为了适应有计划、大规模的经济建设的需要，国家基于"保证税收、简化税制"的原则，对原来的工商税制进行了若干重要的修订，主要包括试行商品流通税、简化货物税、修订工商营业税、取消特种消费行为税、整顿交易税。这次税制修订在基本保持了原税负的基础上，合并了税种，减少了纳税环节，简化了征收手续，对"一五"计划的顺利完成做出了重要贡献。

（二）税制曲折发展时期

1956年，全国生产资料的社会主义改造基本完成后，已经由多种经济成分并存转变为基本单一的社会主义经济，原来的税制已经不能适应新形势发展的需要了。因此，1958年，国家本着"基本上在原有税负的基础上简化税制"的原则，对原来的税制进行了一次改革，主要包括试行工商统一税、改革工商所得税、统一全国农业税制。其中试行工商统一税是指将原来的商品流通税、货物税、营业税、印花税四种税合并在一起，统一征收工商统一税；改革工商所得税是指将原有的工商业税中的所得税改为一个独立的税种，称为工商所得税；统一全国农业税制是指不再在老解放区实行比例税制，在新解放区实行全额累进制，而改为在全国范围统一实行分地区的比例税制。

1958年的这次税制改革虽然也有比较合理的地方，但由于受到了极左思想、单一经济结构和"非税论"的影响,过分强调了合并税种、简化税制,这样虽然保证了一定的税收,也简化了征收手续,但却使得税收的作用受到很大限制,削弱了税收的经济杠杆作用。经过这次税制改革,国家的税制已经改变了原来实行的多种税、多次征的复合税制结构。

"文化大革命"时期,由于受"左"的错误思想的影响,1973年,国家本着"基本上保持原税负的前提下,合并税种,简化征税办法"的原则,又进行一次"简化"税制的改革,主要包括合并税种、简化税目和税率。其中合并税种是指把工商企业原来交纳的工商统一税及其附加、城市房地产税、车船使用牌照税、屠宰税、盐税合并为工商税,对国营企业只征收工商税、对集体企业只征收工商税和工商所得税;简化税目和税率是指将税目由原来108个减少为44个,将税率种类由原来的141个减少为82个。

1973年的这次税制改革在1958年税制改革的基础上对税种又做了进一步的简并,进一步削弱了税收的经济杠杆作用。经过这次税制改革,我国的税制结构已经从复合税制转向了单一税制,税收仅作为筹集财政资金的一种形式,其他作用基本已经消失了。

(三)税制改革时期

1978年,党的十一届三中全会是新中国成立以来党和国家的一次伟大转折,全国的工作重心转移到了社会主义现代化经济建设上,开始全面推行改革开放政策。由于原来的税制已经被几次税制改革简化得不成体系,远远难以适应新形势发展的需要,因此税制迫切需要进行改革与重建。

从1978年开始到1993年,国家对原有税制进行了改革和重建,包括建立涉外税制、实施两步"利改税"方案、改革工商税制。对于建立涉外税制,第五届全国人大先后通过了《中外合资经营企业所得税法》《个人所得税法》和《外国企业所得税法》,对中外合资企业、外国企业继续征收工商统一税、城市房地产税和车船使用牌照税,初步形成了一套大体适用的涉外税收制度;对于第一步"利改税"方案,1983年,国务院决定在全国试行国营企业"利改税",将新中国实行了30多年的国营企业向国家上缴利润的制度改为缴纳企业所得税;对于第二步"利改税"方案和工商税制改革,国务院决定从1984年10月起,在全国实施第二步"利改税"和工商税制改革,发布了关于国营企业所得税、国营企业调节税、产品税、增值税、营业税、盐税、资源税的一系列行政法规,后又陆续发布了关于征收集体企业所得税、私营企业所得税、城乡个体工商业户所得税、个人收入调节税、城市维护建设税、奖金税、国营企业工资调节税、固定资产投资方向调节税、特别消费税、房产税、车船使用税、城镇土地使用税、印花税、筵席税等税收法规。1991年,中外合资企业所得税法与外国企业所得税法合并为外商投资企业和外国企业所得税法。1978年到1993年的税制改革与重建,初步建成了一套内外有别的,以流转税、所得税为主体,财产税和其他税收相配合的新的税制体系,基本上适应了中国经济体制改革起步阶段的经济状况,税收的经济杠杆作用日益增强。

随着经济体制改革的深化,党的十四大明确提出了建立社会主义市场经济体制的改革目标,原来的税制体系无法完全适应市场经济发展的要求,比如税制结构不够合理,各税种间不能很好地配合和协调;税制内外有别,流转税制、所得税制、地方税制都不统一;

税收的作用并没有得到充分发挥等。因此，1994年，国家对原来的税制进行了全面的改革，确立了税收基本政策，即"统一税法，公平税负，简化税制，合理分权"。这次税制改革的主要内容包括全面改革流转税制、改革企业所得税制、改革个人所得税制和大幅度调整其他税收。其中，全面改革流转税制是指实行了以比较规范的增值税为主体，消费税、营业税并行，内外统一的流转税制；改革企业所得税制是指取消了原来按经济成分设立的国营企业所得税、集体企业所得税、私营企业所得税，合并为统一的企业所得税；改革个人所得税制是指将原来的个人所得税、个人收入调节税和城乡个体工商业户所得税，合并为统一的个人所得税；大幅度调整其他税种是指扩大了资源税的征收范围，开征了土地增值税，取消了盐税、燃油特别税、集市交易税等。1994年的税制改革是新中国建立以来规模最大、范围最广、内容最深刻的一次税制改革，初步建立了能够适应社会主义市场经济体制需要的税收制度，初步实现了税制的简化和统一，对保证财政收入、加强宏观调控、深化改革、扩大开放以及促进经济与社会的发展起到了重要的作用。

21世纪初，我国陆续进行了多次税制改革，对税制做了进一步的完善。2001年，国家开始逐步进行增值税转型和营业税改增值税这两项改革。在增值税转型方面，2001年7月1日，在东北地区实行了增值税转型的试点，到2009年1月1日，全面推开了增值税转型，实现了增值税由生产型向消费型的转变；在"营改增"方面，2012年1月1日，国家在上海交通运输业和部分现代服务业开展了试点，到2016年5月1日，全国普遍推行了"营改增"。2007年3月16日通过的《中华人民共和国所得税法》对所得税进行了改革，统一了内外资企业所得税税率，我国企业所得税税率由33%降为25%。此外，2006年1月1日，国家全面取消了农业税，自鲁国"初税亩"开始在中国存续了2600多年的农业税就此画上了句号，成为中国经济蓬勃发展的见证。

（四）税制快速推进时期

2017年10月18日，党的十九大会议提出了中国发展新的历史方位——中国特色社会主义进入了新时代，新时代的中国税制改革也进入了一个新的历史时期。

2018年3月，国家推出了核心内容是国税地税机构合并的国税地税征管体制改革，这是1994年国地税机构分设后对税收征管体制的又一次重大调整。2018年8月31日，十三届全国人民代表大会常务委员会第五次会议通过了《关于修改〈中华人民共和国个人所得税法〉的决定》，初步建立了"综合与分类相结合"的税制模式，引入了"差别化"的专项附加扣除制度，由此确立了政府与自然人纳税人之间直接的税收联系，奠定了现代个人所得税的基本制度框架，在中国税制改革史上具有里程碑式的重大意义。此外，契税、车船税、烟叶税等也已实现了税收立法。中国的税制改革进入了一个快速推进的历史时期。

四、新中国的外汇政策

（一）国民经济恢复时期

新中国成立后，中国的外汇领域很快就发生了巨大的变化，新中国的外汇管理制度建立了。

一是建立了独立自主的外汇管理制度。基于新中国建立初期外汇资金匮乏的情况，政府确定了外汇工作的中心任务，即巩固和完善外汇管理制度，消除外商银行的金融特权，取缔外币流通和外币黑市，同时加强对贸易外汇和非贸易外汇的管理，开源节流，积聚外汇资金。之后，1950年10月，政务院颁布了《外汇分配使用暂行办法》，1951年3月公布了《中华人民共和国禁止国家货币出入境办法》，1952年10月，中国人民银行发布了《中华人民共和国禁止国家货币票据及证券出入境暂行办法》。这些外汇管理办法的制定，标志着中国建立起了独立自主的外汇管理制度，在国民经济恢复时期发展对外贸易、鼓励侨汇、合理使用外汇、促进国际收支平衡等多方面，均发挥了较为重要的作用。

二是建立了外汇集中管理制度。一方面，新中国建立了外汇指定银行的管理制度。华北人民政府《华北区外汇管理暂行办法》规定了所有外汇业务都要由中国银行统一办理，同时还对外商银行业务经营范围进行了限制，如外商银行不允许买卖商品、金银和有价证券，不允许办理储蓄、信托和区内外的外汇业务，办理本市业务也要以与外汇业务有关的业务为限，且外汇的买卖只能在外汇交易所或由中国银行办理，成交价要以中国人民银行核定的为准，不允许进行投机买卖等。在限制外商银行的业务范围的同时，政府规定凡是遵守中国政府法令、接受政府的监督和管理、有一定外汇资金、在国外有分支行或代理行、一向信誉较好、具有经营外汇业务能力的外商银行，就可以向中国人民银行申请为经营外汇的指定银行，代理中国银行经营外汇。根据外商银行的表现和能力，全国共核准了53家指定银行，这些指定银行主要分布在北京、天津、上海等城市，其中华商银行35家、侨商银行3家、外商银行15家，由中国人民银行授权的中国银行执行监管任务。如果发现违规行为，就会责令其在定期召开的座谈会上检讨，没收其非法所得或对其处以罚款，短期停办经营外汇业务，直至撤销其指定银行资格。另一方面，新中国建立了供汇与结汇制。外汇收入的管理权和分配权都归中央人民政府财政经济委员会（简称"中财委"）所有，任何部门未经批准不能擅自动用，中财委则按照"先中央后地方、先工业后商业、先公后私"的原则来分配外汇额度。根据《华北区外汇管理暂行办法》，出口贷款、侨汇及其他国外汇款、航运保险业及其他各业商人所得外汇、国内中外人士持有的外币，都必须卖给国家或存入国家银行，由国家对外汇进行统一管理。

另外，新中国还执行了人民币、外币、金银进出国境管理制度。根据《中华人民共和国货币、票据及证券出入国境暂行办法》，对人民币，没有经过中国人民银行或中国银行核准的国内签发的一切人民币支付凭证，无论是携带还是寄运，都禁止运出国境。对外币和金银，遵循出紧入松、方便旅客的原则，规定如果携带或邮寄外币入境，则须向海关进行申报，在海关监督下交到国家银行兑换人民币或外币存款；如果携带或邮寄外币支付凭证、外币有价证券、金银及饰品入境，则同样须向海关申报，但申报后可以自由保存；如果是外交官和短期入境旅客携入境的，则可以凭"申报单"在规定期限内复带出境；如果携带外币、外币支付凭证、外币有价证券出境，则须经国家银行核准后发给"携带证"；如果携带金银及金银饰品出境，则在国家规定的限额内可以免领出境证明，超过规定限额的就同样须经国家银行核准后发给"携带证"才可以出境。

三是建立了人民币汇率制度。一方面,新中国独立自主地制定了统一的人民币汇价。1949年1月18日,中国人民银行在天津首次公布了人民币对美元的汇率,但由于建国初期各地物价水平不一致,因此各大区的人民银行以天津口岸的汇率为标准,自行制定了本地区的外汇牌价,各地制定汇价的方针为"奖出限入,照顾侨汇"。1950年7月8日,开始实行全国统一的外汇牌价,由中国人民银行总行统一公布,制定汇价的方针由"奖出限入,照顾侨汇"改为"鼓励出口,兼顾进口,照顾侨汇"。另一方面,机动调整了人民币汇率。人民币汇率采取的是"国内外物价对比法",随着物价的变动幅度来做出相应的调整。1950年2月,由于当时国内发生了严重的通货膨胀,物价上涨,同时西方国家遭受了经济危机的影响,物价下跌,因此人民币的汇率从1美元合800元人民币下调至1美元合42000元人民币。1950年3月到1952年12月,由于国内财政经济状况有所好转,物价下跌,同时世界市场受到了朝鲜战争的影响,物价上涨,因此人民币的汇率又上调至1美元合26170元人民币。人民币汇率的这种机动调整,对调节中国进出口贸易和鼓励侨汇都起到了积极的作用。

另外,加强了对外汇市场的管理。根据外汇管理暂行办法,外汇交易要由中国银行或指定银行办理。此外,部分地方曾试办过外汇交易所,如华北区在天津开办了外汇交易所,交易所下设于中国银行天津分行,交易员为指定银行,牌价以中国人民银行核定的为准,挂牌公布,各交易员按照牌价介绍或代理客商买卖外汇,收取手续费,同时严禁一切场外交易。上海外汇交易所实行了与天津不同的挂牌制与议价制相结合的制度。1950年4月9日,原华东、华中、华南的外汇自由议价制度被取消,外汇交易所也在不久后被撤销。此后,所有的外汇交易都是由中国银行或指定银行办理的。

四是建立了新的国际清算关系。1950年12月,美国对中国实施了封锁禁运的制裁。对此,中国全面停止使用美元,将对外贸易转向苏联、东欧和亚洲社会主义国家,建立协定记账清算制度;国家改变原来由第三国银行间接结算的做法,改为同亚、非国家在双边安排的基础上,逐步建立直接支付的贸易关系;采用了进口时货到付款,出口发货时收款的办法;中国银行在西欧和日本等国家的银行中广泛发展代理关系等。1952年夏天,在莫斯科国际经济会议召开后,西方国家同我国的贸易开始逐渐恢复与发展。

五是抓好侨汇工作。中国银行根据国家制定的保护侨汇的政策,在"服务侨胞、便利侨汇"方面做了许多工作,宣传落实了国家保护侨汇的政策,并且尤其注重保护侨汇的利益,同时疏通汇路,广设解付网点,方便华侨汇款等。

(二)计划经济体制时期

1953年,全国转变为计划经济体制,同时开启了社会主义改造,此后一直到1978年改革开放,都在实行高度集中的计划经济体制。在实行高度集中的计划经济体制后,新中国成立初期实行的外汇管理制度已经不能完全适应新形势发展的需要了,在这个阶段我们建立了高度集中的外汇管理制度,内容如下。

一是外汇集中管理、统一经营。原外贸部、财政部、中国人民银行共同负责外汇的管理工作,其中原外贸部负责管理对外贸易活动的外汇收支,财政部负责管理非贸易活动的外汇收支,中国人民银行负责管理地方政府、企业及私人的外汇收支。外贸和国家汇兑由国家垄断控制,进出口由外贸部所属的国营外贸专业公司统一经营,外汇业务由中国银行统一经营。一切外汇收入必须上缴国家,需用外汇则由国家按计划分配或批给。国家每年制定外汇收支计划,采取"以收定支,以出定进"的国际收支平衡政策,以指令性计划和行政手段来维护外汇的收支平衡。

二是加强对外贸易外汇和非贸易外汇的管理。国家分开了贸易活动与非贸易活动,对二者采取了不同的管理措施,在对外贸易外汇的管理方面,由于中国实行计划经济,对进出口分别实行了调拨制和收购制,对外贸易外汇也遵从了指令性计划管理;在非贸易外汇的管理方面,政府实行了审批制,国内各单位如果持有外汇则必须进行申报,不允许私自处置,不允许私自保留,也不允许以收抵支。

三是在汇率政策方面实行稳定的汇率政策。从1953年开始,人民币的汇率就基本固定在1英镑合6.893元人民币的水平上,这主要是由于我国的外贸是由外贸专业公司按照国家规定的计划统一经营的,外贸系统采取了"进出统算、以进贴出"的办法,并不需要用汇率来调节进出口贸易。1973年,随着布雷顿森林体系的崩溃,单一钉住某一货币变得不利于中国经济的稳定发展,因此,国家对汇率制度进行了改革,采取了钉住一篮子货币浮动的政策,人民币开始对美元升值。

(三)改革开放时期

1978年,党的十一届三中全会是新中国建立以来党和国家的一次伟大的转折,中国的工作重心转移到了社会主义现代化经济建设上,开始全面推行改革开放政策。之前,中国对外汇一直采取统收统支、统一分配使用外汇、不同收汇挂钩的办法,这虽然能够适应计划经济时期的发展需要,但却难以调动地方和企业的创汇积极性,不能完全适应改革开放新形势发展的需要。因此,改革开放后,我国进行了一系列外汇管理体制的改革与完善。

一是进行了对传统外汇管理体制的改革。一方面,实行了外汇留成制度。1979年8月13日,《关于大力发展对外贸易增加外汇收入若干问题的规定》决定了中国实行外汇留成制度。具体来说,国家允许创汇企业在将外汇卖给国家后,留下一定比例的外汇使用权,但只有在实际对外经济往来需要支付外汇时,才允许企业去申请使用额度,将该额度配以相应的人民币到银行按外汇牌价结成现汇。外汇留成这种计划分配外汇的补充分配办法,在调动地方和企业创汇的积极性等方面起到了积极作用。另一方面,改革了外资外债的管理制度。改革开放后,1979年7月、1986年4月和1988年4月,分别颁布了《中华人民共和国中外合资经营企业法》《中华人民共和国外资企业法》和《中华人民共和国合作经营企业法》,积极鼓励外商来华投资。对外商企业,国家在外汇管理上采取了和国内企业不同的管理办法,1983年8月,国家外汇管理局公布了《对侨资企业、外资企业、中外合资经营企业外汇管理实施细则》,提出外方投资者可以保留和自行使用外汇收入,不过,外汇收支必须自行平衡,并且外方投资者还可以根据自己的需要利用外汇调剂市场来调剂外汇余缺,这些对引进和利用外资起到了较为重要的作用。同时,还制定并公布了对外借款、担保等办法,加强了对外债的管理,建立了严格的外债管理制度,将借贷规模控制在国家可承受能力的范围之内。

另外,改革了居民用汇制度。随着经济的发展和对外开放程度的提高,国内居民手中的外汇逐渐增多,为了鼓励居民将外汇调入国内,国家逐步放开了对国内居民的外汇管理。改革开放初期,国家允许国内居民持有外汇,但并不允许在国内使用,外汇只能出售给国家指定银行兑换成人民币,且不允许在银行开设外币存款账户。1985年,国家批准中国银行开办个人外汇存款,国内居民的外汇全部可以存入银行,并按规定支取使用,不再要求强制结汇卖给国家。从1988年起,部分经济发达地区和侨乡开办了个人外汇调剂业务,允许国内居民将手中的外汇按调剂价卖出。1991年11月,《关于境内居民外汇和境内居民因私出境用汇参加调剂的暂行办法》公布,进一步放宽了对国内居民外汇的管理,国内居民可以通过银行按外汇调剂价出售外汇。

二是进行了以人民币可兑换为目标的改革。一方面,实现了经常项目下人民币有条件可兑换的体制改革。1993年12月25日,国务院正式颁发了《关于进一步改革我国外汇管理体制的通知》,明确提出了中国对外汇管理体制全国改革的长期目标是实现人民币成为可自由兑换的货币,但暂时还不完全具备实现这一目标的条件。基于此,中国提出了以下三步走:第一步是实现经常项目下人民币有条件的可兑换;第二步是实现经常项目下人民币可兑换;第三步是实现资本项目下人民币可兑换,从而达到人民币的完全自由兑换。为了实现第一步目标,政府采取了如下改革措施:取消外汇双轨制,建立单一的、由市场决定的、有管理的人民币浮动汇率制度;停止实行外汇留成制,建立银行强制结售汇体系;实现经常项目下人民币有条件可兑换;严格管理和审批资本项目下的外汇流出和流入;建立全国统一的外汇交易市场;停止发行并逐步收回外汇兑换券;由中国人民银行集中管理国家外汇储备,完善其经营机制。另一方面,实现了人民币经常项目下完全可兑换的体制改革。1996年,国家进行了一系列改革:将外商投资企业纳入银行结售汇体系;提升国内居民由于私人原因换取外汇的标准,扩大供汇范围;取消若干尚存的经常项目中非贸易、非经营性交易的汇兑限制;初步建立人民币在经常项目下可兑换的外汇管理法规框架;进一步完善对资本项目的外汇收支管理;允许资本项目外汇收入在外汇指定银行开设外汇账户,但兑换人民币需要经过批准;规定汇出境外投资资金和外商投资资本金需要经过批准。

此外,2001年中国加入世界贸易组织(WTO)后,国际投资和融资活动日益增加,境外资本的大量出入给我国外汇市场带来了前所未有的挑战。为迎接新挑战我国采取了以下措施:第一,国家对外汇管理提出了新的目标和监管理念,提出了要从重审批转变为重监测分析,从重事前监管转变为强调事后管理,从重行为管理转变为强调主体管理等。第二,国家分别于2002年、2007年、2011年建立了合格境外机构投资者制度(QFII)和合格境内机构投资者制度(QDII)以及人民币合格境外机构投资者制度(RQFII)。第三,国家改革了中国汇率的形成机制,于2005年进行了汇率改革,2006年进一步引入了询价交易机制以及做市商制度。第四,国家于2008年对逐渐不能满足发展需要的《外汇管理条例》进行了修订,内容包括简化经常账户项下的外汇收支管理程序和内容,进一步规范资本账户下的外汇收支管理,对外汇的管理态度由之前的"宽进严出"变为"流入流出均衡管理",完善汇率机制等。第五,国家于2012年改变了货物贸易的外汇管理政策,对贸易项目下的国际支付不再予以限制。这一时期的外汇管理政策发挥了重要作用,成效显著。

(四)新时代中国特色社会主义时期

2012年,中国共产党第十八次全国代表大会提出了要"全面提高开放型经济水平",这就要求外汇管理政策也要做出相应的改变,以服务开放型经济发展。因此,第一,简化了外商直接投资的外汇管理程序,于2013年7月改革了服务贸易相关外汇制度,取消了事前审批。第二,扩大了金融市场的双向开放,分别于2014年、2016年、2017年开通了沪港通、深港通、债券通,于2018年解除了QFII、RQFII锁定期要求和QFII资金汇出比例限制,增加了QDII额度。第三,坚持多元化外汇储备投资,使用外汇储备投资设了多种基金。第四,改革汇率形成机制,于2015年进行了"811汇改"。第五,建立并完善了跨境融资的宏观审慎管理体系,于2015年2月在上海自贸区试点,2017年1月13日扩大到全国。通过上述措施,中国在这一新阶段成功地稳定了外汇市场,避免了外汇市场受到高强度冲击。

第五节 金融人物

一、董必武

董必武(1886—1975),原名董贤琮,又名董用威,号壁伍,湖北省黄安(今红安)县人,中国共产党的模范领导者,是中国共产党的创始人之一,中华人民共和国的缔造者之一,杰出的无产阶级革命家、马克思主义的政治家和法学家,是中国共产党第一代领导集体的成员和国家的重要领导人。同时,他也是新中国金融事业的开拓者,为新中国金融制度与货币制度的建立做出了重要贡献。

1947年3月10日,中共中央拟定组建华北财经办事处,领导各解放区的财经工作。由于当时董必武在党内的威望很高,既懂法律,也明白中央的财经统一战略意图,因此,毛泽东等中央领导同志最终决定,由中央政治局委员董必武负责组建华北财经办事处,负责并组织统一的财经工作。华北财经办事处的首要任务就是尽快发行统一的货币,董必武率下属干部经过调研,很快就把各解放区货币的兑换比价确定了下来,同时,他还决定首先由华北财经办事处建立货币兑换所,负责兑换各解放区的货币及物资调配,部分地执行银行的功能。货币兑换所的建立,为新中国统一货币和建立银行打下了基础。

1947年9月14日,华东局工委张鼎城、邓子恢向华北财办建议立即成立联合银行或者解放区银行。当年10月2日,董必武致电了中共中央,建议成立"中国人民银行"。10月8日得到了中央复电,中央指出,目前建立统一的银行还有点过早,但进行准备工作是必要的,银行名称可以用"中国人民银行"。于是,华北财办决定成立以南汉宸为主任的中国人民银行筹备处,开始准备工作。

1948年12月1日，在华北银行、北海银行和西北农民银行的基础上，合并成立了中国人民银行，同时开始发行第一套人民币。第一套人民币上的"中国人民银行"行名和面额汉字，除了1000元"耕地"狭版券外，全部由董必武书写。

二、南汉宸

南汉宸（1895—1967），山西省洪洞县人，1949年后任中国人民银行首任行长，是中国人民金融事业的创建人之一。1950年加入中国民主建国会，后任中国民主建国会中央副主任委员。1952年10月当选为民建总会副主任委员。1953年任中国国际贸易促进委员会主席，后又任党组书记。从1954年起连续当选为第一、二、三届全国人民代表大会常务委员会委员。"文化大革命"中受到迫害，1979年得到平反昭雪。

1948年12月1日，中国人民银行在石家庄正式宣告成立，南汉宸出任第一任总经理。为建立新中国的金融体系，他进行了一系列卓有成效的工作。把各解放区的银行统一为人民银行，在六大区成立了区行、各省市成立分行、地区设支行；他领导建立了各专业银行，构成了一个完整的金融体系；他组织接管了国民党官僚资本的金融事业，接管了国民党统治的各个省银行，接管并改造了民族资本家的银行和钱庄。这一期间，他带领中国人民银行打击地下钱庄和投机资本的不法活动，平息了上海的银元风波。1952年12月，全国金融系统生产资料所有制的社会主义改造在南汉宸的努力引导下顺利完成，金融业成为了全国第一个完成改造任务的行业。

1952年4月，为了打破西方国家对新中国的经济封锁，南汉宸以中国代表团团长的身份率团出席了莫斯科国际经济大会。回国后，在他的推动下，中国国际贸易促进会成立，南汉宸担任第一任主席。7月，与出席莫斯科国际经济大会的三名日本议员签订了总金额3000万英镑的民间贸易协定，这是新中国打破美国经济封锁，与西方世界签订的第一个贸易协定，新中国对外贸易的序幕由此揭开。

三、庄世平

庄世平（1911—2007），广东潮汕人，出生于广东省潮州府普宁县果陇村（今属广东省普宁市），早在1949年就在中国香港创办了南洋商业银行，第二年创办了澳门南通银行。靠着审时度势、对经济、金融的广博知识以及不懈努力，庄世平在香港这个经济社会中渐渐拥有了巨大的影响力和凝聚力，南洋商业银行的资本实力在20世纪70年代一跃成为香港中银系统的第二位，从1959年起，历任第二届至第六届全国人大代表、第六届全国人大华侨委员会委员、第七、八、九届全国政协常委。

1949年12月4日，庄世平白手起家，在中国香港创办了南阳商业银行。在他主持南阳商业银行期间，银行规模从18人扩大到2000余人，从借贷1万美元起家发展到总资产733亿港元，在香港各地有超过50家分行，南阳商业银行发展成为实力雄厚、经济多元化、有规模的现代化商业银行。第二年，他又创办了澳门南通银行。

在主持银行工作期间，庄世平始终旗帜鲜明、立场坚定地支持新中国，为新中国的国民经济恢复做出了重大的贡献。早在南洋商业银行初成立时，他便做出了一件举世瞩目的事情——在银行上空升起了一面五星红旗，以此坚定地表达了自己对新中国的拥护。南阳商业银行是中国香港第一个升起五星红旗的机构。改革开放后，庄世平为深圳经济特区的建立做出了较大贡献。1979年，他为广东省委提供了大量珍贵的世界经济动向资料，并凭借自身丰富的经验在经济特区政策法规制定过程中提出了许多宝贵意见。庄世平始终对中国经济充满信心，他领导下的南阳商行是第一个在深圳特区设立了分行的港资银行，这为中国经济特区的发展做出了贡献。

课后习题

一、即测即练

自学自测　扫描此码

二、思考题

1. 新中国成立后，进行了多次人民币改革，请分析人民币未来的发展趋势。
2. 新中国成立不到100年，经济上取得了伟大的成绩，请分析其货币政策的原因。
3. 请分析中国发起成立亚投行的原因。
4. 在新冠肺炎疫情肆虐时期，中国人民银行采取了一系列措施防止疫情影响，请举例说明其中的货币政策。
5. 新中国成立初期，为了打击旧势力对新中国经济的困扰，上海金融市场采取了什么政策使上海经济趋于平稳。
6. 请说明一个国家独立自主的外汇政策的重要性。
7. 请分析新中国银行的构成。

三、案例分析题

中白工业园

一、园区介绍

（一）园区概况

中白工业园，全称中国—白俄罗斯工业园，坐落于白俄罗斯明斯克州，是目前中国参与投资开发的，规划面积最大、建设规模最大、合作层次最高的海外经贸合作区，占地面积约117平方公里，规划开发面积91.5平方公里，由中国和白俄罗斯两国领导人亲自倡导，两国政府大力支持推动，国机集团和招商局集团两大央企主导开发运营。目前，园区中方占股68%、白方占股31.33%、德方占股0.67%。

目前，园区一期8.5平方公里基础设施建设全面完成，土地达到了"七通一平"建设标准，厂房、办公楼等工商业设施一应俱全，具备了全面招商引资的条件。截至2021年年底，招商引资方面，园区居民企业累计85家，其中：中资企业43家。园区聚集了招商局中白商贸物流园、国机火炬园、中联重科、潍柴、法士特、IPG、招商兴城国际会展中心等一大批行业领先的项目。基础设施及配套服务设施建设方面，园区设施完善，建有综合办公楼、科技科创中心、10余栋工业标准厂房、住宅楼、商务酒店、银行等设施。园区致力于打造成一座产城融合，集生态、宜居、兴业、活力、创新五位一体的国际产业新城。

（二）发展历程

2010年3月，时任中国国家副主席的习近平访问白俄罗斯。白俄罗斯总统卢卡申科提出，中国和新加坡合办的苏州工业园很成功，希望借鉴有关经验在白俄罗斯境内建立中白工业园。

2011年9月，中白两国签署合作协定

2012年1月，白俄罗斯和中国批准了该合作项目的政府间协议。

2012年8月，"中白工业园区开发股份公司"正式成立。

2013年7月16日，在两国领导人共同见证下，白俄罗斯共和国副总理托济克、哈尔滨市市长宋希斌、国机集团董事长任洪斌在人民大会堂签署《关于建立中白工业园哈尔滨园的合作协议》。

2014年1月20日李克强总理会见白俄罗斯总理米亚斯尼科维奇，宣布共同推进实施《中白全面战略伙伴关系发展规划》，将中白工业园做大做强，发挥示范作用。

2014年6月19日，中白工业园奠基仪式隆重举行。

2015年5月10日，国家主席习近平在明斯克同白俄罗斯总统卢卡申科举行会谈。习近平主席建议，推动两国发展战略对接，共建"丝绸之路经济带"。要把中白工业园建设作为合作重点，发挥政府间协调机制作用，谋划好园区未来发展，将园区（中白工业园）项目打造成丝绸之路经济带上的明珠和双方互利合作的典范。

（三）园区区位

白俄罗斯是"丝绸之路经济带"向欧洲延伸的重要节点，地理位置优越。白俄罗斯处于欧盟和独联体之间以及波罗的海诸国到黑海的交通交汇点，有欧亚铁路、公路、输油输气管道、通信系统、水路和航空交通交集，是欧亚大陆交通物流枢纽，可以连接欧亚经济联盟和欧盟两大消费市场，连通东西，交接南北。

白俄罗斯是中欧班列重要的节点之一，是目前所有联通中国与西欧各国的中欧班列路线的必经之地，具有极高的经贸和投资价值。

中白工业园位于白俄罗斯明斯克州斯莫列维奇区，距首都明斯克市仅25千米，车程仅30分钟，毗邻明斯克国际机场，距机场仅5分钟车程，M1（欧洲E30洲际高速）、M2从园区穿过，交通极为方便。

(四)管理架构

园区管理模式,采用三级管理架构:

图 12-2 中白工业园区管理架构图

1. 中白政府间协调委员会是中白两国间政府合作委员会,统筹推进中白工业园事务。
2. 中白工业园区管委会由白俄罗斯中央和明斯克州政府等相关部门组建,负责园区的政策制定、行政审批及企业服务等事务。
3. 中白工业园区开发股份有限公司由中、白、德三方股东共同出资组建,负责园区开发与经营、基础设施建设、物业管理、招商引资、商业咨询等事务。

(五)公司架构

中白工业园区开发股份有限公司(简称"开发公司")是中白工业园开发主体,由中方股东、白方股东、德方股东共同投资组建。其中中方占股 68%,白方占股 31.3%,德方占股 0.67%。

表 12-1 中白工业园区架构表

股东名称	认缴出资额(万美元)	实际出资额(万美元)	出资比例(%)
白俄罗斯	4 700.00	4 700.00	31.33
中工国际	2 056.50	2 056.50	13.71
哈尔滨投资	343.5	343.5	2.29
国机集团	4 800.00	4 800.00	32.00
招商蛇口	3 000.00	3 000.00	20.00
杜伊斯堡港	100.00	100.00	0.67
合计	15 000.00	15 000.00	100.00

(六)产业定位

电子信息	生物医药
基础电子产品、核心硬件产品、信息应用产品	生物医药、生物试剂、化学制药、医疗器械、研发外包、生命信息
精细化工	**仓储物流**
高分子材料、日用化学品、燃料、涂料、颜料、添加剂	国际采购、分拨配送、转口贸易、保税仓储、保税展览展示、保税维修、检测、保税研发等
新材料	**机械制造**
新型电子信息材料、先进复合材料、纳米材料、先进陶瓷材料、生物医用材料、新型建筑材料及化工新材料	汽车整车、汽车零部件、机床制造、交通设备、电工电器、工程建设机械、农林机械、基础机械、环保机械等

图 12-3 中白工业区产业定位图

二、园区优势

(一)"一站式"政务服务

中白工业园区管委会,按照统一高效的原则和扁平化模式整合政府职能,设立"一站式服务"中心,服务中心代表管委会统一对外办理企业登记相关手续,为企业提供公司注册项目、准入土地过户、建设许可、工程验收、优惠政策宣贯等业务,按照公开、公平、公正的办事程序,简化手续,量化责任,优化服务;以创造更具竞争力的服务软环境。

园区管委会一站式服务中心位于中白工业园开发公司办公楼二楼,设立中俄英三种官方网站提供全面资讯和信息,并设置多语种服务,方便全球各国企业咨询了解入园信息。

(二)基础设施配套

1. 市政基础设施配套

园区租赁或销售的土地均达到"七通一平"标准,即:道路通、给水通、电通、排水通、热力通、电信通、燃气通及土地平整。

目前基础设施建设完成情况:

(1)道路:建成道路总长32.026公里,其中机动车主干道路21.342公里,支路10.684公里,配套非机动车道、人行道路和绿化带。

(2)管网:修建管网总长约233.5公里,其中:给水管道35.3255公里、污水管道21.9547公里、雨水管道37.3111公里、电缆管道31.565公里、照明管线70.207公里、天然气管道11.5575公里、通信管道25.555公里。

（3）场站：修建场站5个，其中包括：6口每小时出水量60立方米的地下水取水井；配有4台功率为60立方米/时水泵（2台运行，2台备用）的取水提升泵站；处理能力为每小时1.3万立方米的生产生活污水站，具备污水进行深度净化能力，处理后的水质可以满足渔业养殖标准；每日地表污水接收量3.7万立方米的雨水泵站；功率67.2升/秒的污水和功率4530升/秒的雨污水提升泵站。

（4）供电设施：配建供电能力为50兆瓦的110/10千伏高压变电站，7个配套10/0.4千伏低压变电站，4个满足道路照明需求的成套变电站和8个10千伏开闭所，满足园区市政基础设施和企业自建项目的用电需求。

2. 公共服务设施配套

（1）住宅楼：已建成总面积13470.5平方米，156套1~3居室公寓，2019年10月投入使用。小区配备了安保、医疗、药店、邮政、物业管理。

（2）公共交通：已开通明斯克至园区公共交通。

3. 生产经营管理设施配套

（1）综合办公楼：2017年11月建成，共8层，建筑面积14071.10平方米，可出租面积10985.64平方米。现有20多家企业入驻综合办公楼并办公，包括园区开发公司、管委会、入园企业及服务型非居民企业。

（2）中白科技成果转化合作中心：总面积19066.5平方米，地上4层，地下一层，内设技术成果中间实验及小批量生产中心、技术成果展示中心、产权交易中心、产业化合作中心、孵化中心、风投机构运营中心、软件外包中心、设备用房和员工餐厅。

（3）标准厂房：已建成A区4栋标准厂房，其中A1、A2、A3为多层厂房层高均为三层，合计总建筑面积29332.80平方米，可出租面积28037.71平方米；A4为单层，建筑面积6411.4平方米，可出租面积6192.50平方米。

（三）投资成本

1. 园区各生产要素价格

表12-2 中白工业园区生产要素价格表

能源种类	价格
天然气	0.1583美元/立方米
用电	0.19728卢布/度
供水	1.5894卢布/立方米
排水（污水）	1.5894卢布/立方米
物业费	1美元/平方米/月

备注：
上述价格均为不含增值税价格，园区居民企业在缴纳水、电、天然气等费用时需缴纳增值税，增值税税率为20%。
天然气与用电价格由白俄罗斯能源公司定价。
目前，中白工业园实行统一电价，不分工业用电、商业用电和居民用电。

2. 园区土地及经营性业务价格

表 12-3　中白工业园区土地及经营性业务价格表

类　　型	价　　格
土地（租赁 99 年）	30 美元/平方米
土地（购为私有）	40 美元/平方米
标准厂房租赁	3.5~4 美元/平方米
办公室租赁	12~16 美元/平方米

备注：该表中的土地价格为工业用地的定价

（四）税收政策

表 12-4　中白工业园区税收政策一览表

税　　种	白俄标准税率	园区居民企业税率*	园区其他项目税率
销售在园区内自产产品（服务）获得的利润税	18%	（自利润产生的首个税务年起）10 年免收，10 年后至 2062 年 6 月 5 日以前减半征收	自企业注册之日起前 7 年免收
不动产税	1%	2062 年 6 月 5 日以前，免除	免收
土地税（每公顷税率）	取决于地籍价	2062 年 6 月 5 日以前，免除	园区：126 美元/年 明斯克区：3150 美元/年 明斯克：24000 美元/年
进口环节的增值税	20%	使用保税区保税的外国商品制作（取得）的商品，在进入国内市场时，免征海关部门征收的增值税	20%
园区项目建设的进口设备和材料（进口关税和增值税）	各种类商品税率不同（通常 5%，有些 10%）；增值税：20%	免除（前提：满足白俄罗斯共和国的国际义务，海关监管期最长不超过 5 年）	免除（使用注册资本采购产品）
个人所得税	13%	13%（2023 年 1 月 1 日前） 9%（2062 年 6 月 15 日前）	13%
社保（企业缴纳部分）	34%	白俄籍员工：以白俄社会平均工资为基数缴纳； 外国籍员工：免缴	34%
红利税	12%	自分配红利首年开始的五年内免除	不高于 12%
环境补偿（实施投资项目对农林业生产、动植物的损害）	根据地域而定	免除	根据地域而定
法定结汇义务	30%	免除（也适用于园区项目建设的参加者）	免除
园区范围内建设用品及原材料质量证书	需要	免除	需要
劳动许可办理费用（招收外籍员工、外籍员工劳务许可、临时居留许可）	58 美元/人	免缴 管理人员和专家免除许可证	58 美元/人

备注：本表为 215 号总统的优惠政策摘要版。

第十二章　新中国货币金融简史

（五）区位优势

白俄罗斯是中亚进入欧洲的陆路交通必经之地。90%的中欧班列经白俄罗斯在与波兰交界的布列斯特换轨。是欧洲和独联体国家间的交通要道与贸易走廊，是俄罗斯和中亚国家联系欧洲的重要通道，也是"丝绸之路经济带"进入欧洲的门户。铁路直通波罗的海沿岸的立陶宛克莱佩达港（500公里）和拉脱维亚里加港。公路交通十分便捷。欧洲高速公路E30（白俄罗斯境内M1）穿过园区，连接莫斯科—明斯克—华沙—柏林。距莫斯科约700公里，距柏林约1050公里，M2高速公路连接明斯克市区。中白工业园位于白俄罗斯首都明斯克近郊，直线距离25公里，紧邻明斯克国际机场（5分钟车程）。园区计划将修建机场铁路延长线至铁路场站，届时，园区将实现与白俄罗斯铁路网的互联互通，并有效地推动"中欧班列"与园区的直接联系。

白俄罗斯与俄罗斯、哈萨克斯坦、吉尔吉斯斯坦、亚美尼亚同属欧亚经济联盟，享受关税同盟待遇。

三、园区主要指标数据

（一）中白工业园2021年上半年居民企业关键业务数据（数据来源：白俄罗斯国家统计委员会）

近期，中白工业园2021年上半年居民企业关键业务指标公布，数据显示，2021年上半年，中白工业园居民企业数量71家，较2020年上半年增长14.52%，平均在册员工人数1725人，同比增长113.75%。

2021年上半年，居民企业工业产值14 320万卢布，同比增长220.36%。商品出口4130万美元，同比增长41.3%，商品进口4880万美元，同比增长17.59%。

居民企业销售收入1.626亿卢布，较2020年上半年增长140.18%；其中，境外收入7180万卢布，同比增长508.47%，境外收入占销售总收入的44.2%；销售净利润9500万卢布，同比增长131.35%。

2021年上半年，居民企业固定资产投资4610万卢布，较2020年上半年增长34.4%；其中，机械、设备、交通器械、工具、器材投资额2360万卢布，较2020年上半年增长448.84%。

（二）关键业务指标

表12-5 中白工业园区关键业务指标一览表

指标	2019年1—12月	2020年1—12月	同比
期末现存居民企业数量	60	68	113.33%
其中：期末有效的居民企业数量	46	52	113.04%
平均在册员工人数（人）	617	1115	180.71%
名义人均工资（卢布）	2364	2395	101.31%
新增员工人数（人）	330	412	124.85%
销售收入（百万卢布）	58.5	188.9	322.91%
其中：			
境外收入（百万卢布）	8.0	63.6	795%

续表

指　标	2019年1—12月	2020年1—12月	同　比
占销售收入总额（%）	13.6	33.7	—
净利润、亏损（百万卢布）	−22.8	−43.1	—
外商直接投资额，不含商品、工程、服务债务（百万美元）	114.9	44.3	38.56%
固定资产投资（百万卢布）	90.2	104.1	115.41%
其中：			
机械、设备、交通器械、工具、器材投资额（百万卢布）	21.8	49.1	225.23%
固定资产投资中外国投资额（百万卢布）	66.0	73.4	111.21%
工业产值（百万卢布）	31.6	138.8	439.24%
支付给预算内及预算外的税费、费用及付款（百万卢布）	12.8	26.3	205.47%
商品出口（百万美元）	33.0	75.8	229.7%
商品进口（百万美元）	60.6	96.5	159.24%
商品外贸余额（百万美元）	−27.6	−20.7	—

所列数据不含居民企业在工业园区外的业务（外贸指标除外）。

*来源：白俄罗斯国家统计委员会

四、园区面临的困难

中白工业园面临的主要困难有四个方面。

第一，融资压力大。目前，园区基础设施的投资资金主要来自于园区开发股份有限公司、中国国有银行贷款和中国政府提供的经济援助，融资渠道比较单一。

第二，招商引资难，缺少有国际竞争力的企业入园。

第三，园区开拓外部市场不易。白俄罗斯不是欧盟成员国，无法享受到欧盟内部关税减免政策，且与欧盟国家的关系并不融洽，这导致园区产品销往欧盟市场之路比较艰难。

第四，园区建设和运营亟须先进技术支持。

问题：

1. 结合中白两国产业发展情况，对中白工业园的产业定位进行分析。

2. 分析园区的优惠政策，你认为对于入园企业，最为重要的优惠政策是哪一条或哪几条？并说明理由。

3. 结合园区经济数据，试分析中白工业园目前在白俄罗斯经济中的重要性。

参考文献

[1] 姚遂. 中国金融史[M]. 北京：高等教育出版社，2007.

[2] 袁远福，缪明杨. 中国金融简史[M]. 北京：中国金融出版社，2001.

[3] 尚明. 当代中国的货币制度与货币政策[M]. 北京：中国金融出版社，1998.

[4] 唐双宁. 中国信贷政策问题[M]. 成都：四川人民出版社，2002.

[5] 马宇，张婷婷. 中华人民共和国成立70年外汇管理政策的演变与发展[J]. 云南财经大学学报，

2020，36(1): 3-13.

[6] 戴根有. 中国人民银行货币信贷政策50年的简要回顾[J]. 中国金融，1998(12): 30-33+43.

[7] 中共中央宣传部. 中华人民共和国简史[M]. 北京：人民出版社、当代中国出版社，2021.

附录

货币时间线

时　　间	人　民　币
1948年12月1日	第一套人民币开始发行
1955年3月1日	第二套人民币开始发行
1955年5月10日	第一套人民币停止在市场上流通
1962年4月20日	第三套人民币开始发行
1987年4月27日	第四套人民币开始发行
1999年1月1日	第二套人民币（纸、硬分币除外）停止在市场上流通
1999年10月1日	第五套人民币开始发行
2000年7月1日	第三套人民币停止在市场上流通
2007年4月1日	第二套人民币纸分币停止在市场上流通
2018年5月1日	第四套人民币（1角、5角纸币和5角、1元硬币除外）停止在市场上流通

教师服务

感谢您选用清华大学出版社的教材！为了更好地服务教学，我们为授课教师提供本书的教学辅助资源，以及本学科重点教材信息。请您扫码获取。

▶▶ 教辅获取

本书教辅资源，授课教师扫码获取

▶▶ 样书赠送

财政与金融类重点教材，教师扫码获取样书

 清华大学出版社

E-mail: tupfuwu@163.com
电话：010-83470332 / 83470142
地址：北京市海淀区双清路学研大厦B座509

网址：http://www.tup.com.cn/
传真：8610-83470107
邮编：100084